中国社会科学院 学者文选

郑伟民集

中国社会科学院科研局组织编选

中国社会科学出版社

图书在版编目(CIP)数据

郑伟民集／中国社会科学院科研局组织编选. —北京：中国社会
科学出版社，2003.9（2018.8 重印）
（中国社会科学院学者文选）
ISBN 978-7-5004-3756-7

Ⅰ.①郑…　Ⅱ.①中…　Ⅲ.①郑伟民一文集②经济—世界—文集
Ⅳ.①F11-53

中国版本图书馆 CIP 数据核字（2003）第 048595 号

出　版　人　赵剑英
责任编辑　张　林
责任校对　王应来
责任印制　郝美娜

出　　　版　中国社会科学出版社
社　　　址　北京鼓楼西大街甲 158 号
邮　　　编　100720
网　　　址　http：//www.csspw.cn
发　行　部　010-84083685
门　市　部　010-84029450
经　　　销　新华书店及其他书店

印刷装订　北京市十月印刷有限公司
版　　　次　2003 年 9 月第 1 版
印　　　次　2018 年 8 月第 2 次印刷

开　　　本　880×1230　1/32
印　　　张　14.25
字　　　数　339 千字
定　　　价　79.00 元

出 版 说 明

一、《中国社会科学院学者文选》是根据李铁映院长的倡议和院务会议的决定，由科研局组织编选的大型学术性丛书。它的出版，旨在积累本院学者的重要学术成果，展示他们具有代表性的学术成就。

二、《文选》的作者都是中国社会科学院具有正高级专业技术职称的资深专家、学者。他们在长期的学术生涯中，对于人文社会科学的发展做出了贡献。

三、《文选》中所收学术论文，以作者在社科院工作期间的作品为主，同时也兼顾了作者在院外工作期间的代表作；对少数在建国前成名的学者，文章选收的时间范围更宽。

中国社会科学院

科研局

1999 年 11 月 14 日

目　录

前言 ··（1）

苏联经济学界对战后资本主义经济周期的一些看法 ······（1）
西方经济的回顾与展望 ································（16）
1978 年西方主要国家的经济形势 ····················（29）
1979 年主要资本主义国家的经济形势 ···············（49）
1980 年代初主要资本主义国家的经济危机 ···········（68）
美国经济形势恶化，但尚未尖锐到爆发危机程度 ······（90）
周期缩短，危机频繁是战后美国经济周期的特点吗 ·····（100）
考察当前美国经济周期应该注意的一些问题 ···········（110）
海湾战争与当前美国经济危机 ······················（124）
西方各国跨国公司实力对比的变化 ··················（138）
当前跨国公司参与发展中国家经济的若干重要形式 ·····（150）
同跨国公司打交道时应注意的一些问题 ···············（171）
当代世界经济中的跨国公司 ························（184）
美国的技术和管理优势 ····························（196）

美国——最大的资本输入国和最大债务国 ·············（207）

美国在当代亚太地区的经济地位 ·············（225）

美国经济是在"衰落"还是在"复兴" ·············（235）

全球经济中的美国 ·············（249）

实行对外经济开放的内外依据 ·············（264）

中国的对外开放与跨国公司 ·············（277）

1990 年代世界经济与中国的对外开放 ·············（286）

抓住机遇加速发展和组建我国的投资基金

    ——1993 年美国、加拿大证券市场专业考察报告 ······（303）

国家垄断资本国际联合的新发展 ·············（310）

论西方保守主义经济思潮兴起的背景及其历史命运 ······（321）

资本国际化与现代国际垄断组织 ·············（332）

国家垄断资本的国际经济调节 ·············（362）

战后资本输出及其特点 ·············（375）

资本主义世界经济中的结构性危机 ·············（391）

经济国际化与区域集团化 ·············（404）

伊曼纽尔·华勒斯坦的世界体系理论 ·············（417）

作者主要著译书目 ·············（435）

作者年表 ·············（436）

前　言

　　收集在本文集中的几十篇论文和研究报告主要是作者在党的十一届三中全会以后撰写和发表的。自从邓小平同志在党的十一届三中全会上明确提出"解放思想，开动脑筋，实事求是，团结一致向前看"的方针后，由"四人帮"等假马克思主义者所设置的理论禁区被解除了，一度处于思想封闭状态的理论界和学术界又开始重新活跃起来。1978年底，我调入中国社会科学院世界经济研究所（后与世界政治研究所合并改名为世界经济与政治研究所），由此开始实现了我向往已久的专业研究工作。我十分珍惜这次工作调动，倾全力从事我关心的世界经济与美国经济热点问题的研究。

　　从20世纪70年代末以来，我发表的著述、论文和研究报告，主题比较集中，主要涉及战后世界经济和美国经济发展中一些比较敏感和有争议的理论问题，如资本主义经济周期和美国经济周期在战后发生了哪些重要变化？战后的生产和资本国际化主要表现在哪些方面？战后美国等发达资本主义国家的对外投资有哪些新特点？跨国公司和多国公司究竟是一种什么性质的国际垄断组织？垄断资本的国际联合和国际经济调节有哪些新形式？世界经济中是否存在一些超越不同社会制度起作用的共同经济规律？我国实行对外经济开放的理论依据是什么？美国在战后全球经济中的主导地位是否一度"衰落"？等等。我认为，科学地阐明这些问题，不仅有理论意义，而且有现实意义。以下我简要地介绍一下我的主要学术观点和有新意的提法。

一、关于战后美国经济周期特点的争论。这一理论问题的争论主要是从 20 世纪 60 年代初期开始充分展开的。当时，原苏联著名经济学家瓦尔加对战后资本主义经济周期和美国经济周期的特点提出了自己的看法。他说："看一下资本主义整个存在时期的危机长度，那便可以确定周期持续时间缩短的明显趋势。"他还说："周期的持续时间可能进一步缩短，即 4 年到 6 年之间。"瓦尔加认为，美国在 1948 年、1953 年、1958 年和 1960 年先后发生了四次生产过剩危机，与战后欧洲的情况相反，美国周期的特点是周期短而危机较频繁。瓦尔加的观点曾为相当一部分经济学家所接受，对于瓦尔加的观点，我在《周期缩短，危机频繁是战后美国经济周期的特点？》一文中提出了质疑。我认为，在第二次世界大战以后，资本主义经济周期的发展确实出现了一些与战前不大一样的情景，由于战争对资本主义各国造成的影响不同，因而战后各个资本主义国家的经济周期发展进程存在着很大差异。同欧洲一些主要资本主义国家相比，美国的经济危机是比较频繁，但是，如果把美国在战后的周期发展进程同第一次世界大战后到第二次世界大战发生前的美国周期发展进程相比较，我们就会发现，危机频繁并不是第二次世界大战后某一时期内美国经济周期发展中的特有现象，因为在两次世界大战之间，美国的经济危机也是比较频繁的。例如，从第一次世界大战结束后，美国曾相继在 1920—1921 年、1924 年、1927 年、1929—1933 年、1937—1938 年发生过经济危机，密集程度比第二次世界大战后至 1960 年前有过之而无不及。再说，随着战争对主要资本主义国家经济发展的影响日益减弱，资本主义各国的周期发展日趋正常，其同期性也日趋显露。从 1960 年至 2001 年的 50 年间美国先后在 1960—1961 年、1974—1975 年、1980—1982 年、1990—1991 年和 2001 年发生了五次经济危机。很明显，历史发展进程证实了瓦尔加关于"在整个资本主义世界中周期的持续时间将会进一步缩短"的预见是不准确的。应该指出，瓦尔加在提出战后美国经济危机频繁和周期缩短的论点时，只是以战争结束至 20 世纪 60 年代初的十几年的情况为依据，不仅时间短，而且当时除美国以外，几乎所有的主要资本主义国家都把主要力量用来治疗战争造成的破坏，并从事经济恢复工作，经济周期的运行尚处于扭曲状态。瓦尔加仅根据短暂时期内的周期运行情况得出战后美国经济周期缩短和危机频繁的结论显然是不妥的。

二、关于战后资本主义世界经济周期和美国经济周期的发展进程，学术界的看法也有分歧。第二次世界大战后，美国以其强大的经济、军事实力和政治影响，在资本主义世界占有一种特殊地位。20 世纪 50 年代初，美国的工业生产约占资本主义世界工业生产总额的一半。当时国外有的经济学家认为，只要美国爆发经济危机，就等于是发生世界经济危机，对于这种观点我不能苟同。在《战后资本主义经济周期和经济危机》一文中论述了我的不同看法。毫无疑问，在战后的历次世界经济危机中，美国几乎一直处于危机的震中地带，无视美国在资本主义世界的这种特殊地位当然是不对的。但是，反过来，以对美国经济周期的分析来取代对资本主义世界总的经济周期的分析，或者在统一的资本主义世界经济周期发展进程中，只重视对美国经济周期的分析，不重视对其他主要资本主义国家经济周期的分析，那也是片面的，不可取的。

20 世纪 50 年代以来，随着欧洲一些主要资本主义国家及日本的经济恢复和经济实力的增强，它们在资本主义世界工业生产、投资和贸易总额中所占的比重明显提高了；反之，美国的经济实力则相对有所减弱。资本主义各国经济实力对比的这种变化表明，美国在资本主义世界的经济地位也随之有所下降。但是，必须看到，美国仍然是资本主义世界经济实力最强大的国家，在资本主义世界经济周期的发展进程中仍发挥着不可取代的主导作用。因此，应该始终在资本主义世界总的周期发展基点上来考察美国经济周期的发展过程，任何夸大和缩小美国对资本主义世界的影响，以及把美国的经济周期与资本主义世界总的经济周期人为地分割开来的研究方法都是不可取的。1974—1975 年和 1980—1982 年的两次资本主义世界经济危机都具有愈来愈明显的同期性特点，这表明，随着生产和资本国际化趋势的加强和主要资本主义国家经济发展已逐渐步入正常轨道，它们的再生产过程和经济周期发展过程已日益密切地交织成一体，并成为资本主义世界总的经济周期的互相联系和不可分割的重要环节。就美国在资本主义世界中所占的地位来看，虽然不能说，只要美国发生了经济危机就等于是发生了资本主义世界经济危机，但是，可以这么说，在当代资本主义世界经济危机中，美国一直扮演着主要角色。从第一次世界大战以后到现在，还没有发生过一次美国被排除在外的资本主义世界经济危机。因此，正确估计美国在当代资本主义世界经济周期发展进程中的地位、作用和影响，对于深刻认识战后资本主义世界经济周期和美国经济周期的相互关系是十分重要的。

在有关 20 世纪 80 年代初的资本主义世界经济危机和美国经济危机的讨论中，有的学者认为，1980 年 2 月开始的美国经济危机已在 1980 年 8 月结束，而 1981 年 8 月再次爆发的经济"衰退"是一次新的周期性危机;另一些学者则认为是中间性危机或特殊的中间性危机。他们虽然对这次经济"衰退"的性质在认识上有所不同,但他们都认为从1980年8月以后美国已开始了一次新的周期,我认为这些观点是值得商榷的。如果说1980年8月美国已结束了一个经济周期,同时又开始了另一个新的经济周期,那么,20世纪80年代初开始的资本主义世界经济危机又是什么时候结束的呢? 是在1980年8月随同美国经济危机一起结束的? 还是在1981年年中随着西欧各国危机到谷底时结束的? 抑或是随着美国在1981年8月再次出现经济"衰退"一直延续到1982年的? 从方法论的角度看,上述各种看法都是把美国经济周期发展同资本主义世界经济周期发展割裂开来了。我认为,1981年8月美国再次爆发的经济"衰退"实际上是被暂时中断的1980年周期性经济危机的继续,是同欧洲各国经济危机密切结合的统一的资本主义世界经济周期的重要组成部分,是20世纪80年代初资本主义世界经济危机的重要组成部分,对于美国来说是一次经济危机两次探底的过程,即是一次 W 型的经济危机。因此,1981年8月再次发生的经济"衰退"只是1980年2月至7月周期性经济危机的延续和深化,而不是一次新的周期性经济危机。当然更谈不上是一次新的资本主义世界经济危机。

三、从20世纪70年代中期开始,资本国际化和以跨国公司、多国公司为代表的现代新型国际垄断组织也是我十分关注的一个研究领域。第二次世界后,随着生产和资本国际化趋势的加强,跨国公司和多国公司型的现代化国际托拉斯和康采恩已逐渐取代国际卡特尔成为从经济上瓜分世界的主要角色。西方国家的经济学家关于跨国公司和多国公司的定义极为繁杂,比较普遍的一种观点是强调在多少国家中拥有分、子公司。最有代表性的是联合国原跨国公司中心的研究报告所下的定义。按照这个定义，跨国公司和多国公司"适用于凡是在两个或更多国家里控制有工厂、矿山、销售机构和其他资产的企业"。① 这一定义的缺陷是人为地夸大跨国公司和多国公司的数目，把一些在国外拥有少量分、子企业，规模不大的公司都算作跨国公司。根据1970年代跨国公司中心自己公布的资料也证明，在被其列为跨国公司的一万多个公司中，占总数不到5%的400多个最大的公司就拥有所有公司在国外子公司和对外投资总数的3/4。可见，绝大多数有国际业务活动的公司只是处于一种从属地位，它们不能算作是真正意义上的跨国公司和多国公司。

从实质上进行分析，战后在资本主义世界出现的跨国公司和多国公司实际上就是一些财力雄厚，规模巨大，技术先进，经营方式灵活，分、子公司和业务活动遍及世界各个地区和国家，以追逐垄断高额利润为目标的现代国际托拉斯和康采恩。关于跨国公司是不是现代国际托拉斯和康采恩，国内外学术界还存在不同的看法。有的学者认为，国际托拉斯和康采恩的核心必须是由两个国家或两个以上国家的垄断资本家共同组成的，如果托拉斯和康采恩的核心由一国垄断资本家组成，那么，尽管业务经营是国际性的，仍然只能算是民族托拉斯和康采恩，多国公司才是国际托拉斯和康采恩。应该说，从所有制和资本所有权的角度出发，把跨国公司和多国公司区分开来是十分必要的，但是，简单地以所有制的形式和资本的国籍作为确定是否属于国际托拉斯和康采恩的标准是不妥当的。我认为，区别民族托拉斯和康采恩同国际

---

① 在西方国家出版物中，跨国公司和多国公司的名称最初是混用的，表述的含意是相同的。1973年联合国秘书处经济社会事务部发表的一个报告中曾使用多国公司的名称。1978年，该机构发表的作为前一个报告补充的另一个报告中改而统一使用跨国公司的名称。

托拉斯和康采恩的主要标准，不是看它们的所有制形式和资本的国籍，而是看它们在参与从经济上瓜分世界时所占的地位和所起的作用。凡是有经济实力参与瓜分世界，并在世界市场上居垄断地位和起举足轻重作用的托拉斯和康采恩，不论其资本主要属于一国所有，还是属于两国和两个以上国家共同所有，都应看作是国际托拉斯和康采恩。就目前绝大多数国际托拉斯和康采恩来看，它们的资本所有权主要是属于一国垄断资本集团的。这种就其资本所属主要是一国的，而其利益和经营活动范围则是国际性的跨国公司，是现代国际托拉斯和康采恩最普遍也是最主要的形式。现代国际垄断组织的另一重要形式，也即多国公司的特点是，不仅利益和经营活动范围是国际性的，而且资本也是属于两国或两个以上国家的垄断资本集团共同占有和共同控制的。由于资本的这种结合，产生了真正意义上的私人垄断资本的国际联合所有制。

在生产和资本国际化趋势加速发展的背景下，不仅私人垄断资本的国际联合获得了迅速发展，而且国家垄断资本的国际联合也获得了迅速发展。国家垄断资本的国际联合是在私人垄断资本的国际联合基础上发展起来的，反过来它又为私人垄断资本国际联合的发展开辟道路。第二次世界大战后，由科学技术革命引发的生产力的迅猛发展极大地促进生产和资本的国际化，加深了资本主义国家间的国际分工，加强了这些国家之间的经济交融，科学技术革命使生产力的发展越来越超出个别国家的界限，各个资本主义国家的国内市场越来越难以容纳日益社会化和国际化的生产力的发展。国家垄断资本的国际联合反映了生产力发展和生产社会化程度愈来愈高的客观要求，也是统治阶级在现代资本主义范围内对生产关系进行局部调整，以适应生产力发展需要的一种努力，由于资本主义国家之间的经济和社会再生产过程的相互依赖程度的日趋加深，客观上要求它们不断地调整彼此间的愈来愈复杂的经济关系，并通过各种不同的联合形式，包括经济一体化这种国际联合形式，对日益国际化的经济生活和社会再生产过程进行联合的干预和调节。20 世纪 50 年代建立的"欧洲煤钢联营"、"欧洲原子能联营"以及在此基础上建立的"欧洲经济共同体"（又称欧洲共同市场）是西欧六国的国家垄断资本在国民经济一级水平上的国际联合，也是国家垄断资本跨越国界实现的国际联合。由各国国家垄断资本联合建立的超国家的企业和机构的一个重要特点是，它们的资本所有权是由各个参加国共同分享的，由此就产生了一种新的所有制形式，即国家垄断资本的国际联合所有制。同私人垄断资本的国际联合所有制不同，国家垄断资本的国际联合所有制的主体不是各国的私人垄断组织，而是国家垄断资本的总代表资产阶级国家，进入 20 世纪 90 年代，在"欧洲经济共同体"扩大基础上建立的包括 15 个成员国的"欧盟"则是国家垄断资本实现国际联合的更高级的形式。

四、关于美国经济是在"衰落"还是在"复兴"之争。在战后的世界经济和世界政治生活中，美国凭借其强大的经济、军事实力和政治影响，一直扮演着超级大国的特殊角色。战后初期 1950 年代末，美国与遭受战争削弱的西欧国家和日本相比，在经济和科学技术方面均拥有无可匹敌的绝对优势。但从 1960 年代以来，随着日本和西欧国家经济实力的恢复和发展，美国的经济优势有所削弱。到 1970 年代开始时，日本的经济实力已超过当时的联邦德国，成为资本主义世界的第二经济大国。这时，在资本主义世界经济中，美国、日本和以联邦德国为核心的欧洲经济共同体形成三足鼎立的格局已初露端倪。进入 1980 年代，美国先是受到 1980—1982 年经济危机的严重冲击，随后财政赤字急剧增加，国债猛增、国际收支状况不断恶化，到 1980 年代中期以后，美国已由世界主要债权国变为最大债务国。在这种背景下，部分美国学者焦虑地指出，美国在经济上已走上了"相对衰落"的道路。当时，耶鲁大学保罗·肯尼迪教授发表的《大国的兴衰》一书集中地反映了这类观点，这本著作的问世，在国内外学术界引发了激烈的争论。与之相对，时任哈佛大学国际事务研究中心主任的塞缪尔·亨廷顿教授发表专文，反驳肯尼迪教授的观点，并认为，"复兴的形象比衰落论者所描绘的衰败形象更加接近美国的现实"。这场争论在我国学术界也有反映。那么，"衰落论"和"复兴论"相比，究竟哪方的立论比较有理呢？1991年中我在《美国研究》上发表的《美国经济是在"衰落"，还是在"复兴"？》一文中，专门就这一争论问题论述了自己的看法。我不同意"衰落论者"的立论和结论，也不同意"复兴论者"的论证方法。应该说，无论是"衰落论者"还是"复兴论者"在争论中都提出了一些值得人们深思的有价值的论点，但是，由于他们的有些看法过于强调某一方面，因而都有失偏颇。

我认为，论述美国在当代世界经济中的地位究竟是在"衰落"，还是在"复兴"，首先应该有一个科学的方法论前提，而"衰落论"和"复兴论"的最大缺陷恰恰是缺乏正确的方法论。在"衰落论者"的眼中，美国在经济上的主要竞争对手是日本，并与日本的经济发展作对比来论述美国经济的"相对衰落"。如美国的经济增长速度比日本慢；庞大的预算赤字和外贸逆差严重地削弱了美国的经济地位；外债不断增长，沦为世界最大的债务国；美国在世界国民生产总值和世界出口总额中所占份额的减少，等等。似乎美国在经济上正在无可挽回地走下坡路。日本经济学界的一些人在自己的文章中狂妄地声称，"'美国世纪'告终之日，将由日本取而代之"。"衰落论者"把日本经济的崛起与美国经济的"衰落"联系在一起，似乎要不了多少时候，日本将像美国在19世纪末和20世纪初经济上超过英国那样取代美国而成为世界第一经济大国。这种类比是极不适当的。把今日美国与20世纪初正在走下坡路的英国相比是一种历史误比，而将今日的日本与美国相比同样是一种历史误比。众所周知，英国的衰落首先是从丧失经济优势开始的，而美国在1970年代和1980年代，虽然经济优势有所削弱，但仍是当时世界上经济实力最强和科学技术最发达的国家。进入1990年代后，美国经济出人意料地实现了持续十年的强劲增长，这也是美国有史以来持续增长时间最长的一次经济扩张期。这次强劲的经济冲刺大大改变了世界经济格局，改变了从1970至1980年代美国在与日本、欧洲经济共同体国家争夺世界市场的角逐中经济优势逐渐削弱的被动地位。历史偏偏嘲弄了那些认为日本即将取代美国成为世界头号经济大国的预言家。20世纪最后十年美国和日本的经济发展出现了许多人尤其是"衰落论者"所预期的完全不同的情景。反观日本，却从1980年代末和1990年代初开始的因积聚多年的泡沫经济破灭而陷于长期停滞和衰退的困境。短短几年时间，世界经济格局和世界市场上的竞争格局发生了如此急剧的变化，是许多人没有想到的。伴随着信息技术产业的迅速发展，美国再次在世界市场上夺回了汽车、半导体等产量第一的桂冠，而日本则从制造业的头号宝座上跌落了下来，竞争形势转变得这么快，是"衰落论者"始料不及的。美日经济角逐的结果，有力地证实了美国的经济和科技力量具有超出人们想像的厚实基础，并拥有极强的应变能力。20世纪最后十年的经济冲刺再次表明，美国至今仍然是当今世界综合国力最强的超级大国，而不是经济上正处于"相对衰落"的国家。

"复兴论者"的立论和结论虽然与"衰落论者"不相同，但在方法论上却有某种相似的缺陷，即双方都自觉或不自觉地在论证时从易变的商业周期现象出发，并在这些短暂的商业周期的经济变动中寻求有利于论述自己结论的例证。譬如，"复兴论者"在反驳"衰落论者"的部分论点时，主要是依据1980年代某些年份的统计数据，而且认为在1983—1987年，美国和日本的经济增长率几乎相等，其中有三年美国还居领先地位，并由此得出美国经济正处在"复兴"之中的缺乏说服力的结论。众所周知，在此期间，美国双赤字问题变得严重起来了，而且美国已由债权国变成了债务国，总不能把这些现象也看做是美国经济的"复兴"表现吧。再说，与日本和欧共体国家相比，美国在1970至1980年代的经济优势确实是相对削弱了。因而不能单纯地以商业周期的某种短期波动来论述一个国家的经济兴衰问题，就像英国衰落一样是一个较长的历史进程，不能在经济周期不景气时就谈"经济衰落"，而在经济周期处于上升阶段时又说是"经济复兴"，这种论证方法是不可取的。

总之，一个超级大国的衰落是一个较长的历史进程，而不是一种短暂的商业周期现象。当我们讨论美国经济是否已处于衰落状态时，主要应从美国经济的总体方面来考察，即应从美国的综合国力和总体经济实力的角度来考察，这反映的是全局和本质的现象，而不是局部和表面现象，在可以预见的将来，至少新世纪的头20年内，美国将继续在世界政治和经济生活中发挥自己的主导作用，任何一个国家都没有可能在这一时期完全取代美国的主导地位。

郑伟民

2003年1月

苏联经济学界对战后资本主义经济周期的一些看法

　　关于战后资本主义周期的变化问题，长期以来是苏联经济学界争论不休的问题。1960 年，苏联世界经济和国际关系研究所的学术委员会召集了一次讨论会，主要讨论瓦尔加的一篇题为《马克思主义的经济危机理论和经济行情》的报告。[①] 1960 年以前各次讨论中涉及的一些重大争论问题，在这次讨论会上基本上都得到了反映。这次会主要讨论了战争对周期的影响、战后周期的开始、周期变形的具体表现、战后危机的特点以及行情研究工作的主要任务等问题。1962 年以后，苏联经济学界关于这方面问题的争论已没有 1961 年以前那么激烈。1968 年，苏联世界经济和国际关系研究所学术委员会又召集了一次讨论会。[②] 这次讨论会的主要报告人是行情组的负责人巴卡达耶夫。除了这两次讨论会以外，不少人还在自己的著作和文章中就战后周期问题表述

---

　　① 瓦尔加，生于 1879 年，死于 1964 年，生前为苏联科学院院士，是苏联经济学界有影响的人物。主要著作有《世界经济危机》（1848—1935 年），已译成中文。关于 1960 年讨论会的情况和瓦尔加的报告，详见《资本主义经济周期和经济论文集》，第 1—42 页，世界知识出版社 1962 年版。

　　② 苏联《世界经济和国际关系》1969 年第 4 期，第 97—112 页。

了自己的看法。现将苏联经济学界关于战后资本主义周期和经济危机讨论中的一些主要争论问题综述如下。

一 关于战后周期变形和危机的表现形式

苏联经济学界普遍认为，第二次世界大战对资本主义经济周期的发展产生了极大的影响，由于战争对资本主义各国造成的影响不同，因而战后各个资本主义国家的经济周期的发展进程存在着很大的差异。许多人认为，资本主义经济中生产结构的变化、国家垄断资本主义的发展和科学技术进步等因素的影响，使战后资本主义周期变了形或大大变了形。

一些人说，统一的资本主义周期遭到了破坏，而资本主义各国发展的不平衡则加剧了周期的非同期性。例如，库兹敏诺夫在谈到战后资本主义周期变形的某些特点时认为，首先要指出的是，周期进程在各个国家有着重大差别，而这个差别又表现在世界周期各阶段的非同期性上，表现在生产增长速度的重大差别上，表现在危机震荡的频繁上。战后中间性的地区危机的作用（特别是在美国）增长了。他还说，战后资本主义周期变形还反映在周期各阶段的顺序遭到破坏上，而中间性危机又是周期各阶段的顺序遭到破坏的原因之一。①

另一些人则说，战争虽然对各国的经济发展造成了差异，但统一的世界资本主义周期依然存在。他们说："承认统一的世界资本主义周期的存在不仅不排除研究各国和各类国家再生产发展

---

① 《资本主义经济周期和经济危机论文集》，第43—57页，世界知识出版社1962年版。

特点的必要性，而且只有它才能创造这种研究的前提。"① 上述观点的代表者马努基扬把资本主义国家分为三类来说明战后资本主义各国再生产的表现形式及其发展的周期性特点。他认为，第一类国家是美国。比利时、卢森堡也属于这一类。战后的特点是危机频繁；第二类国家包括英国、加拿大、瑞典等国。经济停滞和经济增长的停顿是它们战后发展的特点；第三类国家包括日本、西德、法国、意大利、荷兰等国。这类国家同样反映世界危机的影响，而且由于内部原因，经济发生过恶化，但这些国家的再生产周期运动不是表现在普遍生产过剩的周期性危机上，而是表现在工业生产总额增长速度的急剧下降上，表现在一系列大的工业部门生产的绝对缩减上，表现在部分的和中间性危机上。

在 1960 年的讨论会上，瓦尔加在他的报告中曾专门对战后资本主义周期和美国周期的特点提出了自己的看法。他说："看一下资本主义整个存在时期的危机长度，那便可以确定周期持续时间缩短的明显趋势。"他指出，从 1825 年到 1857 年，周期的持续时间为 11 年，从 1857 年到 19 世纪下半期，平均每个周期的持续时间为 8 年半，20 世纪初到 1929 年，每个周期的平均持续时间则缩减为 7 年。在对影响战后周期的各种因素作了分析之后，他得出结论说："周期的持续时间可能进一步缩短，即 4 年到 6 年之间。"瓦尔加在报告中还提出了周期的哪一个阶段将要缩短的问题。他以美国为例，指出缩短的首先是萧条阶段。在谈到战后美国周期的发展情况时，瓦尔加认为，美国在 1948、1953、1958 和 1960 年先后发生了 4 次生产过剩危机，同战后欧

---

① 马努基场：《现代资本主义条件下的周期和危机》，见杜平斯基主编的《马克思列宁的经济理论和现代资本主义》论文集，第216—281页，莫斯科、苏联思想出版社1967年版。

洲的情况相反，美国周期的特点是周期短而危机较频繁。

与此同时，库兹敏诺夫在苏联《国际生活》杂志上发表的文章中，提出了同瓦尔加根本对立的观点。

库兹敏诺夫认为，美国是资本主义体系的一个组成部分，不能把美国的周期同世界周期分裂开来。他还认为，战后世界资本主义和美国的第一个周期开始于1945—1946年，结束于1957—1958年的世界危机。在第一个周期中，美国经历了1948—1949年和1953—1954年两次中间性地区性危机，因此不同意战后美国周期缩短的看法。他说："的确，美国危机频繁了，但周期的持续时间仍然是11年到12年之久。"①

另一些人也激烈反对瓦尔加的观点，认为瓦尔加是要恢复"危机—萧条—复苏—高涨"的古典公式。他们说："在资本主义总危机时期，周期已经变形了，而且各阶段更替的一贯性已经没有了。"② 缅希科夫就是这种观点的代表者。他不仅在1960年的讨论会上反对瓦尔加的观点，而且在1968年的讨论会上继续坚持自己的意见。他在发言中说："还在1960年讨论瓦尔加院士的报告时就已指出，从四阶段的周期立场出发来分析现代行情是绝对不行的。……现在必须表现出现实主义和灵活性，不容许采取简单化的态度。"③

马努基扬则认为："在结构根本变化的时代，正在出现普遍的生产过剩危机由部分的、部门的、结构性的危机所取代的趋势。"④ 这种观点主要也是针对瓦尔加的，实际上是反对瓦尔加关于战后周期长度有缩短趋势的结论。

---

① 《资本主义经济周期和经济危机论文集》，第43—57、127—139页。
② 同上书，第33—37页。
③ 苏联《世界经济和国际关系》1969年第4期，第110—112页。
④ 杜平斯基主编《论文集》，第248页。

值得注意的是，在 1960 年讨论会以前，尽管苏联经济学界在讨论资本主义周期变形的问题上表露出了一系列不同的观点，但是还没有公开扬言资本主义经济周期可以不包括危机阶段而继续发展的，而在 1968 年的讨论会上，主要报告人巴卡达也夫则宣扬"无危机的工业周期"的理论。

在 1960 年的讨论会上瓦尔加还谈到了战后周期危机阶段的变化问题，即危机的表现形式问题。他说："以前，危机通常是以爆发形式来临的，即是由繁荣阶段一下子进入危机阶段。现在我们在美国和英国可以看到，危机的爆发好像受到了一些阻碍，并且生产在已经达到的高度水平上踏步不前，这种情况有时几个月，有时甚至半年，然后生产才发生明显的危机性下降。"瓦尔加认为，这种现象主要是国家垄断资本主义作用的结果。在这个问题上没有什么实质性的争论。1966 年马斯连尼可夫主编的《世界经济》教材、1967 年柯兹洛夫主编的《政治经济学》教材、1967 年达林著的《现代周期和危机》等书中都接受了瓦尔加的"爬行进入危机"的论点。

有一种使人注意的新的情况是，近几年来，苏联经济学界的某些人对危机的表现形式开始有一种新的提法。在他们看来，周期的危机阶段可以不表现在生产下降上，而只表现在工业生产增长速度的减缓上。在 1968 年的讨论会上，尼基金就说："现在国家垄断资本主义的趋势加强了，这引起了周期机能的某些变化，在研究周期发展的新现象时，经济学家之间已确认周期大大变形了，特别是这表现为个别阶段的变形和消逝（例如，危机阶段可能为增长速度的单纯下降所代替）……"[①] 在 1972 年 8 月份出版的苏联《世界经济和国际关系》杂志的附刊中，格列奇希

---

① 苏联《世界经济和国际关系》1969 年第 4 期，第 109—110 页。

恩在评论最近的资本主义经济危机的特点时，认为第一个特点就是危机不是表现在资本主义世界工业生产年指数的绝对下降上，而是表现在伴随产品在一年之内的短时间的下降而来的增长速度的持续和急剧下降上。[①] 显然，这种提法同瓦尔加所提出的论点是不一样的。瓦尔加的"爬行进入危机"的论点是以生产的绝对下降为前提的，而尼基金和格列奇希恩则认为现阶段危机的特点之一，就是它可以不表现为生产下降，而只表现为增长速度的减缓。

二 关于战后资本主义周期的更替

关于战后资本主义的第一个周期应从什么时候开始的问题，早在 1940 年代末和 1950 年代初就有争论。当时主要有以下几种看法。

第一种看法认为，战争在美国、加拿大等国起了复苏和高涨阶段的作用，因此，在战争时期这些国家已具备了生产过剩危机的前提。他们认为，1945—1946 年美国和加拿大等国出现的生产下降是周期性的生产过剩危机，同时，也是战后资本主义世界第一个周期的开始，而 1957—1958 年的世界经济危机则结束了这一周期，并开始了战后第二个周期。这种观点的代表者是库兹敏诺夫。在库兹敏诺夫看来，美国在 1948—1949 年和 1953—1954 年发生的两次经济危机是"中间性的地区性危机"。库兹敏诺夫没有专门发表文章谈战后第二个周期结束和第三个周期开始的问题，但从他近年来在苏联《国际生活》杂志上的两篇文章

① 《资本主义和发展中国家的经济状况》（1971 年和 1972 年初评论），苏联《世界经济和国际关系》1972 年第 8 期附刊，第 4 页。

来看，1969 年秋季开始的以美国为中心的生产过剩危机，既是第二个周期的结束，又是第三个周期的开始，是不言而喻的。

瓦尔加等人不同意库兹敏诺夫的观点。他们认为战争中断了再生产运动，在战争时期根本不存在商品生产过剩的土壤，1946年的生产下降不是生产过剩危机，而是军事生产停止的结果。[①]因此，战后资本主义世界第一个周期是从 1948—1949 年的生产过剩危机开始的，1957—1958 年的世界经济危机是第一个周期的结束，也是第二个周期的开始。瓦尔加等既然认为 1948—1949 年的危机是周期性的生产过剩危机，是战后第一个世界经济周期的开始，当然也就从根本上反对库兹敏诺夫所坚持的这次危机是"中间性的地区性危机"的观点。

另一种看法认为，战后第一个周期开始于 1948—1949 年危机，结束于 1957—1958 年世界危机，而第二个周期则开始于1957—1958 年，结束于 1967 年。这种观点的代表者有马努基扬、缅希科夫和巴卡达也夫。

关于 1957—1958 年开始的战后第二个周期是否完成的问题，首先是由马努基扬在 1968 年苏联《新时代》杂志的一篇文章中提出的。在文章中他对 1967 年的资本主义世界行情作了估价和预测。他认为，西德经济的危机、美国和英国经济的停滞、英镑的贬值使整个资本主义经济受到深刻影响……实质上这些事件证明，从 1957—1958 年开始的战后第二次世界资本主义周期完成了。[②]

---

① 瓦尔加的这一论点也是针对门德尔逊的，门德尔逊认为，再生产的周期进程在战争期间仍继续进行，并认为周期变形的最重要的表现之一，就是战争破坏了一般周期阶段的更替，产生了军事通货膨胀危机，这种危机有时同生产过剩危机交织和混合为一个统一的整体。门德尔逊的这一观点遭到多数人的反对。

② 马努基扬：《1967 年资本主义经济》，苏联《新时代》1968 年第 4 期。

作为这种观点的继续，在 1968 年的讨论会上，巴卡达也夫坚持说，1966—1967 年是上一次 1957—1958 年开始的工业周期的完成阶段。同时，他又认为周期在欧洲结束了，但在美国则没有结束。理由是所有西欧国家在 1966—1967 年或者经历了生产增长速度急剧减缓的时期，或者出现了工业生产的绝对下降，如西德和某些其他国家，同时呈现出投资和消费支出增长速度的减缓现象。至于在美国，工业产品的增长从 1966 年的 9% 下降到 1967 年的 1%，投资和消费支出也出现下降，表面征象同西欧相似，但是他认为，美国的发展和其他国家的发展有一个重大的区别，那就是越南战争激化后，国民经济军事化过程起了很大的作用，这一过程使周期运动变了形。按照巴卡达也夫的看法，要不是这样，美国可能在 1966—1967 年已经经历了一次真正的破坏性很大的生产过剩危机。由于美国当时没有发生生产过剩危机，所以周期在美国没有结束。根据这种分析，巴卡达也夫认定 1967 年是世界经济周期的萧条阶段，1968 年则是世界经济周期的复苏阶段，并说，这次周期不像经常发生的那样，以危机结束，而是由执行危机职能的萧条来结束的。① 很明显，巴卡达也夫的这种周期不是以危机结束的观点，是对马克思主义关于经济周期和经济危机学说的公然篡改，是资产阶级宣扬的"无危机的工业周期"反动谬论的变种。

缅希科夫在苏联《世界经济和国际关系》杂志的一篇文章中认为，战后年代资本主义世界经历了两次最大的危机震荡，一次是 1948—1949 年，一次是 1957—1958 年。他说，1948—1949 年的危机不是地区性现象。西欧大部分国家的产量增加了，但增长速度普遍下降了，在好几个月里生产停留在同一水平上。1949

---

① 苏联《世界经济和国际关系》1969 年第 4 期，第 97—101 页。

年资本主义世界产量比 1948 年只增长了 1% 多一点，在国际贸易中价格普遍下跌，支付差额危机加剧了，1949 年秋季引起了资本主义货币的普遍贬值。因此他认为，1948—1949 年的危机具有世界性。[①]

在 1968 年讨论会的发言中，缅希科夫一方面表示不同意巴卡达也夫提出的 1967 年是萧条阶段和 1968 年是复苏阶段的观点，认为资本主义不能没有危机而发展，一方面又说："个别的周期可以没有普遍的生产过剩危机来完成。"他认为，在这种情况下，世界周期实际上是不以普遍的世界危机，而是以各个国家的不同时间的危机和停滞完成了（如 1964 年——法国和意大利、1965 年——日本、1966—1967 年——西德和英国、1967 年——美国）。由此他得出结论说，1966—1967 年不仅欧洲结束了周期，美国也已结束了周期，并开始进入新的周期。他还进一步引申说，新周期不一定以高涨开始，也可以从停滞和复苏开始，[②]这种观点实质上同巴卡达也夫的观点是一致的，是根本错误的。

三　对 1969 年从美国开始的经济危机的评价

1969 年秋季，美国又开始爆发了一次新的生产过剩危机，这次危机迅速波及和影响到其他资本主义国家。以往，以美国为中心的资本主义国家爆发生产过剩危机时，苏联《世界经济和国际关系》、《国际生活》两个主要刊物上，经常可以看到评论、预测和讨论的文章，这一次的反映远不如 1957—1958 年和

---

① 《战后资本主义经济周期及其前景》，见《世界经济和国际关系》1961 年第 9 期。

② 苏联《世界经济和国际关系》1969 年第 4 期，第 110—112 页。

1960—1961 年爆发危机时那么大。在《国际生活》杂志上，自 1971 年以来只有库兹敏诺夫发表了两篇评述资本主义世界经济状况的文章。而《世界经济和国际关系》杂志，除了在 1970、1971 和 1972 年 8 月份的附刊和其他资料性的材料中对这次危机的发展情况和特点作了评述和分析外，专门从理论上来分析战后资本主义周期同这次危机的关系和特点的文章很少。苏联《世界经济和国际关系》杂志 1972 年第 1 期上登载了一篇题为《分析经济周期结构问题》的文章，① 这篇文章对当前危机的特点只是作了简要的分析，主要是试图从理论上分析危机的直接原因，以及垄断组织、科学技术进步、反周期的政策、国家消费等因素对周期结构的影响和作用。文章认为，资本主义的战后发展证实了经济周期性质发生了变化，危机表现形式成了另外一种样子，萧条阶段大大缩短了，在危机时期价格没有出现下跌，各主要资本主义国家的危机不是同时到来的，危机的周期性正在遭到破坏。

在分析最近这次危机的特点时，文章认为，1969 年秋季开始的美国经济危机加强了人们对国家垄断资本主义条件下再生产问题的注意。这次危机所以引起大家的注意，是因为危机是在军费开支水平特别高，消费需求相对稳定，价格急剧上涨的条件下发生的。文章指出，在以前的危机时期，甚至在 1960 年代中期的周期高涨阶段，价格上涨也没有这次危机时期那么凶猛。

从苏联世界经济和国际关系研究所行情组所写的行情评论和库兹敏诺夫的两篇文章的评述来看，双方对这次危机的估价和预测是很不一样的。

格列奇希恩在 1971 年第 9 期的《世界经济和国际关系》杂

---

① 苏联《世界经济和国际关系》1972 年第 1 期，第 102—113 页。

志上就认为，美国在 1971 年已进入危机后的萧条阶段。在 1972年 8 月份该杂志的附刊中，负责编写行情评论的格列奇希恩再一次表述了上述看法。[①] 他认为，从 1969 年秋季起，即从美国爆发生产过剩危机开始，资本主义世界已进入了由 1957—1958 年危机作为开端的世界经济周期的完成阶段，而继 1969—1970 年的周期危机后，美国经济陷入了持续的萧条之中。

格列奇希恩指出，紧接着美国的这次生产过剩危机后，意大利、加拿大、瑞典、芬兰和澳大利亚也都发生了生产过剩危机，而其余大多数国家，特别是西德和日本，经济增长速度大大减慢了。他说，从 1969 年下半年起到 1971 年年底止，实际上包括世界资本主义经济所有最重要环节的危机过程，几乎不同程度地在所有资本主义国家得到了表现。他认为增长速度急速和持续下降，第一部类产品的订货量缩减了，对工业原料的需求减少了，在一些国家对耐用消费品的需求也减少了，所有这些，使得某些资本主义国家发生了延续 3 个月到 14 个月的生产下降。格列奇希恩说，大部分资本主义国家经济状况的普遍恶化，表明存在着统一的世界经济周期和不同国家周期发展的明显的同期性。

在对危机的特点进行分析时，格列奇希恩认为，这次危机的发展具有自己独有的特点，而这些特点是由近十年来经济中出现的结构变化决定的。

第一，危机不是表现在资本主义世界年生产指数的绝对下降上，而是表现在短暂的生产下降后的增长速度的持续和急剧下降上。格列奇希恩强调说，这种情况不能作为否认这次危机具有世界性的理由。他说，近年来一系列削弱资本主义经济危机尖锐程度的因素对世界经济周期产生了影响。非物质生产领域作用的增

---

① 苏联《世界经济和国际关系》1972 年第 8 期附刊，第 3—14 页。

长，它的规模和意义的扩大（根据联合国的统计，在发达的资本主义国家中，它的比重将近国民总产品的50%），使得物质生产领域中的危机在国民总产品的变动中仅仅表现在增长速度大大减缓的形式上。他接着说，1970年，所有资本主义国家中，只有在美国危机采取了最尖锐的形式，但国民总产品只微弱地下降0.6%。

第二，科学技术进步的巨大规模成了当代世界经济发展的重要因素。格列奇希恩认为，广泛的科学成就和情报的交流，使大垄断组织和资产阶级国家在个别情况下有可能减弱周期过程中业已成熟的矛盾的尖锐性。

第三，世界经济联系的扩大也是促使经济危机明显缓和的因素。

第四，经济危机也极其明显地反映在投资活动上。格列奇希恩说，尽管科技进步的规模扩大和对新技术的需求维持在高水平上，投资的增长速度已连续3年下降。1971年西欧的投资总共增长了0.7%（在意大利、比利时、瑞典和其他国家还要少）。日本的投资量在1958年以后第一次缩减了。经济状况的恶化最明显地表现在加工工业的投资上。美国在1971年投资总额增加6.3%的情况下，加工工业的投资同上一年相比，几乎缩减了9%，英国缩减了8.3%，比利时缩减了6.3%，日本缩减了12%。

第五，一些资本主义国家的经济危机和另一些国家经济生活的停滞还和几乎包括所有资本主义工业国家的黑色冶金、金属加工、一般机械制造，特别是机床制造工业的部门生产过剩危机交织在一起。例如，发达的资本主义国家的冶金工业生产几乎缩减了6%。就整个资本主义世界来说，工业生产增长速度从1969年的8%下降到1970年的2.7%和1971年的1.3%，这是从1958

年以来经济增长的最低指标。

第六，生产能力大量开工不足。1971年，美国工业中没有利用的生产设备为25%，英国和意大利也为25%，西德为15%。

第七，在1970—1971年，几乎所有的资本主义国家都发生了交易所恐慌和工业公司股票行情的普遍下跌。

第八，在生产、就业和证券交易等呈现下降趋势的同时，还存在着空前规模的普遍通货膨胀。

第九，经济状况的恶化还和对外贸易发展速度的减缓、一系列国家进口的绝对缩减以及货币金融危机交织并发。

在1972年第9期的《世界经济和国际关系》杂志上，格列奇希恩在评论1972年资本主义经济发展趋势时进一步认为，1972年上半年，在经历了两年严重经济困难时期后，一系列资本主义国家的经济生活中出现了某些复苏。①

同格列奇希恩认为的美国危机已在1970年底结束的论点相反，库兹敏诺夫认为，美国经济在1971年仍处在展开危机的状态中。他的根据是，1971年美国的工业生产总量大约比1969和1970年降低4%。他说，从1969年10月开始的美国危机已经延续了两年多，可是暂时还看不到它的尽头。他明确表示，不能同意某些经济学家所说的，似乎在1971年美国经济已经摆脱了危机，并说，这种说法是没有根据的。他还认为，美国的这次危机是整个战后时期持续时间最长的一次危机，这一危机已经逐步侵袭和正在继续侵袭其他国家。他说，货币金融危机和尼克松政府采取的非常措施在这方面起了催化剂的作用。②

① 《世界经济和国际关系》1972年第9期，第63—75页。
② 《国际生活》1971年第9期，第12—19页；1972年第3期，第33—40页。

库兹敏诺夫在评述从美国开始的这次危机的影响时说，还在1970年，经济危机的作用已扩及到英国经济。虽然1971年英国整个工业生产保持在上一年的水平上，但在1971年下半年已经呈现出下降的征兆。大约从1970年10月起，经济危机也涉及了意大利经济，结果，在1971年，意大利的工业生产比1970年下降了将近4%。西德经济也受到了危机的侵袭。1971年西德的钢产量比1970年缩减了约8%。危机也影响到了加拿大、日本、瑞典、挪威、荷兰、法国、西班牙和其他资本主义国家。为了刺激经济和加速克服危机，许多资本主义国家都降低了贴现率。

库兹敏诺夫认为，这次危机有以下几个特点：

第一，从美国开始的这次经济危机是在美国扩大印度支那战争和展开经济军事化的条件下产生和发展起来的，而战争和经济军事化，一直是美国垄断组织当作反危机的手段，当作"维持行情"和保证高额垄断利润的因素。

第二，这次危机是同货币金融危机交织并发的。

第三，所有战后的危机震荡都是和物价上涨、通货膨胀相联系的，这次危机的特点只是在于印度支那战争特别加剧了通货膨胀过程。

第四，在生产量出现比较微弱下降的情况下，失业人数急剧增加了。

从以上的评述中可以看到，迄今为止，苏联经济学界在关于战后资本主义周期和经济危机的一些重要问题上，还没有一个比较统一的看法。瓦尔加的某些论点虽然被一部分人接受，但在目前舆论界比较有影响的人中间，仍有不少人（如库兹敏诺夫、缅希科夫、马努基扬等）反对他的意见。此外，从讨论的情况来看，有些问题的争论很繁琐，概念很混乱，在一些重大的理论问题上，如对周期变形和危机表现形式等问题的说明，近几年来，一些人背离了马克思主义政治经济学关于资本主义周期和经济危机的基本原理。苏联世界经济和国际关系研究所的行情组对资本主义世界的行情评论中偏重于描述资本主义经济发展的一般状况，有些预测同资本主义各国的实际发展情况出入很大，而像行情组的负责人巴卡达也夫对1967—1968年资本主义经济状况进行分析所作出的理论结论则是错误的。

（原载《世界经济资料》1972年第6期）

西方经济的回顾与展望

　　西方各国经济在经历了战后最深刻和持续时间最长的1974—1975 年的生产过剩危机后，1976 年曾以较快的速度回升，进入复苏阶段。引人注意的是，西方经济没有像战后其他几次周期那样，由复苏迅速转为高涨，相反，从 1977 年到 1978 年，工业生产始终停停走走，经济回升曲折缓慢，没有出现过真正的高涨。1978 年 7 月中旬在波恩召开的美国、日本、西德、法国、英国、意大利、加拿大等西方七国首脑会议，曾专门就经济增长、就业和通货膨胀、国际货币、能源、贸易及其他有问题进行了协调和磋商。但是，波恩会议结束以来的半年中，西方经济回升依然乏力，通货膨胀和失业等问题仍很严重，货币问题更加尖锐，经济发展仍处于极不稳定的状态。

经济呆滞，增长速度缓慢

　　对于西方各国来说，1950 年代和 1960 年代是黄金时代，经济增长速度较快，每次周期性经济危机过去后，随之而来的是规模较大的投资浪潮，工业生产也比较迅速地回升到危机前的最高水平，接着，整个经济由复苏转为高涨。可是，1974—1975 年危机以后，西方却没有出现过大规模的生产投资高潮。西德、法国和美国的工业生产只是在 1976 年的第三和第四季度才先后达到危机前的最高水平，日本的工业生产回升到危机前的最高水平比上述国家整整要晚一年，而英国的工业生产指数一直到 1977 年仍比爆发危机前的 1973 年低 7%。

　　1977 年 5 月在伦敦会议上，西方七国首脑都表示要使本国经济继续保持较高的增长速度。美国还极力主张由日本、西德同它一起充当“火车头”来带动整个资本主义世界经济的发展。结果是多数国家没有实现自己的诺言，经济增长率普遍低于原先承诺的数字。1977 年，各国增长率都下降了。进入 1978 年以来，除美国外，日本和西欧各国的经济增长率稍有提高。根据西方各国最近公布的材料，1978 年日本已降低原定的 7% 的增长目标，西欧经济共同体的国内生产总值虽比上一年增长 2.6%，但增长率仍是很低的。西德预定的增长率为 3.5%，结果只达到 3.4%。美国预期的经济增长率为 4.5% 到 5%，现在官方已正式宣布，1978 年的美国增长率只能达到 3.75%。

　　影响西方经济增长速度的主要原因是固定资本增长缓慢，而固定资本的大幅增长则是资本主义经济高涨的物质基础。1974—1975 年危机后的西方经济复苏，在很大程度上是依靠扩大消费性需求，而不是依靠生产性投资。1978 年，西方国家中只有美国的固定资本投资超过了危机前的最高点，日本的私人投资到 1978 年第一季度仍比危机前最高点相差 20%，其他西方国家离危机前的投资最高点也有相当大的距离。在 60 年代，美国固定资本投资每年平均增长 6.2%，进入 70 年代后每年只增长 1.6%。同一时期，西德的实际固定资本投资也由每年平均增长 6.7% 降为 0.9%，固定资本投资不振已严重影响西方国家的经济增长速度。还需要指出的是，近年来，西方各国的投资多半用于企业"合理化"、防止污染和改用动力装置等方面，而用于直接增加和扩大生产的投资比重下降了。

当前，造成固定资本投资增长缓慢的主要因素是：生产设备大量过剩，这特别是在像钢铁、造船等出现结构危机的工业部门表现得尤为突出；利润率下降和对经济前景捉摸不定，使实业界对企业投资缺乏信心；通货膨胀和高利率阻遏了私人投资活动。此外，货币波动、开工率低、防止污染费用的增加等也对增加企业投资起了阻碍作用。当然，西方国家为支持私人消费而采取的减税措施，以及其他刺激经济的措施，对支持经济回升会起短暂的作用，但要使经济出现高涨和使经济增长速度明显加快，就必须使生产性投资有大幅度地增长，而目前还看不到有这种前景。

通货膨胀依然严重

从 1970 年代起，西方国家的物价不断上涨，通货由 1950 和 1960 年代的"爬行"膨胀一变而为难以抑制的"奔腾式"的膨胀，特别是在 1974—1975 年的危机和萧条时期，西方国家的消费物价不仅不见下跌，反而狂升猛涨，通货膨胀率达到了两位数字。这不仅在战后历次危机中，就是在整个资本主义经济危机史上也是绝无仅有的。同样值得注意的一个现象是西方各国从 1975 年年中先后摆脱危机以后，通货膨胀率虽有不同程度的下降，但目前的通货膨胀率仍比 1960 年代的水平要高好几倍。如美国在 1960 年代的消费物价的平均年上涨率为 2.3%，而 1970 年代前 8 年的消费物价平均年上涨率则为 6.5%。

在西方 7 个主要国家中，1977 年的通货膨胀率分别是：美国 6.5%，日本 8.1%，西德 3.9%、法国 9.4%，英国 16.2%，意大利 17%，加拿大 8%。1978 年，西欧几个国家和日本的通货膨胀率都有不同程度的下降。美国则因货币供应量超过需求、国际收支逆差进一步扩大和美元在国际货币市场上一再狂跌，通货膨胀率突破了卡特政府年初规定的 6% 到 6.5% 的数字。根据美国劳工部公布的材料，1978 年头九个月的美国通货膨胀率已达到 9.6%。即使按照美国政府官员最乐观的估计，1978 年的通货膨胀率也将超过 8%。

严重的通货膨胀使整个西方经济承受着极为沉重的压力，它使一些西方国家不敢放手采取刺激国内经济的措施，使企业界在考虑投资时犹豫不决。西德的通货膨胀率是当前西方主要国家中最低的，1977 年为 3.9%，1978 年则不到 3%。美国对西德近年来的低经济增长率很不满，一再要求西德采取措施，刺激国内经济，提高经济增长率，扩大进口美国商品，以减少美国的贸易逆差，分担美国的经济压力。但西德始终不愿采取过度的刺激经济的措施，原因是，西德害怕过分地刺激经济会引起不可收拾的通货膨胀，而高通货膨胀率不仅会在国内造成严重的社会问题，而且会使出口商品价格上涨，大大削弱西德商品在国际市场上的竞争力。

实际上，美国和其他西方国家同样面临着如下的两难抉择：要提高经济增长率就不可避免地会加剧通货膨胀的威胁；要控制通货"奔腾式"地膨胀就只好降低经济增长速度，甚至冒可能触发经济危机的风险。目前，西方国家害怕通货膨胀普遍甚于害怕经济增长速度放慢。不久前，美国总统卡特在就反通货膨胀计划发表的讲话中再次强调说，通货膨胀是当前美国"最严重的国内问题"，它"已成了一种长期威胁"。卡特表示，为了遏制通货膨胀的进一步发展，美国政府将在财政上采取压缩政府开支、减少预算赤字、削减联邦政府的雇员、取消不必要的规章等限制措施。但正如卡特自己所承认的,目前对于通货膨胀"没有任何全面的充分解决方法"。特别使美国政府感到不安的是,自卡特总统宣布反通货膨胀计划以后,消费物价的上涨率并没有下降的迹象。负责处理通货膨胀问题的美国总统卡特的首席顾问卡恩忧郁地说,"目前的通货膨胀率约为10%……这是非常可怕的"。

失业队伍规模庞大

在1974—1975年经济危机期间及这次危机之后,西方国家中高通货膨胀率和高失业率一直同时并存,这是现代资本主义发展过程中出现的一个值得人们研究的新情况。在以往典型的生产过剩危机期间,一般是失业人数增加,消费物价下降,而在危机过后的经济回升期间,一般又总是消费物价上涨,失业人数下降,同过去历次经济危机以后出现的情况不一样,1975年西方国家摆脱了危机以后,随着经济缓慢曲折回升,除美国外,西欧主要国家和日本的失业人数,在相当一段时间里,不仅没有下降,相反,还进一步增加了。1977年底,西欧共同体九国的失业人数突破了600万;1978年初又增加了几十万,比1975年经济危机最严重时的失业人数还要多。1978年下半年,西欧各国和日本的失业人数虽比上半年有所下降,但共同体九国的失业人数仍保持在600万左右的高水平上。

与西欧和日本不同,美国近年来的失业人数有较大的缩减,失业率已由1975年5月的8.9%降至1978年10月的5.8%。然而,如果拿美国的失业规模同欧洲经济共同体作一比较,那么立刻就会发现,美国目前的失业人数几乎同西欧共同体九国的失业人数总和一样多。

从目前的失业结构来看，青年和妇女在失业总额中所占比重日益增大。1970 年代以来，西方国家的大量青年学生毕业后找不到职业。据西方报刊透露，西欧一些国家的青年失业率比总的失业率要高一倍以上。不满 25 岁的失业青年在西方国家失业总人数中所占比重约为 40% 到 50%，在意大利，这一比重甚至高达 60% 以上。在美国，黑人青年的失业率最高，他们比白人青年的失业率还要高一倍多。失业问题使西方各国政府深为焦虑。特别是失业问题同通货膨胀问题纠缠在一起更使西方感到无法解决。因为刺激经济发展和降低失业率意味着进一步加剧通货膨胀。对于西方国家来说，失业和通货膨胀已经成为套在它们颈上的两条无法挣脱的锁链。

货币市场动荡不定

国际货币市场上美元经常出现动乱，是当前西方各国难以对付的另一个头痛问题。美元是国际主要计算单位和储备货币，西方各国、石油输出国和世界上其他许多国家的中央银行所持有的外汇储备中，绝大部分是美元，美元国际地位的强弱和它的价格涨落直接关系到各有关国家的切身利益。

近年来，随着美国国际收支状况的急剧恶化，美元大量外流，美元汇价不断下跌。1978 年，美元地位进一步恶化，国际货币市场上一再掀起抛售美元和抢购黄金的风潮。从 7 月底起，金价在历史上第一次突破每盎司 200 美元的大关，美元同日元、西德马克、瑞士法郎等一些西方主要货币的汇价跌至新的低点。只是在 8 月中旬，美国政府采取了提高利率，增加黄金出售数量等措施，才暂时刹住了这场跌风。可是，时隔不久，在 10 月下旬，国际货币市场上又爆发了一场新的来势更为猛烈的美元狂跌、金价猛升的货币风潮。使西方各国普遍感到惶然的是：美国国会在 10 月 15 日刚通过被搁置了 18 个月的《能源法案》，同时还通过了《减税法案》和决定把贴现率从 8% 提高到 8.5%，10 月 24 日卡特又宣布了反通货膨胀的计划；可是，美国政府的所有这些措施并没有遏制住美元继续下跌，相反，还加剧了货币市场上抛售美元，抢购黄金和日元、瑞士法郎、西德马克的投机风潮。10 月 31 日，每盎司黄金的价格竟猛升到 245.50 美元的历史最高峰，而美元对日元、瑞士法郎和西德马克的汇价则分别跌至 1 美元合 176.7 日元、1.467 瑞士法郎和 1.71 西德马克的历史最低点。

一段时间以来，美国政府对于美元下跌采取放任政策，并表示，只有在市场处于混乱的情况时才会进行干预。西欧各国和日本一再指责美国故意采取这种让美元价值下浮的货币政策，是为了增强它的出口商品的竞争力，转嫁由于国际收支巨额逆差和通货膨胀所造成的严重经济困难。在波恩会议上，其他与会国一致强烈要求美国采取措施，减少石油进口，抑制通货膨胀，使美元稳定下来。

1978 年下半年发生的两次美元下跌风潮，使美国受到极大的压力。在国内，由于美元贬值促使通货膨胀进一步加剧。据估计，美元的国际价值每下跌 10%，就会使消费物价上涨 1% 到 1.5%，而在 10 月份一个月中，美元就下跌了 7%。在国外，欧洲经济共同体为了减弱美元波动对西欧经济的冲击，已决定建立了"欧洲货币体系"；石油输出国为了弥补美元贬值所造成的损失，经过一段时间的酝酿已决定提高石油价格，并准备用"一揽子"货币来取代美元计算油价。由于美元暴跌已危及美国经济的自身发展和反通货膨胀计划的实施，卡特政府才匆忙在 11 月 1 日宣布采取稳定美元的"一揽子"措施。这些措施的主要内容是：把中央银行的贴现率从 8.5% 提高到 9.5%；凡商业银行存款超过 10 亿美元的需交多至 2% 的存款准备金；扩大与西德、日本和瑞士中央银行之间的互惠信贷，将总额从 76 亿美元增至 150 亿美元；增加拍卖黄金的数量，从 11 月份起，把原定出售的黄金数额由 30 万盎司增至 75 万盎司，而从 12 月份起，再增加到 150 万盎司；美国财政部发行 100 亿美元的外币债券；准备向西德和瑞士出售 20 亿美元的特别提款权；从国际货币基金组织提取 30 亿美元贷款等。这样，在西德、日本和瑞士等国的配合下，美国总共可以筹措到 300 亿美元来干预货币市场。美国政府宣布实施上述措施后，国际货币市场上的美元汇价立刻反跌为涨，黄金价格则反涨为跌。美元同西德马克、瑞士法郎和日元的汇价大幅度回升，金价一度跌至 200 美元以内。但是，12 月中旬，当传出石油输出国组织决定提高油价的消息后，货币市场上美元的汇价又再次下跌，金价也再次突破 200 美元大关。美元地位的日趋虚弱和美元危机的不断深化，不仅反映了美国在国际经济中的地位进一步削弱，而且也反映了资本主义世界经济不稳定性的进一步加剧。

国际收支不平衡，保护主义加强

西方主要国家在 1978 年上半年的出口金额比 1977 年同期实际约增长 5%—6%，全年的增长幅度略高于 1977 年。一年来，西方国家贸易发展和国际收支不平衡的情况进一步有所发展。多数国家慑于通货膨胀，不敢刺激国内经济，都想扩大出口，限制进口，因此，对市场的争夺十分激烈，保护主义明显抬头。美国是目前西方国家中贸易收支逆差最大的国家，1977 年，美国的贸易逆差达到了 267 亿美元的创纪录数字。从 1978 年 1 月到 10

月，美国的贸易逆差已接近 248 亿美元，看来，1978 年美国的贸易逆差数额将比 1977 年还要高。西方各国的普遍认为，美国在 1978 年的贸易逆差总额将达 300 亿美元左右。

造成美国巨额贸易逆差的主要原因，是它每年要进口 400 多亿美元的石油，而这又是促使美元在国外急剧贬值的直接原因。相反，西德和日本在 1977 年分别有 192.5 亿和 174.9 亿美元的巨额顺差，其中包括它们在同美国贸易中赢得的大量顺差。美国对于西德、日本依靠扩大出口来推动经济发展的做法十分不满，一再对它们施加压力，要它们采取措施刺激经济，提高经济增长率，扩大进口美国商品，减少对美贸易的大量顺差，美国还要求日本和西欧一些贸易伙伴自动限制某些商品的出口数额。在波恩会议上，日本、西德等国的首脑认为，进口过多的石油是造成美国巨额国际收支逆差、美元汇价下跌和国际货币市场动乱的主要原因，而卡特则强调，日本和西德在对美贸易中保持大量顺差是造成美元下跌的主要原因。波恩会议的结果是双方作了妥协，美国保证要减少石油进口和控制通货膨胀，日本和西德则答应要采取具体措施来提高经济增长率，增加美国商品的进口数额，以减少对美贸易的顺差。

由于美国的压力，日本已经被迫限制了一些产品的出口数额。例如，日本政府要求企业主减少对美出口的汽车数量。另外，根据美日之间的一项"守纪律的销售协定"，日本在 1978 年头五个月中向美国出口的彩色电视机减少了 37%。同样，1978 年上半年日本对美国的钢的出口额，由于美国采用了"起动价格"（Trigger Price system）而减少了 20% 以上。波恩会议后，日本还决定进行"紧急进口"，从美国购买价值几十亿美元的民用飞机、浓缩铀等各种工业产品。但是，尽管如此，美国报刊预计，1978 年，日本对美的贸易仍将出现数额达 90 多亿美元的顺差。欧洲经济共同体对日本的贸易中，1977 年也出现了51 亿美元的逆差，共同体国家一致要求日本扩大进口它们的商品，日本虽然表示要在 1978 年大幅度地增加从共同体的进口，但是，迄今日本在对共同体的贸易中仍保持几十亿美元的顺差。

从 1978 年西方国家的贸易状况来看，日本和西德都有 100多亿美元的顺差，法国、意大利和英国的国际收支状况有很大改善，有的已由逆差转为顺差，只有美国的贸易逆差扩大了。比较突出的一点是，经济增长缓慢，国内需求不振，使西方各国普遍采取限入奖出的政策，加强了贸易保护主义。

总的说来，1978 年是西方经济继续呆滞和缓慢增长的一年，美国经济虽然仍在增长，但比原定的增长指标压低了，失业率有所下降，通货膨胀则加剧了。国际货币市场上美元汇价一泻再泻，风潮迭起，使美国政府穷于应付。外贸状况也未见改善，国际收支逆差还进一步扩大了。日本的经济增长率在西方国家中仍居前列，但是日本国内的私人投资仍不旺，国内需求也不振，能保持中等的经济增长速度，主要是依靠扩大出口和增加公共工程开支。西欧主要国家的经济增长速度比上一年要快一点，但增长率仍较低。

蹒跚地进入新的一年

在跨入 1979 年新的一年的时候，展望西方经济的发展前景，有没有可能明显好转呢？1979 年困扰西方的一些棘手经济问题有没有可能得到解决呢？根据西方国家官方和有影响的国际经济组织陆续公布的材料来看，1979 年，西方经济的发展前景仍将是阴郁的。

首先，大规模的投资高潮不会出现，经济增长率不可能大幅度提高。美国的增长率将比 1978 年还要低，卡特总统和其他官员已公开表示，要把 1979 年的经济增长指标从原先确定的 3%到 3.5%降低到 3%或 3%以下。日本的增长速度将大致保持在 1978 年的水平上。欧洲经济共同体九国的经济发展速度将比 1978 年快些，生产也会略有增加，估计国内生产总值将从 1978 年的 2.6%提高到 3.5%，欧洲共同市场委员会在最近的一份年度报告中以谨慎的语调说，1979 年"可望经济会逐步地，但不是引人注目地恢复"。

1979 年，西方各国的通货膨胀情况也不会有显著的好转。卡特在公布了反通货膨胀的计划后，一再声称要把通货膨胀率压低到 6%到 6.5%的水平，但这谈何容易。对于卡特采取的反通货膨胀和提高利率的措施，是否会在 1979 年上半年引起一次新的经济危机，众说纷纭，看法不一。西方报刊说，卡特总统是在通货膨胀和经济衰退之间"走钢丝"。在新的一年里，共同体九国的消费价格上涨率将略高于 1978 年，达到 7%的水平，日本的通货膨胀率将同 1978 年的 4%差不多或稍有下降。

随着美国放慢经济增长速度，1979 年美国的失业率可能会高于目前的水平，达到 6%以上。由于公共工程开支有所扩大和国内需求可能有所增加，日本的失业率预计多少会下降一点。西欧各国在工业生产稍有增加的基础上，失业人数也将略有减少，估计共同体九国的失业率将从 1978 年的 5.7%下降到 5.6%，很明显，1979 年西方的失业率仍然是很高的。

在国际货币市场上，动乱的根源未消除，美元地位仍十分虚弱。这是因为，1979 年，美国仍将大量进口石油和出现数目可观的贸易逆差，美元仍将大量外流。目前到处在寻找资金出路的"欧洲美元"已达 6000 亿美元，加上美国国内的通货膨胀率仍很高，这些都是加剧美元波动的不利因素。此外，欧洲经济共同体在建立起"欧洲货币体系"之后，将朝着增加使用共同体各国的货币，减少美元作为结算单位的方向发展。日本在对外结算中也增加了使用日元的比重。石油输出国对于是否继续用美元来计算油价也表现得愈来愈犹豫。国际货币领域中出现的这种分化倾向已引起人们的普遍注意，它反映了美元的国际地位更加虚弱和不稳，国际货币市场上不安定因素在进一步增加。

在 1979 年，西方主要国家之间国际收支不平衡的状况也不可能迅速改变。在同日本、西德的贸易中，美国仍将处于逆差地位，西德和日本则继续会拥有较大数量的顺差。它们之间为争夺市场而展开的争斗会进一步加剧，1978 年 12 月在日内瓦召开的有九十几个国家参加的多边贸易谈判中，美国和欧洲经济共同体的代表，在关于美国是否取消对得到西欧国家补贴的出口商品征收补偿税的问题上发生了争执，美国认为，西欧国家对出口商品进行补贴，这是搞隐蔽的贸易保护主义，今后美国在进口这些商品时要征收补偿税，共同体代表则强调，如美国不答应取消征收补偿税，他们就不结束已拖延了五年多的"东京回合"的谈判。虽然在历次会议和谈判中，西方各国都表示反对保护主义，但实际上为了扩大出口和限制进口，彼此都在搞公开的或隐蔽的保护主义。

从当前西方经济形势来看，1979 年，西方各主要资本主义国家的发展仍将是不平衡的。一方面，西欧各国的经济状况将比 1978 年有所改善，其中西德的经济增长速度可能更快一些。日本的经济估计不会有太大的变化。美国由于全力对付通货膨胀的威胁，采取紧缩政策，经济增长速度比 1978 年将更为缓慢，个别月份和季度甚至可能出现经济停滞和生产下降，但是，整个说来，西方在新的一年中爆发一场新的经济危机的可能性不大。另一方面，1978 年困扰西方的一些难以解决的经济问题，如高通货膨胀率、高失业率、投资不振、货币动荡，国际收支不平衡、贸易保护主义等，在 1979 年将继续折磨着西方各国。未来的一年，整个西方经济的特点仍将是"滞涨"下的缓慢增长，不可能出现经济高涨。

（原载《世界经济》1979 年第 2 期）

1978年西方主要国家的经济形势

1978年是西方主要国家摆脱战后最深刻的1973—1975年经济危机后的第四个年头。这一年，西方主要国家的经济继续有所增长，但回升过程仍然缓慢曲折。特别使西方各国普遍感到焦虑的是，在经济回升乏力的同时，投资依然不振，通货膨胀和失业问题仍很严重，国际货币市场更加动荡，贸易保护主义倾向继续发展，能源问题进一步复杂化。总的说来，1978年西方主要国家的经济发展仍处于极不稳定的状态。

一 经济仍呈呆滞,增长速度缓慢

西方主要国家在1973—1975年经济危机以前的战后周期发展过程中，一般是每次危机以后都有规模较大的投资浪潮，经济回升速度较快，随着工业生产迅速超过危机前的最高点，整个经济也迅速由复苏转为高涨。但从1975年危机结束后到1978年的三年多时间内，却一直没有出现过大规模的生产投资高潮和真正的经济高涨。1976年，西方主要国家的经济曾以较快的速度回升，美国、日本、西德、法国、英国和意大利的国民生产总值分别比 1975 年增长 6%、6.3%、5.7%、5.2%、2.1% 和 5.5%。①
这一年，除日本、英国以外，西德、法国、意大利和美国的工业
生产先后达到和超过了危机前的最高点，整个西方主要国家的工
业生产总值则超过危机前最高点 1% 多一点。

可是，在 1977 年，西方各国的这种经济回升很快就失去了继
续迅速向上的势头，由于生产投资活动呆滞，失业人数激增，通
货膨胀率很高，西方主要资本主义国家的经济增长速度又普遍慢
了下来。尽管在 1977 年 5 月的伦敦会议上，美国、日本、西德、
法国、英国、意大利和加拿大等西方七国首脑一致表示要采取措
施使本国的经济继续保持较高的增长率，并各自承诺了要达到的
经济增长目标，结果，还是没有能够扭转经济增长速度减慢的趋
势。1977 年，美国和日本的国民生产总值增长率分别降至 4.9% 和
5.1%，欧洲经济共同体的经济增长率大大下降，其中西德的增长
率只有 2.4%，远远低于伦敦会议预定的 5% 的目标，法国、英国
和意大利的增长率也分别降为 2.5%、0.5% 和 1.6%。②

1978 年，西方主要国家中，除美国外，其他国家的经济增
长率都比 1977 年有所提高，但提高的幅度不大。据联合国欧洲
经济委员会统计，1978 年，欧洲经济共同体的国民生产总值增
长率为 2.8%，略高于 1977 年的 2.3%，其中西德、法国、英国
和意大利的经济增长率分别为 3.5%、3.3%、3.2% 和 1.9%，
增幅都比 1977 年要高一点。日本的经济增长率为 5.75%，也稍
高于 1977 年，但没有达到政府预定要达到的 7% 的增长目标。
美国的国民生产总值增长 3.9%，低于 1977 年的 4.9%。就工业

---

① 美国《1977 年总统经济报告》；经济合作与发展组织《主要经济指标》1978
年各期。

② 同上。

生产总值来说，西方主要国家也都有不同程度的增长，1978 年，美国的工业生产比上一年增长了 5.8%，日本增长了 6%，欧洲经济共同体增长了约 2%，其中，西德增长了 2.8%。到年底，美国、日本、西德的工业生产指数已分别超过危机前的最高点的14%、6% 和 4% 左右。1978 年，英国的工业生产指数也开始超过危机前的最高点。

1978 年西方主要国家的经济虽然继续回升，但这种回升是缓慢而不稳定的。这一年春季，西欧一些国家的工业生产曾出现停滞或下降，之后，才逐渐有所回升。美国原指望日本和西德加快经济增长速度，同它一起充当"火车头"来带动整个资本主义世界经济的发展，结果落了空。为了对付日益棘手的经济问题，西方主要国家政府进一步加强了国家垄断资本主义的调节措施和国与国之间的经济调节。1978 年 7 月中旬，美国、日本、西德等西方七国首脑在波恩召开的会议上，专门就经济增长、就业、通货膨胀、国际货币、能源、贸易及其他有关问题进行了协调和磋商，并就彼此关心的刺激经济、抑制通货膨胀、减少对进口石油的依赖、放松进口限制、稳定货币等问题达成了一些有限协议，并承担了一些义务。波恩会议结束以后的半年中，西方主要国家相应地采取了一些措施，这些措施对经济起了一些刺激作用。例如，1978 年上半年，西德工业生产有好几个月都出现下降，经济情况不好。为了提高经济增长和增加国内需求，西德在下半年增加了政府开支，并通过扩大公共工程和减税等措施，来刺激消费需求和鼓励投资，这些措施使近年来一直不振的建筑业重新活跃起来，并使整个经济状况在下半年有所好转。1978 年，日本政府采取的扩大公共事业投资等刺激经济的措施，对于支持经济增长也起了一定的作用。但仍然无法改变当前西方主要国家经济呆滞和增长缓慢的基本状况。

1973—1975 年生产过剩危机后，资本主义新的周期的特点之一是，西方的经济回升，在很大程度上是依靠消费性需求的扩大，而不是依靠活跃和扩大生产性投资。这几年来，通过放宽抵押贷款和消费信贷的条件来扩大对住宅建筑和小汽车等耐用消费品的需求，一直是推动美国经济回升的重要因素。在日本和西欧各国的经济复苏中，汽车工业起着十分重要的作用。日本和西德的汽车生产在 1978 年分别达到 926 万辆和 420 万辆的历史最高记录。但是，西方主要国家工业部门的发展是极不平衡的，钢铁、造船、纺织等工业部门继续经历着"结构性"危机。1978年，美国钢铁业的状况有所好转，设备利用率提高了，利润增加了，钢产量比 1977 年增长了 9% 左右，可是产量仍未达到危机前的最高水平。日本和西欧各国的钢产量同危机前的最高产量相比，也都相差很远。在过去几年里，欧洲经济共同体各国政府为了使造船厂不停产和维持工人就业，每年需补助 6.5 亿美元。①日本的造船工业同样出现一派衰败的景象，1978 年度日本接受建造新船的订货为 320 万总吨，还不及 1973 年度订货的十分之一。②

1973—1975 年经济危机以后，日本和西欧各国的经济增长速度明显地低于 1950 和 1960 年代。影响西方主要国家经济增长速度的主要原因是固定资本投资增长缓慢，而固定资本的大幅增长则是资本主义经济高涨的物质基础。1978 年，西方各国的固定资本投资虽然有所增长，但幅度都不大。美国和英国的私人固定资本投资（不包括住宅建筑）都约增 7%，比 1977 年的 8.7% 和 9% 的增长率要低。西德的固定资本投资增长了 6% 左右，比

---

① 美国《时代》周刊，1978 年 12 月 4 日。
② 日本《朝日新闻》，1979 年 4 月 20 日。

1977 年的 4.1% 稍高。日本的私人设备投资约增 5%，比 1977 年的 1.7% 有较大的增长。法国等几个国家的固定资本投资增长率都较低。截至 1978 年为止，只有美国的私人固定资本投资超过了危机前投资最高点的 7%，西德只是接近或刚达到危机前的投资最高点，日本和西欧其他主要资本主义国家离危机前的投资最高点则还有一段距离。正是缺乏大规模的固定资本投资，致使整个西方经济迟迟不能由复苏转向经济高涨。在 1960 年代，美国固定资本投资每年平均增长 6.2%，而 1970 年代前 8 年只增长 1.6%。同一时期，西德的实际固定资本投资也由每年平均增长 6.7% 降为 0.9%。固定资本投资增长乏力已严重影响西方主要国家的经济增长速度。此外，近年来西方各国的投资多半用于企业"合理化、防止污染和改用动力装置等方面，而用于直接增加和扩大生产的投资比重则下降了。1978 年，美国加工工业中用于生产和管理自动化方面的投资约占新投资的 40%。同年，西德在加工工业的全部投资中，约有 3/4 用于实现生产现代化和更换陈旧设备，只有 1/4 的投资用于增添新设备"。[1]

当前，造成西方主要国家固定资本投资增长缓慢的主要因素是：生产能力过剩，开工率低；利润率不稳和对经济前景捉摸不定，使企业界对投资缺乏信心；通货膨胀和高利率阻遏了私人投资活动。此外，货币波动，防止污染费用的增加也对企业投资的增长起了阻碍作用。这几年来，由于西方经济的内在恢复力很弱，因此，经济增长在很大程度上依靠扩大私人消费，增加政府的财政刺激和加强出口。西方主要国家为支持私人消费而采取的减税措施，以及其他扩大公共工程等刺激措施，虽对支持经济回升能起一定的作用，但是，如果没有生产性投资的大幅增长，经

---

① 苏联《世界经济与国际关系》，1979 年第 3 期。

济增长速度要明显加快和出现真正的高涨是不可能的。

二 通货膨胀依然严重

从 1970 年代起，西方主要国家的通货膨胀日趋加剧，物价不断上涨，通货由 1950 和 1960 年代的"爬行式"的膨胀一变而为难以抑制的"奔腾式"的膨胀，特别是在 1973—1975 年的危机和萧条时期，西方主要国家的消费物价不仅不见下跌，反而不断猛涨，通货膨胀率普遍达到了两位数字，这不仅在战后历次危机中，就是在整个资本主义经济危机史上也是绝无仅有的。同样值得注意的一个现象是：西方主要国家从 1975 年年中先后摆脱危机以后，通货膨胀率虽有不同程度的下降，但仍比 1960 年代的水平要高好几倍。如美国在 1960 年代的消费物价的平均年上涨率为 2.3%，而 1970 年代前几年的消费物价平均年上涨率则为 6.5%。

在西方主要国家中，1977 年的消费物价上涨率分别是：美国 6.5%、日本 8.1%、西德 3.9%、法国 9.5%、英国 15.9%、意大利 17%、加拿大 8%。[①] 1978 年，日本和西欧几个国家的通货膨胀率都不同程度地下降。这一年，日本的消费物价上涨率降为 3.8%，西德的物价上涨率降为 2.5%。英国和意大利从 1975 年以来，一直是西方主要国家中通货膨胀率最高的两个国家，1978 年的物价上涨率也有较大幅度的下降，英国由 15.9% 降至 8%，意大利则由 17% 降至 12.4%。[②] 美国则因货币发行量超过需求，食品等价格猛涨，抵押贷款的利率大大提高，国际收支逆

---

① 经济合作和发展组织《主要经济指标》，1978 年各期。

② 经济合作和发展组织《主要经济指标》，1979 年第 1、2 期及西方各国电讯和报刊报道材料。

差进一步扩大和美元在国际货币市场上一再狂跌，1978 年的物价上涨率突破了卡特政府年初规定的 6% 到 6.5% 的数字，再次回升到 1975 年的 9% 的高水平。[①] 除上述因素外，美国总统卡特和他的经济顾问舒尔茨还特别强调指出，造成 1978 年通货膨胀恶化的主要原因是劳动生产率增长速度急剧减慢。1978 年年初，美国政府曾预计这一年的劳动生产率将增长 2%，结果，增长幅度连 1% 也没有达到，这是 1973—1975 年经济危机后美国经济回升以来劳动生产率增长速度最低的一年。卡特认为目前美国劳动生产率的增长速度之低已达到严重的程度，因为这种情况不仅使政府用于完成各项目标的财力物力减少了，而且会加快生产成本的上涨速度，加剧通货膨胀，而通货膨胀的加剧又反过来抑制劳动生产率的增长，形成一种恶性循环。

严重的通货膨胀使整个西方经济承受着极为沉重的压力。卡特在 1979 年 1 月下旬向美国国会提出的总统经济报告中指出，通货膨胀对美国经济的发展起着严重的破坏影响，它促使利率上升，削弱了美国工业的竞争能力，导致货币市场上美元贬值，打乱了投资计划，使企业界和消费者对未来的信心下降和减弱，抑制了投资的增长和消费需求的扩大，并加剧了社会问题。美国"会议委员会"的一份报告指出，通货膨胀使美国一般家庭的收入受到重大损失，在 1970 年以 55 美分能买到的东西，现在要付出 1 美元才能买到。通货膨胀也使其他西方主要国家不敢放手采取刺激国内经济的措施，使企业界在考虑投资时犹豫不决。西德的通货膨胀率是当前西方主要国家中最低的，美国对西德近年来的低经济增长率很不满，一再要求西德采取措施，刺激国内经济，提高经济增长率，扩大进口美国商品，以减少美国的贸易逆

---

① 美国《1978 年总统经济报告》，1979 年。

差，分担美国的经济压力。但西德始终不愿采取过度的刺激经济的措施，原因是，西德害怕过分地刺激经济会引起不可收拾的通货膨胀，而通货膨胀不断加剧，不仅会在国内造成严重的社会问题，而且会使出口商品价格上涨，从而削弱西德商品在国际市场上的竞争能力。

实际上，美国和西方其他国家同样面临着如下的两难抉择：要提高经济增长率就不可避免地会加剧通货膨胀的威胁；要控制通货"奔腾式"的膨胀，就只好降低经济增长速度，甚至冒可能触发经济危机的风险。目前，西方国家害怕通货膨胀蔓延甚于害怕经济增长速度放慢。美国总统卡特在1978年发表的一系列讲话中一再强调，通货膨胀是美国当前"最严重的国内问题"，它"已成了一种长期威胁"。为了遏制通货膨胀的进一步发展，卡特政府在1978年10月下旬宣布了一项反通货膨胀计划。据称，这项反通货膨胀计划的关键因素是采取有节制的预算政策。根据这项计划，美国政府将在财政上采取压缩政府开支、减少预算赤字、削减联邦政府的雇员，取消不必要的规章等限制措施。卡特还规定雇员每年工资上升的幅度最多不超过7%，而为物价上涨规定的基本目标是5.75%，但正如卡特自己所承认的，对于通货膨胀，"没有任何全面的充分解决办法"，"能采取的办法是一些局部补救措施"。自卡特总统宣布反通货膨胀计划以后，消费物价上涨率并没有下降的迹象，负责处理通货膨胀问题的美国总统卡特的首席顾问卡恩说，1978年最后几个月的"通货膨胀率约为10%……这是非常可怕的"。

三　失业队伍规模庞大

1978年，西方主要国家的失业率仍保持在高水平上，除美国

和西德的失业人数有所下降外，日本和西欧其他主要国家的就业
情况并没有什么起色。这一年，欧洲经济共同体九国的失业率达
到 5.7% 左右，其中西德的失业率从 1977 年年底的 5% 降为 4.3%，
失业人数则由 100 万以上降至 90 万以上。而法国、英国、意大利
的失业率仍很高，失业人数都在 120 万—130 万以上。日本的失业
率虽为 2.3%，但失业人数也超过了 120 万。① 在 1973—1975 年经
济危机期间及这次危机之后，西方国家中高通货膨胀率和高失业
率一直同时并存，这是现代资本主义发展过程中出现的一个值得
人们着重研究的新情况。在以往典型的生产过剩危机期间，一般
是失业人数增加，消费物价下降，而在危机过后的经济回升期间，
一般又总是消费物价上涨，失业人数下降。但这次情况不同，
1975 年西方各国摆脱了危机以后，随着经济缓慢曲折回升，除美
国外，西欧主要国家和日本的失业人数，在相当一段时间里，不
仅没有下降，相反，还进一步增加了。1977 年底，欧洲经济共同
体九国的失业人数突破了 600 万。1978 年初又增加了几十万，比
1975 年经济危机最严重时的失业人数还要多。1978 年下半年，西
欧主要国家和日本的失业人数虽比上半年有所下降，但欧洲经济
共同体九国的失业人数仍保持在 600 万左右的高水平上。

　　与西欧和日本不同，美国 1978 年的失业情况则有所和缓，失
业率已由 1975 年 5 月的 8.9% 降至 1978 年底的 6% 以下。然而，
美国的失业人数几乎仍同欧洲经济共同体九国失业人数的总和一
样多。

　　在西方主要国家中，失业率最高是钢铁、造船、纺织等正在
经受"结构性"危机的工业部门：欧洲有 400 多万人在这几个部

---

① 　经济合作和发展组织《主要经济指标》，1979 年第 1、2 期。

门就业。① 由于这些部门生产设备大量过剩，开工率严重不足，因此，失业状况十分严重。在法国的洛林、西德的萨尔等主要产钢地区，失业率大大高于全国的平均失业率。从 1976 年到 1978 年的三年里，欧洲钢铁工业部门就有 6 万多工人失业，其中西德在这三年里就解雇了 3 万名钢铁工人。纺织工业是欧洲雇佣工人最多的工业部门之一，近五年来，倒闭的企业约有 3500 家，失业工人超过了 50 万。在法国东部的孚日地区，失业率高达 10% 以上。②1978 年，西方主要国家的造船业极不景气。据日本运输省公布的统计材料，日本造船业的职工人数从 1974 年底到 1978 年 9 月，已由 27 万多人减至 18 万多人，即约减少 1/3。日本造船业的开工率还不到 50%。③ 为了转嫁困难，西方国家的企业主采取关闭和合并企业、搞"合理化"生产和减量经营等措施来裁减工人。失业问题的加剧，促使西方主要国家钢铁、造船等工业部门的工人在1978 年相继举行了一系列声势浩大的罢工斗争。

从西方主要国家的失业结构来看，青年和妇女在失业人口总额中所占的比重日益增大。70 年代以来，西方主要国家的大量青年学生毕业即失业。据西方报刊透露，西欧一些国家的青年失业率比总的失业率要高一倍以上。不满 25 岁的失业青年在西方国家失业总人数中所占比重约为 40% 到 50%。在意大利，甚至超过 60%。在美国，黑人和其他少数民族的失业率比白种工人的失业率要高得多。白种工人的失业率约为 5%，而黑人和其他少数民族的高失业率则达 11% 左右。美国青少年的失业率超过了 15%，其中黑人青少年的失业率则比这个数字还要高一倍

---

① 美国《时代》周刊，1978 年 10 月 16 日、12 月 4 日。
② 日本《朝日新闻》，1979 年 2 月 25 日。
③ 同上。

多。①

失业问题使西方各国政府深为焦虑，特别是失业问题同通货膨胀问题纠缠在一起，更使西方感到无法解决，因为刺激经济发展和降低失业率意味着进一步加剧通货膨胀。对于西方主要国家来说，失业和通货膨胀已经成为套在它们颈上的两条无法挣脱的锁链。

四 美元汇价大幅下跌，货币市场动荡不定

1978 年是西方货币市场自 1973 年实行浮动汇率以来最为动荡的一年。主要标志是美元汇价急剧下跌。国际货币市场上美元汇价一再大幅下跌，是当前西方各国难以对付的又一个深感头痛的棘手问题。美元是国际主要计算单位和储备货币，西方各国、石油输出国和世界上其他许多国家的中央银行所持有的外汇储备中，绝大部分是美元。美元国际地位的强弱和它的价格的涨落直接关系到各有关国家的切身利益。

近年来，随着美国国际收支情况的急剧恶化，美元大量外流，美元汇价不断下跌。1978 年，美国由于外贸逆差有增无减，通货膨胀加剧发展，致使美元地位进一步恶化，国际货币市场上一再掀起抛售美元和抢购黄金的风潮。自 1977 年起，美元就出现大幅下跌现象。1977 年，美元同日元、西德马克、瑞士法郎的最高汇价分别为 1 美元兑 292.83 日元、2.4345 西德马克、2.5620 瑞士法郎，最低汇价则为 238.07 日元、2.1075 西德马克、2.5620 瑞士法郎。如以 1977 年年初和年底的汇价相比，美元同日元、西德马克和瑞士法郎的汇价分别下降了 7.9%、10%

---

① 美国《1978 年总统经济报告》，1979 年。

和 17.7％。进入 1978 年，美元继续剧跌，特别是 1978 年 7 月西方七国首脑会议之后，美元的跌幅更大。1978 年 7 月底，金价在历史上第一次突破每盎司 200 美元大关。只是在 8 月中旬，美国政府采取了提高利率、增加黄金出售数量和取消美国银行向外借款需缴纳的一定准备金等措施，才暂时刹住了跌风。可是，到 10 月下旬，国际货币市场上又爆发了一场新的来势更为猛烈的美元狂跌、金价猛升的货币风潮。使西方各国普遍感到惶惶不安的是：美国国会在 10 月 15 日刚通过被搁置了 18 个月的《能源法案》，同时还通过了《减税法案》和把贴现率从 8％ 提高到 8.5％ 的决定，10 月 24 日卡特总统又宣布了反通货膨胀的计划，然而，所有这些措施都没有能遏制住美元继续下跌，相反，还加剧了货币市场上抛售美元，抢购黄金和日元、瑞士法郎、西德马克的投机风潮。10 月 31 日，每盎司黄金的价格竟猛升到 245.50 美元的历史最高峰，而美元对日元、瑞士法郎和西德马克的汇价则分别跌至 1 美元合 177.35 日元 1.471 瑞士法郎和 1.718 西德马克的历史最低点。

一段时间以来，美国政府对于美元下跌采取放任政策，并表示只有在市场处于混乱的情况下才会进行干预。西欧各国和日本一再指责美国故意采取这种让美元币值向下浮动的货币政策，是为了增强它的出口商品的竞争力，转嫁由于国际收支巨额逆差和通货膨胀所造成的严重经济困难。在波恩会议上，其他与会国一致强烈要求美国采取措施，减少石油进口，抑制通货膨胀，使美元稳定下来。

1978 年下半年发生的两次美元下跌风潮，使美国受到极大的压力。在国内，美元贬值促使通货膨胀进一步加剧。据统计，美元的国际价值每下跌 10％，就会使消费物价上涨 1％ 到 0.5％，而在 10 月份一个月中，美元就下跌了 7%。[1] 在国外，欧洲经济共同体为了减弱美元波动对西欧经济的冲击，决定建立"欧洲货币体系"；石油输出国为了弥补美元贬值所造成的损失，经过一段时间的酝酿也决定提高石油价格并表示要考虑用"一揽子"货币取代美元来计算油价。由于美元暴跌已危及美国经济自身的发展和反通货膨胀计划的实施，卡特政府匆忙在 11 月 1 日宣布采取稳定美元的"一揽子"措施。这些措施的主要内容是：提高中央银行的贴现率；商业银行对大额存款收取准备金；扩大与西德、日本和瑞士中央银行之间的互惠信贷；增加拍卖黄金的数量；财政部发行外币债券；向西德和瑞士出售一部分特别提款权；从国际货币基金组织提取一部分贷款等。这样，在西德、日本和瑞士等国的配合下，美国总共筹措了 300 亿美元来干预货币市场。美国政府宣布实施上述措施后，国际货币市场上的美元汇价立刻反跌为涨，黄金价格则反涨为跌，美元同西德马克、瑞士法郎和日元的汇价大幅度回升，金价一度跌至 200 美元以内。但是 12 月份中旬，当传出石油输出国组织决定提高油价的消息后，货币市场上美元的汇价又再次下跌，金价也再次突破 200 美元大关。1978 年底，美元同日元、西德马克和瑞士法郎的汇价分别比 1977 年底下降了 19.3%、13%、和 19%，跌幅超过了 1977 年。美元地位的日趋虚弱和美元危机的不断深化，不仅反映了美国在国际经济中的地位进一步削弱，也反映了资本主义世界经济不稳定性的加剧。

五　国际收支不平衡，贸易保护主义加强

1978 年，西方主要国家的对外贸易量约增长 5%，和同年世

---

[1]　美国《华盛顿邮报》，1978 年 11 月 1 日。

界贸易的增长量差不多，增幅略高于 1977 年。在西方主要国家中，美国的贸易收支状况进一步恶化，日本和西德的贸易顺差继续在扩大，法国、英国和意大利的贸易地位有所改善。1977 年，法国的贸易逆差为 34.75 亿美元，1978 年则获得了 6.25 亿美元的顺差。英国虽然没有达到预期的 30 亿美元的顺差目标，但仍有 2.18 亿美元的顺差。意大利的贸易收支也出现了盈余。法国、英国和意大利在 1978 年所以能获得为数不多的贸易顺差，主要不是由于出口增加，而是由于限制了进口。日本的商品进口量在 1978 年增长了 6.8%，出口量只增长 1% 多一点，而且从第二季度起出口数量开始下降。由于 1978 年，美元对日元的汇价大幅下降，以美元计算的日本贸易顺差仍达到了 182.7 亿美元的新高点。西德的出口量比 1977 年增长了 5% 左右，出口额第一次超过了美国，成为该年世界最大的出口国。贸易顺差也超过了 1977 年，达到了 210 亿美元。1978 年，西方国家贸易发展和国际收支不平衡的情况进一步有所发展。多数国家慑于通货膨胀，不敢刺激国内经济，都想扩大出口，限制进口，因此，对市场的争夺十分激烈，保护主义明显抬头。

美国是西方国家中贸易逆差最大的国家。1977 年，它的贸易逆差达到了 267 亿美元。1978 年，卡特政府虽然采取了一些扩大出口的措施，贸易收支状况仍未见好转。截至 1978 年年底，美国的贸易逆差达到了 284 亿美元，比 1977 年还高 17 亿美元。近年来，每年需进口 400 多亿美元的石油，是造成美国巨额贸易逆差的一个主要原因。美国财政部在向卡特总统提出的一项备忘录中指出，美国消费的石油，在 1958 年只有 18% 依靠进口，而到 1978 年，已增至 45%。在石油大幅提价前的 1972 年，美国用于进口石油的费用为 47 亿美元，1978 年由于价格上涨和进口数量增加，进口石油的费用则高达 423 亿美元。美国是石油输出国的最大买主，这个组织成员国的石油总产量的 1/4 是输往美国的。^① 美国财政部长布卢门撒尔说："这种日益依赖进口石油的情况，对国防和经济繁荣都会产生严重的后果。"在波恩会议上，日本、西德等国首脑认为，进口过多的石油是造成美国巨额国际收支逆差、美元汇价下跌和国际货币市场动荡的重要原因，而卡特则强调，日本和西德在对美贸易中保持大量顺差是造成美元下跌的主要原因。波恩会议的结果是双方作了妥协，美国保证要减少石油进口和控制通货膨胀，日本和西德则答应要采取具体措施来提高经济增长率，增加美国商品的进口，以减少对美贸易的顺差。

在美国的压力下，日本被迫在 1978 年对部分出口商品作了些限制。根据美日之间的一项"守纪律的销售协定"，日本向美国出口的电视录像机，1978 年比 1977 年减少了 8.3%。同一时期，日本对美国的钢的出口，由于美国实行了"起动价格"也减少了 20.3%。汽车在日本对美国的出口总额中占的比重最大，虽然日本政府要求本国制造商在 1978 年的对美汽车出口不要超过 1977 年，可是 1978 年上半年，日本对美国的汽车出口一直在迅速增加，只是从 1978 年第三季度起，才开始减少。1978 年，日本向美国出口的汽车共达 189 万辆，比 1977 年增加了 10.4%。波恩会议后，日本还采取"紧急进口"措施，从美国购买 40 亿美元的飞机、浓缩铀等各种工业产品。^② 但是，尽管如此，日本对美国的贸易顺差仍继续在扩大。1978 年，美国从日本的进口额为 244.6 亿美元，出口额只有 128.9 亿美元，使美国对日本的贸易逆差创造了 115.7 亿美元的新纪录^③，欧洲经济共同体在对

---

① 美国《卡特关于能源政策的讲话》，1979 年 4 月 5 日；美国《华盛顿邮报》，1979 年 3 月 11 日社论。

② 美国《美国新闻与世界报道》，1978 年 8 月 14 日。

③ 日本《读卖新闻》，1979 年 2 月 6—9 日。

日本的贸易中，1977 年出现了 51 亿美元的逆差，共同体国家一致要求日本扩大进口它们的商品，以缩小逆差数额，日本也表示要大幅度增加从共同体的进口。可是，1978 年日本对共同体的贸易顺差不仅没有减少，反进一步增加到 64 亿美元。[①] 由于经济增长缓慢，国内需求不振，西方主要国家普遍采取限入奖出的政策，进一步加强了贸易保护主义。1978 年 12 月在日内瓦召开了有 90 多个国家参加的多边贸易谈判，美国和欧洲经济共同体的代表，在关于美国是否取消对得到西欧国家补贴的出口商品征收补偿税的问题上发生了争执，美国认为西欧国家对出口商品进行补贴，这是搞隐蔽的贸易保护主义，今后美国在进口这些商品时要征收补偿税；而共同体代表则强调，如美国不答应取消征收补偿税，他们就不结束已拖延了五年多的"东京回合"的谈判。虽然，在历次会议和谈判中，西方各国都表示反对保护主义，但是实际上为了扩大出口和限制进口，彼此都在搞公开的或隐蔽的保护主义。

总起来说，1978 年是西方经济继续呆滞和缓慢增长的一年，美国经济虽然仍在增长，但比原定的指标要低，失业率有所下降，通货膨胀加剧了，国际货币市场上美元汇价一跌再跌，风潮迭起，使美国政府穷于应付。美国的外贸状况未见改善，贸易逆差进一步扩大了。日本的经济增长率在西方国家中虽名列前茅，但国内私人生产性投资仍然不旺，经济增长率也没有达到政府预期的目标，主要依靠加强出口和增加公共工程开支，保持着中等的经济增长速度。西欧主要国家的经济增长速度比上一年要快一点，其中，西德经济在下半年增长较快，出口依然是支持西德经济的有力因素，同时，国内需求的扩大对加速经济增长的作用有

---

① 西德《世界报》，1979 年 3 月 31 日。

所加强。但 1978 年西欧各国的经济增长率仍低于日本和美国。

1978 年的西方经济发展情况，预示着在近年内西方主要国家的经济前景仍将是黯淡的。

首先，没有显示出固定资本投资大规模增加的迹象，经济增长率不可能大幅度提高。1979 年，美国固定资本投资增长率将进一步下降。美国有影响的麦克劳—希尔公司年初预测，1979 年，美国企业的固定资本投资在剔除物价上涨的因素后，实际将只比 1978 年增长 2%。美国商务部的调查也认为，1979 年，美国新厂房设备的投资实际将只增长 3% 多一点。为了遏制通货膨胀继续发展，美国政府采取了一系列紧缩经济的政策，并把 1979 年的经济增长率定为 2.25%，这是 1975 年美国摆脱经济危机以来最低的年度增长率。[①]

1979 年，西德的私人固定资本投资的增长幅度将保持在 1978 年的水平上。由于支持经济增长的一些有利因素继续在起作用，1979 年西德的经济增长率将比 1978 年的 3.5% 要高。1979 年的日本私人投资也将继续趋向好转，增幅预计会高于 1978 年。日本政府规定的 1979 年的经济增长率约为 6%，但一般认为全年增长率只能达到 5% 左右。西欧其他主要国家在 1979 年的私人投资也将有不同程度的增加，但增幅和规模都不会太大。预计法国、英国和意大利的经济增长率都不会超过西德。欧洲经济共同体和联合国欧洲经济委员会的报告都认为，1979 年，共同体九国的平均经济增长率将达到 3.4% 或 3.5%，略高于 1978 年的 2.8%。[②]

1979 年，西方各国的通货膨胀情况也难望好转。卡特的反

---

① 美国《1978 年总统经济报告》，1979 年。
② 联合国《欧洲经济委员会报告》，1979 年 3 月 14 日。

通货膨胀计划期望在 1979 年能同时在两个方面取得进展：既能按预定的目标，使通货膨胀率在年中降到 7.5%，然后在年底再降到 7% 以下，又能避免过于刺激经济，引起一场新的经济危机。可是，反通货膨胀计划实施后，通货膨胀仍未见减弱。1979 年头几个月，美国的消费物价上涨幅度在加速扩大，上涨率再次达到两位数。国际市场上石油提价超过原先估计的幅度，以及卡特关于取消国内石油价格控制的决定，将对通货膨胀起一定的刺激作用。对于卡特采取的反通货膨胀和提高利率等措施，究竟会加速还是会推迟一次新的经济危机的爆发，西方看法不一。

西欧经济共同体一些国家的通货膨胀率在 1978 年曾有所下降，各成员国之间的通货膨胀率差距也有所缩小，可是，由于世界石油形势趋于恶化，西欧一些国家的贸易收支受到了影响，从 1979 年年初起就开始受到新的通货膨胀的压力。1979 年英国的消费物价上涨率有可能从 1978 年的一位数重新回升到两位数。意大利的通货膨胀率将高于 1978 年的水平。法国的通货膨胀率可能接近或达到双位数。西德的通货膨胀率将超过 3%。1979 年，日本的物价趋势也将向上发展。

从就业状况来看，西欧经济共同体九国在 1979 年头几个月的失业人数达到了 650 万，超过了 1978 年下半年的水平。在西欧主要国家中，目前只有西德的失业人数保持在 100 万以下。1979 年 3 月间，共同体首脑在一次会议的结论中一致确认："就业形势仍是最令人忧虑的问题。"日本的失业率虽比西欧国家要低得多，但失业人数仍高达一百几十万。美国由于放慢了经济增长速度，1979 年的失业率可能会比 1978 年高，达到 6% 以上。

在国际货币市场上，动乱的根源未消除。自美国采取了稳定美元的"一揽子"措施后，金价一度回跌，美元对日元、西德马克、瑞士法郎等西方其他货币的汇价也有所回升，但美元的地位仍是虚弱的。这是因为，1979 年，美国用来支付进口石油的费用估计会进一步增加到 500 亿美元左右，这样，必须会继续出现庞大的贸易逆差，使美元继续大量外流。此外，美国国内的高通货膨胀率也是加剧美元波动的因素。从 1979 年 3 月 12 日起，西欧经济共同体建立的"欧洲货币体系"正式生效。可以预计到，"欧洲货币体系"建立后，将会逐渐朝着增加使用欧洲货币单位和减少用美元作为结算单位的方向发展。此外，日本在对外结算中也增加了使用日元的比重。石油输出国也正在考虑是否继续用美元来计算油价。当然，目前美元仍是国际主要结算单位，西欧国家和日本，以及石油输出国都还离不了它，但是，国际货币领域中出现的这种倾向引起人们的注意。

西方主要国家之间国际收支不平衡的状况在 1979 年也不可能迅速改善。美国仍将处于逆差地位，西德和日本则将继续保持大量贸易顺差。美国、西欧各国和日本之间为争夺市场而展开的争斗会进一步加剧。从 1978 年 12 月起，美国、日本和西欧各国在日内瓦举行的多边贸易谈判中一直就有关各自利益的问题进行着紧张的讨价还价，直到 1979 年 4 月，美国、欧洲经济共同体和日本等国家才草签了"东京回合"的"一揽子"协议。协议规定要在 1980 年至 1988 年平均减少关税 20% 至 30%。协议还确定了减少对贸易的非关税壁垒的措施和在 1980 年代国际贸易的指导方针。值得注意的是，在草签协议之前，美国曾中断了同日本举行的关于政府采购问题的贸易谈判。西欧经济共同体也表示要采取措施来限制日本的出口。而在协议草签之后，共同体国家仍坚持，只有在"东京回合"的谈判结果得到美国国会批准以后，共同体国家才会最后批准协议。日内瓦的多边贸易谈判所达成的协议虽有助于缓和日益明显的保护主义的气氛，但仍没有驱散笼罩着西方各国的贸易保护主义的阴云。

总之，1979 年西方各主要资本主义国家的经济发展仍将是不平衡的。西欧各国的经济状况将比 1978 年有所改善，其中西德的经济增长速度可能更快一些。日本的经济将继续保持中等的增长速度。美国由于全力对付通货膨胀的威胁，采取紧缩政策，经济增长速度将比 1978 年更为缓慢，个别月份和季度可能出现生产停滞和下降，甚至可能爆发一场新的经济危机。而 1978 年困扰西方的一些难以解决的经济问题，如高通货膨胀率、高失业率、投资不振、货币动荡、国际收支不平衡，能源供应不足、贸易保护主义加强等，在近年内将继续折磨着西方各国。可以预料，1979 年整个西方经济仍将在极不稳定的状态下渡过。

（原载《世界经济年鉴》1979 年，中国社会科学出版社）

1979 年主要资本主义国家的经济形势

　　1979 年是 1970 年代的最后一年。主要资本主义国家的经济在这一年出现了新的不平衡发展：美国和英国的经济形势明显恶化，已濒临爆发经济危机的边缘；日本、西德、法国和意大利等国的经济增长速度虽比上一年快，但经济发展中的新的矛盾和问题正在暴露出来。使这些国家普遍感到焦虑的是，物价的普遍上涨大大加剧，失业人数有增无减，国际货币金融市场仍然动荡不定，贸易保护主义继续有所发展。特别是国际市场上石油价格一再上涨，进一步加深了西方国家的经济困难和它们的国际收支不平衡状况。种种情况表明，1979 年，主要资本主义国家的经济发展仍然处于极不稳定和极为动荡的状态。

一　经济发展出现新的不平衡

　　主要资本主义国家在 1974—1975 年曾经历了一次战后最深刻的经济危机。与战后前几次经济周期的发展进程不同，这次周期的一个明显特征是，在危机阶段结束后，萧条和复苏时间长，经济回升乏力，各国都没有出现过大规模的投资热潮和经济迅速增长时期。这种情况对于主要资本主义国家来说具有一定的转折意义，即在以 1974—1975 年经济危机作为起点的新的经济周期中，直到 1979 年，这些国家始终没有出现过真正有力的高涨阶段，而在 1950 年代和 1960 年代，这些国家在危机阶段结束后，曾普遍出现过经济回升迅猛和经济增长速度较高的时期。1976 年，这些国家的经济虽曾一度以较快的速度回升，但后劲不足，刚进入 1977 年，经济回升就失去了继续向上的势头。针对高物价上涨率、高失业率、生产投资呆滞、经济增长缓慢的形势，美国、日本、西德、法国、英国、意大利和加拿大等七国首脑在同年 5 月举行的伦敦会议上，共商对策，一致表示要采取措施来加速经济增长，并各自承诺在 1977 年要努力达到的经济目标。但是，这次会议并没能扭转经济停滞和增长缓慢的基本趋势。结果，1977 年，西德的经济增长率只有 2.4%，远远低于伦敦会议预定 5% 的目标；法国、英国和意大利的增长率也分别从 1976 年的 5.2%、2.1% 和 5.5% 降至 2.5%、0.5% 和 1.6%。美国和日本的增长率虽然比西欧各国要高，分别达到了 4.9% 和 5.1%，但也都低于 1976 年的增长率。[①]

1978 年，西欧各国的经济状况稍有好转，增长率稍有提高。据联合国欧洲经济委员会统计，1978 年欧洲经济共同体的国民生产总值增长 2.8%，略高于 1977 年的 2.3%。其中西德、法国、英国和意大利分别增长 3.5%、3.3%、3.2% 和 1.9%。日本增长 5.9%，也高于 1977 年，但没有达到政府预定的 7% 的目标。美国的国民生产总值增长 4%，比上一年低，但仍比西欧各国的经济增长率要高。在整个 1950 和 1960 年代，美国的年平均

---

① 美国《1977 年总统经济报告》，1978 年；经济合作与发展组织《主要经济指标》，1978 年有关各期。

经济增长率一直比西欧多数国家要低，但是，从 1974—1975 年经济危机结束以后到 1978 年，美国的经济增长率则明显的高于西欧各国。这一期间，美国在带动资本主义各国经济回升过程中确实起了较大的作用。

进入 1979 年，主要资本主义国家经济的不平衡发展又发生了新的变化。美国第二季度曾发生工业生产指数和国民生产总值绝对下降的现象，汽车、钢铁、建筑等重要工业部门的生产形势都急剧恶化，爆发经济危机的条件渐趋成熟。这一年，美国的经济增长率只有 2.3%，是 1976 年以来增长率最低的一年。英国和加拿大的经济增长率也下降了，分别为 0.5% 和 2.9%。而连续几年落在美国后面的西德、意大利和法国的经济增长率则超过美国，分别达到 4.4%、5% 和 3.3%。欧洲经济共同体的实际增长率也由上一年的 2.8% 增至 3.3%。[①] 同年，日本的经济增长率为 5.5%，在主要资本主义国家中仍居首位。1979 年 7 月，七国首脑在波恩召开的会议上，曾就刺激经济、抑制物价上涨、减少对进口石油的依赖、放松进口限制、稳定货币等问题达成了一些有限协议。会议之后，日本、西德等国政府为了刺激消费，鼓励投资，增加社会需求，分别采取了一些扩大公共工程、减税和适当增加政府开支等措施，这对于支持 1979 年的经济增长起了一定的作用。但是，从 1979 年下半年起，西欧各国和日本的经济增长速度已呈现下降的趋势。

1974—1975 年生产过剩危机以后，主要资本主义国家经济发展处于停滞状态的一个主要原因是固定资本投资不振。这个时期，有限的经济回升在很大的程度上不是依靠扩大固定资本投资，而是依靠扩大消费性的需求来实现的。1976 年以来，通过

---

① 国际货币基金组织《世界经济展望》，1980 年，第 105—111 页。

放宽抵押贷款和消费信贷的条件来扩大对住宅建筑和小汽车等耐用消费品的需求，一直是推动经济回升的重要因素，而对促进经济增长有决定作用的固定资本投资的增长速度则很缓慢。截至1978年为止，主要资本主义国家中只有美国的私人固定资本投资超过了危机前的投资最高点。西德只是接近或刚达到危机前的投资最高点。固定资本的大规模更新和大幅度增长是资本主义经济高涨的物质基础。由于固定资本投资增长乏力，因而主要资本主义国家迟迟不能由复苏进入高涨阶段。

1979 年，美国经济增长率的下降是同私人固定资本投资增长率的下降分不开的，而同年，日本和西德的经济发展情况比预料的要好，则同私人固定资本投资有较大幅度的增长有关。1979年，日本整个民间设备投资增长 16%，其中制造业投资增长20%。西德的固定资本投资，继 1978 年增长 6%之后，1979 年又增长了约 7.5%，达到了 1970 年代的最高水平。但是，由于1979 年西方各国政府普遍采取紧缩政策和国际市场上石油价格连续上涨，从下半年起，不仅美国、英国的经济状况更趋恶化，而且日本、西德等国的经济增长速度和固定资本投资增长速度也呈现减缓的趋势。

还需要指出的是，在这次新周期中，主要资本主义国家不仅固定资本投资增长缓慢，而且投资多半是用于企业"合理化"、防止污染和改用动力装置等方面，直接用于扩大生产能力的投资则较少。例如，1979 年日本的制造业投资增长幅度很大，这同国内生产和消费的需求有所增长有关，但是投资的重点仍不是增加生产能力，而是用于节省能源、节省资源和节省人力等技术革新和生产合理化方面。

近几年来，造成主要资本主义国家固定资本投资增长缓慢的因素是多方面的。生产能力过剩、开工率较低、利润率不稳和对经济前景难以捉摸，使企业界对投资缺乏信心。物价普遍上涨和高利率则严重地阻碍了私人投资活动。此外，币值波动、防止污染费用的增加也对私人投资的增长起了阻碍作用。事实证明，主要资本主义国家为支持私人消费而采取的减税及其他扩大公共工程和加强出口等措施，虽对支持经济回升起了一定的作用，但是，由于没有内在需求作为动力来促使固定资本的大量更新，因而在新的周期中没有出现过真正的经济高涨。

二 物价上涨的加剧

物价普遍的大幅度上涨，是 1970 年代西方工业发达国家经济发展中的一个普遍现象，也是当前西方国家经济发展不稳定的重要因素之一。在 1950 年代和 1960 年代，西方许多国家都广泛推行凯恩斯主义者所鼓吹的适度"通货膨胀"政策，来刺激社会需求和推动经济增长。但是，1970 年代以来，西方国家的"通货膨胀"已由所谓"爬行式"一变而为难以控制的"奔腾式"。引人注意的是，在 1974—1975 年危机期间，主要资本主义国家的消费物价，不仅像前几次危机中那样没有下降，而且上涨幅度很大，许多国家的消费物价上涨率都达到了两位数。这种现象在资本主义经济危机史上是不曾见过的。还有，这次危机结束后，有些西方国家物价上涨的压力，虽一度有不同程度的减弱，但总的发展趋势是在加强。例如，美国的消费物价平均上涨率在 1950 年代大约是 1.8%，1960 年代大约是 2.9%，1970 年代的上涨率则大约为 7.8%，比 1950 年代高 3 倍多，比 1960 年代也高将近两倍。

1977 年，主要资本主义国家的消费物价上涨率分别是：美国 6.5%，日本 8.1%，西德 3.9%，法国 9.5%，英国 15.9%，意大利17％，加拿大8.0％。[①] 1978年，日本和西欧几个国家的消费物价上涨率都有所下降，其中日本降为3.8％，西德降为2.7％，原来物价上涨率达两位数的英国和意大利分别下降至8％和12.4％。[②] 只有美国和加拿大的消费物价在1978年继续上涨，该年年初，卡特政府规定的全年平均消费物价上涨率为6％—6.5％，但结果大大超过了年初规定的数字，再次回升到1975年的9％的高水平。[③] 只是因为西欧各国和日本的消费物价上涨速度减缓，才使1978年主要资本主义国家消费物价上涨率从上一年的7.7％降至6.8％。但是从1978年下半年起，法国和英国的消费物价上涨率也开始上升。

面对这种形势，美国总统卡特在许多场合一再强调，"通货膨胀"是美国当前"最严重的国内问题"，它"已成了一种长期威胁"。为了遏制物价进一步上涨，卡特政府在1978年10月下旬宣布了一项反"通货膨胀"的计划，但卡特本人对这项计划的作用是信心不足的，正如卡特自己所说的，对于"通货膨胀"，"没有任何全面的充分的解决办法"，"能采取的办法是一些局部补救措施"，事实证明，卡特政府的反"通货膨胀"计划并没有能遏制住美国消费物价继续上涨的趋势。

进入1979年，七国的消费物价上涨速度明显加快，除日本外，其他国家普遍上升，有些国家的上涨幅度很大。这一年，美国的消费物价上涨率竟高达13.3％，再次突破了两位数，使卡特政府更难驾驭和控制。法国的消费物价上涨率也达到10.5％。英国和意大利的消费物价上涨重新加剧，年平均上涨率回升到

---

① 经济合作与发展组织《主要经济指标》，1978年各期，以及西方各国电讯和报刊报道。
② 经济合作与发展组织《主要经济指标》，1979年第1、2期。
③ 美国《1978年总统经济报告》。

15.8%和15.7%。西德也由上一年的2.7%升至4.1%。1979年七国消费物价年平均上涨率为9.4%，远远超过上一年6.8%的水平。

1979年，促使主要资本主义国家消费物价普遍迅速上涨的因素，主要有以下几个：

首先，通货膨胀加剧是造成物价普遍上涨的主要因素。这一年许多主要资本主义国家的财政赤字仍然很严重。这些国家的政府为了弥补财政赤字和其他需要，大量增加纸币发行量和举借国债，使纸币流通量大大超过商品流通所需要的数量，引起纸币贬值，再加上日益严重的信用膨胀，从而导致物价普遍上涨。

其次，1979年国际市场上石油和其他工业原材料价格的大幅提高是促使这一年主要资本主义国家消费物价加速上涨的又一重要因素。1978年第四季度，每桶石油价格为12.86美元，至1979年12月涨至25.5美元，几乎上涨一倍。经济合作与发展组织的某些专家认为，1979年，发达工业国家的消费物价上涨率比1978年加速上升2.5%，其中一半是由石油涨价的直接影响造成的。这个计算是否确切尚待研究，但石油大幅提价的确是1979年消费物价加速上涨的重要原因。

此外，劳动生产率的下降也造成美国消费物价加速上涨。1979年，美国劳动生产率绝对地下降0.9%。劳动生产率的下降，引起产品价值的上升，从而加剧了物价上涨的趋势。

消费物价的普遍大幅度上涨，直接影响个人的实际收入和生活水平。1979年，有些主要资本主义国家的个人实际收入出现了绝对下降的情况。以美国为例，由于日用必需品价格的猛烈上涨，1979年全国可供支配的实际收入下降4.6%。每小时的实际收入比1973年的水平降低3.6%。[1] 在构成消费物价指数的七类

---

① 美国《商业周刊》，1980 年 1 月 28 日。

主要商品中，食品和住房的上涨幅度最大，这对收入较低的家庭的打击最为沉重，对中等收入的家庭的打击也颇为沉重，因为食品和住房费用分别占中等家庭预算开支的大约 1/3 和 1/4。此外，从 1979 年 6 月 1 日起，卡特政府开始分阶段取消对国内原油价格的控制，也加速了国内油价的上涨。1979 年，美国汽油和取暖用油的价格上涨了 70%，这对靠汽车作交通工具和烧油取暖的人来说开支当然增大了。这一年，美国居民储蓄率下降到只占净收入的 30%，是 30 年来最低的水平。与此同时，分期偿还的债务在净收入中所占的比重则上升到 18.4% 的创纪录的高水平。据报道，1979 年，美国大多数工会会员的工资和福利金只增加 8% 多一点，而对于没有加入工会的工人来说，增加幅度还要小。在消费物价指数上涨 13% 以上的情况下，工人的实际收入下降了。[①]

　　严重的物价普遍上涨，使整个资本主义经济承受着极为沉重的压力。卡特在 1979 年 1 月下旬向美国国会提出的总统经济报告中指出，"通货膨胀"对美国经济的发展起着严重的破坏影响。它促使利率上升，削弱了美国工业的竞争能力，导致货币市场上美元贬值，打乱了投资计划，使企业界和消费者对未来的信心减弱，抑制了投资的增长和消费需求的扩大，并加剧了社会问题。物价普遍上涨也使日本和西德等国不敢放手采取刺激国内需求和加速经济增长的措施，因为过分刺激经济会引起不可收拾的物价普遍上涨，不仅会在国内造成社会动荡，而且会使出口商品价格上涨，从而削弱本国商品在国际市场上的竞争能力。严重的物价普遍上涨使主要资本主义国家处于进退两难的境地：如采取刺激国内需求的措施，提高经济增长速度，就必须会加剧物价普

---

① 美国《商业周刊》，1980 年 1 月 28 日。

遍上涨，而要采取控制物价普遍上涨的紧缩措施，又会降低经济增长速度，甚至会加速和触发一场新的经济危机的到来。应该指出，1979 年，西方国家害怕物价普遍上涨蔓延更甚于害怕经济增长速度放慢和经济危机。它们采取的经济政策和措施充分证明了这一点。例如，美国 1979 年 10 月在面临即将爆发经济危机的前夕，仍进一步采取大幅提高利率和提高存款准备率等紧缩措施，来抑制和对付构成美国经济主要威胁的物价普遍上涨，而没有把"衰退"作为主攻目标。

近年来，主要资本主义国家为了抑制物价普遍上涨，虽然交替采用或同时并用紧缩财政和紧缩货币的政策，但都不能有效地控制住物价普遍上涨的发展。而且由于采取了紧缩经济和限制需求的政策，已对它们的经济产生了极其消极的后果。1979 年下半年以后，主要资本主义国家经济增长速度普遍减慢，就是采取紧缩政策的直接结果。

三　失业规模庞大

1970 年代主要资本主义国家经济发展中最引人注目的现象之一是失业队伍规模庞大，失业率很高。总的说来，1970 年代主要资本主义国家的失业率比 1960 年代要高得多，其中多数国家的失业率在 1970 年代后半期又高于 1970 年代前半期。在 1960年代，美国的年平均失业率一般都在 5% 以下，而 1974—1975年危机以后，失业率再也没有降到 5% 以下。1960 年代的日本，年平均失业率只有 1% 多一点；从 1970 年代起，失业率开始明显上升；1970 年代后半期，失业率一直保持在 2% 以上，失业人数比 1960 年代几乎增加了一倍。与美国和日本相比，这一时期西欧各国失业率的变化幅度更大。1960 年代上半期，欧洲经济共同体各国失业率平均只占有劳动能力的人口的 1.5%，西德和法国失业人数一般只有 10 万至 20 万人左右，英国的年平均失业人数也不超过 40 万人。进入 1970 年代以后，西欧各国失业人数急剧上升；在经济危机爆发前夕的 1973 年，欧洲经济共同体各国的平均失业率已上升为 2.5%，1975 年危机期间的失业率进一步提高到 4.3%。

在危机过后的经济复苏和回升时期，欧洲经济共同体各国平均失业率不仅没有像以往那样出现回降，反而继续上升。1976 年共同体的平均失业率为 4.9%，比危机时期的失业率还高。1977 年又增为 5.3%，1978 年和 1979 年进一步增长为 5.5% 和 5.6%。这就是说，从 1974 年爆发危机开始到 1970 年代的最后一年，欧洲经济共同体的平均失业率是逐年上升的，中间没有一年有所回降。[①] 当然，西欧各个主要国家之间的失业状况还是有区别的。西德是惟一在危机结束后的经济回升时期失业人数逐年略有下降的国家。1979 年西德失业率由 1975 年的 4.7% 降为 3.8%，失业人数由 100 万人以上降到 80 万人左右。而 1979 年法国、英国、意大利的失业率则比 1975 年危机时期要高得多。其中法国失业率为 6.2%，英国为 5.8%，意大利为 6.1%。[②] 英、法两国在此期间的失业人数分别由 100 万人以下上升到 130 多万人。意大利失业人数则由 120 多万人增加到 170 万人左右。1979 年日本失业率为 2.1%，仍是主要资本主义国家中失业率最低的国家。这一年日本失业人数比 1978 年略有下降，但还是比 1975 年失业人数要多。1975 年危机期间，美国失业率曾高达 8.9%，1979 年降为 5.8%，但失业人数仍高达 600 万人，与欧

---

① 《欧洲经济共同体 1980—1981 年度经济报告》。
② 国际货币基金组织《世界经济展望》，1980 年，第 105—111 页。

洲经济共同体九国的失业人数总和几乎不相上下。

值得注意的是，在 1974—1975 年经济危机期间及这次危机之后，高物价上涨率和高失业率同时并存已成为西方经济发展中的普遍现象，这是现代资本主义发展过程中出现的一个重要的新情况。以往，在爆发典型的生产过剩危机时期，通常见到的是失业人数增加，消费物价下降，而在摆脱危机转向复苏和高涨阶段时，又总是出现消费物价上涨，失业人数减少的现象。可是 1970 年代资本主义经济周期所展现的已不是原先的那种情景，高物价上涨率和高失业率在经济周期的不同阶段已不再是两种互相排斥的现象，反而成了在"滞胀"条件下形影不离的一对孪生兄弟。

造成 1970 年代后半期主要资本主义国家高失业率的首要原因是经济停滞和投资不振。如 1979 年，美国汽车业状况争速恶化，生产下降，解雇的工人数大幅增长。美国三大汽车公司之一的克莱斯勒公司，亏损惊人，几乎濒临破产的边缘，只是由于政府给予紧急援助贷款，才免于倒闭的厄运。建筑业形势也明显变坏，特别是在 10 月间，美国政府加强紧缩措施，提高抵押利率之后，情况更趋严重。这些年来，汽车业和建筑业一直是支持美国经济增长的两个重要工业部门。汽车生产的下降和住宅建筑的减少，对整个美国经济的影响颇大。它们直接波及到橡胶、钢铁等部门，并使解雇工人的浪潮席卷大多数工业部门和地区，而受打击最严重的是东北部和中西部工人。到 1979 年底，汽车工业已有 9 万左右工人被解雇。建筑业中的失业人数更高达几十万人。

其次，近年来，主要资本主义国家的企业投资大多用于生产合理化，也是造成高失业率的重要原因。生产合理化提高了有关企业的资本有机构成，进一步减少了资本所吸收的劳动力数量。特别在经济增长缓慢，社会总资本量增长不多的条件下，不能不造成大量失业。

最后，主要资本主义国家钢铁、煤炭、纺织、造船等传统工业部门正在经历着一场旷日持久的"结构性"危机。由于这些部门生产设备大量过剩，开工率严重不足，因此失业情况十分严重。有些国家虽然也在采取措施，调整日趋衰落的传统工业，但是从近期发展趋势看，对钢铁、纺织等部门的调整，不仅不会增加就业机会，而且有可能使失业人数进一步增加。因为这些国家调整传统工业部门的目的，主要是为了提高劳动生产率，加强本国产品在国际市场上的竞争能力，而不是为了扩大就业人数。

从当前主要资本主义国家的失业结构来看，青年和妇女在失业人口总数中所占比重较大。据西方报刊透露，1970年代以来，西欧一些国家的青年失业率比总的失业率高一倍以上，特别是不满25岁的失业青年，在西欧国家失业总数中所占比重更大。如法国、英国和意大利，25岁以下的青年人在失业总数中所占比重都在40%左右。在美国，白种工人的失业率为5%，而黑人和其他少数民族的失业率则高一倍左右。美国青少年的失业率超过了15%，其中黑人青少年的失业率高达30%以上。

高失业率已成为西方各国十分头痛的问题。失业问题的加剧，大大激化了劳资之间的矛盾，使社会变得更加不稳定。例如，1979年3月，法国政府提出了改组钢铁工业的建议。由于准备在两年内解雇2万名工人，因而在法国东部和西部的冶炼钢铁地区引起了暴力骚动。大量失业同严重的物价普遍上涨结合在一起，使西方国家感到束手无策。

四 货币市场动荡，黄金价格猛涨

1970年代以来，随着西方各国经济状况的普遍恶化，资本主义世界的货币金融危机进一步有所发展，美元的国际地位大为削弱。1971 年 8 月，美国正式停止按 35 美元一盎司的黄金官价兑换黄金。接着在 1971 年 12 月和 1973 年 2 月，又先后两次宣布美元贬值。自此以后，西方各国普遍实行浮动汇率制，以美元为中心和以固定汇率制为基础的资本主义国际货币体系宣告瓦解。但是，浮动汇率制取代固定汇率制，并不能改变资本主义货币金融市场上日益加剧的不稳定状况。根本的原因是，实行浮动汇率制后，美元虽然不再是中心货币，可是它在国际货币金融领域中的地位和影响仍不是别的货币所能取代的，美元仍然是国际结算中的主要支付手段和西方各国、石油输出国以及世界上其他许多国家的主要储备货币。因此，美元国际地位的强弱和它的价格的涨落，不仅直接关系到各有关国家的切身利益，而且是继续影响资本主义货币金融市场稳定的主要因素。

近年来，由于美国外贸和国际收支状况的急剧恶化，美元大量外流，汇价经常下跌，加上国内物价上涨继续发展，因此，美元的地位进一步削弱，国际货币市场上一再掀起抛售美元和抢购黄金的风潮。对于拥有大量美元储备的国家来说，美元汇价的下跌和黄金价格的上涨，都意味着这些国家手中握有的美元进一步贬值。为了减少损失和保值，它们经常抛售大批美元，抢购黄金和其他坚挺的货币，这就加剧了外汇市场的不稳定。1977 年，美元开始大幅下跌，以年初和年底的汇价相比，美元与日元、西德马克和瑞士法郎的汇价分别下降了 17.9%、10% 和 17.7%。1978 年，美元继续剧跌，特别是 7 月间七国首脑会议以后，美元的跌幅更大。7 月底，黄金价格在历史上第一次突破每盎司 200 美元大关。10 月 31 日，美元对日元、瑞士法郎和西德马克等货币的汇价都跌至历史最低点，西方货币金融市场动荡不定。

一段时期以来，美国政府对于美元下跌一直采取听之任之的态度，公开表示只有在市场处于混乱的情况下才会进行干预，西欧各国和日本对美国的这种放任美元下跌的政策十分不满，一再指责美国故意采取这种美元币值向下浮动的货币政策，是为了增强它的出口商品的竞争力，转嫁由于国际收支巨额逆差和物价上涨所造成的经济困难，强烈要求美国采取措施，减少石油进口，抑制物价上涨，使美元稳定下来。

1978年下半年发生的两次美元下跌风潮，使美国受到极大压力。在国内，美元贬值使物价普遍上涨的现象进一步加剧。在国外，欧洲经济共同体为了缩小美元波动对西欧经济的影响，决定建立"欧洲货币体系"。石油输出国为了弥补美元贬值所造成的损失，经过一段时间的酝酿也决定提高石油价格，并表示要考虑用"一揽子"货币取代美元来计算油价。由于美元暴跌已危及美国经济自身的发展和反"通货膨胀"计划的实施，卡特政府才匆忙在1978年11月1日宣布采取包括提高中央银行的贴现率，商业银行对大额存款收取准备金，扩大与西德、日本和瑞士中央银行之间互惠信贷，增加拍卖黄金的数量，财政部发行外币债券，向西德和瑞士出售一部分特别提款权，从国际货币基金组织提取一部分贷款等在内的稳定美元的"一揽子"措施。在西德、日本和瑞士等国的配合下，美国共筹措了300亿美元来干预货币市场。美国政府宣布实施上述措施后，国际货币市场上的美元汇价曾迅速回升，金价也一度跌到200美元以下。但是到12月中旬，当石油输出国组织决定提高油价的消息传出后，美元的汇价再次下跌，金价再次突破200美元。

1979年国际货币金融市场仍很动荡，但与1977年和1978年相比，有一些值得注意的新情况。

1. 由于美国国际收支状况有所改善，外贸逆差有所减少，商业银行的利率大幅提高，大量资金流向美国，因而美元的地位虽然仍很疲弱，但美元的汇价比前两年稳定。1979年，美元对西德马克和瑞士法郎的汇价下跌幅度比 1977 年和 1978 年要小得多，而对日元的汇价则大幅回升，改变了近年来美元与西方其他主要货币的汇价全面持续下跌的局面。

英国由于开发北海石油，国际收支况状改善，使英镑对美元和其他西方货币的汇价均有所上升。英格兰银行大幅提高利率，也加强了英镑的坚挺地位。

2. 黄金价格狂升猛涨，幅度之大是战后从未见过的。1978 年，每盎司黄金价格已突破 200 美元；1979 年上半年金价虽有涨落，但尚算平稳。可是从下半年起，金价扶摇直上，7 月中旬每盎司黄金价格超过 300 美元，10 月初越过 400 美元，到年底，每盎司金价竟升至 524 美元的创纪录数字。1979 年，国际政局动荡，石油价格成倍上涨，石油输出国的国际收支经常项目的顺差，一年内突然增加 600 多亿美元，大大加强了石油资金对欧洲货币市场和黄金市场的冲击。加上高物价上涨率，以及投机活动猖獗等因素，进一步加剧了抢购黄金的风潮，从而引起金价激烈波动和大幅上涨。

3. 西欧国家加速货币合作的进程，正式建立了"欧洲货币体系"。从某种意义来说，"欧洲货币体系"是欧洲经济共同体各国为了抵御美国转嫁物价上涨而建立的货币联合阵线，它的建立可以减轻因美元波动对西欧经济造成的损害。由于"欧洲货币体系"创建的"欧洲货币单位"，逐渐发挥清算和储备货币的作用，这就相应地缩小了美元在西欧的使用范围，削弱了美元对西欧经济的影响力。应该指出，"体系"目前尚处于初期阶段，还有许多困难需要解决和克服，如英国因政治和经济等方面的原因暂时尚未参加。但"欧洲货币体系"的建立无疑加强了西欧国家的联合趋势，使共同体成员国在为实现"欧洲经济货币联盟"的目标方面前进了一步。

五 贸易条件恶化,保护主义抬头

1979 年 7 个主要资本主义国家的对外贸易继续有所增长,出口量增长 6%,与 1978 年的增长幅度大致相等,进口量增长 8.5%,比 1978 年的 6.7%的增长幅度要高。[①] 与此对照,1979年主要资本主义国家的进出口贸易值的增长幅度比贸易量的增长幅度要大得多,这主要是由于国际市场上商品价格加速上涨的结果。

对于主要资本主义国家来说,1979 年的对外贸易虽然继续增长,可是贸易条件大大恶化了。由于贸易条件的恶化,多数国家的经常项目收支发生了大幅度的不利变动。

1978 年,日本和西德的贸易顺差继续扩大,法国、英国和意大利的贸易地位也有所改善,只有美国的贸易逆差高于 1977年。以经常项目收支来说,1978 年日本有 165 亿美元顺差,西德有 88 亿美元的顺差,法国和英国也从 1977 年的逆差转为顺差。而美国和加拿大则仍然保持 135 亿美元和 46 亿美元的逆差。1979 年情况发生了很大变化。最引人注目的是,多年来经常项目收支一直处于顺差地位的日本和西德,也分别出现了 86 亿美元和 57 亿美元的逆差。西方工业发达国家的经常项目收支由上一年的约 310 亿美元顺差转为 110 亿美元逆差。[②] 1979 年美国出口量比进口量的增长要快,农产品出口盈余为 183 亿美元,工业品出口盈余为 127 亿美元,从而使经常项目收支逆差降至 3 亿美元。但这一年的外贸逆差仍高达 294 亿美元,只比 1978 年的 338

---

① 国际货币基金组织《世界经济展望》,1980 年第 89 页。
② 同上书,第 100 页。

亿美元逆差减少 44 亿美元。

1979 年日本和西德等国的经常项目收支出现逆差，以及美国贸易收支继续保持高额逆差，与国际市场上石油价格的大幅上涨有密切联系。1978 年 12 月，石油输出国会议决定，1979 年 10 月 1 日前分阶段把石油提价 14.5%。但是，在 1979 年 3 月底的会议上，成员国决定提前 6 个月将原油提价 14.5%。由于伊朗局势动荡，中东形势恶化，西方国家怕石油不能保证供应和油价再度剧涨，在国际市场上竞相争先购买石油进行囤积，这对于油价的上涨起了推波助澜的作用。1979 年，在现货市场上，每桶原油价格曾高达 40 美元左右，大大超过石油输出国的官方价格。

据报道，由于石油提价，1979 年美国进口石油的费用比上一年增加 170 亿美元，总额达到 600 亿美元左右。1979 年西德进口石油的费用增加 160 亿马克，总额达到 480 亿马克。日本、法国、意大利等在这方面的支出也都大大增加。

国际市场上油价的大幅上涨对西方工业发达国家的经济增长产生了一定影响。据经济合作与发展组织的某些专家估算，原油价格每上涨 10%，就会使该组织的成员国国民生产总值下降约 0.3%，并会加剧各成员国的物价普遍上涨。

近年来各主要资本主义国家一方面鼓吹贸易自由化，力图通过扩大出口，促进经济增长保持国际收支平衡；另一方面，由于高失业率、国际收支经常项目逆差的增长，以及一些基础工业的衰落和缺乏竞争力，又加强了它们的贸易保护主义。1979 年，随着石油价格的上涨，西方各国之间争夺市场的斗争更加表面化了。

近年来，美国、日本和西欧各国之间的贸易战一直十分激烈。日本一直以汽车、钢铁、录音机和化学产品为中心，加强对其他工业国家的出口，夺得了愈来愈多的国外销售市场。1979年，美国进口的230万辆汽车中，约有180万辆，即80%是日本生产的。日本汽车公司在西欧各国也占有广大市场。1979年，日本汽车在西德市场上的销售比重已上升到10%，在英国市场上的销售比重也在增长。日本对美国和欧洲经济共同体的贸易都处于顺差地位。1977年欧洲经济共同体在对日本的贸易中出现了51亿美元逆差。1978年日本表示要大幅增加从共同体的进口，但是这一年共同体对日本的贸易逆差不仅没有减少，反而增加到64亿美元。1979年的逆差额仍继续增长。在美国的压力下，日本在1978年已对电视、录像机等部分出口商品作了限制。与此同时，由于美国在1978年实行了有保护主义色彩的"起动价格"，这一年日本对美国钢的出口比1977年减少20%左右，尽管如此，1978年美国对日本的贸易逆差仍高达115.7亿美元。1979年美国对日贸易状况仍未显著改善。

　　1978年年底，有90多个国家参加了在日内瓦召开的名为"东京回合"的多边贸易谈判。美国和欧洲经济共同体的代表，在关于美国是否取消对得到西欧国家补贴的出口商品征收补偿税的问题上发生了争执。美国认为西欧国家对出口商品进行补贴，是搞隐蔽的贸易保护主义，今后美国在进口这些商品时要征收补偿税；共同体的代表则强调，如果美国不答应取消征收补偿税，他们就不结束已拖延了5年多的"东京回合"谈判。在会议进行过程中，美国还中断了同日本举行的关于政府采购问题的贸易谈判。欧洲经济共同体也表示要采取措施，限制日本出口。直到1979年4月，美国、欧洲经济共同体和日本等国才草签了一个"一揽子"协议，到同年12月才正式签署了"东京回合"的贸易自由化协定。1980年1月1日协定开始生效。协定规定，在8年内进口税平均减少33%。并规定要减少妨碍自由贸易的非关税壁垒。据估计，世界贸易中受到这些措施影响的贸易额每年约达 1250 亿美元。必须指出，除了美国、日本和西欧等国外，有些国家的代表只是就协定的有关部分签了字。"东京回合"多边贸易谈判达成的协定，虽然在某些方面反映了西方各国在贸易领域取得某种妥协，但贸易保护主义的阴霾仍未驱散。

总的说来，1979 年是主要资本主义国家经济状况进一步趋于恶化的一年。从发展趋势来看，1980 年，这些国家的经济处境将更为黯淡。

由于主要资本主义国家在 1980 年将会继续采取紧缩政策和提高利率，它们的固定资本投资增长率将要下降，经济活动也将进一步减弱。美国和英国可能陷入经济危机。

1980 年，这些国家的通货膨胀不会缓和。物价上涨率将会继续上升，失业问题将更加严重。在国际货币金融市场上还可能出现新的抢购黄金的风潮。贸易保护主义会继续加强。

种种情况表明，对于主要资本主义国家来说，1980 年代的第一年，无论在政治和经济方面都将是一个极为艰难的年头。这些国家之间的经济发展不平衡将进一步加剧，"滞胀"现象会继续发展，整个西方经济将在更加不稳定的状况下渡过。

（原载《世界经济年鉴》1981 年）

1980 年代初主要资本主义国家的经济危机 [*]

刚跨入 1980 年代，在西方世界就爆发了一次新的世界经济危机。这次危机在美国一直延续到 1982 年，在西欧危机则拖到 1983 年，这是第二次世界大战以来最严重、最深刻的一次世界经济危机。这次危机标志着 1974—1975 年危机开始的资本主义世界经济周期的结束和新的资本主义世界经济周期的开始。这次危机使资本主义经济肌体中的"滞胀病"进一步加深，资本主义世界的各种矛盾进一步激化，资本主义政治和经济的不稳定性大大加强。

一　1980 年代初资本主义世界经济危机的主要特点

1980 年代初的资本主义世界经济危机同 1974—1975 年危机相比，有其相似的方面，如主要资本主义国家几乎同时受到危机的袭击，因而两次危机都具有明显的同期性；各主要资本主义国

---

[*]　本文是作者与仇启华合著。

家在危机期间的物价不仅没有下跌，反而普遍大幅度上涨，危机和物价上涨的现象交织在一起，从而使主要资本主义国家的经济难以迅速摆脱危机；失业率急速上升，失业人数大量增加，等等。但是，1980 年代初的经济危机是在 1974—1975 年经济危机以后"滞胀病"进一步加深的情况下爆发的，因而这次危机在许多方面表现得更加严重和深刻。

（一）危机发展过程曲折和持续时间长

让我们先看一下这次危机中几个主要资本主义国家工业生产下降的情况。

在美国，工业生产指数的变动情况呈现了 W 形。其具体变动情况如下：1979 年第二季度工业生产出现了绝对下降，汽车、建筑、钢铁等主要工业部门的形势急剧恶化。经过半年左右的经济停滞和生产的上下微弱波动，从 1980 年 2 月开始，美国的工业生产连续下降了六个月，来势颇猛。从 1980 年 1 月到 1980 年 7 月工业生产指数下降 8.1%。但是，从 1980 年 8 月起，工业生产又逐渐回升，到 1981 年 7 月，美国的工业生产指数已回升到 153.9，不仅超过了 1980 年 1 月的 152.7 的水平，也超过了 1979 年 3 月的 153.5 的水平。当时许多人曾认为美国经济已摆脱危机而开始转向复苏。但是，从 1981 年 8 月起，美国的工业生产急转直下，到 1982 年 11 月为止的 16 个月中，除了 1982 年 2 月和 7 月稍有上升外，其他 14 个月的工业生产都是下降的。在这 16 个月中，工业生产下降了 12.4%，明显地超过了 1980 年第一次的下降幅度。这也就是说，工业生产的指数呈现了下降——回升——下降的曲线，三年多时间内发生了两次下降。

加拿大的经济危机发展过程，同美国颇为相似。1980 年 6 月，工业生产指数降到了低点。接着出现回升，到 1981 年 6 月，工业生产指数已超过了危机前的最高点。可是，从1981年7月起，工业生产又出现了第二次下降，这次下降的持续时间比第一次长，下降的幅度也比第一次大，到1982年5月，工业生产指数比1980年3月下降了9.5%。

日本的工业生产指数在1980年2月达到了高点，3月骤然下降，8月份降到低点，降幅为6.1%。1980年9月工业生产开始回升，到1981年10月工业生产指数升到新高点，而从1981年11月起，日本的工业生产又出现连续4个月的下降，到1982年2月工业生产指数比1981年10月的高点又下降4.1%，以后略有上升，但到1982年年底，工业生产还未超过1981年10月的水平。

危机在西欧一些主要资本主义国家的表现形式不同于美国。英国、联邦德国、法国和意大利自卷入危机后到1982年底，虽然工业生产出现过几次起伏，但这些国家与美国和加拿大不同，工业生产（不包括建筑业）指数始终在低点徘徊，没有超过危机前的最高点。

在欧洲经济共同体成员国中，英国的经济危机最为严重，工业生产的下降幅度是战后历次危机中最大的。1979年6月英国的工业生产指数（1975年＝100）为115.9，7月起连续下降，到1981年1月，工业生产指数降至99.1。2月份稍有回升后，3月份起又出现下降，到1981年5月降至98.4的最低点[①]。从1979年7月至1981年5月的23个月内，工业生产下降15.1%。1981年6月到1982年底，英国工业生产仍在低点上下徘徊（1982年11月工业生产指数为100.8）。[②]

---

① 英国《经济趋势》，1982年1月。

② 同上。

联邦德国工业生产的下降幅度比英国小。工业生产指数（1975 年 = 100）在 1980 年 3 月达到 124.0[①] 的高点后，接着就断断续续地下降，到 1980 年 12 月降至 114.4[②]，下降幅度为 7.7%。以后有所回升，1981 年前 11 个月的工业生产指数都高于 114.0，但 12 月份的指数却降至 112.9。1982 年前 6 个月的指数再次超过 112.9，可是下半年又在低点徘徊。11 月份的工业生产指数为 108.3[③] 如以这一指数与 1980 年 3 月的最高点比较，下降幅度为 12.7%。法国和意大利的情况同联邦德国相似。法国工业生产指数（1975 年 = 100）在 1980 年 4 月为 120.0[④]，从 5 月份起，出现断断续续的下降现象。到 1981 年 2 月，下降到 107.7，[⑤] 下降幅度 10.2%。以后在低点徘徊，到 1982 年 5 月，上升到 114.6，下半年又出现断断续续下降现象。意大利的工业生产指数（1975 年 = 100）在 1980 年 4 月为 134.4，到 1980 年 8 月下降为 117.2，下降幅度为 12.8%。以后略有回升，到 1982 年 10 月，又出现了一次较大的下降，降至 116.7，达到了危机以来的最低点。如以这一指数与 1980 年 4 月的最高点比较，下降幅度为 13.2%。

让我们再回顾一下 1974—1975 年危机时期各主要资本主义国家工业生产下降的情况。在那次危机中，美国、英国、联邦德国、法国和日本的工业生产下降幅度分别为 15.3%、11.2%、12.3%、16.3% 和 20.8%；工业生产下降的时间分别为 9 个月、10 个月、15 个月、10 个月和 15 个月。把 1980 年代初的危机与

---

① 欧洲共同体统计局《欧洲统计》，1981 年 2 月。

② 同上书，1981 年 11 月。

③ 同上书，1983 年 1 月。

④ 同上书，1981 年 2 月。

⑤ 同上书，1981 年 11 月。

1974—1975 年的危机进行比较，可以明显地看到：在 1980 年代初的危机中，就工业生产下降幅度来看，除英国和联邦德国以外，其他国家还没有超过 1974—1975 年危机；但是就危机持续的时间来看，所有国家都大大超过了 1974—1975 年危机。这次危机持续时间达三年之久，创第二次世界大战以来的最高记录。同时，这次危机的曲折性（美国式的两次下降，西欧式的下降、停滞、再下降）是资本主义危机史上罕见的。这是这次危机的一个突出特点。

1980 年代初世界经济危机之所以持续时间长和发展过程曲折，从根本上说，是由于在国家垄断资本主义条件下，国家对经济干预（包括反周期措施）的结果。这种干预加深了资本主义基本矛盾及其表现形式——生产能力无限增长与劳动人民有支付能力的需求之间的矛盾，使资本主义社会再生产过程中的生产过剩因素积累起来，形成经常的严重的生产过剩。正是在此基础上，爆发了 1974—1975 年的严重危机，在危机之后又陷入了长期的生产停滞。不仅如此，由于严重的生产过剩没有得到解决，因而在没有出现明显的高涨阶段（1977—1979 年整个经合组织国家工业生产年平均增长速度为 3.8％，大大低于 1974—1975 年危机以前高涨阶段，即 1971—1975 年期间的 6.7％）的情况下仍然爆发了更为严重的世界经济危机。同时，由于国家垄断调节所造成的另一个后果——货币金融领域里的严重危机与生产过剩的危机相交织，整个危机延续时间更长和危机发展过程更为曲折。

（二）经济危机期间货币金融领域里的危机更加严重

社会再生产领域里的生产下降与货币金融领域里的通货膨胀相交织，是 1980 年代初经济危机和 1974—1975 年经济危机的共同特点。所不同的是：在 1980 年代初的危机前期（1980—1981年），通货膨胀及由此引起的物价上涨的情况比 1974—1975 年危机期间更加严重。例如，美国 1975 年的消费物价上涨率为9.1%，而 1980 年为 13.5%，1981 年为 10.2%。[①] 法国、意大利等国的消费物价上涨率都超过了 1975 年。在这种情况下，如果继续采取"传统的"膨胀政策来刺激经济回升的话，就会造成更加严重的通货膨胀，从而影响到整个资本主义经济的运转。这就迫使资产阶级政府实行紧缩政策，其最重要的措施是通过提高利率来紧缩通货和信用。这样，在危机期间提高利率的反常做法，就成为这次世界经济危机中最令人瞩目的问题之一。

带头提高利率的是美国。在 1974—1975 年的世界经济危机期间，美国联邦储备银行的贴现率最高曾达到 8%，商业银行的优惠利率达到 12%。1970 年代末期，随着"滞胀病"加深，通货膨胀和物价上涨加剧，贴现率和优惠利率大幅度上升。1979年年底，美国消费物价上涨率高达 13.3%，联邦储备银行的贴现率随之上升到 12%。在这次危机中，从 1980 年 4 月至 1981 年8 月，美国商业银行的优惠利率曾先后四次超过 20%，其中1980 年底曾升到 21.5% 的创纪录水平。优惠利率除了 1980 年 8月因生产暂停下降，一度降至 11.2% 的低点外，长时间徘徊于16% 的高水平上。美国联邦储备银行的贴现率在 1981 年 5 月初上升到 14%，加上对大商业银行的附加利率，贴现率实际上高达 18%。一直到 1982 年 12 月，美国贴现率和优惠利率才分别下降到 8% 和 11% 的水平。在危机期间，美国利率大幅度上升和长期居高不下，一方面是由于美国政府执行紧缩政策，另一方面，美国政府为弥补巨额的财政赤字，导致借贷资本的需求剧

---

① 联合国《统计月报》，1982 年 5 月。

增，也对抬高利率产生不可忽视的影响。

需要指出的是，在1980年代初的经济危机中，资本主义国家的利率水平高，不仅表现在名义利率上，而且更突出地表现在实际利率上。如用简单的公式来表述，名义利率减去消费物价上涨率就等于实际利率。通常名义利率和消费物价上涨率的发展趋向是一致的，而前者总要高于后者。如果名义利率等于物价上涨率，或是名义利率低于物价上涨率，那就出现无利可得或负实际利率的反常现象。这种情况在1974—1975年危机和当前危机中都曾短暂地出现过。但是，从长期看，在正常的情况下，是不会出现这种现象的。而在这次危机中，实际利率水平高得惊人，它超过了通常的3%左右的水平，在美国甚至在相当长的时期内，实际利率保持在10%左右的高水平上。尽管在这次危机的后期，资本主义国家的名义利率不同程度地有所下降，但物价上涨率下降更快，因此，实际利率的水平仍旧很高。

高利率政策对抑制通货膨胀是起了一定作用的。如1982年12月，美国和英国的消费物价上涨率已分别由1980年底的12.4%和18%下降到3.9%①和5.4%②。但是，高利率政策既抑制了企业家进行生产投资的积极性，又限制了消费者的有效需求，使经济难以回升，从而拖长了经济危机的时间。

（三）危机期间公司和企业的破产率达到惊人的程度

在这次经济危机中，严重的生产过剩和销售困难，使许多公司缺乏必要的周转资金，并且使企业不得不承担沉重的利息负担。这就使公司和企业的破产情况特别严重。企业倒闭的浪潮几

---

① 与上年同期相比的百分数。
② 同上。

乎袭击了所有的资本主义国家。在美国、英国、联邦德国和法国等主要资本主义国家中，公司和企业的破产率均创战后最高记录。引人注意的是，这次倒闭浪潮，不仅使大批中、小企业遭殃，而且也使一些有名的大公司破产。还有，这次倒闭浪潮波及的范围很广，除建筑业、汽车业、零售和批发业、储蓄和信贷等部门出现大批企业倒闭外，农村中农场主破产的现象也极为严重。

在美国，1980 年企业倒闭总数为 11742 家，1981 年增至 17040 家，1982 年达 24000 家左右。在农村也出现银行关闭，谷物公司倒闭，农机商店破产的衰败景象。美国 200 多万户农场主经受了农产品丰收，成本上升和价格下跌的沉重压力，并度过了 30 年代经济大萧条以来最凄凉的年头，许多农户因承受不住这种打击而破产。1982 年年中，每台价值 9 万美元的大型拖拉机销售量比一年前减少了 40%，价值更昂贵的联合收割机的销售速度还要慢。农业设备工业大约有 37000 名工人被解雇。在国际上久负盛名的国际收割机公司也在破产的边缘上挣扎。

在英国，1982 年上半年，英格兰和威尔士的破产企业达 5550 家，比 1981 年同期增加 22%，创历史最高记录。零售业的情况最为严重，1982 年上半年倒闭的企业达 1256 家，约占同期企业倒闭总数的 1/4，比 1981 年上半年增加 66%。英国最大的企业主组织英国工业联合会的调查报告表明，许多公司国内外的生产订货处于停滞状态，半数企业得到的订单低于正常水平。

1981 年，联邦德国破产的公司达到 8494 家，创战后的最高记录，比 1980 年的破产数字高出四分之一还多。建筑业受到的打击尤为严重，1982 年头 5 个月破产的建筑公司比 1981 年同期约增加三分之二。

在法国，1980 年公司破产总数为 17375 家，1981 年增至

20895 家，创公司破产的新纪录。1982 年前三季度公司破产率虽低于 1981 年的水平，但政府有关部门担心，在第四季度，公司的破产率会再次上升。

（四）失业人数剧增、失业率创战后最高记录

在这次危机中，由于生产严重过剩，企业开工率很低，工人被大批解雇，失业人数大量增加。加上大批企业破产，更把整批整批的工人抛入了失业队伍，这就使得失业大军急剧增加。因此，这次危机期间，主要资本主义国家的失业规模不仅远远超过五十年代和六十年代危机时期，而且也超过 1974—1975 年危机时期。在 7 个主要资本主义国家中，除了日本的失业率增长幅度较小外，其他几个国家的失业率，在 1980 年代初的头三年，特别是从 1981 年起都出现大幅度增长。欧洲经济共同体国家的平均失业率，在 1975 年危机时期为 4.3%，而到 1982 年底已增至 10% 以上。共同体各国的失业人数在 1975 年不到 600 万，1980 年 12 月增加到近 800 万；到 1982 年底，达到了 1200 万左右，比 1974—1975 年危机期间增长了一倍。在欧洲经济共同体成员国中，英国的情况最为严重。1980 年英国失业率为 6.9%，高于联邦德国和法国，失业人数达 166.5 万，1981 年失业率为 10.7%，失业人数达到 252 万。1982 年 9 月，英国的失业人数达到 306.6 万人，创 30 年代经济危机以来的最高记录。法国、意大利和联邦德国的失业率在 1980 年分别为 6.5%、7.6% 和 3.8%；1981 年分别上升到 8.6%、8.9% 和 6.5%。但失业人数均未超过 200 万。1982 年，法国、联邦德国和意大利的失业人数继续迅速增加，这一年的 10 月和 11 月，法国和联邦德国的失业人数分别超过 200 万，意大利 11 月份失业率达 11.4%，失业人数高达 253.3 万人。

美国的失业情况也十分严重。在危机刚开始的 1980 年，美国的失业率为 7.4％；从 1981 年下半年起，就节节上升，到年底已高达 8.9％，失业人数达到 950 万；而 1982 年 12 月份失业率增至 10.8％，失业人数高达 1220 万，为 1941 年以来的最高峰。美国劳联—产联主席莱恩·柯克兰措辞严厉地指责说，这些统计数字"展示美国人遭到多大的痛苦。9.8％的失业率意味着失业的男女排成队有 4000 英里长，可以从东海岸排到西海岸，从加拿大排到墨西哥"。加拿大的失业情况更要严重些。1982 年 12 月，加拿大的失业率高达 12.8％，失业人数超过了 150 万。就连失业情况比较缓和的日本，失业人数也在增长。1982 年年中，失业人数增加到 140 万，失业率增至 2.48％，是 1955 年以来的最高水平。

从各部门的情况来看，美国失业现象最严重的是汽车业和建筑业。在危机中，随着这些部门的生产和开工率的大幅度下降，资本家就大量解雇工人。在汽车业中，数以几十万计的雇员先后被大汽车制造商和他们的供应厂商所解雇。建筑业的失业规模更为惊人。据美国全国住宅建筑商协会估计，在近 500 万名美国建筑工人中，约有 100 万人失业。1981 年美国建筑业的失业率高达 18.2％，比全国平均失业率高一倍多。与汽车业和建筑业有密切关系的钢铁业、橡胶业等，失业现象也很严重。在欧洲经济共同体各成员国中，除了汽车业和建筑业有大量工人失业外，钢铁、纺织、煤炭、造船等开工率严重不足的传统工业部门，失业现象也十分严重。例如，自 1973 年以来，共同体的纺织和服装业，每年约减少 11 万至 12 万个工作岗位。1980 年，这一行业的职工，已从原先的 310 万人减为 230 万人，减少了近 27％。

从失业人员的构成来看，同以往一样，遭受失业冲击的首先是那些最缺乏技术和经验的青少年、妇女和少数民族。1980 年初，在欧洲，男人失业率为 7%，而妇女失业率为 8.5%；25 岁以下的失业青年占失业总人数的比例则高达 38%，1980 年秋季以后，这一比例提高到 40% 以上。在美国，根据劳工部公布的数字，1981 年 12 月，全部工人的失业率为 8.9%，其中白人失业率为 7.8%，黑人失业率为 17.4%。而黑人青少年的失业率则高达 42.2%，某些地区如底特律，黑人青少年的失业率还要高。

1982 年底，经济合作与发展组织的 24 个成员国的失业人数总和，已高达 3050 万，比 1974—1975 年危机时期的 1500 万人高出一倍，接近 1929—1933 年大危机时期 4000 万人的水平。目前在美国等主要资本主义国家内，大量失业已成为政府要对付的首要经济问题。

综上所述，如果不单纯看工业生产下降幅度，而从危机持续时间的长度、货币金融领域里危机的严重程度、公司企业破产率和失业率等多方面综合考察，1980 年代初的世界经济危机，从总的来说，比 1974—1975 年危机要更加严重和深刻。

二 1980 年代初资本主义世界经济危机的影响

1980 年代初的世界经济危机不仅严重影响资本主义国家的经济发展，加剧了资本主义国家内部的社会和阶级矛盾，而且严重危及国际政治和经济关系的正常发展。在这次危机过程中，无论是广大发展中国家同发达资本主义国家之间的矛盾，还是发达资本主义国家之间的矛盾，都大大加剧了。

（一）发达资本主义国家内部阶级矛盾加剧

在经济危机中受害最深的是生活在下层的无产阶级和其他劳动人民。

由于物价上涨率超过收入增长率，加上垄断资产阶级压制工人提高工资的要求，并采取冻结工资、缴纳社会保险费、削减企业的福利待遇等办法，工人的实际收入大大下降。例如美国工人的实际工资，1979 年下降 3.1%，1980 年下降 4.3%，1981 年下降 1%，到 1982 年上半年又下降 3%，比 1970 年代初低 16%。西欧各国也出现了相同的情况。如英国工人实际工资，1980 年下降 0.7%，1981 年又下降了 2.1%。甚至像联邦德国这样的国家，在危机期间也出现了劳动人民实际收入下降的现象。1981年，联邦德国的个人消费出现了战后第一次负增长。日本也发生了战后 36 年来从未有过的五年没有减税和实际工资连续两年减少的情况。

不仅如此，由于这次危机时期失业人数剧增，再加上资产阶级国家纷纷采取了削减社会福利开支的措施，广大劳动人民的贫困化进一步加剧，生活在资产阶级政府所规定的贫困线以下的人增加了。1980 年，美国约有 2930 万人生活在政府规定的贫困线以下（被官方列为穷人），占美国总人口的 13.2%。1981 年，这个数字增加到 3180 万人，约占总人口的 14%。这就是说，每 7 个美国人中，就有一个穷人。

1980 年初，在欧洲共同体各成员国中有 4000 万人过着贫困的生活，被官方视为穷人，这个数字占人口总数 2.75 亿人的 14.5%，其中有 1000 万人被视为最穷的人。

劳动人民物质生活状况的恶化，使阶级矛盾日益激化，劳资冲突加剧。1981 年夏天，一万多名美国空中交通指挥人员不顾联邦航空局的解雇威胁，举行了美国联邦雇员有史以来的第一次全国性罢工。在英国，罢工的浪潮此起彼伏。1982 年，英国一共举行了 1450 多次罢工，参加罢工的有 230 多万人，损失的劳动日为 791.6 万个。在 1982 年 10 月至 11 月间，联邦德国连续发生三起规模较大的反对政府控制工资增长、削减社会福利的游行集会。在意大利，1982年6月25日，全国1400万职工举行了声势浩大的全国性大罢工，反对雇主单方面决定修订工资指数制度。

（二）在发达资本主义国家转嫁危机的影响下，广大发展中国家陷入更加严重的经济困境

1980年代初，发展中国家受到发达资本主义国家转嫁经济危机、实行贸易保护主义和提高贷款利率等多方面打击，经济、贸易条件和国际收支状况更加恶化了。发展中国家从发达国家进口的制成品价格提高了，而它们出口的初级产品的价格一再被压低。从1980年第四季度到1982年第一季度，初级产品下跌约25％。在这种情况下，发展中国家的国际收支逆差迅速增长（非产油的发展中国家由于国际市场的油价上涨，受影响更大），外债负担愈来愈沉重。

1979年，非产油发展中国家的国际收支逆差为500亿美元，1980年和1981年进一步扩大为640亿美元和830亿美元，1982年已经超过1000亿美元，而在1973年，它们的国际收支逆差是110亿美元。尽管这些国家增加了商品的出口量，放慢了进口增长速度，甚至停止了对某些商品的进口，但国际收支逆差仍然逐年扶摇直上。1981年以来，由于石油价格下跌，多数生产石油的发展中国家的经济状况也恶化了。如果把石油输出国组织作为一个整体来看，1980年的国际收支尚有1000亿美元的巨额顺差，到1982年已出现近100亿美元的逆差。

为了弥补大量的国际收支逆差和使经济保持一定的增长速度，广大的发展中国家不得不从国外大量借债。1982年底，这些国家的国际债务已达到6260亿美元。近年来，发展中国家每

年还本付息的费用在出口收入中所占的比重日益增大。七十年代初，发展中国家的 12 个最大借债国需用出口收入的 6% 来支付外债利息，到 1980 年，支付外债利息占出口收入的比重增加到 16%。1981 年和 1982 年，这一比重继续在增大。据关税与贸易总协定公布的材料，1980 年非产油发展中国家支付的纯利息高达 170 亿美元，1981 年猛增到 250 亿美元。联合国的一项报告说，这些发展中国家在 1981 年偿还的本息已经超过了它们同年得到的新的私人贷款总额。

在经济危机过程中，发达资本主义国家对发展中国家的援助大大减少，这就进一步加深了发展中国家的经济困境。尽管联合国规定工业发达国家要用本国 0.7% 的国民生产总值向发展中国家提供官方发展援助，可是实际援助的数额只达到上述指标的一半左右。1980 年 17 国开发援助委员会提供的援助总额为 260 多亿美元，1981 年发达资本主义国家借口经济衰退，削减了 10 亿美元。7 个主要资本主义国家中，目前没有一个国家提供的官方发展援助达到 0.7% 的指标。1981 年，美国援外款占国民生产总值的比重，从上一年的 0.27% 降至 0.2%，是减少外援款最多的国家。

非产油的发展中国家的经济遭受多方打击，经济增长率大大下降。1980 年，这些国家的经济增长率降至 4.9%，1981 年进一步降到 1.5%。联合国贸易和发展会议在一份有关报告中说，多数发展中国家的经济增长率实际已处于停滞状态，国内失业人数增加，社会动荡不安。

（三）发达资本主义国家之间的斗争进一步加剧

在经济危机时期，争夺国际市场的斗争是发达资本主义国家之间的斗争最突出的表现。

1980 年，在世界性经济危机的袭击和贸易战加剧的情况下，国际贸易出现了萎缩和下降。这一年，发达资本主义国家的出口贸易量（扣除物价因素）增加 4.5%，增长率低于 1979 年。1981 年，随着世界经济危机的继续深化，世界贸易形势急剧恶化，发达资本主义国家的出口贸易量的增长幅度进一步降低到 1.5%；而出口贸易值（按现行价格计算）则下降 1%。

出口贸易值比出口贸易量下降得更快，这是由于：第一，1981 年在国际市场上，由于需求减少，商品价格普遍下跌。在 1981 年一年中，发达资本主义国家的制成品出口单位价格下跌了 4.1%，而在前几次危机中，制成品价格则没有下跌或下跌的幅度很小。第二，美国的高利率吸引了大量资金，使美元汇价上升，结果使以美元计价的世界贸易总额和发达资本主义国家的出口贸易总额下降。1981 年，世界石油出口额下降 14%，也是造成世界贸易总额下降的一个重要原因。

1970 年代以来，经济危机和停滞，使发达资本主义国家争夺市场的斗争进一步加剧，其中尤以美国、日本和欧洲经济共同体三方之间展开的贸易战最为激烈。1973 年开始的"东京回合"多边贸易谈判，经过多年激烈的讨价还价，至 1979 年底才使美国、日本和欧洲经济共同体正式签署了一项贸易自由化协定（这项协定于 1980 年 1 月 1 日生效）。尽管如此，它们之间为争夺市场而发生的政治和经济冲突，并未见缓和。在 1980 年代初的危机过程中，这种冲突进一步尖锐化，发达资本主义国家为了解决自身的严重生产过剩和向别国转嫁经济危机，口头上竭力鼓吹贸易自由化，实际上都加强了贸易保护主义。它们要求别的国家为自己的出口商品敞开市场，而自己则设置重重关税和非关税壁垒，限制别国商品进入本国市场，因而经济贸易方面的摩擦一起接着一起。

在这场激烈的贸易战中，日本占了上风。1980 年，日本同欧洲经济共同体的贸易顺差超过了 100 亿美元，1981 年进一步增至 150 亿美元左右。1982 年，仍达 100 亿美元以上。日本向西欧市场大量出口汽车、摩托车、电视机、高保真度的音响设备等竞争力极强的产品，使西欧各国同类产品的销售受到极大的压力。欧洲经济共同体各成员国指责日本没有按照关税与贸易总协定的规定履行其义务，进口额大大小于出口额，并强烈要求采取紧急措施来控制增长迅猛的对日贸易逆差，共同体各成员国除了要求日本大量增加进口它们的商品外，还要求日本开放银行和保险部门，并通过允许外国公司获得对日本公司控制股权的法律。

美国同日本的贸易也存在着大量的逆差，由于美国的强烈不满，近年来日本被迫对向美国出口的某些产品采取了"自愿"限制的措施。例如，1981 年 4 月，双方通过谈判，签订了日本向美国出口汽车"自愿"限制协议，期限两年；1981 年日本向美国出口的汽车由 1980 年的大约 240 万辆减少到大约 230 万辆，实际上 1981 年，日本汽车在美国市场上所占的比重仍然高达 26.8%（1980 年的比重为 26.4%），这是因为这一年美国市场上的汽车销售总量由上一年的大约 900 万辆降至 860 万辆。又如 1981 年，尽管美国钢铁业的开工率很低，失业人数增多，并采取"起动价格"制度限制外国钢铁进口，但日本向美国出口的钢铁仍达 620 万吨的高水平。为此，美国一再向日本施加压力，要日本采取全面的行动，取消非关税壁垒，消除社会因素的障碍，大量增加进口美国的商品。

在各方面的压力下，日本做了一些让步，取消了一些非关税壁垒和对进口的某些限制。但日本的官方人士仍争辩说，美国和欧洲的经济处于不利的地位，主要是这些国家的经济衰退和失业造成的，不是日本出口造成的。他们还指责说，美国和西欧各国也有非关税壁垒，同样对进口产品采取反倾销的政策。

美国同欧洲经济共同体之间的贸易战也在逐步升级。它同西欧的贸易有大量的顺差，1980年贸易顺差额为210亿美元，1981和1982年贸易顺差都超过100亿美元。1980年代初，美国和欧洲经济共同体之间在农产品和钢铁贸易问题上的矛盾愈来愈表面化，美国抱怨共同体对农产品和钢铁的出口提供政府补贴，使美国蒙受很大的损失。双方虽就这些问题进行了多次会谈，但收效不大。1981年，共同体国家为了支持处于不景气状态中的本国钢铁业扩大出口，提供了相当于钢铁价格30%的政府补贴，使共同体在1981年向美国出口的钢铁量比1980年猛增了67%，即从390万吨增加到接近650万吨。这种做法直接影响美国钢铁公司在本国市场上的销售量，使这个传统的衰落部门处境更为艰难，失业队伍扩大。1982年初，美国7家大钢铁公司向法院起诉，控告共同体钢铁制造商违反关税与贸易总协定的规定，接受政府的不正当补贴，以低价在美国市场上倾销自己的产品，并要求美国政府对从西欧进口的钢铁征收高额抵消关税。由于美国的反应强烈，共同体各国经过磋商后表示愿意在今后3年内把对美国出口的钢铁自动减少10%，条件是美国不对共同体的钢铁产品征收苛重的反倾销税。可是美国的钢铁公司则要求共同体的钢铁制造业在今后三年内向美国出口的钢铁产品自动减少20%，否则就不撤销向法院的控诉。1982年11月在日内瓦举行的关税与贸易总协定部长级会议，经过激烈的争吵和延长会议，才勉强通过了一个内容空泛的宣言。会议上争吵最激烈的是农产品出口补贴问题。美国强烈要求取消这种补贴，欧洲经济共同体成员国则竭力反对。因此，尽管宣言呼吁反对贸易保护主义，实际上无论是美国、日本、还是共同体成员国，谁都不肯做出较大的让步。

发达资本主义国家之间的斗争还围绕着高利率问题而展开。美国的高利率政策不仅对国内经济产生严重后果，而且给其他西方国家带来不利影响。高利率使美元对联邦德国马克、法国法郎和日元等的汇价有了较大幅度的提高，并使西欧各国的资金大量流向美国。为了阻止资金外流，西欧各国也被迫提高利率，从而使处于困境的西欧各国经济更加一筹莫展。为此，西欧各国指责美国的高利率政策是以邻为壑，抑制了私人企业投资的积极性，加剧了它们的失业问题，扰乱了欧洲货币体系。有的国家领导人甚至尖锐地批评说，美国的高利率对于西欧各国等于是"第三次石油冲击"，严重地阻碍了西欧的经济复苏。因此，在 7 个主要资本主义国家的 1981 年渥太华首脑会议和 1982 年凡尔赛首脑会议上，美国以外的其他与会国首脑一致强烈地要求美国改变这种政策，而美国只表示随着美国通货膨胀的缓和，利率会相应降低，事实上未做让步。这样，美国的高利率政策就加剧了西方各国之间的矛盾。

此外，美国、欧洲经济共同体和日本，在对苏联实行经济制裁问题上也发生了争吵。尤其是西欧国家不顾美国的反对和禁令，坚持向苏联提供天然气管道和设备，曾一度发展成美欧之间的公开政治冲突。这显然也是与这次危机所造成的经济困难分不开的。

三　世界经济危机和现代资产阶级经济
　　理论的危机

从 1979 年至 1981 年，随着资本主义世界经济形势的急剧恶化，一些主要资本主义国家先后发生了政府更迭。其中最瞩目的是，1979 年 5 月以撒切尔夫人为代表的英国保守党重新执政；

1981年初，美国共和党的里根取代民主党的卡特入主白宫；1981年5月，法国的密特朗在选举中击败吉斯卡尔·德斯坦后组成以社会党为主的新政府。这些国家政府的更迭，都是同它们本国经济困难的日益加深以及这些国家的广大人民对当时的经济现状极端不满分不开的。在选举过程中，在野党一面猛烈抨击执政党的社会经济政策，一面保证自己上台后要执行另一种使经济得以复兴的新的社会经济政策。

撒切尔夫人和里根在上台前，就指责主张加强国家对经济生活干预的凯恩斯主义，是导致英国和美国经济发展滞缓和物价猛涨的根源。他们两人一个表示上台后要以货币学派理论作为制定经济政策的依据，一个则表示上台后要以供应学派理论作为制定政策的基础。与凯恩斯主义强调刺激社会总需求的理论不同，供应学派理论的核心是强调通过刺激供给以促进经济的发展。而货币学派则强调控制货币供应量以制止通货膨胀。供应学派的理论同货币学派的理论相比，虽各有其特点，但两者之间有某些共同之处，最突出的相似之处是，这两种理论都属于西方资产阶级的保守主义经济理论。撒切尔夫人和里根都主张用大幅度减税和大量削减政府开支等措施使本国经济从经济危机和"停滞、膨胀"困境中摆脱出来。例如，撒切尔夫人一上台，就宣布一项以减税、削减政府开支、降低货币供应增长率等措施为主要内容的经济计划，并着手取消政府对工资、价格、股息和汇率的控制，推行"非国有化"政策，企图通过这些措施来刺激储蓄和投资，降低物价上涨速度，增加就业机会和提高劳动生产率，从而使英国经济重新恢复活力和增强竞争力。里根上台时也宣布了一项以削减个人所得税和企业利得税，降低联邦开支的增长率，控制货币供应量和取消原来由政府规定的一部分限制私人企业活动的规章制度为主要内容的经济复兴计划。里根强调说，这一计划的执行将使美国经济"摆脱衰退",并很快会"走上繁荣和稳定增长的道路"。但是,尽管撒切尔夫人和里根以及他们周围的智囊人物把货币主义和供应学派的理论描绘成有着振兴资本主义经济的回天之功,1980 年代初的资本主义现实却无情地证明,货币主义和供应学派的理论同凯恩斯主义一样,都无法阻止资本主义周期性的经济危机的爆发。

撒切尔夫人和里根执政后,英国和美国的经济状况不仅不见好转,反而更加恶化了。在主要资本主义国家中,经济危机在这两个国家中表现得最为严重,工业生产下降的幅度最大,失业人数最多,企业的开工率最低。撒切尔夫人和里根曾一再争辩说,减税能刺激储蓄和促进投资,结果却是两头落空,既没有提高储蓄率,也没有出现投资高潮。无论是在英国还是在美国,愈来愈多的人抱怨目前的严重经济形势在很大程度上是现任政府执行错误的经济政策促成的。面对严酷的经济现实,英国保守党政府和美国里根政府虽然在口头上仍坚持他们所信奉的那套理论,但是,实际上在一系列问题上已经节节后退了。例如,里根在严重的经济困难压力下,只好放弃竞选时所许下的要在自己的任期内实现财政收支平衡的诺言,并把三年内减税 30% 的幅度缩小为 25%,减税计划的生效日期也由 1981 年 1 月推迟到 1981 年 10 月 1 日。里根在执政的第一年,虽然在减税的幅度和时间上做了让步,但对于来自各方面要其通过增税来减少财政赤字的要求仍置之不理。1982 年初,里根在他发表的第二个国情咨文中仍坚持说,"提高税收并不意味着减少赤字"。可是,陷于危机深渊的美国经济和因减税而不断扩大的财政赤字,迫使里根从他的供应学派理论的根本立场上退却了。1982 年 8 月中旬,里根终于无可奈何地发表全国广播讲话,要求美国公众支持他提出的在 3 年内增加 983 亿美元的税收计划,并呼吁国会批准这项新的增税法案。里根本人承认"增税这一剂经济药是令人不快的，但是必要的"，理由是这项措施有助于更接近预算平衡、降低利率、恢复经济和增加就业机会。人们记忆犹新，就在一年前，里根和供应学派的谋士们曾欢呼国会通过了他们提出的一项大规模的分阶段实施的减税计划。仅隔一年时间，里根又不得不吞下这颗增税苦果，这说明以供应学派理论为依据的美国经济政策在现实面前碰了壁。对此，《纽约时报》在一则报道中说，"通过要求征收新税，里根放弃了他在1980年竞选中和执政头18个月来奉行的供应学派理论"。

在英国，撒切尔夫人在现实面前也被迫采取了一些妥协措施。例如，在坚持货币主义理论的前提下，政府放松了对货币供应量和对公共部门的借款需求的控制，并增加了对工业的拨款。

正当撒切尔夫人和里根分别在英国和美国实施货币主义和供应学派的经济政策时，密特朗在法国却仍以凯恩斯的理论作为制定政策的依据，强调要进一步加强国家对经济生活的干预。密特朗一上台就采取扩大国有化的措施，并试图通过对一些大工业企业、大银行和大金融公司的国有化来加强国家对工业战略物资和金融市场的控制。里根和撒切尔夫人把抑制通货膨胀和物价迅速上涨作为国内首要经济任务，而密特朗则把"反失业"作为政府要解决的头号经济问题。密特朗原来指望依靠扩大国有化、提高最低工资、增加各种社会补贴、减少工作时间、降低退休年龄、实行五个星期的带工资的假期等措施来缓和危机、扩大社会购买力和增加就业机会，可是在他上台的一年后，法国经济的情况更加困难。失业人数由密特朗上台时的163万人增加到1982年10月的217.7万人，物价继续迅速上涨，利率升高，财政赤字以及外贸和国际收支逆差大幅增长，私人投资不振，法郎两次贬值，外汇储备减少。在这种情况下，密特朗政府不得不考虑调整经济政策，放慢改革的步伐。为了刹住在收益和工资方面增长过快的趋势和减缓物价上涨的速度，法国政府在 1982 年 7 月迫不得已地宣布将物价和工资冻结 4 个月。密特朗的经济政策开始向紧缩方面转变。

密特朗同里根和撒切尔夫人虽然奉行不同的经济政策，但是在身染百病的资本主义经济现实面前，同样被迫从自己政策的基本立足点后退，这充分说明，现代资产阶级经济理论的危机已大大加深，不管是凯恩斯主义，还是货币主义和供应学派的理论，都无法从根本上医治资本主义制度所产生的经济病症。

（原载《世界经济年鉴》1982 年）

美国经济形势恶化,但尚未尖锐到爆发危机程度

1979 年的美国经济发展进程极其曲折,总的说来,经济状况急速恶化。这主要表现在两个方面:一方面,消费物价的上涨年率再次突破了双位数,通货膨胀犹如脱缰之马,狂奔猛驰,使卡特政府更难驾驭和控制;另一方面,经济增长实际处于停滞状态,经济危机的条件日趋成熟,特别是在 10 月份美国政府进一步采取紧缩措施后,经济情况更趋恶化。这种形势有可能使美国从 1979 年年底或 1980 年年初开始爆发一场人们早在议论的新的经济危机。

值得注意的是,1979 年 4 月的工业生产下降和第二季度国民生产总值的下降,曾使美国政府、企业界和经济学界的许多人士断言,美国已经开始发生一场新的"经济衰退",尽管多数人认为,这次"衰退"将是"温和的"、"轻微的"、"有限的"等等。可是,出乎人们意料的是,美国第三季度的工业生产除了 8 月份下降外,7 月和 9 月都有不同程度的回升,而国民生产总值在第二季度下降了 2.3% 之后,第三季度又意外地回增了 2.4%。美国经济的这种曲折发展使政府和民间的许多经济预测人员感到愕然。就连众所公认的判定"经济衰退"何时开始和何时结束

的权威机构——全国经济研究局也对这种经济形势感到茫然不知所措。因为按照这个机构所下的定义和美国广为流传的说法，扣除通货膨胀部分的国民生产总值至少必须连续下降两个季度才能算是"经济衰退"。正是在这种情况下，一些有影响的美国政府人士和民间经济预测机构纷纷改变和放弃原先认为的第二季度开始美国已经发生"经济衰退"的看法。

在我国经济学界，关于当前美国经济形势也存在不太一致的看法。一些人认为，美国从1979年4月第二季度开始已爆发一场新的经济危机，虽然他们中间有的认为是周期性危机，有的认为是中间性危机，个别的则认为是"滞胀性经济危机"。我们认为，在1979年10月以前，美国的生产和消费之间的矛盾在加速激化，经济形势也在恶化，但再生产过程的内在矛盾尚未尖锐到爆发经济危机的程度。

一

美国从1975年4月摆脱战后最深刻的一次危机以后，经济回升的速度和强度同1960年代相比均大为减弱。工业生产回升经过约一年半的时间才达到危机前的最高点。固定资本投资则一直到1978年第二季度才超过危机前的最高点，1979年第一季度固定资本投资也仅超过危机前高点的9.9%。美国工业生产的回升和固定资本投资的增长如此缓慢乏力，这是战后美国以往各次周期发展进程中罕见的现象，它决定了美国在以1974年至1975年危机为起点的新的周期中不会出现真正的经济高涨。1976年，美国的经济增长率为6%，回升的速度比较快，但1977年的增长率降为4.9%，1978年增长率又降为4%，1979年则几乎在原地踏步。

从 1977 年以来，一方面美国的经济增长率逐步下降，另一方面消费物价上涨率则逐年上升。1978 年，美国的通货膨胀明显加剧，消费物价上涨率由 1977 年的 6.5％ 升至 9％。卡特政府为了遏制美国经济的主要威胁通货膨胀在 1979 年继续发展，和消费物价持续猛涨，决定进一步采取紧缩政策，放慢经济增长速度，把 1979 年的经济增长率定为 2.25％。尽管政府内外的一部分人士担心，进一步紧缩经济，采取反通货膨胀计划，可能会触发一场"经济衰退"，但卡特决定两害相权取其轻，继续把抑制通货膨胀作为政府的主要目标。卡特指望，反通货膨胀计划的实施能同时在两个方面取得进展，即既能使消费物价上涨率在 1979 年年中降到 7.5％，然后在年底再降到 7％ 以下；又能避免过于刺激经济，引起一场新的"经济衰退"。可是，反通货膨胀计划实施的结果表明，卡特政府在两个战线上都遭到了挫折。一是通货膨胀的势头不仅未见减弱，相反，却进一步加剧了，1979 年 1 月至 9 月的消费物价上涨率不仅突破了双位数，而且达到了 13.2％ 的高度。国际市场上石油大幅度提价对通货膨胀起了火上加油的作用，卡特取消国内石油价格控制的决定，也对通货膨胀的加剧起了一定的刺激作用。同时，石油大幅度提价还影响美国汽车工业和其他有关工业的生产和销售，从而抑制了美国经济的增长，使美国再生产发展进程中逐步积累起来的矛盾日趋尖锐化和表面化。1979 年 4 月，美国工业生产指数由 3 月的 153.0 降为 150.8，之后，在 10 月份以前，虽然只有个别月份的工业生产出现下降，但工业生产指数始终未超过 3 月份的最高点。特别是被称为美国经济三大支柱的汽车业、建筑业和钢铁业的情况都不好。汽车的生产指数在 1979 年的头三个季度中连续下降，汽车的销售量也急剧下降。1979 年上半年每个月的汽车装配量按年度计算平均为 890 万辆，8 月份下降为 750 万辆，11 月份则降为

720 万辆。据报道，通用、福特和克莱斯勒这三家美国最大的汽车公司 1979 年的销售额分别比 1978 年降低了 19%、41% 和 12%。房屋建筑在 1978 年曾达到年率 210 万幢的高峰，1979 年第二季度则降至年率 170 万幢，9 月份曾一度回升到年率 190 万幢，由于 10 月份卡特政府进一步紧缩银根和提高抵押贷款率，11 月份新建的住宅和公寓按年率计算进一步降为 152 万幢，比一年前约下降 28%。必须指出的是，1974 年至 1975 年危机后，美国经济回升在很大程度上是依靠扩大消费性需求，直到 1978 年，通过提供抵押贷款和消费信贷来扩大对住宅建筑和小汽车等耐用消费品的需求，始终是推动美国经济回升的一个重要因素。汽车业和建筑业的不振还影响到同它们关系密切的钢铁业，并使卡特政府预定的已经压低的 1979 年的 2.25% 的经济增长率成为泡影。

美国工业生产中的这种变动情况，正是一些人认为从 1979 年第二季度开始美国经济已经爆发危机的主要依据。此外，这些人还认为，失业人数增加、商品滞销、库存积压、开工率下降，以及银根紧缩和股票价格下跌等，都是经济危机已经爆发的典型征候。应该怎样来估计 1979 年的美国经济形势呢？以上所说的美国经济中所发生的这些变动情况是否表明美国在 1979 年年中以前已发生了经济危机呢？对此，我们有些不同的看法。

二

认为美国在 1979 年 4 月已爆发经济危机的人一再强调，应该根据多种经济指标的分析，包括分析反映生产领域和流通领域变动情况的各种指标来判断是否爆发经济危机。这个前提无疑是正确的。但是为了准确地判断周期发展是否已进入危机阶段，应该对反映生产过剩危机的各种指标进行具体的细致的分析，对使用的概念含义要明确。例如，有的人提出，1979 年 4 月，美国爆发了战后第七次经济危机。主要表现是：工业生产下降，失业人数增加，库存积压，物价猛涨，国民经济更加动荡不定。我们觉得这样的表述过于笼统，因为并不是任何情况下的工业生产下降，失业人数增加，库存积压都能构成一场经济危机的。至于物价猛涨已成为近年来美国经济生活中的一个经常性因素，它不是什么经济危机的标志。

我们认为，要判断美国经济在 1979 年第二季度是否已爆发危机，仅仅列举一下工业生产下降的数字和有关经济指标的变动情况，还不足以说明问题，应该首先依据马克思主义关于经济周期和经济危机的理论，确定生产过剩危机的质的规定性和量的规定性。我们不能接受西方国家用"衰退"的概念来代替危机的概念，也不同意用国民生产总值连续下降两个季度作为衡量危机是否爆发的主要根据。马克思主义政治经济学认为，生产过剩危机爆发时，生产一定要下降，没有生产不下降的经济危机。那种认为经济增长率下降也是危机表现形式的观点是错误的。但是，在判断经济危机是否爆发时，也不能采取简单化的分析方法，并不是任何性质的生产下降或幅度很小的短暂的生产下降都叫做经济危机。一般说来，危机开始后，生产总会有较大幅度的下降，而且会持续下降一段时间，并波及一些主要工业部门，在生产领域和流通领域都有所表现。在 1979 年 4 月至 10 月的 7 个月中，美国的工业生产仅在 4 月和 8 月出现下降，5 月、6 月、7 月和 9 月均有不同程度的回升，10 月则不升不降。此外，4 月和 8 月的生产下降，外部因素起了相当大的作用。例如，4 月份生产下降幅度较大，同石油短缺和全国卡车司机大罢工有很大关系。8 月份的生产下降则同国际市场上石油大幅度提价有密切联系。正因为如此，当这些外部因素的作用消失或有所缓和时，生产就停止继续下降。4月和8月生产下降后，5月和9月生产又迅即回升，这表明4月和8月的生产下降主要不是再生产过程内部矛盾极度激化所引起的危机性的下降。这是从质的规定性方面看。

从量的规定性方面来看，工业生产下降的幅度很小。7月份的工业生产指数曾回升到152.8，几乎同3月份的高点153.0相等。9月和10月的工业生产指数也仅比3月份的高点低0.3%。回顾一下战后美国历次危机时期工业生产指数的下降幅度，都比此要大得多。如1974至1975年危机时期的工业生产指数比危机前的高点下降了15%以上。1969至1970年危机时期的工业生产指数的降幅较小，也比危机前的高点低6.8%。可见，从生产下降幅度来看，断定美国在1979年4月至10月间已经存在经济危机，显得论据不足。失业率的增长幅度也是衡量是否爆发经济危机的一个重要指标。从1979年3月至7月，美国全国的失业率大致保持在5.7%和5.8%的水平上，8月份和10月份增至6%，但9月份和11月份又先后降回到5.8%，失业率虽有微弱的增长趋势，但增幅不大，同样不能作为已经爆发经济危机的根据。商品库存积压不太严重是去年美国经济的一个令人注目的现象，而在1974年至1975年危机期间，大量的库存积压曾是促使生产持续下降的一个重要因素。此外，开工率的降幅也不大，3月份的开工率为86.3%，10月份为85%。从固定资本投资的情况来看，1979年第二季度虽比第一季度略降0.2%，但第三季度又比第二季度回升了0.9%。固定资本投资的下降一般同工业生产的下降有一至两个季度的时差，可是直到第三季度结束，仍看不出有较大幅度下降的势头。同时，7月、8月、9月的工厂订货则连续增加1.6%、1.9%和3.9%；第三季度不仅工业生产指数和国民生产总值比第二季度有所增长，而且企业利润也有较大幅度的增长，利润下降的主要是汽车业和钢铁业。至于谈到去年10月上旬美国政府大幅提高利率，抛售有价证券，提高存款准备率，进一步紧缩信用，恰恰说明美国政府一直到1979年10月仍然设法采取一切措施来抑制和对付构成美国经济主要威胁的通货膨胀，而没有把所谓"衰退"作为主攻目标。从美国政府所采取的经济措施来看，并没有急于要用减税等办法来缓和所谓"衰退"。各种情况表明，在1979年10月份以前，美国经济的内在矛盾虽在趋向激化，爆发生产过剩危机的条件也在逐渐成熟，但还没有开始爆发经济危机。

关于我国经济学界对当前美国经济形势的不同估计，不仅反映了对1979年10月前美国是否已经爆发经济危机有不同的看法，而且还反映了对战后美国经济周期发展进程有不同的看法。

主张1979年第二季度美国已爆发周期性危机的人认为，这是美国以1974年至1975年危机为起点的一个周期的结束和一个新周期的开始，他们认为，这次危机证明战后美国的经济周期确实已经缩短为5年左右。

另一些人则认为，美国虽在1979年第二季度爆发了经济危机，但这不是一次周期性危机而是一次中间性危机。理由是，这次危机开始后，工业生产下降幅度较小，其他经济指标变动的幅度也不大，工业生产下降主要限于汽车业等少数部门，因而对整个经济的冲击较小。此外，这次危机暂时只在美国蔓延深化，还没有波及到其他主要资本主义国家。既然这是一次中间性危机，因此，它既不是上一个周期的终结，也不是新周期的开始。虽然这场危机目前还在深化，但总的说来，危机比较温和，持续时间也不会太长。

还有的人认为，美国在1979年第二季度开始的危机是"滞胀性经济危机"，它是在经济停滞和通货膨胀的基础上出现的。

这种危机同美国政府采取的财政金融政策有明显的联系，危机开始时生产一般不是急剧下降，危机程度较为温和，延续时间也不长。持这种观点的人估计，这次危机会持续到今年春季。提出"滞胀性经济危机"概念的人没有进一步阐发这种危机究竟是周期性危机的一种表现形式呢？还是一种不具有周期性质的危机？其实，如果从1979年第二季度开始美国确已爆发了一场周期性危机或中间性危机，那又何尝不是在经济停滞和通货膨胀的基础上出现的呢？所以这个概念缺乏明确的含义，需要作进一步的说明。

关于战后美国经济周期是否缩短的问题，我在提交美国经济研究会第一届年会的《周期缩短、危机频繁是战后美国经济周期的特点吗？》一文中已谈了自己的拙见。我的总的看法是：危机频繁不是战后美国周期的特有现象；美国从战后到1975年共经历了6次经济危机，其中4次是周期性危机，两次是中间性危机，因而同战前相比，周期没有缩短；固定资本的更新和扩大是周期的物质基础，但固定资本更新的期限不是决定周期期限的惟一因素，更不能单纯以固定资本在价值形态上的补偿期限作为战后美国周期缩短的论据。由于篇幅的限制，这里就不再重述了。

毋庸置疑，第二次世界大战后，由于国家垄断资本主义和科学技术革命等因素的作用，以及由此引起的生产结构、消费结构和能源结构等方面的变化，对包括美国在内的世界资本主义经济的发展进程产生了重大影响，经济周期的发展和经济危机的表现形式出现了同战前大不一样的情景。但是无论是日趋加强的国家垄断资本主义的调节措施，还是影响遍及各个领域的科学技术革命，都不能克服资本主义制度所固有的生产社会性和生产成果私人占有形式之间的基本矛盾，不能使资本主义国家避免爆发周期性的生产过剩危机。战后经济危机的形式、次序和情景确有很大变化，但危机爆发期间，生产出现持续下降的情景没有变。从战后美国已经发生过的六次经济危机来看（包括周期性危机和中间性危机），每次危机爆发后都有一段持续半年左右的生产下降时间。而且生产下降都达到一定的幅度。对比来看，1979年10月以前的美国经济虽然在4月和8月曾出现生产下降，但缺乏持续性，总的说来，在此期间美国经济是处于停滞状态。我们认为，这种情况说它是经济危机爆发的前奏是可以的，但说它已经爆发危机则是缺乏说服力的。

三

那么，是不是排斥美国在近期内可能会爆发一场经济危机呢？不排斥。从1979年年底到现在，美国的经济情况继续在恶化，造成这种局面的因素是多种多样的，其中有经济因素的作用，也有政治因素的作用；有国内因素的作用，也有国际因素的作用。

首先，去年10月份卡特政府采取的进一步紧缩银根和提高抵押贷款的措施，已经对经济起了抑制的作用，其直接结果就是使房屋建筑在十月份下降了约8%，接着在11月份又下降了将近14%，而在9月份，按年率计算的房屋建筑的幢数曾有较大幅度的回升。估计，房屋建筑在今年年初可能还会进一步下降。

其次，由于国际市场上石油再次提价和国内的高通货膨胀率，美国汽车制造业的处境已愈来愈不妙，卡特政府已正式要求国会批准相当于15亿美元的联邦贷款来支撑濒临破产威胁的克莱斯勒汽车公司。与此同时，钢铁业的情况也不好，美国最大的钢铁企业美国钢铁公司已宣布将关闭15个工厂。

再次，在美伊关系危机尚未解决的时候，苏联又悍然派出大批军队入侵阿富汗，使国际局势更加紧张和动荡。此外，由于各种因素特别是国际政治因素的影响，国际金融市场上每盎司黄金的价格在去年年底前突破了 500 美元，接着在短短几天内，金价一度曾猛升到 650 美元左右，美元对西德马克等的汇价急剧下降，美元的国际地位进一步遭到削弱。

　　上述这些因素对当前美国经济的发展无疑有很大的影响，在这些因素的影响下，美国开始爆发一场经济危机是不会使人感到意外的。

（原载《四川大学学报》1980 年第 1 期）

周期缩短，危机频繁是战后
美国经济周期的特点吗

关于战后资本主义世界经济周期发展和美国经济周期发展的特点，长期以来就是国内外经济学家热烈争论的一个重大理论问题。第二次世界大战对资本主义经济周期的发展产生了极大的影响，由于战争对资本主义各国造成的影响不同，因而战后各个资本主义国家的经济周期的发展进程存在着很大的差异，这种差异当然要反映在资本主义世界经济周期的总的发展进程上。此外，国家垄断资本主义的迅速发展、科学技术革命的迅猛展开，以及由此引起的资本主义经济中生产结构、消费结构和能源结构等方面的变化，都对资本主义经济周期的发展进程有重大影响，从而决定了战后资本主义经济周期的特点。一般说来，大家都同意上述因素对战后经济周期有强大影响，并认为，正是这些因素的作用使战后资本主义经济周期发展变了形，但是一涉及资本主义世界在战后究竟经历了几次经济周期，每次周期的始末如何定，以及哪几次危机可以称做周期性的生产过剩危机时，就有不同的看法。由于美国是资本主义世界经济最强大的国家，在资本主义世界的经济生活中有着举足轻重的地位，在战争期间是惟一没有遭到经济破坏的一个资本主义大国，加上战后30多年来爆发经济危机的次数比其他主要资本主义国家为多，因此，很自然地就成了国内外研究战后资本主义周期发展演变的一个主要目标。

关于战后美国经济周期特点的争论主要是从 1960 年代初期开始充分展开的。当时苏联经济学家瓦尔加对战后资本主义周期和美国周期的特点提出了自己的看法。在 1960 年的一次讨论会上他说："看一下资本主义整个存在时期的危机长度，那便可以确定周期持续时间缩短的明显趋势。"他指出，从 1825 年到 1857 年，周期的持续时间为 11 年，从 1857 年到 19 世纪下半期，平均每个周期的持续时间为 8.5 年，20 世纪初到 1929 年，每个周期的平均持续时间则缩减为 7 年。在对影响战后周期发展的各种因素作了分析之后，他得出结论说，"周期的持续时间可能进一步缩短，即 4 年到 6 年之间"。瓦尔加还提出了周期哪些阶段将要缩短的问题。他以美国为例，指出缩短的首先是萧条阶段，同时，高涨阶段也在缩短。而在谈到战后美国周期的发展情况时，瓦尔加认为，美国在 1948 年、1953 年、1958 年和 1960 年先后发生了 4 次生产过剩危机，同战后欧洲的情况相反，美国周期的特点是周期短而危机较频繁。瓦尔加的观点曾为相当一部分经济学家所接受。直到现在仍有广泛的影响。有些经济学家同意战后美国的危机是频繁的，但不同意经济周期也在缩短。也有些经济学家，对瓦尔加的论点提出质疑，认为战后不仅整个资本主义世界的经济周期没有缩短，而且美国的经济周期也没有缩短，理由是美国在 1960 年代初以前发生的 4 次危机中有两次是"中间性危机"。另一些经济学家虽然同意上述的某一种看法，但是依据的材料和论证的方法却不一样。周期缩短、危机频繁是不是战后美国经济周期乃至整个资本主义世界经济周期的特点呢？这是我们所要探讨的一个主题，本文试图就此问题发表一些个人的浅见。

一　危机频繁不是战后美国周期特有的现象

第二次世界大战后，由于国家垄断资本主义和科学技术革命等因素的作用，资本主义经济周期的发展确实出现了同战前大不一样的情景，特别是在1950和1960年代，包括美国在内的资本主义世界的多数工业发达国家的生产力曾经一度获得较之以往各个历史时期更快的发展，但是无论是日趋加强的国家垄断资本主义的调节措施，还是影响遍及各个领域的科学技术革命，都不能克服资本主义制度所固有的生产社会性和生产成果私人占有形式之间的基本矛盾和其他矛盾，不能使资本主义国家避免爆发周期性的生产过剩危机。列宁在第一次世界大战以前就已指出，在垄断资本主义时期，"个别危机底形式，次序和情景是改变了，但危机仍然是资本主义制度不可避免的组成部分"。战后的资本主义发展的历史进程证明，列宁的这一论点是正确的。至今仍然具有重要的指导意义。

从1945年战争结束以来的30多年中，多数经济学家认为，美国已先后于1948—1949年、1953—1954年、1957—1958年、1960—1961年、1969—1970年和1974—1975年发生了六次生产过剩经济危机。危机爆发的次数确实比较多。但是危机频繁是否使战后美国周期缩短，并共同构成战后美国周期的特点呢？我们认为，同西欧一些主要资本主义国家相比，战后美国的经济危机是比较频繁的，但是，如果把美国战后的周期发展进程同第一次世界大战后到第二次世界大战发生前的美国周期发展进程相比较，我们就会发现，危机频繁并不是第二次世界大战后美国经济周期发展中的特有现象。因为在两次世界大战期间，美国的经济危机也是比较频繁的。从1918年第一次世界大战结束后，美国曾相继在1920—1921年、1924、1927年、1929—1933年、1937—1938年发生过经济危机，其中1924和1927年的两次危机同其他三次危机相比较显得轻微些，一般不为人们所注意，有些经济学家把这两次危机称做"中间性危机"。在《1848—1953年世界经济危机》一书中，瓦尔加认为美国1920年代的"高涨曾在1924和1927年两次被打断，它们具有部分的、中间危机的性质"。显然，战后30年发生6次危机，平均5年发生一次；战前20年发生五次危机，平均4年发生一次，绝不能说战后危机爆发的次数比战前更频繁，至少应该说，从第一次世界大战后起，美国的经济危机就比较频繁。当然，应该指出，瓦尔加在提出第二次世界大战后美国危机频繁的论点时，只是指到60年代初为止的4次经济危机，瓦尔加本人于1964年去世，他对以后发生的周期进程的变化情况，不可能事前就做出具体的说明，但是，他的基本观点是十分明确的。他认为，由于战后时期出现了使周期持续时间缩短的新因素，"可以预见，在整个资本主义世界中周期的持续时间将会进一步缩短"。而60年代以后的资本主义周期发展进程并没有证实瓦尔加的预见，恰恰相反，1960—1961年经济危机和1969—1970年经济危机之间的相隔时间同前几次危机之间的相隔时间比较不是缩短了，而是拉长了。即使按战后美国头四次经济危机的间隔时间同战前各次经济危机的间隔时间相比，也得不出危机频繁，周期缩短的结论。

二 战后美国的周期没有缩短

在争论中由于各自所持的前提不同，因此得出的结论也不同。瓦尔加在论述战后美国经济危机频繁和周期缩短的观点时，前提是把战后美国的头四次经济危机都看做是周期性的经济危机，而把战前的 1924 年和 1927 年的危机看做是中间性危机，这样 16 年中发生四次周期性经济危机，平均每 4 年发生一次，而战前是 20 年中发生三次周期性经济危机，平均 6.7 年发生一次，自然就引出了战后危机频繁，周期缩短的结论。持不同观点的另一方，前提是把战后美国的 1953—1954 年和 1960—1961 年危机作为中间性危机排除在周期性危机之外，这样分析的结果当然就得出危机没有频繁，周期没有缩短的结论。我们同意不能用周期缩短，危机频繁作为战后美国经济周期的特点，但是，我们认为在比较战后和战前发生的危机次数时，不应采取为我所用的分析方法，而应把两个时期所发生的危机都拿来比较。现在争执的焦点是哪几次危机不应看做是周期性危机，而应看做是中间性危机，因为中间性危机是某一周期高涨或复苏阶段的"中断"，它不能构成一个周期的起点和终点，因此确定某些危机的性质，直接关系到周期的长度和周期是否缩短的问题。国内有的人认为，中间性危机只是一次周期中高涨的"中断"。我们认为，说中间性危机只是高涨的"中断"是过于狭窄的解释。同周期性危机相比较，中间性危机的一般特征是：生产下降的规模和幅度较小，波及的面较窄，危机持续的时间较短，它只是一种国别性的现象，等等。在危机史上有的中间性危机比较好识别，有的不太好识别。对于中间性危机的一般特征不应作绝对的理解，似乎中间性危机的生产下降幅度一定比任何一次周期性危机要小，而且一定表现为"局部"和"部门危机"。也不能认为不同周期中的各种中间性危机都必须同时具备以上列举的所有的这些一般特征。有的人把某一历史时期中发生的中间性危机同另一历史时期中发生的周期性危机相比较，并且提出质疑，为什么 1903 年的危机只持续了半年，工业生产下降幅度只有 3.2%，仍看做是周期性危机，而战后的 1953—1954 年和 1960—1961 年的危机的持续时间都超过半年，工业生产的下降幅度也大于 1903 年危机，却被看做是中间性危机呢？我们认为，这样的比较和论证是欠妥的。确定某次危机是不是中间性危机，主要应该与同一周期内的周期性危机相比，或者至少应与同一历史时期的周期性危机相比。如果不考虑各个历史时期各个具体周期的特点，单纯用工业生产的下降幅度和危机的持续时间的长短作为区分中期性危机和周期性危机的标准，那就有可能把某些中间性危机当作周期性危机。

根据 1953—1954 年和 1960—1961 年这两次危机在战后各个周期中所处的地位以及它们所表现的特征来看，我们认为应该把它们看做是中间性危机。有的经济学家不同意把 1948 和 1949 年的经济危机作为战后资本主义世界和美国第一个周期的起点，提出应以 1945—1946 年作为战后资本主义世界和美国第一个周期的起点，这种观点是缺乏根据的。马克思主义政治经济学并不认为任何生产下降都是经济危机，1945—1946 年的生产下降是战时生产转向平时生产的结果，它不具有周期性，也不是生产过剩危机，因此，它不能作为战后资本主义世界和美国第一个经济周期的起点。1957—1958 年结束了战后第一个周期，同时又开始了战后第二个周期。有的人把 1967 年作为战后第二个周期的结束点和第三个周期的起点，这是不妥当的，因为 1967 年美国工业生产增长率虽然从 1966 年的 9% 降至 1%，但没有出现生产的绝对下降，那种认为增长速度下降也是危机的一种表现形式的观点是极其错误的。我们认为 1969—1970 年的危机才是战后的第二个周期的结束点和第三个周期的起点，而 1974—1975 年的经济危机则是战后美国第三个周期完成和第四个周期开始的交接点。

三 不能单纯以固定资本在价值形态上的补偿 期限作为战后美国周期缩短的论据

主张周期缩短和主张周期没有缩短的双方都认为，固定资本的扩大和更新仍是战后资本主义再生产周期进程的物质基础，并且都承认，固定资本的扩大和更新的规模和性质对于决定各个周期的持续时间的长短有着至关重要的意义。但是，在具体论述固定资本的扩大和更新是否使战后周期缩短的问题上，却存在着截然对立的看法。主张战后资本主义世界和美国经济周期缩短的一方认为，由于竞争的加剧，科学技术革命的迅速展开，以及资产阶级政府所采取的种种国家垄断资本主义措施，战后美国机器设备更新的平均时间比以往任何时期都更加缩短。具体地说，就是美国政府从 1950 年代初起为了刺激和鼓励垄断组织加速固定资本更新，实施了"快速折旧法"等措施，使一些垄断企业有可能在 5 年内用"折旧提成"的办法将设备成本全部收回来。"快速折旧"是美国政府增加垄断企业利润和免除大公司上缴的一部分利润税的办法，它确实起着加速固定资本更新的作用。但是，认为由于采取"快速折旧"的办法可以在 5 年内使设备成本完全得到补偿，因而就确定战后美国大垄断企业的固定资本更新的周期平均都在 5 年左右，甚至不到 5 年，这是值得商榷的。

瓦尔加曾经具体提出过一些使战后周期持续时间缩短的新因素。他认为：

1. 由于采用快速建筑法，新工厂建设的期限比战前大大缩短了；

2. 由于技术的迅速进步，无形损耗比战前要快得多；

3. 在国家垄断资本主义条件下设备以及全部固定资本的迅

速更换得到特别鼓励。例如：设备使用五年以后，甚至更早一些，政府就允许企业把折旧费全部摊提完毕；

4. 在发达的资本主义国家里，新投资主要不是用来建设新工厂，而是用来使业已存在的工厂设备现代化。

正是基于上述因素的分析，瓦尔加提出了战后周期已经缩短并且将进一步缩短的结论。瓦尔加还援引了马克思在《资本论》法文版中补充的一段话作理论依据。马克思当时说："直到现在，这种周期的延续时间是 10 年或 11 年，但绝不应该把这个数字看做是固定不变的。相反，根据我们以上阐述的资本主义生产的各个规律，必须得出这样的结论：这个数字是可变的，而且周期的时间将逐渐缩短。"国内的一些经济学家也以马克思的这段话作为战后资本主义周期缩短的立论依据。

应该肯定，资本主义经济周期的长度和各次周期的相隔期限并不是一成不变的。从 20 世纪初起到第二次世界大战前为止的这段时期的资本主义周期的长度，同 19 世纪的各次周期的长度比较，确实有所缩短，即从 10 年左右缩短为七八年。但是第二次世界大战后的资本主义周期是否如瓦尔加所说的那些因素的作用已缩短为 5 年左右呢？马克思的上述一段话是不是就能作为战后资本主义经济周期缩短的理论依据呢？我们认为在做出结论之前，应该先澄清几个问题。

第一，固定资本再生产在很大的程度上决定着周期的长度，这是毋庸置疑的。需要指出的是，第二次世界大战以后，固定资本投资本身发生了许多变化。例如战后美国的固定资本投资比战前的规模要大得多，在危机时期下降幅度又小得多，而且固定资本的实际拥有量在危机时期仍有增长。由于美国政府实施了"快速折旧法"，垄断企业的自筹资金的规模急速扩大，在新投资中折旧部分的比重大大提高。同时，新投资中，用于设备的更换和现代化的比重明显增长，而用于建设新的设备能力的比重则趋于缩小。所有这些变化对于战后美国的再生产过程和周期发展不能不发生重要的影响。例如，科学技术的迅速发展加强了固定资本的有形和无形磨损，国家垄断资本主义的措施也起着加速固定资本更新的作用，但是由于新投资中折旧部分的比重增大，净投资的比重不大，而且新投资中用于设备现代化和防治污染的设备开支比重增大，固定资本设备生产能力相对过剩的情况极其严重，因此，又对构成周期物质基础的固定资本在实物形态上的更新起了延缓的作用，从而起阻碍周期期限缩短的作用。此外，战后时期，消费领域内的耐用消费品的极大发展对周期发展进程的影响日益增长。1974—1975 年危机后的西方经济复苏，在很大程度上就是依靠扩大消费性需求推动起来的。有经济学家认为，耐用消费品所起的作用，在某种程度上可以同固定资产的作用相比拟。可是，耐用消费品和固定资本的更新期限在时间上往往是不一致的，这正是造成战后资本主义经济周期运动的情景变得极复杂的重要原因之一。我们认为，在分析战后资本主义周期变化时，应该同时考察对周期起不同影响的各种因素的作用，这样才有可能作出比较符合实际的结论。

第二，即使按照国内外有些经济学家的分析，充分估计在战后出现的使周期持续时间缩短的各种因素的作用，能不能得出战后美国周期已缩短为 5 年的结论呢？我们认为不能。理由是，"快速折旧法"实施后，固然能使垄断企业在 5 年内利用折旧费的形式，把设备成本全部收回来，从而使固定资本在价值形态上得到补偿，但是这并不意味着固定资本在实物形态上也同时进行更新。我们都知道，固定资本的更新期限是由它的有形磨损和无形磨损来决定的，只要技术在发展，固定资本就避免不了精神磨损。如果说，在科学技术发展相对缓慢的条件下，固定资本在价值形态上的补偿期限和在实物形态上的更新期限大体上还比较相近，那么，第二次世界大战以后，由于国家垄断资本主义和科学技术革命的作用，固定资本在价值形态上获得补偿的期限大大缩短了。固定资本在实物形态上的新期限虽然也缩短了，但同固定资本在价值形态上获得补偿的年限相比，两者的差距不是缩小了，而是扩大了。这样就出现了固定资本在价值形态上早就补偿完毕，而它的实物形态却在相当一段时期内继续完好地在生产中发挥效能的情况。我们在确定周期期限时，不仅要考虑固定资本在价值形态上的补偿期限，更重要的是要考虑固定资本在实物形态上的更新期限。据统计，1970 年代美国制造业的厂房和设备的平均使用年限大致在 10 年左右。可见，单纯用加速折旧等因素来论证战后美国周期已缩短为 5 年左右是不能说服人的。此外，不能认为固定资本更新的期限是决定危机期限和周期期限的惟一因素，危机和周期的期限还取决于其他一些因素。固定资本的大规模更新是危机周期发生的物质基础，但不是生产过剩危机产生的原因。影响和造成战后美国经济周期特点的因素是多方面的，不能单以固定资本更新这一个因素来说明战后资本主义世界和美国周期的特点。

第三，马克思所说的"周期的时间将逐渐缩短"，是指资本主义周期的发展趋势，不能绝对地把这段话理解为资本主义周期将愈来愈短，这就像不能把无产阶级的绝对贫困现象理解为无产阶级的物质生活状况将愈来愈恶化一样。

总之，根据上述分析，我们认为，把周期缩短，危机频繁作为战后美国经济周期的特点的看法是不妥当的，战后美国经济周期的发展进程也不能证明这一结论是符合实际情况的。

（原载《社会科学》1980 年第 4 期）

考察当前美国经济周期应该
注意的一些问题

　　当前的资本主义世界经济周期和美国经济周期都呈现出一幅十分复杂的情景。1979 年初，美国经济经过三个季度的停滞和上下波动后，终于在 1980 年第一季度爆发了一场新的周期性的生产过剩危机。具体表现为从 1980 年 2 月至 7 月的六个月内，美国的工业生产出现了连续下降的局面，降幅达 8.5%。在西欧的主要资本主义国家中，英国最先进入了危机，而从第二季度起，法国、西德等国也相继爆发经济危机，于是，继 1974—1975 年的资本主义世界经济危机以后，终于又展开了一场以美国为先导的新的世界经济危机。值得注意的是，美国爆发危机虽早，但经济回升也最早，从 1981 年 8 月起，美国工业生产指数缓缓上升，到 1981 年 7 月，工业生产指数已回升到 153.8，不仅超过了 1980 年 1 月的 152.7 的水平，而且也超过了 1979 年 3 月的 153.5 的水平。当时许多人曾认为，美国的经济已经渡过危机阶段并开始转入复苏阶段。

　　1981 年初，里根入主白宫后，以供应学派的经济学说作为其制定经济政策的主要依据，雄心勃勃地提出了以降低联邦政府开支、削减个人所得税和企业营业税、取消不必要的联邦规章制度、执行稳定的货币政策为主要内容的"经济复兴计划"。里根表示，要在他的总统任期内，根本扭转美国经济的颓势，制止通货膨胀的发展，消除经济中的"滞胀"现象，降低失业率，实现政府预算收支平衡，等等。里根执政的头半年，一切进行得尚算顺利，他周围的经济智囊人物也颇为乐观地预言，从1981年年底起，美国经济将以超过年率4%的增长速度向前发展。但是，与这些预言相反，1981年下半年美国的经济形势再度急转直下，从8月份开始到1982年1月份，美国的工业生产指数再次出现连续6个月下降的局面，降幅达9.6%。国民生产总值在1981年的第四季度和1982年的第一季度也连续下降4.5%和3.9%。与此同时，失业率的增长势头比1980年生产下降期间要猛得多，当时，最高失业率为7.6%，而在1981年第三季度到1982年第一季度的生产下降期间，失业率扶摇直上，1982年5月份的失业率竟高达9.5%，失业人数超过1050万，这是战后美国的最高失业率。里根总统在1981年10月份就被迫承认美国经济再次陷入"衰退"。接着美国的报刊就开始把这次"衰退"称做是"里根衰退"，并认为，"这次衰退打破了传统的模式"。

关于当前美国经济周期的发展进程和1981年下半年美国出现的"衰退"的性质，以及造成这次"衰退"的原因，国内学术界有各种不同的看法，要使各方面的看法一致起来，这当然是做不到的，但是广泛地交流学术观点，互相取长补短，力求取得较为一致的看法，这仍是十分有益和十分必要的。下面想就以下几个问题谈一些个人粗浅的看法，不妥之处，希望得到人们的指正。

（一）要密切结合资本主义世界统一的经济周期来研究当前的美国经济周期。这是考察美国经济周期和经济危机发展进程及其特点的方法论的出发点

第二次世界大战后，美国以其强大的经济、军事实力和政治影响，在资本主义世界占有一种特殊地位，它的经济状况好坏，对整个资本主义世界都有较大的影响。1950 年代初，美国的工业生产约占资本主义世界工业生产总额的一半，当时国外有的经济学家认为，只要美国爆发生产过剩的经济危机，就等于是发生世界经济危机，但多数经济学家不同意这种观点。毫无疑问，研究战后资本主义世界经济周期的发展特点，当然应该特别注意研究战后美国经济周期的发展特点，因为美国经济周期的发展进程是资本主义世界总的经济周期发展进程的主要组成部分。在战后的历次世界经济危机中，美国几乎一直处于危机的震中地带，无视美国在资本主义世界的这种特殊地位当然是不对的。但是，反过来，以对美国经济周期的分析来取代对资本主义世界总的经济周期的分析，或是在统一的资本主义世界经济周期发展进程中，只重视对美国经济周期的分析，不重视对其他主要资本主义国家经济周期的分析，那也是片面的，不可取的。

从目前来看，也需要注意低估美国经济实力，以及它对资本主义世界经济影响的倾向。1970 年代以来，随着资本主义经济和政治发展不平衡规律的作用，日本和西欧一些资本主义国家的经济实力继续有所增强，它们在资本主义世界工业生产、投资和贸易总额中所占的比重在继续增大。反之，美国的经济实力则相对有所减弱。例如，现在，美国的工业生产只占资本主义世界工业生产总额的 1/3 多一些。1980 年，美国的出口额在世界出口总额中所占的比重已从 1970 年的 15.2% 降为 11.8%。资本主义各国经济实力对比的这种变化确实表明，美国在资本主义世界的经济地位正日趋下降，它对资本主义世界的经济和政治影响已明显减弱。但是，同时必须看到，美国目前仍是资本主义世界经济实力最强大的国家，它的内外经济政策对整个资本主义世界经济和国际经济关系的发展仍然有着不可忽视的影响。在当前的资本主义世界经济周期发展进程中，美国的经济形势和经济政策对其他资本主义国家经济的深刻影响就是一个明显的例证。

因此，应该始终在资本主义世界总的周期发展基点上和范围内来考察当前的美国经济周期发展过程，而不能有意无意地以夸大和缩小美国对资本主义世界影响的考察方法来把美国的周期同资本主义世界总的周期人为地分割开来。1974—1975 年和 1980 年第二季度开始展开的资本主义世界经济危机都具有明显的同期性的特点，这表明，随着生产和资本国际化的趋势的加强，资本主义各国的再生产过程和经济周期发展过程正在日益密切地交织在一起，它们在充满矛盾和加强争夺的过程中，彼此加强着各自的经济影响，并构成为资本主义世界总的经济周期的互相联系和不可分割的重要环节。就美国在当代资本主义世界中所居的地位来看，当然不能说，只要美国发生了经济危机就等于是发生了资本主义世界经济危机。但是，可以这么说，在当代的资本主义世界经济危机中，美国一直扮演着主要的角色。只要翻阅一下资本主义经济史就会发现，从第一次世界大战以后起，还没有发生过一次美国被排除在外的资本主义世界经济危机。正确地估计美国在当代资本主义世界经济周期发展进程中的地位、作用和影响，对于深刻认识战后资本主义世界经济周期和美国经济周期的相互关系是十分重要的。

（二）1981 年下半年出现的美国经济"衰退"是当前资本主义世界经济危机的一个不可分割的组成部分

最近一个时期以来，在各种座谈、讨论和报刊论文中，对于1981 年下半年出现的经济"衰退"的性质，看法不一。有的人认为，1981 年 7 月，即在这次经济"衰退"出现前，美国的工业生产指数已超过上次危机前的最高点，虽然超过的幅度很小，只有

0.3，而且摆脱上次危机的时间只有一年，但仍可看做是一次新的经济危机。有的人明确认为，这是一次新的周期性经济危机，并举例说，美国在1957—1958年危机以后，只相隔不到两年的时间，就爆发了1960—1961年危机，以此证明两年左右的经济周期在战后美国就出现过；另一些人认为，这次"衰退"的开始时间同上次摆脱危机的时间之间相隔只有一年，说这是一次新的周期性经济危机恐怕不妥，所以他们避开了周期性的字眼，只说这是一次新的经济危机；还有一些人也感觉到，两次危机的间隔时间这么短，显然不能说是一次新的周期性经济危机，他们认为，从各种情况来看，这是一次非周期性的危机，其中有的人称之为中间性的或特殊的中间性危机。主要理由是，1981年8月美国工业生产下降时，固定资本的投资尚未恢复到1979年的最高水平，而固定资本的更新是周期性的经济危机的物质基础。

我个人认为，上述这些看法都是值得商榷的。上述各种看法的立论虽不一样，但从方法论的角度看，这些看法都把当前的美国经济周期发展同资本主义世界的经济周期发展割裂开来了。大家知道，自从1980年第一季度开始爆发1980年代的第一次资本主义世界经济危机后，美国国内面临总统选举，为了争取选票，当时的卡特政府曾采取了一些阻遏经济危机进一步恶化和刺激经济发展的政策和措施，这些政策和措施虽然不能消除危机，但确实暂时推迟了危机的发展进程。而当美国的经济危机进程暂时受到抑制时，西欧的经济危机则在继续发展。根据经济合作与发展组织公布的估计数字，1981年西德、法国、英国和意大利的工业生产分别下降了1.0%、3.7%、5.0%和2.5%。1981年上半年美国的工业生产虽有增长，但建筑、汽车和钢铁等重要工业部门的生产并没有显著好转，特别是从第二季度起，这些工业部门的生产过剩和开工不足的现象愈来愈严重，被用人为的措施暂时抑制着的再生产过程的内部矛盾终于在第三季度再度爆发出来。这次经济"衰退"实质上是被暂时中断的 1980 年周期性的生产过剩经济危机的继续，是同西欧各国的经济危机密切结合的统一的资本主义经济周期的重要组成部分，是 1980 年代第一次资本主义世界经济危机的重要组成部分，而不是什么新的周期性的经济危机，也不是什么非周期性的经济危机。既然固定资本的更新是周期性经济危机的物质基础，而在 1981 年 8 月美国再度出现经济"衰退"时，固定资本尚未恢复到危机前的最高水平，那又怎么谈得上爆发了一场新的周期性生产过剩经济危机呢？西方资产阶级为了掩盖资本主义的基本矛盾，是否认资本主义经济危机的周期性的，他们根据自己制定的标准，认为只要国民生产总值连续下降两个季度就算是一次"衰退"，我们当然不能接受西方资产阶级用"衰退"的概念来取代周期性经济危机的概念。我们也不能同意这样一种看法，即只要美国全国经济研究局宣布了一次衰退，我们就把它看做是一次新的周期性经济危机。无疑，美国全国经济研究局的判断和结论，我们可以参考，但绝不能以此作为判定每一次新的周期性经济危机的主要依据。

除此之外，还有相当一部分人认为，当前美国的这次经济衰退是一次中间性危机。有的人在论证这一结论时说，经过 1979—1980 年的危机之后，美国的生产过剩矛盾暂时得到了解决，从 1980 年 8 月至 1981 年 7 月的生产回升和投资增长主要是周期性的回升，假如没有别的因素的干扰，经济本来是会继续回升而不会马上又下降的。这部分人强调指出，由于受到高利率等非周期性因素的影响，因此，从 1981 年 8 月起生产再次发生持续下降，而这种下降就其性质而言是一种非周期性的下降，或者说是一种带特殊性质的中间性危机。我们的看法恰恰同这种认为回升是周期性的、下降是非周期性的看法相反。我们认为，美国在 1980 年 2

月到 7 月期间，并没有使生产过剩的矛盾得到较为充分的解决。
这次周期性经济危机的发展进程，虽然在 1980 年 8 月以后的一段
短暂的时期内受到非周期性因素的影响暂时受到阻遏，但这种非
周期性因素终究不能取代和超越周期性因素的作用而对周期发展
进程产生决定性的影响，1981 年下半年美国再次发生的生产持续
下降，正是非周期性因素最终阻挡不住再生产过程内部矛盾继续
展开的一个证明。当前美国经济中一些重要指标的变动情况也充
分表明，1981 年第三季度美国再次展现的生产持续下降，是 1980
年初开始的周期性经济危机进一步深化的表现。

一部分持中间性危机观点的人争辩说，到目前为止，美国当
前的经济衰退所涉及的领域远不如 1980 年经济衰退时那么广泛，
破坏的程度还不是那么深刻。有许多生产部门，特别是与国防和
空间生产有密切联系的一些部门，生产仍保持着上升的势头。正
是从这个意义讲，美国当前的经济衰退不能看做是上次周期性经
济危机的继续，而是一次中间性危机。很明显，持这种观点的人
认为，美国当前的经济衰退比 1980 年的衰退要轻微，所以前者是
周期性经济危机，后者是中间性危机。其实，只要我们把 1980 年
的美国爆发经济危机后出现的两次经济下降作一比较，马上就会
发现持上述观点的人所提出的论据是缺乏说服力的。

首先，从生产下降的情况来看，1981 年 8 月以后的生产下降
比 1980 年的那次下降幅度大，生产下降的持续时间也比那次长。

其次，第二次经济下降时，失业率比第一次生产下降时要高
得多。1980 年最高的失业率没有超过 8％，失业人数没有超过
1000 万，而目前美国的失业率正在逼近 10％，失业人数已高达
1050 多万。

再次，目前美国企业生产能力开工不足的现象也比 1980 年
时严重。美国政府最近公布的一份报告表明，1982 年 4 月份的

企业开工率已降至 71.1% 。

此外，在第二次生产下降期间，企业破产的数目也比 1980
年生产下降时要多。

上述重要经济指标的变动情况足以证明，同第一次经济下降
相比较，第二次经济下降造成的后果更为严重。如果按照持中间
性危机观点的人的逻辑来推论，人们自然会提问，为什么不把
1980 年的那次经济下降说成是中间性危机，而要把当前这次更
为深刻的经济下降说成是中间性危机？

至于说到某些与国防和空间生产有密切联系的部门，在当前
经济衰退过程中，生产不仅没有下降，而且仍保持着上升的势
头，从而以此作为判定当前的经济衰退只是一次中间性危机的依
据，这也是不妥的。应该指出，这些部门不只是在当前的经济衰
退过程中继续保持生产上升的势头，就是在 1980 年经济下降时
期，以及战后美国其他各次周期性经济危机时期，也都有过类似
的现象。因此，这种情况同样不能作为判定当前的经济"衰退"
是一次中间性危机的根据。

总之，我们认为，从 1980 年初在美国开始的一次新的周期
性经济危机，由于中间受到美国政府所实行的国家垄断资本主义
措施的影响和非周期性因素的干扰，曾前后发生两次"衰退"
或两次生产持续下降，后一次衰退只是前一次周期性经济危机的
继续和深化，是它的有机组成部分，而不是一次新的周期性经济
危机，也不是非周期性的中间性危机。

（三）造成美国当前经济"衰退"的根本原因仍然是资本主
义的基本矛盾，而其直接原因则是生产能力的巨大增长和劳动人
民有支付能力的需求相对缩小之间的矛盾，而不是高利率政策

最近一个时期以来，美国和西方的报刊中几乎普遍一致地认

为，高利率政策是造成或促成当前美国经济"衰退"的主要原因。里根总统在 1981 年年初的国情咨文中也认为："我们陷入目前这次衰退，这主要是因为持续的高利率打击了汽车业和建筑业。"在讨论中，我们有些人也有类似的看法。高利率对于恶化美国和西欧等资本主义国家本来就很糟的经济状况确实起了很大的影响，但是夸大高利率对当前美国经济周期的影响，甚至把它说成是造成当前美国经济"衰退"的主要原因是不适当的。我同意有些人的意见，即当前资本主义各国的高利率本身是由垄断资本主义发展的内在规律决定的，并且是由战后国家垄断资本主义获得广泛发展一系列因素促成的。有的人认为，目前的高利率是美国政府"人为"采取的一种政策，这种看法是不适当的，因为按照这种说法，就会推导出当前的经济"衰退"是美国政府"人为"制造的结论。另外，一部分人所以把当前的美国经济"衰退"看做是一次非周期性的危机，主要是由于他们在把高利率政策看做是造成这次"衰退"的主要原因同时，还把高利率看做是"非周期性因素"。正如有的人指出的，货币资本的运动从来就是资本总循环的一种形式和重要组成部分，把利息率排除在资本主义再生产过程之外，并认为它是"非周期性的因素"，这显然是不确当的。同样，由此推导出来的当前美国的经济"衰退"是直接受"非周期性因素"影响而酿成的一次"非周期性危机"的结论也是不能接受的。

为了确切地论述当前的争论问题，应该把利率运动本身和资本主义国家采取的利率政策严格区分开来。前者是资本总运动的不可分割的一部分，利率运动是随着经济周期各阶段的交替而呈现有规律的上下起伏的。马克思曾指出："……低利息率多数与繁荣时期或有额外利润的时期相适应，利息的提高与繁荣周期的下阶段的过渡相适应，而达到高利贷极限程度的最高利息则与危机相适应。"① 利息率之所以在危机期间达到最高水平，是因为正是在这一时期信用最缺乏，银根最紧，为了使自己的企业能继续运转下去和不致破产，资本家往往不得不以任何代价借钱来应付支付的需要。可见，利率运动是与经济周期的运动密切联系在一起的。不能说利率运动是一种非周期的运动或利率本身是一种非周期的因素。

至于在国家垄断资本主义条件下资本主义国家所奉行的信贷政策和货币政策等，可以说是非周期性的因素。在国家加强对经济生活干预的情况下，这些"反周期"和"反危机"的政策在一定时期和一定范围内确实起过某种缓和再生产过程内部矛盾的作用，而在某种条件下又起了加强经济危机的作用。应该看到，第二次世界大战后，特别是1970年代以来，非周期性因素（其中包括资本主义国家采取的各种"反周期"和"反危机"的国家垄断资本主义措施，政治事件、战争、石油提价等）对经济周期发展进程的影响日益增大。例如，1973年和1979年的两次石油提价对加速资本主义世界经济危机的爆发起了相当的作用。又如美国政府采取的膨胀性的财政政策和紧缩性的货币政策对当前美国经济周期的发展进程也有相当的影响，尤其是美国的高利率政策已成为其他资本主义国家集中抨击的目标，有的国家的领导人直截了当地批评美国奉行的高利率政策对于西欧各国来说，等于是"第三次石油冲击"，阻遏了西欧的经济复苏。美国的高利率政策在资本主义世界所造成的经济和政治影响是有目共睹的。但是，能否说高利率政策是造成当前美国经济衰退的根本原因呢？不能。有的人认为，里根政府复兴美国经济的战略似乎是头一二年主要依靠紧缩的货币主义政策和高利率政策，人为地造

① 《马克思恩格斯全集》第25卷，第404页。

成经济停滞甚至温和衰退和大量失业，把工资和物价上涨压下去，然后，再主要依靠大规模减税等措施来推动经济回升，"摆脱"经济"滞胀"。对于这种看法我们是不能同意的。在此我们不准备评论里根政府的经济战略意图，但是我们不得不指出，认为里根政府奉行高利率政策是要"人为地造成经济停滞甚至温和衰退和大量失业"而后再来振兴美国经济的看法是很不妥当的。我们认为，资本主义的经济危机是以生产过剩为特征的危机，这种生产过剩是相对劳动群众有支付能力的需求而言的，只要资本主义的生产能力的扩大同劳动群众有支付能力的需求之间的矛盾没有发展到某种激化的程度，经济危机是不会爆发的。资产阶级政府所奉行的政策虽然在某种程度上加剧或缓和了上述矛盾，但它不可能构成资本主义经济危机的直接原因。资产阶级政府如果能人为地利用经济政策来制造经济危机，为什么它不能同样人为地利用经济政策来消除经济危机呢？我们认为，上述看法，无论是在根本立论上和论证方法上都是站不住脚的。应该明确地指出，即使是在国家垄断资本主义的条件下，资本主义国家奉行的政策本身也是不能构成经济危机的直接原因的，具体地说，高利率政策对于当前美国的经济发展进程虽然有很大的影响，但不是构成当前美国经济衰退的直接原因，它本身是美国经济"滞胀"病的产物，它只是加剧当前资本主义国家经济危机的一个重要因素。正如马克思早就指出过的，"贴现率的提高不是'丹麦王国里出了坏事'〔指危机〕的原因，而是它的征兆"。①

从同样的立场出发，西方有的经济学家把联邦储备委员会为抑制和降低持续的高通货膨胀率而采取的限制性政策说成是造成

---

① 《马克思恩格斯全集》第9卷，第370页。

当前美国经济衰退的主要原因。他们认为，联邦储备委员会把货币增长率从 1980 年的 7.3% 压低到 1981 年的 2.3%，结果虽然抑制了通货膨胀率，但是却使利息率飞快上升，从而造成了美国经济活动的衰退和下降。这种论证同样是从表面现象看问题，是在资产阶级国家所奉行的政策领域内寻找导致经济危机的原因。我们在上面已经指出，资本主义社会爆发的生产过剩经济危机的原因，不能从资本主义国家的经济政策中去找，而要从资本主义的基本矛盾，及其具体表现出来的矛盾中去找。如果我们承认资本主义国家的经济政策可以成为产生经济危机的原因，那么，换一种经济政策岂不是就能消除经济危机吗？这样，岂不是会推导出资本主义国家在资本主义社会的范围内，可以通过选择适当的经济政策调节经济使其避免周期性的经济危机打击吗？而这恰恰是资产阶级经济学所宣扬的一套东西。可见，在经济政策领域内寻找经济危机发生的原因，从方法论上来说是经不住推敲的。因此，我们在分析当前资本主义经济危机时，一方面既要看到资本主义国家所奉行的经济政策对经济周期的发展进程的重大影响，另一方面又不能颠倒主次把经济政策对周期发展进程的影响夸大到不适当的程度。

（四）美国经济在 1982 年下半年可能摆脱危机转向缓慢回升，但失业率仍很高，利息率下降幅度不会太大，固定资本的投资规模也不会迅速扩大

1982 年以来，美国经济情况仍不见起色，工业生产除 2 月份稍有上升外，3、4、5 月份又先后连续下降 0.8%、0.8%、0.2%。失业率在高水平上继续上升，4 月份的失业率为 9.4%，5 月份又增为 9.5%，失业人数创造了战后以来的最高记录。名义利息率虽比 1981 年最高水平时低，但仍停留在 16% 的高水平上，如考虑到 1982 年第一季度的消费物价率已降到 4% 左右，实际利息率显然仍很高。对于美国经济的今后发展趋势应作何估计呢？国内外经济学家对此问题的看法也是不一致的。

我们认为，要对美国经济的今后发展趋势做出比较符合实际的预测和估计，应该首先分析一下，有哪些因素将继续阻碍美国经济摆脱危机，又有哪些因素会有助于美国摆脱经济危机和促进经济回升。

国外许多经济学家认为，1982 年下半年以及今后一段时期内，美国经济能否回升的一个关键性因素是看利息率能否大幅度下降。国内有一部分人也有类似的看法。一般说来，把高利率政策看做是引起当前美国经济衰退主要原因的经济学家多数持上述观点。这就是说，只要利息率继续保持在高水平上，美国经济就难以摆脱危机转向回升。确实，高利息率对当前美国经济能否迅速回升有很大的影响。我们知道，固定资本投资规模的扩大是美国经济能否回升的一个重要因素，而高利息率则阻碍和影响企业主去大规模地更新设备。正如美国的投资问题专家所分析的，如果能获得 15% 的利息，那么，企业主只有在有把握从扣除税收前能获得 25% 到 30% 的利润时，才会去进行冒风险的投资。可是，目前的情况恰恰是利润率下降。高利率还抑制了人们的购买力。由于购买小汽车的分期付款利率和购买住宅的借贷利率太高，一般人都不愿在这种时候去借款购买汽车和住宅，从而打出了汽车业和建筑业，以及与之有关的其他行业，加剧了这些部门的生产过剩和销售困难。在分析美国经济能否摆脱危机转向回升时，应该充分估计到高利率政策的影响和作用。但是，我们不同意把利息率的升降看成是决定美国经济能否回升的惟一的决定性的因素。

从目前的情况来看，即使在 1982 年下半年美国的利息率会下降一些，但幅度也不会太大。美国财政部长里甘认为，即使国会最后通过预算，使削减赤字的预算达成折中方案，利息率也只会稍有下降。他预计，如果通过预算折中方案，"利息率在1982年年底将会降到14%以下"。由于经过削减的预算赤字仍高达上千亿美元，政府仍需大量从信贷市场上借债，因此，利息率难以大幅度下降。最近，美国联邦储备委员会主席沃尔克也表示，他将继续执行限制货币供应量增长的政策，这也意味着利息率在近期内将继续保持在较高的水平上。那么是不是在利息率居高不下或降幅不大的情况下，美国经济就一定不会回升呢？不一定。因为美国经济能否回升主要取决于周期内在因素的作用。此外，从目前的情况来看也存在一些有助于1982年下半年经济回升的因素。例如，消费物价上涨率和通货膨胀率的较大幅度下降对刺激投资和推动经济回升将起一定的作用。又如，预定从1982年7月实行的减税10%的措施也会起一定的作用。此外，1982年下半年美国将举行期中选举，为了争取选票，预计里根政府也会想尽办法采取一些促进经济回升的措施。因此，不能认为只要利息率继续保持在高水平上，美国经济就不可能回升。当然，由于目前美国经济中有许多因素阻碍着固定资本的大规模更新，因此，即使出现经济回升，势头也不会太猛。

（原载《经济研究参考资料》1982年10月第151期）

海湾战争与当前美国经济危机

　　美国经济自1982年底摆脱了长达三年之久的严重衰退后，持续增长了近八个年头，终于从1990年秋季开始再次陷入一次新的周期性危机。自1983年至1989年，美国的年平均经济增长率达到3.9%，其中1984年和1988年的增长率最高，分别达到6.8%和4.4%，1989年的增长率降低为2.5%，总的说来，这段时期的美国经济保持了中速增长。与日本和西欧主要资本主义国家相比，增长速度慢于日本，但快于西欧。其实，美国经济从1989年起已呈疲态，进入1990年后，经济停滞和危机迹象更为明显，第一季度国民生产总值的增长年率为1.7%，第二季度的增长年率降至0.4%，第三季度的增长率虽为1.4%，高于第二季度，但9月份以后，工业生产指数逐月下降，汽车、住宅建筑和钢铁等美国的主体工业的形势急剧恶化。正当美国经济步履蹒跚地进入衰退时，8月初海湾发生了伊拉克武装入侵和吞并科威特的严重事件，美国反应极为强烈。海湾危机使国际形势顿时变得紧张起来，石油价格的上涨和海湾战争的迫近，进一步打击了美国企业家和消费者的信心，加深了美国的经济困难，加速了美国经济衰退的到来。1990年第四季度，美国的国民生产总值以

2.5％的年率急剧下降，这是自 1982 年第三季度下降 3.2％以来降幅最严重的一个季度。据美国官方统计，第四季度因神经紧张的美国人减少了对汽车等高价物品和服装等日常用品的购买，消费开支下降了 210 亿美元。第四季度国民生产总值和消费开支的急速下降，标着持续约八年的美国经济增长时期已经结束，一次新的周期性经济危机已经正式开始。

目前，美国官方和国内外学术界一致确认美国已经发生经济衰退，但是对于这次衰退的性质、海湾战争对这次衰退的影响、经济衰退可能持续的时间，以及当前美国经济衰退是否会发展成为一场类似 80 年代初的包括所有主要资本主义国家在内的世界经济危机等问题还存在不尽相同的看法。我们认为，在论述这些问题之前，稍稍分析和对比一下当前的美国经济危机与 80 年代初的那次经济危机的背景，对于正确判定这次经济危机的性质及其发展趋势是会有益的。

90 年代的世界经济与世界政治似乎有点像是 80 年代初的历史重演：一是美国爆发了周期性经济危机；一是海湾发生危机和战争，引起石油价格波动，从而使世界政治形势变得极度紧张，世界经济的发展进程也受到了严重阻遏。不过，如果仔细观察和分析，90 年代初美国爆发经济危机的国际和国内背景与 80 年代初仍有很大的不同。

80 年代初，美国发生经济衰退时，其他主要资本主义国家几乎无一幸免地先后被卷入经济危机的漩涡，并迅速发展成为一场囊括所有主要资本主义国家在内的世界经济危机，资本主义经济周期的同步性表现得比较明显。而在 1990 年代初，当美国遭到一次新的经济危机袭击时，虽然英国、加拿大、澳大利亚等国也发生了经济衰退，但日本、德国的经济仍保持着增长的势头，西欧多数国家的经济也尚能勉强支撑，各国经济周期的非同步性成为人们注意的一个特点。此外，80年代初，美国经济衰退是在"滞胀"病进一步加深的情况下爆发的，当时通货膨胀率上升到13.3%，失业率达到10.8%，均创战后最高记录。而90年代初，美国陷入经济衰退后，消费物价的上涨幅度比80年代初要小得多。据统计，1990年美国的通货膨胀率为6.1%，失业率也比当时低，1991年2月，美国失业率上升到6.5%，这是危机展开以来的最高数字。又如，上次经济衰退期间，联邦储备银行的贴现率曾高达14%，如加上大商业银行的附加利率，贴现率最高时实际上达到18%，这次危机开始时，贴现率为7%，现已降至6%。

引起人们注意的另一特点是，1980年代初因海湾爆发两伊战争，石油价格大幅度上涨，形成"第二次石油冲击"，从而加深了美国经济危机和资本主义世界经济危机。当时，美国虽然在军事上支持伊拉克，向其供应武器，但没有直接介入战争，因而战争本身并没有对美国经济造成太大的影响。1990年代初的情况则不一样，正值美国经济由停滞转为衰退时，伊拉克军队侵占了科威特。此后，美国直接作为联合国多国部队的主力参加了反对伊拉克的海湾战争。这样，海湾战争已不单是对美国企业家的投资和消费者的开支产生心理上的影响，它还由于军费开支的增加而直接影响正在展开的美国经济衰退的进程，也就是说，战争的规模和持续时间的长短直接关系到美国经济衰退的深度及其持续时间的长短。

以下仅就几个争论的问题谈一些看法。

一

关于当前美国经济衰退的性质。多数学者认为，这是一次新的周期性生产过剩危机，但有的学者则认为这次危机是由第三产业的变化和比重增大引起的。按照这些学者的意见，这次危机发生时，库存量不多，能源对经济的影响不如以前两次危机大，由于金融领域中的问题表现得极为尖锐，因而传统意义上的周期性危机已由物质生产领域转移到金融领域。我们认为，这种看法是值得商榷的。诚然，目前美国服务业尤其是金融领域中存在的一些问题确实是应该引起人们正视的，表现得十分尖锐的金融危机已成为这次经济危机的一个引人注目的特点。但是，如果我们过分强调这次危机的金融方面的特点，而无视危机的根子仍深植于物质生产领域，那是不妥的。正如我们看到的，美国自摆脱80年代初的危机以来，经济是在更大规模的债务基础上获得发展的，到80年代结束时，美国政府和私人所借的债款达到了创纪录的水平。由于美国政府在此期间继续奉行扩张的财政政策和宽松的金融政策，美国的债务在1990年底已增至将近130000亿美元，这个数额比1970年代末的42000亿美元增加了2倍多，相当于同年美国国民生产总值的2.5倍。庞大的预算赤字也降不下来，1990财政年度的赤字超过了2200亿美元。在1980年代，一些操纵金融业的人用借来的钱购置股票和房地产，许多公司融资购并成风，垃圾债务迅猛增长。例如，1970年代末，垃圾债券在所有公司债务中占的比重为2.3%，流通额为78亿美元。而到1989年其比重已占22.8%，流通额已剧增到2262亿美元。垃圾债券的猛增主要是融资购并企业的结果。据调查，1989年通过发行垃圾债券吸收来的资金中，59%是用作购并企业的。这种在庞大债务基础上构筑起来的"泡沫经济"虽然在一定时间内刺激了投资和消费，促进了经济的发展，使得企业的股票、垃圾债券和房地产的价格节节上升，但是，过度膨胀的"泡沫经济"终因积累的矛盾太多而破裂，一些企业的股票、垃圾债券和房地产的价格开始急剧下跌。1990 年夏天，垃圾债券的价格已从最初的价格下跌了 35%。一批融资购并的企业破产和大量通过抵押贷款购置房地产的人无力偿债，导致金融业和房地产业的危机。据统计，目前美国全国已有 1/3 的储贷机构陷于破产，其中相当数量的储贷机构是因为以垃圾债券作为投资对象而垮台的。

在这次危机中，美国的一些著名大银行的处境也甚为艰难。素以资金充裕著称的美国最大的商业银行花旗银行公司，这次也出了问题，陷于困境。1990 年秋天，公司的股票价格还在 30 美元以上，到了第四季度，股票价格竟暴跌到 10 美元左右。名列美国第二位的大通·曼哈顿银行因亏损严重，被迫对机构进行大调整，大量裁员，紧缩开支，以摆脱风险债权。其他许多大银行的情况也很困难，有些已处于破产边缘，如政府不能及时提供大量的保险基金，这些银行就难以摆脱垮台的厄运。美国的大银行之所以走上今日的险径，主要是这一二十年来的经营战略有问题。先是在 1970 年代向拉丁美洲和其他发展中国家提供了风险极大的巨额贷款，其中不少贷款以后变成了无法索回的呆账；其次，在 80 年代的融资构并企业的浪潮中，大银行也提供了巨额资金，可是去年以来，不少新改组的公司因面临种种困难而垮台，无法偿还贷款，这无异是对提供贷款的一些大银行的又一次沉重打击；1980 年代美国地价的不断上涨吸引了许多大银行把大量资金投放在房地产上。从 1980 年至 1989 年，银行的房地产放款在其总资产中所占的比重由 29% 上升到 37%。这一时期，许多城市的办公大楼、联合商场和公寓大楼，都是通过向大银行举债建成的，由于这些建筑物供过于求，结果引起了地价暴跌，房地产价格的急速下滑，不仅打击了美国的房地产商，也打击了美国的大银行，使本已十分脆弱的债务链条又断了一截。为了应付当前的危机，许多大银行不得不裁减员工和减少它们发放贷款的数量，首当其冲的是减少对房地产开发商的贷款，同时也减少了对企业的贷款。目前，美国企业筹措的全部流动资本中，几乎有一半是从银行和债券持有者处借来的，而在 10 年前，其比重仅占 1/3，这说明企业的经营活动已在更大的程度上依赖银行的贷款。现在银行收缩对企业的贷款，当然会严重影响企业的正常经济活动。美国联邦储备委员会主席格林斯潘在今年 2 月的一次国会议院银行委员会作证时不无忧虑地说，银行不顾借贷产生的信贷危机延长了这场经济衰退。并说，这是目前美国货币政策面临的最严重的问题。确实，金融领域中出现的这些险恶形势已经影响了当前的美国经济衰退，使这次衰退增加了一些难以捉摸的因素。毫无疑问，美国金融危机的发展前景将在一定程度上影响当前美国这场经济危机的深度和持续时间的长短。

金融危机虽然构成为美国经济危机的一个重要特点，但是周期性的危机现象仍然是明显可见的。如国民生产总值和工业生产下降、失业率上升、订货量下降、库存增加、设备开工率下滑、公司利润减少、厂房设备投资和消费者开支出现负增长等等。伴随去年第四季度国民生产总值下降 2.5%，美国的工业生产指数从 1990 年 10 月至 1991 年 2 月连续下降 5 个月。失业率去年年底已升至 6.1%，今年 1 月份又提高到 6.2%，2 月份的失业率一下子升高到 6.5%，超过了 1987 年 6 月上一次失业高峰期的6.2%。1980 年代初的那次经济危机结束后，私人消费支出的急速扩大曾是支持和推动美国经济增长的强大动力，在 1988 年以前，私人消费的增长率一直高于工业生产增长率。而从 1988 年起，情况发生了变化，随着固定资本投资的较快增长，生产能力的扩大，工业生产的增幅明显高于私人消费的增幅。1989 年，美国工业生产和私人消费的增长速度虽都比上一年慢，但仍保持了生产增长快于消费增长的格局。连续两年的消费需求疲软使供大于求和生产过剩的现象变得突出了。到 1990 年秋季，美国物质生产领域中形成的生产过剩终于发展为一场周期性的经济危机。

1990 年入夏以来，美国的汽车制造、建筑等行业的处境愈来愈艰难，海湾危机及其初期引起的油价猛涨，进一步削弱了消费者的购置力，这不仅沉重打击了处境本已十分困难的汽车制造业和建筑业，而且严重影响了石油化工、民航和旅游业。去年第四季度，美国汽车业的巨头通用汽车公司和福特汽车公司销售量锐减，分别亏损了 16 亿美元和 5.19 亿美元，大大超过 1981 年第三季度上次危机期间创下的亏损 9.4 亿美元的纪录。住房建筑的开工数量也一降再降，继去年 12 月份下降 13.7％之后，今年 1 月份又下降 12.8％。由于油价大幅上涨，化工行业的产品成本大大提高了，许多化工品制造厂的利润率急剧下降。民航业受海湾危机的影响十分明显。大多数客运公司因担心安全得不到保障，加上乘客人数减少，纷纷宣布停飞以色列和中东，并削减飞往欧洲的业务。据美国航运界人士的预计，自去年第四季度到今年第一季度，航空业的亏损估计接近 25 亿美元。在这种情况下，美国的大陆和泛美航空公司分别提出破产和破产保护申请。今年 1 月 17 日海湾爆发战争后的第二天，美国东方航空公司就被迫宣布停业。慑于恐怖分子的威胁和石油价格上涨，出国旅游和公务旅行的人数也大大减少。

通过上述分析，我们可以看出，美国当前的经济衰退仍然是由物质生产领域中的日益加剧的生产过剩引起的，金融危机只是加剧了这次经济衰退。美国金融领域中的问题不是短时期内能够解决的。海湾战争结束后，美国走出经济衰退的时间可能比人们预计的要提前一些。当美国经济摆脱衰退开始回升时，金融领域中的问题虽有可能获得部分缓解，但从总体上看，金融领域中的一些困难还会在相当一段时期内继续困扰美国经济。

二

在海湾战争即将爆发的前夕，人们曾以各种截然不同的观点评论海湾战争对美国经济衰退可能产生的影响。

一部分持乐观态度的人认为，海湾危机一旦发展为战争，美国将增加军事开支，这将会为军事工业和石油公司带来生机，对处于衰退中的美国经济将起一定的刺激作用，从而有助于缓解和摆脱危机。例如，美国波士顿公司的首席经济学家艾伦·赛奈曾估计，由于预算中军费的增大，今年第一季度的美国经济可能实现 1.5% 的增长率。

另一部分持悲观态度的人认为，海湾战争将加深美国经济危机，并影响世界经济的发展。他们特别担心战争不能迅速结束，石油价格再次攀升，这样美国就难以在短期内摆脱经济危机。

除上述两种观点外，当时多数人认为，战争一旦爆发，以美国为主力的多国部队在军事上对伊拉克将占有绝对优势，多国部队将在较短的时间内取得战争胜利。人们还普遍认为，战争的爆发将促使油价再次急剧上升，并引起股票价格下跌。一部分人还担忧战争可能破坏沙特阿拉伯的部分石油生产设施，从而影响世界石油供应，加剧美国和其他需要大量进口石油的国家的通货膨胀。可是，"沙漠风暴"行动开始后，出乎许多人的预料，石油价格不仅没有伴随战争的爆发而大幅上涨，反而出现暴跌现象。同时，证券市场的股票价格也与人们估计相反而呈上升趋势。为什么 1970 年代和 1980 年代在中东和海湾的战争都引起石油冲击，油价猛涨，通货膨胀加剧，而这次海湾战争引起的却是另一种情景呢？我认为，这是因为这次海湾战争和前两次战争爆发时所处的背景不同。其中最重要的差异是前两次战争爆发时世界能源市场上出现供不应求的石油短缺现象，因而引起石油冲击，油价猛涨。而这次海湾危机和战争爆发时，世界能源市场上的石油供应量大于需求量，虽然在海湾危机发生后的一段时间内，油价一度由危机前的18美元涨至35美元和40美元，但这主要是由心理和投机因素造成的，并不真正反映石油短缺。最明显的例子是，海湾危机后伊拉克和科威特损失的每天430万桶石油轻而易举地就由沙特阿拉伯等主要产油国弥补了。此外，前两次石油冲击时，美国和其他主要资本主义国家的通货膨胀已经失控，油价暴涨进一步加强了通货膨胀，因而加速和加深了经济危机。与此形成对照的是，这次海湾战争前，美国等主要资本主义国家的消费物价并没有失控，油价上涨的时间短，幅度较小，对经济的影响也较小。在这种背景下，由于人们普遍认为多国部队会迅速取得胜利，沙特阿拉伯的石油生产设施不致遭破坏，世界石油供应有保证，因而"沙漠行动"一开始，就出现油价剧跌，股市上升的现象。这也是企业家和消费者的信心开始恢复的具体表现。

那么，海湾战争对美国经济究竟产生了什么影响？它是加深还是缓和了当前美国的经济衰退呢？我认为，海湾危机和海湾战争对美国经济有双重影响。一方面它们确实在一定程度上刺激了军事工业和石油工业的发展；另一方面它们对已经陷入衰退的美国经济起了雪上加霜的作用。总的说来，在海湾危机和海湾战争期间，不利因素的作用大于有利因素的作用。海湾危机后石油价格上升，虽然幅度比较小，时间也比较短，但仍然是造成1990年秋季开始的经济衰退和通货膨胀加剧的主要因素。由于油价上涨，通货膨胀的威胁增大，美国联邦储备委员会为了防止消费物价上涨再次失控，眼看企业家和消费者的信心下降，经济走向衰退，仍迟迟不敢采取降低利率等措施来刺激经济活动，一直到去年12月经济衰退已成定局的时候才把联邦储备委员会对商业银行的贴现率由7%降为6.5%，今年2月间即在海湾战争结束前又进一步将贴现率降至6%。布什总统在今年1月29日向国会两院联席会议提出的国情咨文中再次呼吁，利息需要继续降低。可是，去年以来，联邦预算的赤字有增无减，不断增多，海湾战争引起的军费开支增加，又进一步加重了财政负担，在这种情况下，政府想采取传统的增加公共开支的手段来刺激经济复苏的余地就显得十分狭小了。进一步降低利率固然会有助于刺激经济回升，但又怕引起资金外流等其他不利的经济后果。直到海湾战争结束时，联邦储备委员会仍未决定采取进一步的行动。而要看前两次降低利率的措施对经济活动的影响如何才决定是否再一次降低利率。海湾战争期间，油价虽比战前有所降低，但仍高于海湾危机前的每桶17美元的水平。在这次战争中，美国使用的武器和装备大部分来自军火库的存货。因此，由于战争而新生产的物资数量与以往战争时期相比是微不足道的，对经济所产生的刺激作用也是比较小的。在海湾战争结束前，美国工业生产仍在继续下降，企业设备开工率已降至80%以下，失业率仍在向上攀升，不动产市场疲软和银行放款额下降仍在阻抑实业界和消费者的正常活动，人们的信心尚未从根本上恢复，这些情况表明，海湾战争并没有产生阻遏美国经济衰退进一步发展的作用。

三

当美国在去年最后一个季度进入全面经济衰退时，加拿大、澳大利亚和英国等英语系国家都已先于美国陷入经济危机。面对高利率，以及不断增长的消费者债务和一再升值的货币，加拿大经济在 1990 年初就已开始收缩。第二季度和第三季度国内生产总值连续下降，制造业投资缩减了 5%，失业率升高到 8% 以上，这样，加拿大就成了发达资本主义国家中第一个发生经济衰退的国家。澳大利亚几乎与加拿大同时进入经济衰退。去年第二季度国内生产总值出现负增长，第三季度又下降了 1.06%。10 月份澳大利亚的失业率已从前年同一时期的 5.9% 升至 7.6%。英国的工业生产从去年 7 月份开始一直在下跌。今年年初的通货膨胀年率达到 9.7%，利率高达 14%，失业人数超过了 170 万人，至今仍未摆脱经济衰退的困扰。接着美国也爆发了经济危机。如果单是英国、加拿大和澳大利亚等国发生了经济衰退，当然还谈不上会发展成为世界经济危机，现在资本主义世界头号经济大国美国也加入了全面经济衰退的行列，是否可以算得上是一场新的世界经济危机呢？海湾战争爆发后，人们曾十分关注这场战争将延续多久，因为如果战争持续半年或半年以上，必然会加深美国和其他国家的经济衰退，并有可能把已处于经济停滞的法国、意大利等国也卷入经济危机，从而有可能发展成为包括多数发达资本主义国家在内的世界经济危机。那么，现在海湾战争结束了，美国等部分资本主义国家的经济衰退是否已经到头，还是仍有可能演变为世界经济危机呢？

学术界多数人认为，海湾危机开始后，美国经济衰退的前景主要受到两大因素的制约：一是海湾是否会爆发战争，如果打起来，规模有多大，持续时间有多长；一是美国脆弱的金融体制会对经济衰退产生多大的影响，会不会促使这次衰退变成一场深刻持久的经济危机，因为资本主义经济周期和危机的历史告诉人们，每次规模较大和比较深刻的经济危机都伴随着金融危机。从今年 1 月 17 日开始，经过 42 天的交战，海湾战争较为迅速地结束了，美国的人员伤亡和物质损失规模比原先预计的要轻微得多，譬如，战争爆发前美国有关人士曾估计在这场战争中，美国士兵的伤亡数字将达 45000 人，其中包括死亡 10000 人，结果死亡数只有 100 多人。此外，原来从沙特阿拉伯、科威特、日本、德国等筹集的 545 亿美元是准备打 3 个月仗用的，现在战争只打了 6 个星期就停止了，这就不仅大大减轻了美国的财政负担，而且使美国在余下的经费处理上十分有利。如果说，在海湾战争期间，一些影响经济发展的不利因素的作用占主导地位，那么，战争结束后，一些有利因素的作用将逐渐扩大，并会超过不利因素的作用，这对刺激美国经济摆脱衰退而回升是有利的。制约美国经济发展的战争因素既然已经消除，人们的注意力自然而然地就集中到金融信贷方面。美国金融危机会不会发展为金融崩溃，从而使美国的经济衰退比多数人预期的要严重和深刻。虽然布什政府已经许诺要采取各种措施弥补储贷机构的巨大损失，以确保国家货币供应的完整性，但人们仍然怀疑政府的调控能力。美国金融问题之所以令人胆战心惊，是因为当前的金融信贷危机是同政府、企业和居民的庞大债务交织在一起的。本财政年度的赤字估计将超过 3000 亿美元，美国急需从日本、西欧国家吸引大量资本来弥补它的日益扩大的资金缺口。但是去年以来，日本的金融体系也出了毛病，由于东京股票和房地产价格的猛跌，以股票和房地产作为抵押的银行贷款业务明显压缩，日本商业银行在国际市场上也由进攻转为收缩。日本内部对资金的需求，德国统一后为建设东部需要巨额资金，东欧国家实现经济转轨也要西方国家支援资金，许多债务沉重的发展中国家更需要从外部获得资金和援助来推动本国经济的发展，这种情况显然与 1980 年代的情况大不一样。当时，日本和西欧国家对外输出的资本主要投向美国市场，购置美国的企业、不动产和包括国库券在内的各种债券，从而在相当程度上弥补了美国的财政和外贸赤字，促进了美国经济的持续发展。而从去年起，日本对美国的投资势头已经减弱，甚至发生了资金回流的现象。加上，现在日本和德国的利率与美国的利率水平几乎不相上下，这样，日本等国投资购置美国政府国库券的兴趣也大大减弱。国际信贷市场上资金紧张和争夺资金现象的加剧，对美国的经济发展当然是不利的。去年年底美国国外的净债务已达 7600 亿美元。可以预计，在 1990 年代的头几年，庞大的债务和沉重的利息负担，以及预算赤字和外贸逆差所造成的资金拮据将成为牵制美国经济较快回升和增长的重要因素。

尽管当前美国经济中还存在许多难以迅速治愈的病症，但海湾战争结束后，有利因素的作用正在超过不利因素的作用，这将推动美国经济在较短的时期内走出经济衰退。具体说来，目前正在刺激经济摆脱衰退的有以下一些因素。

1. 海湾战争的较快结束，有助于恢复企业家和消费者的信心。已经有一些迹象表明，在不动产公司的办公室和汽车公司陈列室进行的交易量已经有所上升。2 月份的工业生产虽然仍然下降了 0.8%，但先行经济指标综合指数增长了 1.1%。此外，在办公楼宇严重过剩的情况下，2 月份的美国住房销售额增长了 16.2%。汽车的销售也在逐渐由降趋升。

2. 油价大幅跌落减轻了对通货膨胀的压力。现在的油价只有 17 美元左右，低于石油输出国组织确定的目标价格 21 美元。油价下跌使政府敢于继续放手实施降低利率，放松银根，刺激经济回升的政策，在近期同至少在今年上半年，石油价格不太可能再出现大幅上涨的现象。这样，通货膨胀率也会随之下降。去年随着油价上升，美国全年的消费价格上涨了 6.1%，今年第一季度消费物价的上涨幅度伴随油价跌落，估计不会超过 3%。

3. 在通货膨胀不构成主要威胁的情况下，降低利率的作用将逐渐显示出来。较低的利率将推动工商企业和消费者重新向银行举债，用于扩大设施和增加消费，这样，美国的经济就会开始回升，工商各业和社会经济活动就会逐渐活跃起来。由于住房抵押贷款采取可变利率的政策，利率降低将使购置房子的人负担随之减轻，而用于其他方面的消费开支则会相应提高。

4. 目前日本和德国的经济形势尚好，这对美国经济回升也有利。随着美国较快摆脱经济衰退的困扰，爆发一场新的包括一些主要资本主义国家在内的世界经济危机的可能性就更小了。

5. 美国扩大出口的势头较好，而且还将继续，这会有利于美国进一步减少贸易逆差。虽然今年1月份美国的外贸赤字大于去年12月份，但全年的外贸赤字有可能低于去年的1010亿美元。

6. 海湾战争后，科威特和伊拉克都需要重建。据估计，重建科威特的费用就达1000亿美元。由于美国在海湾战争中所起的特殊作用，美国公司在争夺重建科威特的各项大的承包合同中将处于最有利的地位，并获得最大量的订单。

根据对以上这些因素的分析，我认为，当前美国的经济衰退已到谷底，从今年第二季度开始，国民生产总值和工业生产将停止下降。进入下半年，经济回升的速度将会逐渐加快。不过，这次衰退后的经济回升，由于受到各种不利因素的牵制，不会是非常强劲有力的。另外，正如上面已指出的，这次美国经济衰退不会像80年代初的那次衰退一样发展成为把日本和德国也卷入的世界经济危机。

（原载《经济评论》1991年第3期）

西方各国跨国公司实力
对比的变化

　　第二次世界大战后，特别是 1950 年代中期以来，当代垄断资本主义发展进程中出现的一个新的现象是，被西方称之为跨国公司和多国公司的新型国际垄断组织获得了极为迅速的发展，[①]并逐渐取代国际卡特尔成为主要资本主义国家垄断资本集团争夺销售市场、投资场所和原料产地的主要工具。

　　应该指出，西方出版物中所说的跨国公司、多国公司、环球公司等，如用马克思主义政治经济学的术语来表述，实际上就是指资本主义世界的一些财力雄厚，规模巨大，技术先进，经营方式灵活，分、子公司和业务活动遍及世界各个地区和国家的，以追逐垄断高额利润为目的的现代国际托拉斯和康采恩。

　　资本、生产、劳动力、科技力量和资源的高度集中，是跨国公司的最重要的特征。1970 年代初，西方各国所有跨国公司的净产值相当于资本主义世界工业发达国家和发展中国家全部国民

---

　　①　在西方出版物中，跨国公司和多国公司的名称最初是混用的，它们所表述的含义是相同的。近年来，这两个概念逐渐有所区别。1973 年联合国秘书处经济社会事务部发表的一个影响极广的报告中曾使用多国公司的名称；1978 年，该机构发表的作为前一个报告补充的另一个报告中则改而统一使用跨国公司的名称。

生产总值的 1/5，这个数额比当时日本或西德的国民生产总值都要大。跨国公司国外子公司的生产，以销售额来衡量比所有西方工业发达国家的全部出口额还多。跨国公司控制着西方国家的大部分国外投资、出口贸易和流动资产。跨国公司和多国公司的迅速崛起及其在世界经济和政治生活中作用的急剧增长，标志着资本主义世界生产和资本集中发展到了一个新的阶段，标志着资本主义国家的经济垄断化，以及生产和资本国际化获得了新的重大发展。

一

跨国公司的迅速发展首先是从美国开始的。跨国公司所以首先在美国获得发展，是由特定的历史条件促成的。第二次世界大战结束后，美国垄断资本利用自己对手和伙伴被战争削弱的机会，凭藉在战争期间大大膨胀起来的经济、政治和军事实力，攫取了资本主义世界的霸主地位。当时，西欧各国受到战争的严重破坏，亟待恢复，又缺资金，都要求和欢迎美国投资。美国正是在这种特殊情况下，一方面利用"援助"，一方面通过增加私人直接投资来加强对西欧这一资本主义心脏地区的扩张的。美国政府采取的"马歇尔计划"等大规模"援欧"措施，以及国家对大垄断企业采取的各种鼓励措施，为美国跨国公司长驱直入西欧市场起了开路的作用。特别是在欧洲经济共同体成立后，美国跨国公司对西欧的私人直接投资的规模愈来愈大，它们通过在西欧腹地创办子公司，收买当地企业，广设分支机构，就地组织生产和销售的办法，绕过西欧共同市场设置的关税壁垒，直接打入和占领当地市场。到 1960 年代后半期，美国在西欧的私人直接投资已先后超过拉美和加拿大的投资额，一跃而居首位。这种情况表明，工业发达的西欧地区已成为战后美国跨国公司的主要投资场所和商品销售市场。

在西欧国家中，英国和西德是美国跨国公司的主要投资对象，美国在两国的投资额约占其在欧洲经济共同体私人直接投资总额的60%。美国跨国公司对西欧的资本渗透，主要是通过建立和扩大子公司，以及接管或参与西欧的企业这两种途径来实现的。从投资的部门结构来看，资本主要投放在制造业（特别是包括电子计算机在内的机械制造、化学、电机、汽车等技术较先进的获利部门）。石油工业也是美国在西欧的重要投资部门。特别使西欧一些国家感到不安的是，美国跨国公司不仅吞并西欧的中、小企业，而且还通过激烈竞争，吞并西欧最大的企业。在西方各国跨国公司的竞争角逐中，美国跨国公司的优势是明显的，直到1960年代末，在资本主义世界的几百个巨型跨国公司中，美国跨国公司始终占一半以上，而在世界跨国公司的销售总额中，美国占的比重也超过半数。

战后，美国也是资本主义世界首先展开科学技术革命的国家。美国的大垄断企业同西欧和日本的同类垄断企业相比，不仅在资本数额和财力上占绝对优势，在技术和管理方面也占很大优势。美国大公司为了采用新工艺和新技术，舍得在科研方面花大本钱，它们在西欧的直接投资主要集中在采用新技术的新兴工业部门。1950年代中期以后，电子计算机在美国已日益广泛地得到运用，对比之下，西欧、日本还存在着很大的差距。美国跨国公司的技术和管理优势集中表现为劳动生产率比西欧和日本的同类企业高，商品的竞争能力强。当时，西欧和日本的一些商品在国际市场上同美国商品竞争，主要靠本国工人的工资比美国工人的工资低。美国跨国公司在各个方面的优势，在1960年代中期以前，基本上没有遭到西欧和日本跨国公司的强有力挑战。

二

美国跨国公司的直接投资大量涌入西欧和其他工业发达国家，以及美国跨国公司对这些国家经济影响的急速增长，引起了各国有关人士的担忧。西欧的一些人士曾担心长此发展下去，美国跨国公司将会全面控制西欧经济。1968年，法国的政治活动家塞尔万·施赖姆贝在《美国的挑战》一书中曾忧郁地说："……完全可能，经过15年，在美国和俄国之后很快就要出现的第三个最重要的世界工业强国，将不是欧洲，而是欧洲的美国工业。"① 从施赖姆贝发表上述见解以来，已经过去了十几个年头，关于美国跨国公司将会全面控制和接管西欧经济的预言，并没有成为现实；相反，在这段时期内，随着西欧经济实力的进一步增强，西欧跨国公司也获得了迅速的发展，它们加强了对美国跨国公司的回击，并开始从美国跨国公司的手中夺取地盘。与此同时，经济实力急剧增强的日本跨国公司也发展成为美国跨国公司的强劲对手。可以这么说，在1960年代中期以前，美国跨国公司在资本主义世界拥有压倒一切的优势，西欧和日本的垄断企业在同美国跨国公司的争夺战中，主要是在本土迎战，而从1960年代末特别是1970年开始，西欧和日本的跨国公司逐渐进入同美国跨国公司直接对峙和抗衡的时期。

同美国跨国公司一样，西欧和日本的跨国公司也是在本国政府的大力资助扶植下取得迅速发展的。为了增强本国垄断企业的竞争实力，西欧一些国家和日本政府不同程度地采取了一些限制美国跨国公司在某些关键部门进行投资的措施。此外，在整个

---

① 塞尔万·施顿姆贝：《美国的挑战》，伦敦1968年版，第3页。

1960 年代，西欧各国的一些大垄断企业，在本国政府的支持下，还迅速加强了同国内外规模相等的大企业的合并活动和对外资本输出。这些措施都有力地增强了西欧和日本跨国公司在世界市场上的竞争地位。

1970 年代以来，西欧和日本跨国公司同美国跨国公司的力量对比一直在明显地朝着有利于前者的方向发展，这不仅表现在西欧和日本跨国公司的数量增加和规模扩大上，也表现在资本数量、技术、管理和科研开支等方面同美国跨国公司的差距正在逐渐缩小。

美国跨国公司优势的削弱，在以下几个方面表现得特别明显：

1. 西欧和日本跨国公司向国外制造业部门的扩张，在速度上和数量上都超过了美国跨国公司。

1959 年，美国跨国公司在世界上 13 个主要部门的 11 个部门中占首位，到 1976 年，13 个部门中只有 7 个部门仍由美国跨国公司占首位。而西欧跨国公司则在 5 个部门中占了首位，日本跨国公司也开始在 1 个部门中夺得首位。与此同时，在 13 个工业部门的最大的 12 家公司中，美国跨国公司的数目减少了，西欧跨国公司的数目在 9 个部门中增加了，日本跨国公司则在 8 个部门中取得了进展。

1959 年，美国在 13 个主要工业部门的 156 家最大的公司中占 111 家（或 71%），1976 年则降为 68 家（或 44%）。同时期内，西欧各国从 40 家增加到 55 家，日本则从 1 家增加到 20 家。1976 年，西欧在化学制品、机动车辆、通用机械、采矿冶金等 5 个部门的 12 家最大公司中的总数已等于或已超过美国在这些部门中最大公司的总数。①

---

① 美国《哈佛商业评论》，1978 年第 12 期，第 95—96 页。

根据美国哈佛商学院发表的材料，美国 187 家最大的跨国公司在 1968 年建立和收买的国外制造业子公司约为 540 家，从达到了高峰，而在 1974 年和 1975 年，每年在国外制造业部门建立和收买的子公司数量只有 200 家。与此同时，西欧在国外制造业部门建立和收买的子公司总数则比美国多。

2. 1970 年代初期，美国对外私人直接投资的年增长率达到 10% 到 12%（需扣除通货膨胀的因素），但西欧一些国家和日本的对外私人直接投资的年增长率更快，例如，西德的年增长率为 20%—30%。根据各个方面的比较和分析，西方的某些研究跨国公司问题的专家认为，到 1971 年，西欧跨国公司在国外生产的销售额和它们在国外的制造业子公司的数量，已超过了美国跨国公司在国外生产的销售额和它们在国外的制造业子公司的数量。[1] 由于西德、日本等一些西方国家的对外私人直接投资的年增长速度快于美国，美国在各国对外私人直接投资总额中所占比重已明显下降，例如，1967 年，美国在各国对外私人直接投资总额中的比重为 53.8%，1976 年降为 47.6%，同一时期，西德和日本在各国对外私人直接投资总额中所占比重分别由 2.8% 和 1.4% 增为 6.9% 和 6.7%。[2]

3. 美国在资本主义世界的贸易地位急剧下降，在世界市场上所占份额减少。1970 年，美国商品出口额在世界商品出口总额中所占比重还在 15% 以上，1975 年，这一比重降为 13.5%，1978 年进一步降至 12.1%。[3] 在此期间，西欧在世界出口总额中所占的比重比较稳定，西德和日本的比重则明显增长。在西欧

---

① 英国《经济学家》，1978 年 2 月 4 日。
② 联合国跨国公司中心：《再论世界发展中的跨国公司》，1978 年，第 236 页。
③ 国际货币基金组织：《国际金融统计》有关各期。

和日本跨国公司的激烈竞争下，美国跨国公司在海外的阵地受到了愈来愈严重的威胁。

4. 美国在资本主义世界 50 家最大的工业公司总数中所占比重的下降，也表明美国跨国公司的优势在削弱，西欧和日本跨国公司的力量在增强。1971 年，资本主义世界最大的 50 家工业公司中，美国占 30 家，西欧占 15 家。到 1978 年，美国公司的数目降为 22 家，西欧的公司数目则增为 20 家，日本则增为 6 家。西欧和日本的公司数目加在一起已超过美国公司的总数。①

特别引起人们普遍注意的是，西欧和日本的跨国公司，随着其经济实力和竞争能力的增强，已不再满足于用出口商品来渗入美国市场，而是越来越多地采取直接投资的形式来扩大它们在美国市场上所占有的地盘。1970 年代以来，西欧和日本的跨国公司不仅在美国大量购买房地产、股票公债、政府证券、公司股票，而且还迅速增加直接投资建立新企业和收买美国的名牌企业。西欧的一些闻名全球的跨国公司，如英荷壳牌石油公司、英国石油公司；西德的西门子电器公司、大众汽车公司、蒂森钢铁公司和赫希斯特、拜尔、巴登苯胺苏打公司三大化学巨头；荷兰的菲利浦电器公司；瑞士的雀巢奶品公司和罗氏药厂、汽巴—盖基公司和山德士有限公司三大制药巨头等，近年来都加强了在美国的直接投资。根据美国商务部公布的材料，1973 年，欧洲经济共同体在美国的直接投资为 103 亿美元，1978 年增为 239 亿美元，5 年内净增了一倍多。日本在美国直接投资的增长速度比西欧还快，1970 年代刚开始时，日本在美国的直接投资还不到 1 亿美元，到 1978 年已增加到约 27 亿美元。②

---

① 美国《幸福》，1979 年 8 月 13 日（第 100 卷第 3 期，第 208 页）。
② 美国《商业现况》，1979 年第 8 期第 1 部分，第 47 页。

　　西方主要国家跨国公司之间的实力对比的变化表明，美国跨国公司在资本主义世界的极盛时代已经过去，而西德、日本等西方国家的垄断资本的实力正在变得日益强大起来，资本主义各国垄断资本的这种不平衡发展，预示着它们为争夺市场、投资场所、原料产地和经济势力范围的斗争将进一步加剧。

三

　　造成美国跨国公司优势和竞争能力削弱的原因是多方面的，其中一个主要原因是，西欧和日本跨国公司随着资本数量的增长和规模的扩大，加强了对科研方面的投资，在劳动生产率的增长速度方面超过了美国跨国公司，这样，从 1960 年代以来，美国跨国公司对于西方其他国家跨国公司在技术和管理等方面的优势，总的说来，在劳动生产率方面所显示出来的优势，就愈来愈小。而在某些部门，美国跨国公司在技术和管理等方面的优势已经丧失。例如，在钢铁工业方面，日本的劳动生产率已超过了美国。

　　1960 年代初期，美国用于科研方面的拨款总额约为西欧的 3 至 3.5 倍。从那时以来，西欧各国和日本的科研拨款的增长速度虽比美国快，但在国民生产总值中所占比重都比美国小，至于科研拨款的绝对额更不能与美国相比。1965 年，美国在科研方面的拨款总额曾占国民生产总值的 3%。之后就呈现下降趋势。1970 年代，美国政府和私人的研究和发展投资在国民生产总值中的比重进一步下降，1970 年占国民生产总值的 2.64%，1979 年则降为 2.22%。政府提供的研究和发展经费在整个研究和发展经费总额中的比重已从 1960 年代的 60% 降到目前的 50% 稍多一点。[①] 美国

---

① 美国《芝加哥论坛报》，1980 年 3 月 25 日。

的一些大公司由于注重短期的利益，一般都不愿意在基础研究工作方面进行大量投资，宁愿让政府承担这方面的投资。而在同一时期，日本、西德等国的科研拨款总额不仅在国民生产总值中有增长趋势，而且科研拨款的绝对额也有较大增长。美国政府和经济界的愈来愈多的人士认为，由于政府和大公司提供的研究和发展经费不足，因而阻碍了技术革新，大大影响了劳动生产率的增长速度，从而严重削弱了美国公司在国际市场上的竞争地位。

近年来，日本、西德等国的大公司用于研究和发展的投资平均占总收入的 5% 以上，而美国大公司平均只占 3%—3.5%。这种发展趋势，不能不对美国劳动生产率的提高产生极为不利的影响。1947—1965 年，美国劳动生产率的年平均增长率为 3.2%，1965—1973 年，年平均增长率降为 2.3%，1973—1978 年又降至 1%，1979 年，美国的劳动生产率则绝对地下降了 0.9%。而从 1950 年代以来，日本的劳动生产率的增长率一直是美国的 4 倍，西欧主要资本主义国家，劳动生产率的增长速度也都比美国快。美国的有关人士认为，如果这种趋势继续发展下去，那么到 1990 年，美国不仅在劳动生产率方面长期占有的优势将丧失殆尽，而且每个工人每小时的产值将会落后于日本、西德、加拿大和法国。[①] 当然，科学技术不是影响劳动生产率的惟一因素，但是，它是决定劳动生产率水平的主要因素。科学技术的迅速发展还推动着现代管理技术的迅速发展。西欧和日本的跨国公司正是在这个决定性的领域逐步赶了上来，这样，既缩小了它们同美国跨国公司在劳动生产率方面的差距，削弱了美国跨国公司的优势，同时，也大大增强了它们同美国跨国公司的竞争能力。

---

① 《亚洲华尔街日报》，1980 年 3 月 1 日。

四

西方各国跨国公司实力对比的变化向人们提出了一个值得深思的问题，即美国跨国公司向西欧和日本等发达资本主义国家的直接投资对这些国家的经济所产生的影响应作何评价。对这个问题应该从两方面进行分析。

一方面，战后以来，美国跨国公司在西欧各国急剧增加直接投资，确实加强了美国垄断资本在西欧经济中的作用，由于在西欧的子公司每年将大量利润汇回美国，以及美国跨国公司所采取的一些损害东道国利益的行动和措施，不可避免地会对西欧经济发展产生一定的消极影响。但是，另一方面，美国跨国公司的大量投资对西欧经济的发展是起了加速作用的。首先必须指出，美国跨国公司大举向西欧进行直接投资的时候，正是美国科学技术革命方兴未艾的时候，这对西欧的科学技术革命起了极大的推动作用。美国跨国公司拥有资本主义世界最先进的技术和最有效的经营管理知识，当它们向西欧输出资本的同时，也随之向西欧输出了先进技术和现代管理知识。其次，美国跨国公司为了占有西欧的市场，它们的大量投资主要集中在一些采用新技术的新兴工业部门，这样也促进了西欧各国新兴工业的发展。再次，美国在西欧设公司、办工厂、收买和接管当地的企业，不仅使西欧各国有可能获得美国的新技术、新工艺，改进本国企业产品的质量，而且在某种程度上还有助于改善国际收支，缓和就业问题，因此，美国跨国公司在西欧的直接投资，客观上加强了西欧的经济实力，加速了西欧经济的发展。与此同时，美国跨国公司也为自己培植了愈来愈强大的西欧竞争者。1960年代末以来的西欧经济发展进程已经证明，西欧某些人士对于美国跨国公司发展趋势的估计是片面的，他们显然过分夸大了美国跨国公司在西欧和世界经济生活中的力量和作用，他们只看到了有利于美国跨国公司发展的一面，而忽视了由于美国跨国公司的迅速扩展所产生的一些不利于它自身发展的因素。

值得注意的是，1970 年代末，由于西欧和日本的跨国公司加速渗入美国经济，美国和西方其他国家的报刊上也开始愈来愈多地刊登以《美国败于外国经济侵略》、《出售美国》、《接收美国》等为题的文章。美国的一些人士对西欧和日本跨国公司加紧在美国进行直接投资和争夺市场的发展趋势表示担心，并企图阻止西欧和其他国家的跨国公司收买和接管美国公司，这种情景有点类似 1960 年代末欧洲某些人士谈论美国跨国公司加速渗入西欧市场所表现的心情。

如上所述，关于美国跨国公司在西欧经济中的作用要有一个正确的估价，对西欧和日本跨国公司在美国经济中的作用同样应该有一个恰如其分的估价。毫无疑问，西欧和日本跨国公司在美国的直接投资的大量增加，以及它们在美国市场上所占有的地盘的扩大，反映了西欧国家经济实力的相对增强和美国经济实力的相对削弱，表明西欧和日本垄断资本在美国经济中的作用有所加强。但是，如果把西欧和日本跨国公司的实力增强说成是美国跨国公司优势的消失，或者夸大外国跨国公司在美国经济中的影响，那是不恰当的。

1978 年，美国在西欧共同体九国的私人直接投资额为 553 亿美元，而共同体九国在美国的私人直接投资额则为 239 亿美元，前者的投资额相当于后者投资额的 2.3 倍，西欧的差距是很明显的。[1] 目前，外国在美国的全部私人直接投资约占美国总投

---

① 美国《商业现况》，1979 年第 8 期第 1 部分，第 27、47 页。

资的 2%，美国政府的外国投资局负责人认为，外国资本包括西欧和日本资本并没有控制美国的任何行业，因为外国跨国公司在美国任何一个方面的国内生产和销售中所占有的比重都没有超过6%—10% 这条界线。

再从西方主要国家对外私人直接投资的数额来看，美国对西欧和日本仍占有很大的优势。日本和西德的对外私人直接投资的增长速度，虽比美国快得多，但绝对额同美国相比仍相差甚远。1976 年，美国对外私人直接投资的累计额达 1372 亿美元，日本和西德的对外私人直接投资的累计额则分别为 194 亿美元和 199 亿美元，两国都只及美国的 1/7 左右，即使把当年欧洲经济共同体九国和日本对外私人直接投资加在一起，也仍比美国的对外私人直接投资的总额少。可见，在这方面，美国跨国公司仍保持着相当大的优势。当然，对外私人直接投资只是反映了跨国公司实力的一个方面，但是，毫无疑问，这是探测各国跨国公司实力的一个极其重要的方面。从目前的发展趋势看，西欧和日本跨国公司的实力还将进一步增长，美国跨国公司的优势还会进一步削弱。随着西方各国跨国公司实力对比的进一步变化，它们彼此之间在世界市场上的竞争将日趋激烈。

（原载《世界经济资料》第 59 期，1980 年 10 月 20 日）

当前跨国公司参与发展中国家
经济的若干重要形式[*]

　　第二次世界大战前，资本主义国家的对外投资大部分集中在亚非拉殖民地和附属国，战后投资的主要流向已逐渐由发展中国家和地区转移到资本主义发达国家和地区。此外，战前资本主义国家的对外私人投资，除美国以外，英、法等国的私人资本输出额中，借贷资本和证券投资一直占主导地位。战后，资本主义国家的对外私人投资额中，直接投资的增长速度特别快，这样，直接投资在私人资本输出总额中所占的比重也随之迅速增大。1946年，美国的对外直接投资总额为72亿美元，1980年已增至2156亿美元，即增长了约30倍。1960年，资本主义国家的对外直接投资总额为660亿美元，其中美国的投资额为328亿美元，约占一半；英国的投资额为108亿美元，西德和日本的投资额还微不足道，分别为8亿和5亿美元。1980年，资本主义国家的对外直接投资总额增至4975亿美元，比1960年增长了6.5倍。同一时期，美国的投资额增至2156亿美元，比1960年增长了约5.6倍；英国的投资额增至742亿美元，增长了约6倍；西德和日本则迅速增

---

　　* 本文是作者与滕维藻合著。

加到 397 亿和 376 亿美元，分别比 1960 年增长了 46 倍和 74 倍。

上述数字表明，战后以来，美国一直是资本主义国家对外直接投资的主要提供者，同时也表明，美国在资本主义国家的对外直接投资总额中占的比重有所下降；相反，西德和日本随着它们经济的恢复和发展，对外直接投资迅速增长，它们在资本主义国家的对外直接投资总额中的比重大幅度地上升，从而进入了主要的资本输出国行列。

在资本主义发达国家中，对外直接投资的主要承担者是跨国公司，据统计，目前跨国公司的对外直接投资额占资本主义国家对外直接投资总额的 80% 以上。

资本主义国家的跨国公司是一种什么性质的组织？它们有哪些特点？简要地说，跨国公司主要是资本主义发达国家的一些大工业公司。这些公司资金雄厚，规模巨大，技术先进，经营方式灵活，分、子公司和业务活动遍及世界各个角落，它们有一套考虑周密的全球经营战略，许多公司从事多样化的业务，主要依靠垄断世界市场来攫取垄断高额利润。所以，从本质上来认识，跨国公司是新型的国际垄断组织，或者说是现代国际垄断组织。在西方跨国公司中，有许多在战前就是国际驰名的大工业公司，但从经营的规模和范围，以及业务国际化程度等方面来看，原先的公司与现在的跨国公司是无法比拟的。例如，资本主义世界有名的大钢铁托拉斯美国钢铁公司，是 20 世纪初第一个资产超过 10 亿美元的大公司，到 1983 年，这家大工业的资产额已增加到将近 200 亿美元。同年，美国大工业公司中，资产额超过 200 亿美元的就有 13 家，其中，世界闻名的石油国际托拉斯埃克森公司的资产额则超过了 600 亿美元。由此可见，跨国公司是在原先的公司基础上发展起来的，它们之间有着不可分割的继承关系，同时，跨国公司又不是原先那些公司的简单的继续。

跨国公司最引人注目的特征就是规模巨大，资本、生产、科技力量、熟练工人和其他资源的高度集中，因而在资金、人才、技术、管理和销售等方面拥有极大的优势。跨国公司正是依靠这些优势，在世界市场的角逐中使自己处于一种优越的垄断地位。

在资本主义世界，跨国公司被看做是权势的象征，有人把跨国公司比喻为在暗中操纵着一些国家政府机构的"无形帝国"和"国中之国"。我们可以拿石油大王洛克菲勒财团控制的埃克森石油公司为例，以便对跨国公司究竟拥有多大的权势作一个具体的形象的描述。埃克森石油公司是美国最大的工业公司，也是资本主义世界最大的工业公司。1981 年，它在国内外的销售额高达 1081 亿美元，是资本主义世界跨国公司中第一个销售额超过 1000 亿美元的大工业公司，这个数额相当于一个中等国家一年的国民生产总值。近年来，由于世界市场上石油价格疲软，销售额受到影响，1983 年的销售额降至 886 亿美元左右，雇佣的职工人数由 190000 万人减为 156000 人。埃克森公司的子公司有 500 家左右，遍布于世界各大洲的一百多个国家。这家公司主要的经营业务是石油，但近年来，经营方向已加速向多样化发展，除石油外，还经营石油化工、煤矿开采、计算机设备等业务。1980 年代初，埃克森公司全部产品的四分之三是在美国以外的海外市场上销售的，可见海外业务对它的重要性。它参与开采的世界各地的重要油井有 13500 多个，拥有 50 多家炼油厂和近 50 家石油化工厂，拥有或部分拥有将近 4 万英里长的油管。它还拥有总吨位达 2400 万吨的世界上最大的一支油船队。全世界每天有大约 600 万辆汽车来到它的六万多个加油站加油。埃克森石油公司是西方跨国公司拥有莫大权势的最有力的写照。难怪有人称它"是一个真正的日不落的石油帝国，"说它就像一个联邦国家：各子公司相当于联邦中的各个城市，地区分公司相当于各个邦，公司总部相当于"中央政府"。

埃克森石油公司只是西方许多巨型跨国公司中的一个。如果把整个西方跨国公司作为一个整体来考察，那么其经济实力之大就更惊人了。根据联合国公布的跨国公司的材料，1980年，西方跨国公司在世界各个地区的分、子公司总数约为98000家。同年，350家西方最大的跨国公司在国外的分、子公司即达25000多家；销售额达到26350亿美元，相当于资本主义世界各国当年国内生产总值的28%左右。这个数额比同年美国的国民生产总值都要大。

在资本主义世界究竟有多少跨国公司？是不是凡有国际业务活动的企业都可称做是跨国公司？根据联合国跨国公司中心研究报告提出的分类标准，1970年代中期，资本主义世界有一万多家企业被列为跨国公司。我们认为，这个数字夸大了跨国公司的数目。由于在联合国跨国公司中心的研究报告中，把凡是在两个国家里控制有工厂、矿山、销售机构和其他资产的企业都算作是跨国公司，因而有很大一批在国外拥有少量分、子企业规模又不大的公司就都被称作是跨国公司。其实，联合国跨国公司中心自己公布的资料也证明，在20个以上国家中设有分、子企业的大公司还不到上述一万多个企业总数的4%；此外，在被列为跨国公司的一万多个企业中，占总数不到5%的四百多个最大的公司就拥有所有公司在国外子公司和对外投资总数的3/4。这些统计数字说明，上述一万多个企业虽然国外都有分、子企业、并经营着国际业务，但它们中的绝大多数相对一些最大的公司来说，只是处于一种从属地位，因而不能算作是真正意义上的跨国公司，而真正能称得上跨国公司的只有几百家，最多不过上千家。这些大工业公司在世界市场上居于垄断和举足轻重的地位，只有它们才有资格参与从经济上瓜分世界的实力较量。

当人们谈论跨国公司的经济实力时，往往很快就会联想到某个跨国公司在国外拥有多少个完全可以由其控制的分、子公司，以及它在海外分、子公司的销售额的绝对数额和国外销售额在公司全部销售额中所占的比重。跨国公司为了争夺世界市场和占有别国的市场，避开一些国家设置的关税壁垒，主要采取直接投资的办法，在输入资本的国家中直接办企业、建工厂、设立分支机构，就地组织生产，就地进行销售。在通常情况下，跨国公司对其国外的分、子公司的控制，主要是通过拥有它们的全部股份和多数股份来实现的。美国跨国公司一般倾向于拥有分、子公司的百分之百的股票，至少是多数股份，因为这样便于母公司对分、子公司的全面的、绝对的控制。对于广大的发展中国家来说，它们迫切要求改变自己的经济落后状态，加速发展本国的民族经济，并渴望扩大同资本主义发达国家的经济合作，改革不公正、不平等的现存国际经济关系，建立新的国际经济秩序。可是，一些资本主义发达国家都力图保持现存的不合理的国际分工，保持由它们控制的资本主义国际生产体系、国际贸易体系和国际货币金融体系，使广大发展中国家在政治上和经济上继续处于依附地位。跨国公司是维护现存旧的国际经济秩序的主要支柱，因而是当前改善南北经济关系的主要障碍。从 1960 年代以来，许多发展中国家一方面同跨国公司进行经济联系和经济合作，争取以较为有利的条件引进资金、技术、管理技能和销售经验；一方面则采取各种措施、制定立法，限制和控制跨国公司的一些有损于本国经济发展的经营活动。有些发展中国家还对一些跨国公司设在它们国土上的分、子公司，以补偿的形式收归国有。这种情况对跨国公司在发展中国家的投资形式和参与东道国经济的形式产生了一定影响。

1970 年代以来，包括美国在内的资本主义发达国家的跨国公司，为了适应国际政治和经济环境的变化，并从自己的长期战略利益考虑，它们对在国外的资本参与形式作了一些调整，目的是要使广大的发展中国家继续作为它们有利的原料产地、销售市场和投资场所。一个明显的迹象是，多数跨国公司对自己在发展中国家的经营活动采取了更加灵活的方式。它们利用自己生产和经营多样化的特点，凭借自己雄厚的资本力量，以及在技术、管理和销售等方面的优势，不拘泥于在国外建立传统的全股权控制的企业，并有目的地发展一些风险小和有利可图的合资企业，以及拥有相当控制权的非股权参与形式。例如，它们在继续把全股权控制的分、子公司作为向发展中国家进行经济扩张的主要参与形式外，已愈来愈多地采用合资经营企业、许可证交易、管理合同、特许证协议、统包业务、国际分包合同等资本参与的新形式。与此同时，发展中国家利用外资的形式也愈来愈多样化。

既然跨国公司是以获取垄断高额利润为目标的新型国际垄断组织，发展中国家和社会主义国家应不应该同它们打交道？应不应该利用它们提供的资金、技术、管理经验来加速本国的经济发展？一些人从过去长期受殖民主义奴役和剥削的历史经验中得出结论说，利用跨国公司的资金，并让它们到国内来办企业会损害国家主权，从根本上来说，有弊无利或弊大于利。应该说，这种认识是片面的。在当前的世界经济中，跨国公司的存在是个客观现实，不能因为跨国公司是以获取垄断高额利润为目的就不同它们打交道。当今的世界是个开放的世界，在世界经济发展的现阶段，任何一个国家，即使是资源丰富、地域辽阔的大国，也不可能置身于国际经济交往的密切联系之外，关起门来搞经济建设。对于发展中国家和社会主义国家来说，如果搞闭关自守，不参加到广泛的国际经济技术的交流中去，不积极引进必要的外资、技术和管理经验，以他人之长，补己之短，那是不可能实现经济现代化的。所以，一方面发展中国家和社会主义国家应该本着自力更生的原则充分运用本国内部的资源、资金、人才和技术成果来发展民族经济；另一方面在坚持自力更生原则的前提下要实行对外开放，积极利用外资和引进适用的先进技术来加速本国的经济发展，这是实现经济现代化所不可缺少的两个互相密切联系和不可分割的重要方面，也是发展本国经济应该遵循的正确途径。邓小平人对此曾深刻地指出，"现在任何国家要发达起来，闭关自守都不可能。我们吃过这个苦头，我们的老祖宗吃过这个苦头。……如果从明朝中叶算起，到鸦片战争，有三百多年的闭关自守。如果从康熙算起，到鸦片战争，也有近二百年的闭关自守。把中国搞得贫穷落后，愚昧无知。我们建国以后，第一个五年计划也是对外开放，只不过是对苏联东欧开放。以后关起门来，没有什么发展，当然没有什么发展还有其他因素，有我们的错误。不开放不行。开放伤害不了我们。我们的人就是怕引来坏的东西。最担心是会不会变成资本主义。……影响不了的，影响不了的。会带来一些消极因素，要意识到这些东西，但不难克服。你不开放，再来个闭关自守，五十年要接近经济发达国家水平，肯定不可能。到那时，国民生产总值人均达到几千美元，我们也不会产生新资产阶级。基本的东西归国家所有，归公有。国家富强了，人民的物质、文化生活水平提高了，而且不断增长，这有什么坏处！在本世纪内最后的十六年，无论怎么样开放，公有制经济始终还是占主体。同外国人合资经营，也有一半是社会主义的。合资经营的实际收益，大半是我们拿过来。不要怕，得益处的大头是国家，是人民，不会是资本主义"①。可见，问题

①　邓小平：《建设有中国特色的社会主义》，人民出版社 1984 年版，第 60—61 页。

不是要不要与资本主义发达国家的跨国公司打交道，应不应该利用外资，而是如何与跨国公司打交道，如何有效地利用外资。也有一些人认为，某些发展中国家和地区利用外资来加速本国经济发展已取得成功，所以以利用跨国公司提供的资金和允许它们到国内来办企业是有利无弊的。这种认识也有片面性。我们必须看到，并不是在任何情况下，利用跨国公司的资金和技术都一定会给本国的民族经济发展带来积极的后果。许多国家的经验证明，如果对跨国公司的性质及其经营活动的特点缺乏了解，盲目利用它所提供的资金，并对它的经营活动不进行必要的管理和监督，引进资金的国家就会吃亏，甚至吃大亏。所以，一方面我们要坚持实行对外开放，加强对外经济交流和经济合作；另一方面要在同跨国公司打交道时，加强对它的经营活动的特点的研究，以便使我们在同跨国公司进行谈判和合作时处于比较有利的地位。

利用跨国公司的资金和引进技术是一件十分复杂的事。发展中国家和社会主义国家要有效地利用外资和引进技术必须制定一套积极稳妥和切实可行的政策措施。对发展中国家来说，利用外资和引进技术的规模受到各种因素的制约，如国内配套能力和外汇支付能力、经营管理水平和引进技术的消化能力等。因此，利用外资必须有切实可行的规划，讲求经济效益，注意引进适用于本国的先进技术和管理知识。归根到底，要注意培养一大批经营管理水平高、善于使用资金和善于消化引进技术的人才，否则，即使引进大量外资也不会自然而然对本国经济带来积极后果的。

下面我们来考察一下近些年来跨国公司参与发展中国家经济常采取的另外一些重要形式。

1. 合资经营。合资经营也是直接投资的一种形式，但与独资经营不同，它通常涉及两个或两个以上的参与者共同出资，因而合资经营企业的股本和资产往往为两个或两个以上的参与者共同拥有。合资经营已成为许多国家与外国企业合作的一种日益重要的形式，在发展中国家尤为通行。由于参加合资经营的当事者根据协议的规定按一定比例投入了股本，因此，它们都卷入了合资经营企业的所有权权益之中，都会对企业的经营状况和盈亏表示关心，直接的利害关系把各个当事者紧紧地联系在一起。不过，跨国公司与发展中国家的企业进行合资经营，各方的目的是不一样的，跨国公司到任何一个地方和国家去投资，目的都是为了要获取利润，而发展中国家的目的是要通过合资经营取得技术和管理经验，并打破跨国公司对企业的直接控制。由于双方的利益不一致，在一些决策性的问题上势必会有各种争论，势必会产生争夺控制权的斗争。有些发展中国家规定外资在当地的合资企业中的股份比重不得超过 49%，目的是要通过限制跨国公司在合资经营企业中的资本所有权来扩大和确立自己的控制权。正因为如此，在战后相当长一段时期内，合资经营的形式虽早已存在，但没有获得太大的发展。主要是多数资本主义发达国家宁愿在国外建立完全由自己控制的拥有全部股权的分、子公司，只有法国是一个例外，它早就利用合资经营的形式作为开拓国外市场的一种手段。只是 1970 年代以来国际政治和经济形势的变化，以及资本主义发达国家探索出了一些即使在合资经营企业中占有少数股份但仍能实施一定控制的办法后，合资经营的形式才在发展中国家获得了迅速发展。英国的公司厂商从 1970 年代中期以后，已越来越多地愿意接受与发展中国家企业合资经营的方式，但在资本主义发达国家，英国公司仍继续优先选择建立拥有全部股权的子公司。日本的跨国公司则根据自己的情况，采取适合自己利益的股权政策。由于日本经济对进口原料的依赖很大，因此日本跨国公司在国外首先着眼于在能提供廉价原料的初级产品工业中投资，以保证它们的制成品出口。此外，日本的原料来源于各个方面，这使日本公司愿意在能供应廉价原料的国家中更多地考虑合资经营形式，并且愿意接受少数股权的地位。

在东南亚的一些发展中国家和地区，合资经营企业比较普遍。例如，在马来西亚，近十几年来，合资经营已成为新投资项目中外资参与的最普遍的形式。在这些合资经营企业中，相当一部分是外资占多数股份。不过，在1980—1981年，政府批准的外国投资项目中，每八个合资经营企业中外资占多数股份的只有三个。

合资经营企业在新加坡的经济中也变得日益重要，但全部股权完全属于外资的企业在新加坡经济中仍在继续发挥重要作用。近年来，由于新加坡奉行面向出口的经济增长战略，外资在新加坡经济中的作用日益增长，与此同时，新加坡本国资本拥有的企业在制造业中的地位则显著下降。

在一般情况下，跨国公司在发展中国家的子公司，比合资经营企业和当地资本拥有的企业规模较大，资本更为密集，产品更加面向出口。而合资经营企业往往劳力比较密集，它的产品面向出口的程度不如全部股权属于外资拥有的企业，但高于全部股份属于当地资本拥有的企业。

在发展中国家，跨国公司参与的合资经营企业的股权分配有三种形式：（1）跨国公司占有多数股权；（2）跨国公司与当地投资者的股权相等，即各占一半股权；（3）当地投资者占有多数股权，跨国公司占有少数股权。对于跨国公司来说，当然乐于选择第一种股权分配形式，即占有合资经营企业的多数股权，因为这便于它们对企业进行管理和控制。第二种股权对等的分配形式容易在董事会和管理权问题上发生争执。通常的解决办法是，由董事会一级规定，跨国公司和当地投资者，在对等的年限中，轮流占有董事会中董事席位的多数；或是在董事会人数相等的情况下，经双方协议，在对等的年限中，由双方轮流分别担任董事长和总经理。如双方发生争执，相持不下，则可把争议诉诸于董事会中非双方之中任何一方任命的董事，甚至诉诸于法庭。跨国公司在接受第三种股权分配形式时，一定会要求在合同中规定有保护少数股权持有者权益的条款。在某种情况下，少数股权持有者可以采取与对等股权相似的办法，即用加权的办法，使之在董事会的选举中，占有多数席位。不过，这种办法只有在多数股权持有者由于在技术、财务和销售等方面缺乏有效管理能力的情况下才会采用，而且必须规定一个期限，一旦当地人员能够胜任上述各项业务管理时，少数股权持有者就应该将总经理等职务移交给当地的多数股权持有者委派的管理人员。此外，股东大会为了保护少数股权持有者的权益，还给少数股权持有者以否决权，当然，这种否决权的权力不能过大。更合适的方法是给少数股权持有者以其他保护措施，譬如在合同中规定，对重大问题的表决，需要 2/3 或 3/4 的多数通过，方能生效，等等。

许多发展中国家要求限制外资参与的比例，往往是从谁拥有合资经营企业中的多数股权，谁就能获得对企业的控制权这样一种认识来考虑问题的。其实，多数股权并不是在任何情况下都能取得对企业的控制权。跨国公司拥有技术、管理、销售等方面的优势，它们如在与发展中国家的合资经营企业中占有多数股权，它们就会比较容易取得对企业的控制权。但是，一个缺乏技术、管理和销售等方面专门人才的发展中国家，即使在合资经营企业中占有多数股权，也很难对企业实施真正有效的控制。反过来说，跨国公司同意与发展中国家分享股权，搞合资经营，甚至愿意接受少数股权的地位，并不意味着它们心甘情愿地放弃对企业的控制权。许多实例表明，跨国公司即使在占有少数股权的情况下，仍然力图利用它们拥有的技术、管理和销售等方面的优势保持企业经营和管理的决策权，进而保持它们对企业的控制权。所以发展中国家与跨国公司或一般的外国厂商搞合资经营企业，能否真正达到互利的目的，还要看这些国家同跨国公司打交道所积累的经验，本国企业所拥有的管理人才的水平和本国政府干预合资经营企业的能力，以及跨国公司对某个发展中国家的投资环境、投资前景所作的估计等等。譬如，跨国公司同一个急需资金但国内市场小，自然资源有限，投资前景不容乐观的发展中国家搞合作，提出的条件就会比较苛刻，同样，跨国公司同中国这样一个市场广阔、自然资源较丰富的有吸引力的发展中大国打交道，态度就会不一样。在谈判时只要我们善于利用有利因素，就容易在平等互利的基础上达成合作的协议。在非洲、加勒比和太平洋地区的一些较小的发展中国家，尽管长期对外资执行开放政策，条件相当优惠，但由于市场太小，自然资源不足，所以对外资缺乏吸引力，跨国公司至今不愿在那些国家中进行重要投资。

十一届三中全会以来，我国的对外开放取得了重大的成就，在国际上引起了强烈的反响，中外合资经营的企业，不仅在数量上获得了迅速增长，而且绝大多数取得了较好的经济效益。尤其是去年四月，我国进一步开放了 14 个沿海城市后，中外合资经营的企业增加得更为迅速，已成为我国利用外资，引进技术的一种重要形式。从 1980—1984 年，我国和外商共兴办了将近 700 个合资经营企业。大家知道，由南通市轻工业局、中国国际信托投资公司与日本力王株式会社三方合资经营的专门生产日本式劳动保护布鞋的中国南通力王有限公司是 1982 年 2 月成立的，总投资额为 142 万美元，其中日方投资额占 60%，南通市轻工业局占 30%，中国国际信托投资公司占 10%。合同规定，合资经营期为 15 年。这个公司只花了半年时间就建成了，1983 年 2 月投产，当年就盈利。公司日方总经理高兴地说："南通力王建设得这么快，投产当年就盈利，运气真好！"预计公司全部投资不到三年就可如数收回。中、日投资各方都认为，创办中国南通力王有限公司符合平等互利的原则。对日方来说，由于南通交通便利，工业基础好，绝大部分原料可以就地解决，加上职工素质好，工资报酬相对低廉，因而生产成本低，有利于提高产品的竞争能力。对中方来说，通过合资经营，可以学到日本在生产劳动保护布鞋方面的技术和管理经验。到目前为止，公司的产品合格率一直保持在 99% 以上。

天津市葡萄园与法国雷米·马丁有限公司合资兴办的中法葡萄酿酒有限公司，投资总额为 66 万美元，中方股份占 62%，法方股份占 38%，合作期限为 11 年。该公司生产的"王朝"牌葡萄酒于 1984 年 3 月在莱比锡世界博览会上荣获金牌。

又如，中日合资经营的福建日立电视机有限公司是由中日双方国家企业联合投资兴建的，投资总额为 360 万人民币，中日双方的股份各占 50%。设计能力为年产电视机 38 万台（包括彩电 20 万台，黑白电视机 18 万台）。根据合同规定，福建日立电视机有限公司从日立公司引进全套生产线和先进技术，由中日双方共同管理；制造技术、检查技术、工程管理技术由日方技术人员在现场指导；新招收的工人，经过培训，在三个月内就能成为熟练工人。由于经营有方，福日牌电视机质量已达到国际先进水平，不仅驰名国内，而且还畅销国外。

从以上举的三个例子可以看到，我国吸收外资兴建的合资经营企业中，既有外资股份占一半或低于一半的，也有外资股份高于一半的。实践证明，只要我们坚持平等互利的原则，既认真考虑外资应得的合理利润，注重保护他们的合法权益，同时，确实能通过合资经营利用外资，引进技术和改善经营管理，那么，中外投资者双方就都会感到满意的。

在发展中国家，跨国公司除了通过直接投资兴建100%股权由自己控制的子公司，以及同当地资本联合创办合资经营的企业外，还通过非股权的形式参与发展中国家的经济。所谓非股权顾名思义与用现金、机器设备等直接投资不同，它主要是指许可证、管理合同、供应合同、联合研究和发展、专业化安排等参与形式。跨国公司在发展中国家和社会主义国家选择哪种参与形式，这与它们追逐的目标有关，也与东道国政府对待外资的政策有关。例如多数东欧社会主义国家不允许外国公司拥有100%的股权。同时，这些国家认为完全非股权形式对跨国公司也缺乏吸引力，因此，它们有时把非股权安排转为合资经营，对提供许可证的外国公司给予一定的股权。在他们看来，外国公司获得了一定的股权，也就随之承担一定的风险，这样管理就有保证，技术转让也更为有效。

尽管一些国家对非股权安排持这种态度，多数国家在接受股权参与的同时，对非股权参与形式也愈来愈重视。

在非股权参与形式中，许可证交易占有十分重要的地位。许可证协议是一种契约性的协议。它与出售机器设备不一样，出售机器设备是连同所有权一起转移的。而许可证协议则规定许可证提供者仍保持所有权，许可证获得者只有对某项技术有使用权。在许可证协议中，往往附带以下一些重要条款，如技术的性质，许可证的授予，使用的范围和限制，使用许可技术的补偿；商标和牌号的使用，如允许许可证获得者的产品质量达到许可证供应者规定的标准时可以使用其商标；技术的改进与改善。协议条款规定，在许可证有效期内，技术提供者有义务向许可证获得者提供改进与改善技术的情报，反过来，许可证获得者也有义务向提供者作技术反馈；许可证提供者有责任对获得者进行培训，不经过有效的培训，就没有有效的技术转让；要保证许可证提供者的所有权不受损害，也要保证许可证获得者在使用技术时能达到预期的目标。条款往往还规定，许可证获得者保证不将该项技术转让给第三方，并保证不泄露技术秘密，技术帮助。如帮助传授技术知识，帮助解决技术和质量问题，派专家检查等。许可证获得者有权要求提供者帮助解决这些问题，但通常要偿付一定的费用；提供补偿，一般的做法是提成，即根据产量或销售价值作为计算基础，并按 1%—10% 的比例来提成，期限与终止。一般专利到期合同也随之终止。但如供方不能有效地向受方传授技术，或受方违反协议都可能导致合同的中止；争端的解决。当出现争端时，供方往往愿用本国的法律在本国的法庭上来处理争端，以得到本国专利法的保护。

可见，许可证贸易实际上是以一定的代价购买专利和引进技术的一种重要形式。跨国公司是绝大多数许可证的拥有者，跨国公司往往利用许可证安排这种非股权形式参与发展中国家经济。例如，1970—1979 年期间，印度签订的 2700 项许可证协议中，大约有 1/8 的协议规定了有关外国股份参与的条款，一般说来，外国只占少数股。印度自 1960 年以来登记的将近 6000 项许可证协议中，约有 2/3 与机械和设备有关。

韩国对许可证的使用量也逐年增加。在 1960 年代前半期每年大约只购买四项，1970—1972 年，每年签订的许可证协议增加到 70 项，而到了 1979—1980 年，每年平均签订的许可证协议已超过 250 项。这些许可证 90% 以上与制造业部门有关，其中日本公司提供的约占 60%，美国公司提供的占 1/4。

在马来西亚，从 1970—1979 年，已经签订的许可证协议或类似合同的数量，增加了将近四倍。

新加坡与外国公司签订的许可证协议数量也在迅速增加。1970 年代中期，对新加坡的 40 家公司所作的调查表明，在 30

家外国股份占多数的公司中，有 12 家公司签订了许可证协议；
而 10 家本国资本占多数的公司中，只有两家签订了许可证协议。
之后，对 30 家电子工业、电机工业和金属加工工业企业所作的
调查表明，在 16 家外国资本拥有全部股权的公司中，有 14 家签
订了许可证协议，其中 13 家又是与其母公司签订的；而在 7 家
合资企业中，有 6 家签订了许可证协议；在另外 7 家本国资本控
制的公司中，有 3 家签订了许可证协议。新加坡的调查表明，签
订许可证协议最多的是外国资本拥有全部股权或多数股权的公
司；其次是外国资本与当地资本合资经营的企业；本国资本控制
的公司签订的许可证协议最少。

与新加坡不同的是，韩国在 1970 年代签订的许可证协议中，
大多数是本国资本控制的公司与外国公司之间签订的，只有大约
1/4 是跨国公司在该国的子公司与母公司或与其他外国公司之间
签订的。这一情况表明，韩国比较成功地利用许可证这种非股权
形式来取得外国的技术，而不是完全依靠吸收直接投资引进外国
技术。

引进技术的途径和方式是多种多样的，通过吸收外国的直接
投资（包括兴建合资经营企业）可以引进技术，从国外进口成
套设备也可以引进技术，同样通过购买专利、关键技术、许可证
等也可以引进技术。以前我们往往用大笔外汇购买成套设备来引
进技术，而对通过购买许可证、关键技术和专利等来取得外国技
术则注意不够。党的十一届三中全会以后，我们开始注意用兴建
中外合资经营企业、购买许可证等办法引进外国先进技术，而对
进口成套设备则采取限制的政策。

不过，应该指出，跨国公司转让技术主要是在母公司及其子
公司之间进行的。跨国公司同自己的子公司通常签订使用证协
定。有了这些公司内部的使用证协定，子公司使用母公司的专利

技术和非专利专门技术知识而支付的专利权使用费和劳务费用就具有了法律效力，从而为跨国公司从子公司那里获取一部分利润提供合法的依据。这种使用证协定经常对子公司使用某项技术生产的产品从合同上进行限制。据统计，美国和英国跨国公司从收取专利权使用费、许可证使用费，以及从提供技术援助中得到的收益的数据表明，公司内部交易分别占它们上述效益总额的80％和85％。与此同时，美国和英国跨国公司从公司系统外部所得到的专利权和许可证使用费的增长速度更快。这主要是由于亚洲和非洲的企业在这方面的支付款项有猛烈增长的趋势，从而表明这些地区由当地资本控制的公司用购买许可证的办法来引进外国技术已愈来愈受重视。

跨国公司对技术的控制是十分严格的。一般说来，它们设在发展中国家的子公司是不从事任何重大的研究和试制活动的。这种情况限制了当地公司参加技术转让过程，因而也阻碍了当地公司对新技术的吸收。

从原则上讲，与跨国公司合资经营的企业为转让技术提供了更多的机会，因为当地合伙者拥有企业的部分股权，并在一定程度上参加企业的管理。可是，具体地说，即使在合资经营企业中，跨国公司仍然会按照严格的许可证协定，限制当地合伙者获得技术，以便它们能通过对技术的控制继续获取利益。通常只是对一些不属于少数公司所拥有的较为成熟的技术，它们才肯提供给当地合伙者一起搞合资经营。

跨国公司有时也与那些同公司没有任何所有权关系的企业签订许可证协议和合营企业协议。对发展中国家来说，这意味着国内的私营和国营企业与跨国公司签订了利用工业产权、非专利的专门技术知识和可能还附带提供各种技术援助的协议。只要跨国公司提供的技术不致给自身带来太大的风险，或者即使对这种技术失去控制也不致于造成太大的损失，它们是有可能把许可证发给那些与公司本身没有任何所有权关系的企业的。同时，也要看到，即使在这种情况下，许可证协定中的合同条款可能仍然会规定许可证获得者在商标、部件和其他投入物、进入国外市场、技术改进以及技术的其他方面对跨国公司的依赖关系，并力图使这种依赖关系长期保持下去。

因此，对于购买许可证的一方来说，只有在外国公司提供的技术是基本的工艺专门知识，而这种专门知识通常是不易得到的，同时，许可证获得者能把这种专门技术知识加以吸收消化的情况下，许可证才能成为发展中国家引进技术的有效渠道，并能有助于提高工业生产能力。

除了许可证协议外，我们还可以考察一下管理合同这种非股权参与形式。近一二十年来，许多发展中国家在保留当地企业的所有权和控制权的同时，相当普遍地采用管理合同作为从跨国公司手中获得管理和技术服务的一种手段。由于一些发展中国家缺乏足够的管理和技术人才，不能有效地掌握和控制本国各经济部门的发展目标，因而与跨国公司签订管理合同，由跨国公司委派受过专门训练的管理人员来帮助管理发展中国家的某些企业。

管理合同分两大类：一种是全面经营管理，即从外国聘请来的总经理和其他管理人员，不仅负责技术管理和商业管理（采购与销售），而且负责行政管理；另一种是主要负责技术管理，即由外国技术公司、外国技术人员或第三方的技术公司和人员来帮助管理企业。通常情况下，全面经营管理应用于刚兴建的产品专供外销的企业和大型旅游项目。近年来的发展趋向表明，一些发展中国家在采矿、石油、制造业、工业、农产品经营、林业、服务，以及公用事业和旅游等部门都采用了管理合同。如塞拉利昂、加纳、扎伊尔等国家采用管理合同经营采矿工程；埃塞俄比亚、肯尼亚、喀麦隆、坦桑尼亚等国家在工业企业中采用管理合同；象牙海岸、肯尼亚、津巴布韦等国家在旅馆业中采用管理合同；加纳、埃塞俄比亚在林业项目中采用管理合同；尼日利亚和塞拉利昂在石油项目中采用管理合同，等等。

一般说来，管理合同包括以下一些主要条款。

1. 要明确规定是哪一类管理形式。对于服务性质的阐明愈详细愈好。要清楚地写明有关双方的权利义务，例如要写明需要什么样的管理队伍、负责人选、管理内容、职权范围、人数多少等。总经理一级的高级管理人员的委任要经过审批认可，不能仅从履历和表面印象出发来选择，总经理最好能经过一段试用期。

2. 业主权利。签订管理合同意味着业主将企业授权给技术公司管理，当然业主仍拥有许多权利，最重要的是，任何决策都需经过业主的批准。例如年度预算、生产计划、价格制定、投资安排等重要事项都需经董事会批准。此外，管理人员的增减、任命、提升及解雇等，亦需经董事会核准。管理一方有义务向业主按时提供企业活动与成果的报告和报表。

3. 要规定如何对管理公司支付报酬。如可报销的管理费用包括管理人员的工资、差旅费、家属津贴、额外津贴（如休假补贴等）；又如要规定一个固定的管理费用。在决定管理费用时，要考虑到对管理公司的鼓励，一般是根据企业利润的多少按一定比例付给管理公司报酬。管理得愈好，利润愈多，管理公司得到的报酬也愈多，这对双方都有好处。

4. 要明确规定业主的义务。如规定把工厂设备、行政部门交给管理者；要支付管理者流动资金以购买原材料和支付其他费用等。

5. 要规定管理合同的期限，时间长短可根据具体情况来定。通常较大的工业项目的管理期限一般在五年以上。

6. 合同的中断。这项条款一般是指发生自然灾害致使双方不能履行各自的权利和义务。国外有的专家认为，管理合同中规定中断条款不一定合适，例如由于自然灾害毁坏了公司设备，因而导致合同的中断，应该在期限与终止条款中引用，而不能在合同中断条款中引用。

7. 争议的解决。通常采用仲裁的办法，很少诉诸以法庭解决，因为即使诉诸法庭，一般也是沿用管理企业所在国的法律。

跨国公司对于管理合同一般采取欢迎态度。许多专家认为，管理合同的安排在企业控制和分配财务收益方面的职能和实际作用，与跨国公司通过其附属公司运营的传统安排没有多大差别。

尽管跨国公司和发展中国家对采用管理合同都觉得是有利的，但许多经验表明，双方的利益经常发生冲突。跨国公司认为，管理合同是对发展中国家的某个经济部门取得有效控制的一种手段。而发展中国家则把管理合同看做是一种技术安排，通过这种安排，既能把重要的决策权和企业控制权保留在自己手中，又能获得跨国公司的服务。此外，发展中国家认为管理合同是一种过渡性方法，经过一定的时期，培养出了本国的管理人才后就有能力来接管这些企业的管理权，所以它们往往把管理合同看做是逐步结束外国投资和外国控制的第一步。反之，跨国公司则把管理合同看做是进入和参与发展中国家经济的第一步，为长期介入发展中国家奠定基础。

从总的方面来看，1970 年代以来，跨国公司在国外拥有全股权控制的子公司比重在下降，与发展中国家合资兴办的共同拥有股权的企业的比重在增加；此外，在继续保持直接投资是主要的参与形式的同时，非股权参与形式也获得了迅速发展。

根据我国目前经济特区、对外开放城市吸收外资的情况来看，中外合资经营的企业所占比重日益增加，其他如中外合作经营企业、外商独资经营的企业的数量也获得了迅速的增长。必须明确，中外合资经营企业是国家资本主义企业，不是跨国公司的子公司，它是中国的法人，受中国法律的保护和管辖。只要我们明确对外实行开放的战略目标，在现阶段，把利用外资和引进技术的重点放在对现有企业的技术改造上，进一步明确中央和地方在对外经济工作中的管理权限，避免重复引进同类技术设备和过多地兴办生产同一产品的合资企业，防止在与外国厂商打交道时，国内各部门和各地区自己合并和抬价争购。把利用外资与引进技术紧密地结合起来，改善投资环境，制定和完善各项涉外经济的法律、条例，我们的对外开放就一定会取得更加丰硕的果实。

（原载《经济研究参考资料》第 26 期，1985 年 2 月 18 日）

同跨国公司打交道时应注意的一些问题

自从 1980 年我国举办了深圳、厦门、汕头、珠海四个经济特区后，去年 5 月，党中央和国务院根据举办经济特区的成功经验，决定进一步开放大连、秦皇岛、天津、烟台、青岛、连云港、南通、上海、宁波、温州、福州、广州、湛江、北海等 14 个沿海港口城市，同时，宣布开放海南岛，让它们更充分地发挥优势，更放手地吸收外国直接投资、引进先进技术。今年年初，在国务院召开的长江、珠江三角洲和闽南三角地区座谈会上，又决定把这几个地区开辟为沿海经济开放区。这些步骤都是我国实行对外开放所采取的重要战略部署，在国外引起了良好的反应。许多外国厂商已经进一步看到了我国对外开放政策的稳定性和在中国投资的有利条件，正采取积极步骤加强同我国的经济技术合作。通过经济特区到沿海开放城市、沿海经济开放区到内地这样多层次的探索和实践，将有效地促进外引内联，把沿海经济的发展同内地经济的开发密切结合起来，对加速沿海地区和全国的经济建设有着极其深远的意义。

我国沿海城市交通比较方便，工业基础比较好，信息比较灵通，技术和管理水平比较高，科学和文化事业也比较发达，是我国商品经济比较发达的地区，历史上就与国外有着广泛的联系，具有开展对外经济活动的种种有利条件。特区、开放城市、经济开放区，是我们对外开放的桥头堡，起跳板的作用。我们要把国外的先进技术、设备和先进的经营管理方式引进来，加以吸收、消化、创新、向内地转移；另外，要把沿海生产的"洋货"向内地销售，把内地的原料、产品在这里加工增值后出口，进入国际市场，取得更好的效益。经济特区、开放城市，应当是"两个扇面，一个枢纽"，即对内辐射和和对外辐射的两个扇面，特区和开放城市居中起枢纽作用。因此，沿海地区就其所居的地位来说，应该成为我们对外联系的窗口，进出口的重要基地；应该面向世界，把开拓国际市场作为自己的主攻目标。例如，长江、珠江三角洲和闽南三角地区的方针，不应该是农—工—贸，而应该是贸—工—农。不是种什么和加工什么就出口什么，而是要面向世界市场，分析市场变化的趋势，根据国际市场的需要进行生产和加工，使产品的生产同国际市场的需要紧密衔接起来。这就是说，上述地区应建立以外向型为主的经济。

随着我国进一步对外开放，前来我国投资的外国厂商和公司日益增多，投资额迅速增长。去年11月，在香港举行的中国开放城市投资洽谈会上，共签约441项，投资总额近50亿美元。在去年一年中，许多开放城市吸收的外国厂商和公司的投资额超过了前几年的投资总和，出现了外商来我国投资的高潮。从目前的形势看，这个投资高潮只是刚刚开始，在未来几年中它的势头将会进一步加强。如果说，前几年来我国投资的外国厂商多数是中、小企业，那么可以预料，今后几年将会有越来越多的外国大公司，包括一些驰名世界的跨国公司来我国投资。由于我国坚定不移地执行对外开放，许多外国厂商和公司逐渐消除了顾虑，开始从观望转而采取行动，对于这种动向我们应该有充分的思想准备。面对对外开放的新形势，我们特别要采取措施加速培养和培训大批适应新形势需要的熟悉涉外经济业务的干部和人才。

为了把利用外资和引进技术的工作切实做好，我们必须加强对外国厂商特别是跨国公司经营特点和国外市场的研究。跨国公司资金雄厚，手中拥有先进技术，以及高级管理和技术人才，这些都是它们的优势。除此以外，它们在情报和信息方面也拥有极大的优势。几乎每一家跨国公司都有市场调研方面的专门班子和直接为公司服务的情报系统。这些机构通过各种渠道收集大量的经济信息和情报，包括各大洲、各个地区的市场情况和投资机会等，分类供公司最高领导层决策时参考，同时，许多重要信息和情报也在公司系统内部（包括国外子公司），广为交流。我们要同外国厂商和跨国公司打交道，做买卖，搞合作，同样必须了解我们的对手或合作对象的情况，了解它们的经营特点、主要产品的性能，以及它们的产品在国际市场上的销售状况和竞争能力，等等。只有知己知彼，才能使我们处于主动和比较有利的地位，否则我们就容易吃亏上当。

我们认为，在吸收外国直接投资办合资经营企业，以及与外国厂商和跨国公司搞各种形式的合作项目时，应注意以下一些问题。

一　要重视情报和调研工作

及时而又准确地掌握有关经济信息和情报，这是与外商接触、洽谈和进行合作的第一步工作。我们必须通过自己的调研部门从各方面搜集、储存、分析和研究外国投资者和合作对象的生产、管理、技术、销售、财务等情况，以便选择一个在提供资金、技术和管理经验，以及培训等方面都比较理想的投资者和合作对象。譬如，要了解投资者的经济实力、经营特色、办事信誉、产品性能、技术和管理力量，和他们近些年来的盈亏情况，即要了解投资者的优势和弱点，以及来中国投资的意图。当然，外国厂商和公司来中国投资，说是帮助我们实现现代化，主要目的却是为了赚取利润。这一点我们很清楚。但是，不同的外商和公司前来投资所提的条件不完全一样，有的要价很高，有的要价比较切合实际；有的在赚取利润的同时，愿意转让一部分技术，有的既想赚取利润，又想继续控制技术。因此，我们要在摸清情况的基础上，对准备来投资的外商和公司进行比较，从中选择比较可靠、条件比较优惠的进行合作。在与外商谈判时，一定要对方提供资产负债表，了解他们的财务情况，不能对方说什么就信什么。当然，要在较短的时间内了解投资者的资金、技术、财务等情况并不是一件容易的事。不要说我们的企业，即使是有些省市，也不一定有一套专门研究国外市场和外国大公司的班子。不过，我们可以采取各种办法来弥补这个缺陷。我们的许多大专院校和研究机构以前很少与企业挂钩，协助它们调研一些问题。同时，我们的企业也很少请大专院校和研究机构的专家来帮助它们搜集、调查和研究自己所需要了解的经济信息和情报，一般请大专院校和研究机构的专家来工厂帮助，主要也是为了解决技术上的问题。近年来已有一部分企业开始从有关单位聘请一些专家来担任本企业的顾问，协助提高企业的管理水平。随着我们进一步对外开放，不仅经济特区、开放城市，而且全国各地区对于国际经济信息和情报都会愈来愈注意，愈来愈重视。现在全国各地创办了许多开发公司和咨询机构，在新建立的各种开发公司和咨询机构中，有一部分是徒有虚名的，牌号很响高，实际上并没有真正的咨询能力，我们可选择一些大专院校和研究机构举办的咨询中心，请他们根据你们的业务需要，组织力量有针对性地收集一些国际经济信息和情报，调研一些问题。你们可提供些研究经费，支持他们的研究工作，这样做对于加强对外经济联系，及时了解国外市场的发展趋势和外国大公司的经营动向是有很大好处的。当然，各省市应该都建立起一个专门收集信息和情报的机构，即使开始工作时人手不够，力量较弱，但有专人做这项工作和没有专人做这项工作是不大一样的。一方面依靠当地的力量组织专门班子收集有关信息和情报，一方面请大专院校、研究机构和其他社会力量帮助调研和协助培训一些人才，这样，我们与外商和跨国公司打交道的能力就会迅速提高。

二　要有效地引进技术

我们实行对外开放，积极吸收外国的直接投资，一方面是补充我国经济建设中的资金不足，一方面也是为了在利用外资的同时，引进适用的先进技术，加速我国现有企业的技术改造。在与外商和跨国公司合作，搞合资经营企业时，我们要十分注意技术转让的方式及其合同的签订方法。一般情况下，资本主义国家的公司在发展中国家进行直接投资，一般都建立股权部，属自己控制的分、子公司，技术转让只是在本公司范围内进行，直到现在为止，跨国公司的技术转让仍然主要在母公司与它的子公司，以及子公司与子公司之间进行，即在跨国公司系统内部进行。近十几年来，情况变化了，许多发展中国家不愿意跨国公司在其国内建立拥有全部股权的分、子公司，它们强烈地要求加强对跨国公司的管理和监督，要求参与原先完全属于跨国公司控制的分、子公司的部分股权，建立由发展中国家控制的合资经营企业，并以合理的代价从跨国公司手中获得技术。但是，实践表明，广大发展中国家在引进技术的效果方面差别很大，有的发展中国家的技术引进工作进行得较好，有的发展中国家在这方面的工作，做得很不理想。发展中国家往往在与跨国公司谈判时就会发现，它们总是想方设法地利用技术合同作为其控制工具。为此，许多发展中国家建立了专门审核技术合同的立法机构，以防止跨国公司在转让技术的问题上做手脚，或索价过高。发展中国家在与跨国公司签订合同时，一定要十分注意研究跨国公司提出的条件，并谨慎地加以考虑。在技术合同中一定要明确地规定技术转让的条款。否则就容易发生以下一些情况。

1. 与其他国家相比，虽然引进的技术是同样的，但是所支付的技术引进费用却高得多。

2. 与其他国家相比，跨国公司提出的转让技术的条件有过于严格的限制。

3. 引进的技术代价很高，但不适用于引进该项技术的发展中国家的需要。

技术引进主要包括以下五个方面的具体内容。

1. 可行性考察和市场研究。如果合资经营企业的产品是面向出口的，那么就要对特定的产品结合出口市场进行可行性考察和研究。

2. 项目设计。发展中国家花很高的代价从跨国公司那里引进技术，目的是为了掌握该项技术，以及这一项目的设计技术。在签订技术合同时，一定要明文规定，引进技术的一方必须从头至尾地参与项目设计，这样既有利于提高本国工程技术人员的水平，又可以降低项目费用。因此，凡是发展中国家有能力制造的各种设备，应尽可能地在本国制造。如果在外国购置设备进行设计，也应有引进技术的一方派专家参与。

3. 工厂施工。这当然使用当地人。

4. 生产技术专门知识。这有两种形式：一种是申请专利并获得批准的技术专门知识，一般就称专利；另一种是没有申请专利的技术专门知识。后者涉及生产中的各个环节，内容广泛得多。

5. 管理和技术服务。跨国公司一般总要求签订管理协议和技术服务协议。在谈判时要具体规定，在合资经营企业中，董事长和总经理由哪一方担任。在合同中要使跨国公司在管理方面确定合理的条款，发展中国家应尽量扩大自己的管理范围。在合资经营企业中，美国公司往往要求占多数股权，以便控制企业。日本公司在合资经营企业中通常不坚持要占多数股权，但却坚持签订管理合同，目的是想通过取得管理权实现对企业的控制。

发展中国家从资本主义发达国家引进技术一般通过以下几种渠道。

1. 进口设备。当引进设备时，技术也就体现在机器设备上，所以引进设备也就引进了技术。

2. 吸收外国直接投资。这有几种形式：（1）股权全部由跨国公司占有的子公司；（2）跨国公司占多数股权的合资经营企业；（3）跨国公司与当地企业所占股权对等的合资经营企业；（4）跨国公司占少数股权的合资经营企业。无论是利用上述哪一种形式，都要注意跨国公司对技术使用的限制和控制。当跨国公司不能在合资经营企业中依靠股权来实行对企业的控制时，它们往往会想各种办法在合同中尤其是在管理合同或技术服务合同中，列入对其有利的一些条款。

3. 购买许可证。这是发展中国家引进技术的一种有效方式。在许可证交易中，外国公司不是通过股权，而是主要通过与当地企业签订技术合同或技术服务合同发生关系。合同期满后这种关系一般也就中断了。但是如有专利，就要支付专利费。近年来，通过采用许可证交易的形式引进技术的发展中国家日益增加。一般说来，发展中国家的工业达到一定水平时，就可采用许可证交易的形式引进技术。提供许可证是跨国公司采用非股权参与发展中国家经济的一种形式，有的发展中国家也有将许可证折合成一部分股权给跨国公司的。发展中国家应该随着本国经济发展水平的提高，增加许可证交易。因为购买许可证不像搞合资经营企业那样涉及合伙、资金、管理、控制等复杂问题，但同样能引进整套技术。不过，有些比较先进的技术，如高级计算机，美国国际商业机器公司则要求投入资本后才能转让技术。当然，遇到这种情况，就只能选择合资经营了。此外，合资经营局限于双边关系。如果某个发展中国家与美国跨国公司合作生产某项产品，那么这个发展中国家就不能再从另外一个国家引进生产该项产品的技术了。与此相比，许可证交易就不受双边关系的限制，灵活性要大得多。

这里要着重讲一讲技术引进资本化的问题。所谓技术引进资本化指的是，某些发展中国家允许技术可以折成股本或股权。中国的投资法也允许技术引进资本化。但是，技术资本化孕育着一定的危险性，这是因为技术是无形的资产，不像设备是有形的，可以具体估价。在谈判时，如果跨国公司要求将技术折成资本，应慎重对待，只有在对该项技术的估价有充分把握时，才能写入合同。印度政府在1978年规定，任何技术都不得折成资本。

引进技术以哪一种形式最好，这要根据具体情况来决定，上述各种引进技术的方式，不要把它们对立起来，而应该结合起来利用。

三　反对经营上的限制性条款

这是与跨国公司打交道时应该引起重视的一个重要问题。对于发展中国家来说，特别关心跨国公司在技术转让和发展出口潜力方面的限制。跨国公司在发出许可证时，无论是对其分、子公司，还是对公司系统以外的独立的第三方，一般都坚持限定采购的规定，这包括中间产品与补给品，以及机器设备和配件。联合国贸易与发展会议的调查结果表明，绝大多数接受许可证的发展中国家的报告中都有这样的条款。这种限制在跨国公司向拉丁美洲转让技术的合同协议中同样是十分普遍的。例如，在玻利维亚和哥伦比亚，这样的协定分别占 80% 左右。

跨国公司在与发展中国家签订的协议中所规定的限制条款的面是很广的。

1. 生产限制。主要是对产量加以限制，即使是超产部分支付提成费，跨国公司也同样限制。这当然是不合理的。

2. 销售限制。外国公司在协议中往往要求规定销售额，并限制销售地区。据估计，世界上约有 60% 的协议限制引进一方的销售地区。

3. 出口限制。据联合国贸易与发展会议的研究，在秘鲁、墨西哥、智利，在持有外国许可证并经过检查的合同中，有90% 以上包含有限制出口的条款，而在玻利维亚、哥伦比亚、厄瓜多尔三个国家中，发现包含有限制出口条款的合同超过 70%。

4. 技术反馈。外国公司作为供应技术的一方规定引进技术的一方在协议期间所作出的技术改进要免费提供给技术供应一方。

5. 使用领域限制。跨国公司经常规定某种不能用于其他领域限制。如墨西哥与英国签订压缩机制造协议，英国只同意该压缩机用于洗衣机，不准用于其他方面。

6. 有关零部件和半成品供应的限制。这直接牵涉到进口价格。因此，引进一方应力争在协议中规定可以自由选择从何处进口有关零部件和半成品。如果外购件和半成品都由供应一方提供，那么，除了加一部分装运费，价格必须与其他地区一致。引进的一方要注意跨国公司玩弄划拨价格的手法赚取不合理的过高的利润。

还有其他种种限制条款，如果我们在与跨国公司谈判和签合同时，对于上述情况缺乏了解，就会吃亏。我们还可以举第三方专利权问题为例。有的外国公司可能提出在协议中规定，引进一方使用的技术如果违反了第三方的利益，供应一方不负任何责任，这种条款决不能接受。假如一家日本公司从联邦德国公司抄袭了一项有关专利的技术，转让给中国一家企业。一旦联邦德国公司发现了，就会起诉。要是按照协议中的上述条款，日本公司就可以推卸责任，说协议已经规定供应一方对此情况不负任何责任。这样，中国企业就吃亏了。因此，在协议中就此问题写条款时，要明文规定，供应的技术不涉及第三方，如有任何一方起诉，涉及了第三方，此案应当供应一方负责，或者至少应由供应一方与引进一方共同负责。又如关于许可证转让的问题，在有的协议中可能有这样的条款，即引进一方不得将此转让给其他人。如要转让，必须经供应一方同意，这一点不应该接受。引进一方应该要求在协议中规定可以转让，并有权在国内向其他企业提供技术知识，而不必经供应一方同意。如果我国某个企业想获得某项技术知识，这项技术知识也是另一些国内企业所需要的。在这种情况下，可以把全部技术买回来，这样，国内其他企业都可以用。但是，这一点在谈判中必须说清楚，并明确写进协议和合同中。通常合资经营企业中的外国公司是不愿意引进一方将技术再转让给第三者的，原因是为了垄断该项技术。如果遇到这种情况，我们可以要求外国合伙者不限制从其他方面引进技术，外国合伙者为了不希望中国合伙者再从其他方面引进技术，可能会同意中方将技术再转让给第三者。

另外，还要注意一个问题，外国公司通常希望将成套技术转移给另一方，这样可以索取高价。成套技术包括项目设计、项目实施手段、生产技术、管理和销售等各个方面。我们应避免引进成套技术项目，争取将其解体分成单项引进，这样就能节省大笔外汇。

四　注意跨国公司利用划拨价格转移收入

所谓划拨价格是指跨国公司系统内母公司与子公司，以及子公司与子公司之间购买、销售设备、零部件、产品的价格，还包括子公司向母公司支付的技术使用费等，这种价格与市场价格不同，它不是直接由供求关系决定的，而是由跨国公司总部规定的。由于跨国公司内部的贸易在世界贸易总额中占有 1/3 左右的比重，因此，划拨价格问题已成为世界各国共同关心的问题。以美国为例，1977 年进口总额的 39% 和出口总额的 36% 都属于跨国公司的内部贸易。跨国公司内部的出口额在美国出口总额中所占的比重也超过了 30%。跨国公司与它的国外子公司之间的技术转让费所占的比重更高。据统计，美国全国销售技术收入的80% 左右是由其国外子公司支付的。从跨国银行的信贷业务来看也是这样，约有 2/3 的信贷业务是在总行与其国外附属银行之间进行的。

对于跨国公司来说，通过划拨价格所获得的收入远远超过由生产活动所提供的账面利润，因此，划拨价格在跨国公司的经营活动中占有十分重要的地位。我国实行对外开放，吸收外国的直接投资包括跨国公司的投资，应注意跨国公司的划拨价格问题。例如，我国与跨国公司合资经营的企业，如通过跨国公司进口设备、原材料，应注意这些进口货物的价格是否过高，同时，一些通过外国公司出口的产品价格应注意是否偏低。

我们不能单纯从跨国公司公布的账面利润来看他们的收入。通常跨国公司不愿公布很高的利润。因为这会遇到一系列的问题。

1. 发展中国家会要求重新谈判，重新确定利润的分配比例。为了逃避重新谈判，跨国公司往往通过划拨价格的办法，把收入偷偷转到设在其他国家的子公司账上，从而压低了所在国企业的利润。

2. 宣布的利润高，会使所在国企业的工会组织向公司提出许多福利要求，为避免与工人发生摩擦，跨国公司也总是少报利润。

3. 利润愈高交的所得税当然就愈多，为逃避交税，跨国公司经常利用划拨价格将部分利润从税率高的国家转移到免税区和税率低的国家去。

4. 从合资经营的企业来看，在获得免税和减税的优惠待遇后，外国公司必须把企业获得的利润按比例分给所在国的股份持有者。如果当地的投资比例高，外国公司获得的利润比例就会减少。在这种情况下，跨国公司往往会使出花招，通过划拨价格对国外其他子公司供应的产品和劳务制定较高的定价，使合资经营企业少得利润，增加对国外其他子公司各项费用的支付。所以，当地的投资比例愈高，跨国公司就会要想法把利润转到自己的其他子公司去。

在现代跨国公司系统内，各地子公司的账面利润并不完全反映它们营业的好坏，各个分、子公司的账面利润都需服从跨国公司的总的经营战略。在商品和劳务方面，划拨价格有不同的形式。一种是有形产品的划拨定价，如子公司从有联系的公司不断进口的商品价格；子公司向有联系的公司不断出口的商品价格；在工厂初建时期以及生产过程中需要继续购买的零件、备件等价格。另一种是无形产品的划拨价格，如母公司向子公司出售技术的使用费；母公司给子公司的贷款收取的利率；子公司付给母公司的佣金和管理费；运输过程中的保险金及其他费用。

总的说来，跨国公司力图使国外子公司或国外合资经营的企业少纳税，甚至不纳税。它们经常利用支付债务利息、管理费和专利费等办法来逃避向东道国纳税。它们利用所谓的划拨价格对利润进行再分配。通常采取的形式是，一个子公司从它的母公司那里以人为的抬高的划拨价格进口货物或劳务，这就会降低子公司的利润，并由此降低东道国应得的税收；反之，在免税区和税率低，以及外汇管制松的国家，母公司可以人为地压低子公司进口的货物或劳务的划拨价格。

划拨价格是一个十分复杂的问题，许多国家包括资本主义发达国家和发展中国家虽然采取了一系列办法，但仍不能很好地解决。对于来我国从事独资经营和合资经营的跨国公司，我们要十分注意它们利用划拨价格将大笔收入转移出去。

（原载《经济研究参考资料》第 27 期，1985 年 2 月 20 日）

当代世界经济中的跨国公司

在当代世界经济中，一二千家大跨国公司控制着大部分国际投资和进出口贸易，它们还与跨国银行结为一体，左右着国际金融和货币市场，并活跃在世界各地的主要证券市场上。战后时期，特别是1960年代以来，跨国公司在世界经济舞台上一直扮演着最活跃的角色，它们是推动战后世界经济发展的强大动力。在20世纪和21世纪之交，随着生产和资本国际化趋势的进一步加强，欧洲、北美以及亚太地区集团化经济的发展，跨国公司将会以更大的规模和更快的速度继续获得发展，它们在世界经济事务中的作用也将会更加突出。组建跨国经营集团，建立海外基地，拓展国际市场，这是我国发展对外经济关系的一项长期战略任务，也是深圳发展外向型经济的战略目标，深入研究当代世界经济中跨国公司、综合商社的国际经营特点，借鉴吸收它们在国际经营中一切于我有用的经验，这是一项十分有益并有开拓意义的工作。

一 跨国公司的总体实力和发展现状

第二次世界大战后的四十多年时间里，跨国公司经历了一个大发展的时期。美国是当代跨国公司的发源地，在资本主义世界的跨国公司中，美国跨国公司的总体实力最强，数量最多，对战后世界经济和资本主义经济的影响最大。欧洲各国的一些著名的大跨国公司都有上百年的国际经营历史，它们在世界市场上占有特殊的地位，是美国跨国公司的有力竞争者。与美国和西欧各国的跨国公司相比，日本跨国公司是后来者，但它们发展迅速，在争夺世界市场的斗争中已逐渐取得主动地位。

迄今为止，对于什么样的企业可以称做是跨国公司，看法仍未取得一致。联合国跨国公司中心的一些专家认为，"……凡是在两个或更多国家里控制有工厂、矿山、销售机构和其他资产的企业"，都可算作是跨国公司。按照这个标准，资本主义世界在70年代中期估计就有一万多家跨国公司。我们认为，跨国公司有其特定的含义和界限，并不是一切从事国际生产经营活动的中、小企业都可以称为跨国公司。严格地说，跨国公司是当代垄断资本主义条件下生产和资本高度集中的产物，是生产和资本高度国际化的集中体现，是当代资本主义经济活动和社会再生产过程的主要承担者，衡量某些有国际生产经营活动的企业是否属于跨国公司，主要应看它们在争夺世界市场的角逐中所占的地位和所起的作用。只有那些具有实力在经济上参与瓜分世界，并在世界市场上占有垄断地位的企业，才能称得上是真正意义上的跨国公司。因此，简要地说，跨国公司首先是指资本主义发达国家的那些从事制造业和采掘业的大工业垄断公司。这些公司资金雄厚、规模巨大、人才集中、技术先进、经营方式灵活，分、子公司和业务活动遍及世界各个地区和各个角落，它们有一套考虑周密的全球经营战略，许多公司从事多样化的业务，并主要通过高度的国际经营获取最高利润。从本质上来认识，跨国公司是当代资本主义经济中的新型国际垄断组织。如美国的通用汽车公司、福特汽车公司、埃克森石油公司、国际商用机器公司、杜邦公司以及欧洲的壳牌石油公司、尤尼莱佛公司、菲利浦电气公司、西门子公司、雀巢公司等都是本世纪初就驰名全球的大工业垄断公司。美国《幸福》杂志每年定期公布的500—1000家美国最大的工业公司和美国以外的资本主义世界500—1000家最大的工业公司，其中绝大多数都是当代跨国公司俱乐部的主要成员。在20世纪的头十年，美国钢铁公司是第一个也是惟一的一家资产额突破10亿美元的大公司。今天，美国、西欧各国和日本等固定资产超过10亿美元的大公司已达700多家。根据最近公布的材料，已有833家大公司的销售额超过了10亿美元，其中有97家大公司的销售额突破了100亿美元（美国占37家），有6家大公司的销售额在500亿美元以上（美国占4家）。美国通用汽车公司的销售额达到了创纪录的1211亿美元，比一些中等国家一年的国民生产总值还要多。

1980年代初，西方跨国公司在各个地区的分、子公司总数约为98000家，而350家最大的跨国公司在国外的分、子公司就达25000家。上千家大公司加上它们在海外分、子公司的销售额总计达25350亿美元，相当于资本主义世界各国当年国内生产总值的28%，这个数额比同年美国的国民生产总值还要大。这些大公司雇佣的职工人数达到2500万，约占资本主义发达国家制造业部门雇的职工总数的1/4。1980年代以来，跨国公司的经济实力继续在增长。根据《幸福》杂志公布的销售额计算，美国500家大公司的销售额共计为20231亿美元，美国以外的500家大公司的销售总额为29292亿美元。同年，美国、日本、西德、法国的国民生产总值分别为48643亿美元、28589亿美元、12083亿美元、9459亿美元。上述1000家大公司的销售总额合计为49523亿美元，超过了1988年美国的国民生产总值，相当于日本、西德和法国三国国民生产总值的总和。

跨国公司的经营活动有两个十分引人注目特点：一是经营的国际化程度很高；二是经营业务多样化。跨国公司的一个重要发展趋势是海外业务所占的比重愈来愈大。例如，世界最大的石油跨国公司美国埃克森石油公司的海外销售额约占销售总额的3/4，海外利润额约占公司利润总额的70%。家喻户晓的美国可口可乐公司的海外业务也十分突出，尽管在美国境外的资产只占公司资产总额的1/4，但在国外赚得的利润却占公司利润总额的3/4左右。美国国际商用机器公司是世界上最大的计算机制造商，它的生产和业务的国际化程度也很高。1987年，公司的销售总额为542亿美元，其中海外销售额为293亿美元，占公司销售总额的54%，海外利润则占公司利润总额的63.3%。这些大公司的海外分、子公司遍及各大洲。以埃克森石油公司为例，它在100多个国家内设有大约500家分公司和子公司，参与开采的世界各地的重要油井有一万多个，全世界属它管辖的加油站有6万多个，每天约有600万辆汽车到它的遍布世界各地的加油站去加油。埃克森公司除了经营石油业务外，还经营化工制品、核能、矿产、太阳能光电产品，生产各种高级（尖端）信息处理系统、传真装置、微型计算机部件与系统，以及办公室用的各种设备、器材等。还在1979年，埃克森石油公司就收购了信赖电气公司，专门生产各种电动机及其他电气设备。

二　中、小型跨国公司与发展中国家的跨国公司

迄今为止，跨国公司的主要活动舞台仍然在资本主义经济发达的地区和国家，这些地区和国家不仅是跨国公司对外直接投资的主要场所，也是它们销售产品和进行技术交易的主要据点。

不过，强调大型跨国公司在世界经济和世界市场中的主导地位，并不等于可忽视中、小型跨国公司在世界经济中的作用。1980年代以来，某些发展中国家的跨国公司的经济实力也获得了迅速增长，已成为日益引人注意的对象。对于哪些中、小型企业可以算作是跨国公司，还缺乏一套严密的衡量标准，也没有共同认可的定义，各个国家往往有不同的衡量。从目前接触到的材料来看，大多数中、小型跨国公司的母国与大型跨国公司一样也是资本主义发达国家，而且它们的活动地域主要也是北美和欧洲等经济发达的地区和国家。与大型跨国公司相比较，它们的经营活动具有以下一些特点：

第一，中、小型跨国公司经营活动的国际化程度一般没有大型跨国公司高，经营业务的范围相对大型跨国公司来说比较窄，它们在国外的分、子公司网络也没有大型跨国公司广。

第二，由于受到经济实力的限制，资本主义发达国家的中、小型跨国公司的对外资本渗透一般首先指向邻近的国家和比较熟悉的国家。例如，大多数美国中、小型跨国公司都以加拿大作为第一块跳板，然后再向其他国家和地区扩展。又如，英国和法国的中、小型跨国公司一般先向以前的殖民地发展。再如，日本中、小型跨国公司发展海外业务的突破口往往是东南亚各国。

第三，与以上两个特点相联系，大多数发达资本主义国家的中、小型跨国公司在发展中国家的投资较少，惟一的例外是日本，它的中、小型跨国公司的对外投资主要集中于东南亚的发展中国家。

我们说，目前还缺乏一套衡量中小型跨国公司的严密标准，不等于说，所有从事跨国生产经营活动的企业都可列为跨国公司。从各有关国家掌握的衡量标准来看，界定中、小型跨国公司还是有一定依据的。例如，在加拿大，公司的销售额在 1840 万美元以下的列为小跨国公司。1980 年代初，在加拿大制造工业中有 80 家小跨国公司，在其他部门有 515 家小跨国公司，共计 595 家。这些小跨国公司在加拿大全部跨国公司中所占的比例为 58.4%，在英国和法国，雇员为 20—499 人的小跨国公司的数量较多，在 1980 年代初，分别有 1177 家和 1600 家，它们在本国全部跨国公司中所占的比例分别为 78% 和 80%。根据 1982 年的材料，美国把资产不超过一亿美元的公司列为小跨国公司，这些公司在制造业和其他部门各占 508 家和 406 家，共914 家，它们在全部跨国公司中所占比例为 43.3%，1984 年，雇员不超过 300 人的日本小跨国公司共计 341 家，它们在本国全部跨国公司中所占比例为 23%，日本是上述各国中所占比例最低的国家。

从以上分析的材料中可以看出，在 1980 年代初，资本主义发达国家的中、小跨国公司已获得相当程度的发展，它们积极扩大对外直接投资，拓展海外业务，在邻近的地区和国家建立生产据点，争夺当地的销售市场。虽然它们的对外直接投资额没有大型跨国公司多，但它们约占资本主义发达国家向国外投资企业总数的一半。最近几年，日本的中、小型跨国公司获得特别迅速的发展，它们的经营触角不仅伸向东南亚各国，而且已逐渐延伸到美国和欧洲地区。现在中、小型跨国公司正紧紧追随着大型跨国公司破浪前进，发挥它们的独特作用。

1980 年代以来，某些发展中国家和地区的跨国公司，在世界经济舞台上也开始崭露头角。1988 年，美国以外的资本主义世界 500 家大公司的名单中，发展中国家和地区的跨国公司已占37 家，其中仅韩国就占有 11 家。这 11 家韩国跨国公司的销售额都超过了 10 亿美元，它们的销售额加在一起共计为 811.51 亿美元，这个数额相当于 1988 年韩国国内生产总值 1646 亿美元的一半。韩国最大的跨国公司三星集团 1988 年的销售额达到了 271 亿美元，另一家大跨国公司大宇集团的销售额也达到了 172.5 亿美元。这两家公司在 1988 年资本主义世界 100 家大工业公司的行列中分别排在第 24 位和第 46 位，是发展中国家和地区最大的两家跨国公司。除韩国的公司外，在美国以外的 500 家大工业公司名单中，印度的公司占 7 家，巴西和我国台湾省的公司各占 4 家。从这些公司经营的业务范围来看，许多名单上列名的发展中国家和地区的大公司都从事炼油业；其次是采掘业和金属加工业。据统计，如果不算韩国的跨国公司，其他发展中国家和地区的跨国公司中约有一半从事提炼业和矿产品加工业。1980年代初，发展中国家和地区的对外直接投资累计额，在世界对外直接投资总额中所占比重虽然很低，但已达 100 亿美元左右。

与发达资本主义国家的跨国公司相比，发展中国家和地区的跨国公司的对外直接投资数较少，而且这些公司主要是南亚、东南亚和拉丁美洲的一些跨国公司，中东国家的对外直接投资企业为数不多。其次，发达资本主义国家的跨国公司对外直接投资主要集中在北美、西欧等经济发达地区和国家，而发展中国家和地区跨国公司的对外直接投资则主要流向邻近的其他发展中国家和地区。虽然发展中国家和地区的跨国公司的国际化水平较低，无论在经济实力和技术先进性方面还不能与发达国家的跨国公司相比，但它们也有自己的经营优势，尤其是近年来迅速崛起的韩国的一些大跨国公司已开始直接进入美国、西欧和日本等发达国家的市场，利用自己的优势与当地及一些国际驰名的大跨国公司展开正面交锋。如三星财团的董事长李健照宣布三星财团在 21 世纪要跻身于世界 10 家最大的跨国公司行列。

三 日本的综合商社

在研究跨国公司经营活动特点的同时，各国有关学者和企业家对日本综合商社的经营特点表现出了极大的兴趣。在日本，商社最初是以工业企业，特别是中、小企业的进出口贸易代理商的身份出现的。一般说来，中、小企业需要集中力量搞生产，缺乏充裕的资金来设立专门的贸易机构。这样，它们的国际购销业务，以及诸如筹措贸易资金、市场调研、仓储和运输等贸易辅助业务，就由综合商社来承办了。战后初期，日本的综合商社对促进钢材、纺织品和杂货等标准制造业产品的出口发挥了很重要的作用。之后，随着种类繁多的高级消费品制造业和电器业的迅速发展，日本的一些大制造商纷纷走跨国公司的道路，各自在海外开辟销售网点，于是对商社的依赖减少了，在这些行业中，商社的贸易中介人的作用削弱了。

综合商社代理厂商出口的作用虽然减弱了，但商社从事的第三国或离岸贸易却在扩展。此外，由于日本对外国资源的高度依赖，它们的进口代理作用仍在不断发展。随着日本工业结构的变化和业务的发展，综合商社逐步将中介贸易、筹措资金和收集信息这三种职能集中于一身，成为大型的海外资源开发及地区性发展投资项目的组织者和协调者。综合商社还采用合资经营和提供必要的基础设施等方式，协助中、小企业到发展中国家开厂设点，直接在当地生产和销售有竞争力的产品。当代日本的综合商社已不能简单地看做是对外贸易的中间商，它既是日本贸易型的跨国公司，同时也经营海外制造业、资源开发和从事其他非贸易业务活动。

在日本的综合商社中，以三井物产、三菱商事、丸红、伊藤忠商事、日商岩井、车棉、兼松江商、住友商事、日棉实业等九大商社最为著名，实力最强。这些综合商社都依托某一个财团和新实业集团，反过来说，每个财团和新实业集团至少控制着一家综合商社，战后时期，综合商社的重新崛起是与财团的重建和新实业集团的创立紧紧联系在一起的。例如，三井物产公司主要归属三井财团；三菱公司归属三菱财团；住友公司归属住友财团；丸红公司归属芙蓉财团；伊藤忠公司和兼松江商归属第一劝业财团；日商岩井和日棉实业归属三和财团。上述六个集团被称为日本的六大财团；其中每一个集团都如同一个小型经济王国，集团内部各种行业齐全。1980 年代初，这六大集团约占日本所有工商企业公司总资产、实收资本和总销售额的 1/4 左右。

与跨国公司一样，综合商社经营活动的主要特点是多样化和跨国化。综合商社的经营范围几乎无所不包，一些最大的商社所经营的商品种类达 25000 种。在对外贸易领域，综合商社的重要性尤其突出。从 1950 年代中期到 1970 年中期，日本九大综合商社在进口总额中所占的比重，稳定地保持在 50%—60% 之间。在 1970 年代中期，九大商社在日本出口总额中所占的比重也达 50% 左右。可以说，日本的九大综合商社是世界上规模最大、经营范围最广的贸易型跨国公司，根据联合国跨国公司中心专家引用的资料，在 1985 年度，日本综合商社的营业额占世界贸易额的大约 8%。

日本的综合商社所起的作用吸引了一些国家仿效日本的经验，创办本国的综合商社，如韩国和巴西类似的综合贸易公司，韩国的 7 家大型综合贸易公司经营着本国 40% 的出口贸易，并建立了一个全球性的附属公司网。

在当代世界经济条件下，无论是跨国公司，还是综合商社，都不存在不可逾越地经营界限，一个十分突出的现象是，大跨国公司普遍建立了全球性的推销附属公司网，而综合商社的经营范围则正在迅速地扩展到跨国公司传统经营的领域，随着各国大公司在世界市场上的争夺日益加剧，各种类型的跨国公司包括工业型跨国公司、服务型跨国公司和贸易型跨国公司之间的经营业务范围将变得愈来愈模糊。

四 结合中国国情，创建有中国特色的 跨国经营集团

我国实行对外经济开放，既是适应经济生活国际化趋势迅速加强的客观要求，也是适应国内商品经济迅速发展的客观需要。实行对外开放就要主动扩大对外经济技术交流，积极参与国际交换和国际竞争，大力拓展海外市场，日益增多地与外国的企业包括一些跨国公司打交道。中国是个发展中的社会主义大国，尽管经济潜力很大，但目前的生产力发展水平与发达国家相比还有较大的差距，商品经济还不发达。资金不足是我国社会主义现代化建设的一个突出问题，如何有效地吸收外资来弥补不足，并在引进适用的先进技术方面打开局面，是一项十分艰巨的任务。

中国的对外开放是全方位的，既欢迎国外的大公司来投资，也欢迎各国的中、小企业来投资。目前已有一些著名的跨国公司在我国深圳经济特区、沿海开放城市和其他地区参与兴办合资和合作经营企业。我们应进一步创造良好的投资环境，采取有效的措施吸引更多的跨国公司来中国投资。跨国公司在中国的社会主义现代化建设中可以发挥什么作用呢？它们有哪些优势可以为我们利用和借鉴呢？

首先，跨国公司拥有资金优势，我们可以选择双方感兴趣的项目吸引跨国公司投资。

其次，跨国公司拥有先进技术，它们可以通过直接投资、提供机器设备、技术合作及出售许可证、专利、关键技术等方式，以合理的价格转让技术，这既能促进中国的技术改造，又能获取可观的利益。

再次，跨国公司在管理现代化企业和培训管理人才方面积累了丰富的经验，这些经验正是中国企业需要借鉴的。

此外，跨国公司在销售产品和开拓国际市场方面掌握了一套专门技能，它们可以通过合资经营和合作经营等方式指导这些企业生产适合国际市场需要的产品，扩大创汇能力，从而使这些企业成为面向世界市场的外向型企业。

近年来，外商来我国投资兴办的企业数和投资额增长迅速。截至 1988 年底止，我国实际吸收的外资超过了 120 亿美元，并有 7000 多家三资企业开业投产。仅 1988 年一年，实际投入的外资就达 26 亿美元。同年，深圳市实际利用的外资为 4.4 亿多美元。

在积极吸引外商来华投资的同时，我国也开始适量地在海外进行投资。据统计，到 1988 年底为止，我国在海外投资兴办的各类合营企业共计 550 多家，协议投资额为 20 多亿美元，我国在投资总额中所占比重为 38%。在这方面，深圳市的一些主要企业集团如特区发展公司、赛格集团、深业公司、华联公司和外贸集团公司等都积极地拓展海外市场，从事跨国经营业务，它们正在为创建中国第一批跨国经营集团积累可贵的经验。到海外投资兴办各类企业，从事跨国经营业务，这是我国某些大企业集团面向世界，开拓海外市场的必循之路。各级政府应该在政策上、资金上大力扶植条件好的和产品竞争力强的企业集团发展成为跨国经营集团。当然，海外投资必须以周密的调查研究为基础，避免盲目性。另外，我们发展跨国经营业务时，借鉴外国一些行之有效的经验是有益的，但照搬照抄它们的所有经营方式是不可取的。各国的国情不一样，如果把西方的做法原封不动地移植到中国来，那是不会成功的。我们一定要结合我国的国情创建有中国特色的跨国经营集团或跨国经营企业。当前，我国对外开放的侧重点仍应以拓展海外市场、吸收外商来华直接投资和引进适用的先进技术为主。与此同时，有选择地扶植一部分企业集团发展跨国经营业务，逐步加强海外投资，建立海外生产和销售网络，创建一批在国际市场上有竞争力的跨国经营集团，也是我们应该提到议事日程上的事。

（原载《特区理论与实践》1989 年第 4 期）

美国的技术和管理优势

从 1880 年代起，美国的工业生产量就已跃居世界首位。第一次世界大战前夕，美国的钢铁和煤产量分别接近于当时英、德、法三个资本主义强国钢铁和煤产量的总和。由于生产和资本的迅速集中，美国在 19 世纪末和 20 世纪初就出现了许多财力雄厚的大垄断组织。1900 年，美国的托拉斯总数已达 185 个。到 1907 年，又进一步增至 250 个。众所周知的最大的国际石油托拉斯新泽西石油公司（即现在的埃克森石油公司的前身），就是在 1900 年成立的。这些托拉斯不仅规模巨大，而且技术先进，生产管理完善，往往本部门生产量的大部分都集中在它们的手中，列宁曾称"美国托拉斯是帝国主义经济或垄断资本主义经济的最高表现"。①

第一次世界大战后，美国对其他资本主义国家的经济优势进一步扩大。1929 年，美国一国在世界工业生产中所占的比重曾高达 48.5%。第二次世界大战使德、日、英、法等资本主义国家的经济都遭到了严重的削弱和破坏。相反，美国在战时依靠战

---

① 《列宁全集》，第 23 卷，第 35 页。

争发了横财，从而大大扩展了自己的经济实力和军事实力。1948年，美国在资本主义世界工业生产中的比重提高到了 56.6%。美国凭借它在经济和军事实力方面的压倒优势，在资本主义世界建立了霸权地位。之后，随着西欧各国和日本经济的恢复和发展，美国在资本主义世界的经济地位逐渐有所削弱，但是，近一二十年来，美国仍是世界上经济和军事实力最强大的超级大国。1976 年，美国的国民总产值为 16920 亿美元，苏联为 9370 亿美元，日本为 5490 亿美元，西德为 4650 亿美元，法国为 3910 亿美元，英国为 2150 亿美元，意大利为 1900 亿美元。[①] 这就是说，美国的国民总产值相当于苏联的 1.8 倍和日本的 3.1 倍，比欧洲经济共同体九国的国民总产值总和还要多。

根据美国《幸福》杂志今年公布的美国和美国以外最大的工业公司的名单来看，美国的大公司同西方其他各国的大公司相比，无论在销售额和资产规模上，都占着明显的优势。例如，1977 年，在销售额超过 100 亿美元以上的西方 25 家最大的工业公司中，美国就占了 14 家。同年，西方各国销售额突破 10 亿美元以上而成为 10 亿美元俱乐部成员的大工业公司共有 502 家，其中美国一国就占了 242 家，即占总数的 48% 以上。[②] 虽然，从 1960 年代以来，日本和西欧各国的大公司在资产总额和销售额方面有了迅速的发展，但同美国同类的最大公司相比，仍有相形见绌之感。例如，1977 年，美国通用汽车公司的销售额将近 550 亿美元，而西德最大的大众汽车公司的销售额只有 104 亿美元，日本最大的丰田汽车公司的销售额还不及西德的大众汽车公司，两家汽车公司的销

---

① 《美国总统国际经济报告》，1977 年。

② 美国《幸福》，1978 年 5 月 8 日，第 238—259 页；8 月 14 日，第 171—181 页。

售额均不到美国通用汽车公司销售额的 1/5。

诚然，在上述时期内，日本、西德、法国等国经济的年平均增长速度和劳动生产率增长速度比美国高，它们的基础工业产品（如钢铁、汽车等）和耐用消费品（如电视机等）在国际市场上的竞争能力有了明显的增强，在一般性工艺方面缩小了同美国的技术差距，但是，总的说来，美国工农业的劳动生产率仍是西方国家中最高的，西欧各国和日本同美国之间仍存在着相当大的技术差距，特别在一些像电子计算机、航空、原子能等新兴工业方面，存在的技术差距尤为明显。

美国的工农业所以迄今在西方各国中保持着最高的劳动生产率，主要是依靠它长期以来所保持的技术和管理优势。

第二次世界大战后开始的科学技术革命，使美国的社会和经济结构发生了重大的变化。在日益广泛地利用原子能、电子计算机、人工合成原料等最新成就的基础上，新技术、新工艺、新材料、新产品大批涌现，许多新兴工业部门（如电子、宇航、精密仪器和机械、化学等工业部门）相继建立。在用现代技术装备起来的美国大企业中，科学和生产直接结合，科学愈来愈明显地变成直接的生产力。如果说，第二次世界大战以前，美国经济的发展速度主要取决于扩大投资和增加就业。那么，到了 1960年代，美国的经济增长已经有 2/3 是依靠采用新技术和新工艺，以及提高劳动力的熟练程度、完善生产的组织和管理。[①] 在企业内部也发生了类似的加强集约化发展的过程，即主要不是依靠增加劳动者的人数，而是依靠采用新技术来提高劳动生产率。据估计，美国按人口计算的国民总产值增长额的 80% 是靠提高劳动生产率取得的。

---

① 《化学和工程新闻》，1972 年 2 月 7 日，第 17 页。

美国是把科学技术用于争夺军事优势和世界霸权的超级大国之一，也是为了攫取最大限度利润而把科学技术用于刺激经济发展的最典型的资本主义国家之一。美国的工业由于广泛地实行机械化和自动化，已使相当数量的工业劳动力转入服务行业。1975年，美国各部门的就业人数总计为 8478 万，其中商业服务、金融和政府部门的就业人数就达 4996 万，即占各部门就业总人数的大约 59%。制造业、水电交通运输、矿业、建筑业的就业人数加在一起为 2706 万。农业就业人数为 338 万，美国服务行业的就业人数在国民经济各部门就业总人数中所占的比重比其他任何一个工业发达国家所占的比重要大。相反，美国的农业就业人数在国民经济各部门的就业总人数中所占的比重则比除了英国以外的任何一个工业发达国家都小。随着各种农用机械在农业中的广泛使用和由此引起的劳动生产率的不断提高，美国农业劳动力占全国总劳动力的比重也随之不断下降。1860 年，美国农业劳动力为 620 万，占全国总劳动力的 58.9%，当时每个农业劳动力除本人外，能供养五个人，1910 年，美国农业劳动力的总数增至 1220 万人，但在全国劳动力总数中的比重已降至 31%。之后，1940 年降至 23.2%，1950 年降至 15.3%，1960 年降至 8.7%，1970 年降至 4.8%，到 1975 年已降至 4%。据统计，1962 年，美国每一个农业劳动力能供养 26 人，1970 年增加到 42 人，1974 年又增加到 52 人，1976 年已能供养 56 人。同年，按人口平均的粮食产量，美国为 2750 斤，占世界各国的首位。①

在工业方面，不仅一部分劳动力转入服务行业，而且在工业内部劳动力结构也发生了很大变化。愈来愈多的劳动力已逐渐转向西方称之为以科学为基础的工业部门。在这些工业部门中，劳

---

① 根据《美国历史统计》、《美国统计摘要》计算。

动力主要是用于科学研究、试验研制、技术发明等为未来生产所作的准备工作。这些以科学为基础的工业部门要求工人受过高水平的教育和培训。由于遇到其他工业发达国家和工资较低的国家的激烈竞争，美国正在着重发展上述国家还缺乏竞争能力的机械、电子、电气、化学等以科学为基础的工业，而相对减少纺织和钢铁等传统消费工业和基础工业的生产。

战后，在国家拨款和积极干预下，原子能、电子计算机、宇航等大型项目，已成为美国的以科学为基础的工业的先驱，它们的迅速发展已引起了其他工业相应的科学技术上的突破，特别是电子计算机的发展和广泛使用，不仅对军事工业和许多新兴工业产生了巨大影响，而且对整个服务部门也产生了深远的影响。一些资产阶级经济学家把目前的美国称做所谓"工业化后的国家"或"超工业化国家"，而把西欧各国、日本和苏联称做所谓"工业化第二阶段的国家"。按照他们的说法，二者最主要的区别是，在美国，技术研究在以科学为基础的工业中已占首要地位，而在西欧、日本和苏联，以科学为基础的工业虽然正在加速发展，但经济的重心却仍然停留在传统的基础工业和消费品工业上。对于西欧和日本来说，目前，在汽车、船舶、家庭用具等传统产品方面，即在西方称为"小技术"的部门，确实已在国际市场上赢得了有力的竞争地位，但是，在电子计算机、核电站、核燃料和航空等所谓"大技术"部门，它们的产品还难以同美国相匹敌。

同日本和西欧各国相比，美国在技术方面所处的优势和领先地位，固然有其历史、经济和自然条件等因素的作用，但是，不可忽视的一点是，长期以来，美国用于科研方面的开支比西方其他国家要多得多。在1930年代中期以前，西欧各国用于科研方面的开支总额比美国多，而在第二次世界大战期间和战后，美国在科研方面的支出已大大超过西欧。1960 年代初期，美国用于科研方面的拨款总额约为西欧的 3—3.5 倍。虽然从 1960 年代以来，西欧各国和日本在科研拨款的增长速度方面比美国快，但在国民总产值中所占的比重一般都比美国小。至于科研拨款的绝对额更不能与美国相比。1964 年，美国在科研方面的拨款总额曾占国民总产值的约 3%，之后有所下降。根据日本刊物上最近公布的材料，1976 年，美国的研究和发展费用占国民收入的比重为 2.47%，西德为 2.42%，日本为 2.03%。如按人口的平均数来说，1973 年，美国每个人在科研方面的支出为 145 美元，西德为 135 美元，法国为 85 美元，日本为 75 美元。

战后，美国的国家垄断资本主义获得了迅速的发展，国家不仅积极干预经济，而且积极干预科研。随着生产进一步社会化，科研和发明工作的国家化已成为战后美国国家垄断资本主义发展的特点之一。表现得最突出的是，国家在科研拨款中所占比重有了明显而迅速的增长。1939 年，美国政府用于科研方面的拨款只有 1 亿美元或只占全部科研开支的 1/5。1972 年，政府在科研方面的拨款已增加到 152 亿美元，或占全部科研费用的 54%，联邦预算已成为科研工作经费的主要来源。美国政府对科研方面的拨款日益增多，是同它和苏联争夺世界霸权和军事优势分不开的。1978 年财政年度，美国全部研究与发展预算为 263 亿美元，其中国际研究费用就占 131 亿美元，即占预算总额的一半。① 在美国，一些私人垄断企业不愿投资进行研究的冒风险的大型科技项目，一般都由政府负责拨款。

根据 70 年代初的材料，美国从事研究和研制工作的学者和工程师人数。相当于日本、西德和法国从事同类工作的学者和工

---

① 美国《生命科学》，1977 年第 27 期，第 2、3 页。

程师人数总和的一倍半还多。在 20 世纪 20 年代，美国科研成果占世界1/4，到了 40 年代，已占1/2。战后，美国在包括基础研究在内的整个科学技术领域一直居世界领先地位。

美国的大公司，一般都设有科学研究中心，并设有大量实验室。例如，美国国际商用机器公司就有 3 个科学研究中心分设在纽约、加利福尼亚和苏黎士，而在纽约一处工作的科学博士就有 450 名。这对保证企业的技术优势和产品的竞争能力起着重大的作用。

美国在教育方面的拨款也比西方其他国家多。1973 年，美国政府在教育方面的开支占国民总产值的 6.7%，西德为 4.1%，意大利为 5.4%，日本为 4.3%（1972 年），法国为 3.6%（1972 年）。毫无疑问，高等院校和中等学校不断向各个部门输送大批文化和科技水平较高的科学家、工程师和熟练工人，也是美国长期对其他西方国家保持技术优势的一个极其重要的原因。

国外有些经济学家认为，近年来，美国对西方其他国家的技术优势已日趋消失，这种看法是缺乏根据的。确实，近年来，日本和西欧各国的经济发展水平和生产效率有了很大的提高，有逐渐接近美国的趋势，西欧加速了经济一体化的进程，加强了同美国的竞争能力，日本在冶金、造船、汽车等工业部门也取得了重大进展，已成为美国垄断资本最有力的竞争者。但是，如上所述，在一些关键性的工业部门和技术领域内，日本和西欧各国同美国的差距仍很大。

例如，同西欧和日本相比，美国在电子计算机的生产和使用方面占有极大优势。据统计，英国、西德和法国独立生产的电子计算机，在西方国家电子计算机总数中所占比重，只有 4% 多一点，其余的计算机都是从美国进口或是由美国在西欧的分公司生产的。美国拥有的计算机总数比日本、西德、法国和英国拥有的计算机总额要多一倍以上。还必须指出的是，美国在这方面的优势，不仅表现在数量上，而且表现在它目前使用的计算机约有84%是第三代和第四代的。如果说，近年来，西欧和日本在计算机的数量方面同美国的差距逐渐有所缩小，那么，在计算机的计算能力方面的差距则是扩大了。

又如，美国在民航方面的优势也不亚于在计算机方面占有的优势。据统计，资本主义世界的几乎80%的民航飞机都是由美国制造的。

此外，美国在原子能、激光技术等新部门也都保持着对西方其他国家的极大优势。

美国许多大垄断企业在国内和国际市场上之所以具有强大的竞争力，除了在技术方面占有优势外，还依靠它们在管理方面长期积累的丰富经验。美国历来比较重视管理工作。例如，美国统计资料的丰富完整是世界公认的。可以有根据地说，一个国家的管理水平直接反映该国的科学技术水平和经济发展水平。因此，同西欧各国和日本相比，美国在管理方面的优势，在一定程度上也是美国在技术方面占有优势的反映。管理作为一门科学是随着科学技术的发展而形成和发展起来的，管理方法也是随着科学技术水平的不断提高而日趋完善的。现代化的大生产要求有现代化的科学管理体制和方法。先进的管理必然是建立在现代化科学技术基础上的，科技水平和经济发展水平不高，管理水平也不会高。

目前，美国有关管理方面的定期刊物就有大约30种，还在第二次世界大战以前，有些院校就设置了有关管理方面的专业。在美国工业史上，不乏这样一些例子，即由于改善了经营管理，企业开始获得了迅速发展。通用汽车公司的发展史就是一个典型的例子。这家大公司现在是美国最大的垄断组织。也是资本主义世界最大的跨国公司。1977年，不仅它的销售额在资本主义各国的大垄断企业中占首位，它的利润额在西方大公司中也是名列第一位。通用汽车公司的资本触角遍及资本主义世界的各个角落。但是，就是这家大公司，在1920年代初期刚成立时，由于组织松散、体制不全、管理混乱，一度曾濒于破产的边缘。之后，杜邦家族乘机买进了大量通用汽车公司的股票，杜邦本人担任了董事长，并起用著名的管理专家斯隆担任公司总经理。斯隆任职后，对公司的组织机构进行了改组，实行了集中管理和分散经营相结合的原则，并设计出了一种部门化结构的新的组织形式。此后，公司的业务获得了迅速发展。通用汽车公司管理体制的一个特点是"政策制定与行政管理公开"。简单地说，就是总公司一级的领导负责研究和制定政策，各个部门则负责生产经营活动。在集中管理和分散经营的原则下，通用汽车公司的生产经营活动按照不同的产品或地区分成各个部，这些部门的经理在业务方面拥有相当的权力，能统管所属部门产品的生产销售及采购，每个部都是一个独立的经济核算单位。但是，重要问题的决定、监督和协调大权仍掌握在总公司手中。分散经营使公司的业务活动向多样化方向发展，最后，通用汽车公司成了一个多部门的综合体——康采恩。

从美国垄断企业组织结构的发展历史来看，企业的管理结构和管理方法是随着生产规模的发展和市场需求的变化而相应改变的。目前，美国大企业的组织结构一般分为总公司——分公司——工厂三级，有的规模特大的公司，如通用汽车公司则分为总公司——部——分公司——工厂四级。

1920年代斯隆在通用汽车公司设计的一套部门化结构的管理体制，以后在美国和国外的大公司中曾获得普遍的推广。

从1950年代末起，出现了电子计算机。垄断企业规模的扩大和业务活动的日趋多样化，要求在管理方面也作出新的改革。计算机的广泛使用使总公司的领导能同时从分散在各地的基层部门获得必要的情报，这样就引起了管理职能的重新分配。例如，商品的供应、运输、干部管理等又转入总公司的管理机构之手，从而在一定程度上加强了集中。但是，单是一种技术和数学手段是不能解决垄断组织面临的问题的，因此有必要探索更有效的管理组织形式。

1960 年代末，美国的企业管理体制进一步摆脱"一长制"的做法，并加强了集体作出决定的趋势。此外，从这个时候开始，一些垄断企业进行了多次改组，把总公司分为几个部分，每个部分的领导人获得了业务经营方面的实际自治权，以及采取涉及企业的战略性决定的权利。

从美国企业管理总的发展趋势来看，部、分公司和工厂的权限正在日益扩大。根据生产和市场情况的变化，灵活地、迅速地在管理结构方面作出反映，并相应地进行及时的必要的改革，这是美国垄断企业经营活动的一个突出的特点，也是美国垄断企业在管理方面保持优势的一个重要原因。

美国的一些大垄断企业舍得在科研方面花大本钱，这是保证它们在管理方面取得优势的另一个重要原因。例如，资本主义世界最大的电子计算机公司"国际商用机器公司"每年在新产品、新的管理手段等方面的研究费用就高达 7—8 亿美元。1945 年，这家大公司在科学研究方面的开支为 280 万美元，到 1973 年则增至 7.3 亿美元，即增长了 25 倍。而从 1954 年到 1977 年，"国际商用机器公司"的销售额则增长了 38 倍。近年来，集中在公司各科研中心和实验室的大批科技人员主要从事激光、磁力和半导体的研究。同它的竞争对手相比较，"国际商用机器公司"在国际电子计算机市场上居于绝对优势。

又如，通用汽车公司还在 1956 年就建立了一个拥有几万人的规模巨大的汽车研究中心，并在以后专门指定一名副总经理管辖研究实验室和国防研究实验室。研究实验室的研究项目既包括机械装置、燃料和润滑油、发动机，也包括行政管理、销售、人事等。近年来，又增加了数理科学、运筹学、程序方法等一些新的研究项目。1976 年，通用汽车公司在研究和发展方面的开支为 12573 亿美元，平均用于每个职工的研究和发展的开支为 1681 美元。

在美国，一些大垄断企业还开办了许多学校和训练中心，对职工进行业务教育和训练，管理人员也经常进行轮训。美国企业中的各级管理人员一般都受过严格的专门业务训练，职工的科学文化水平比西欧各国要高，这也是美国企业在技术和管理方面占有优势的一个重要方面。

第二次世界大战后，美国的大垄断企业在加强科学研究的基础上，十分重视在企业管理工作中广泛利用电子计算机技术等最新科技成就。这些大公司采用线性规划、数学模型、高速电算机、生产问题模拟等方法来改进管理工作。近几年来，美国正在采用"系统工程"这一新的管理手段来解决计划、规划、组织、协调、科研管理、技术预测、经济预测等问题。

战后以来，所有的西欧国家和日本都在注意研究美国企业在组织和管理生产方面的经验，加紧培养自己的管理干部，在这方面，日本已取得了较大的进展。同时，在新技术的研究方面，日本和西欧各国也正在急起直追，力图在较短的时期内缩小和消除同美国的技术差距。

（此文为 1978 年 10 月作者在武汉
全国美国经济学会筹备会议上的发言稿）

美国——最大的资本输入国和最大债务国[*]

1980 年代以来，国际资本流动中的一些新趋向和新现象表现得愈来愈明显，其中最引人注目的是以西欧和日本为基地的跨国公司和跨国银行蜂拥进入美国市场，加速对美国的资本渗透。在短短的几年里美国就取代西欧成为最大的资本输入国，而且随着财政赤字和国际收支逆差的迅速扩大，它已由世界最大的债权国沦为最大的债务国。与此同时，日本在经济上迅速崛起。这些情况表明，随着资本主义经济和政治的不平衡发展，主要资本主义国家之间的实力对比正在进一步朝着不利于美国的方向发展。

投资的主要流向从西欧移向美国

第二次世界大战后国际资本流动的重要特征之一，就是国际垄断资本的对外直接投资的主要地区已由战前的殖民地和附属国的经济落后地区迅速转向资本主义发达国家和地区。战后初期，美国凭借着战争期间大大膨胀起来的经济、政治和军事实力，利

---

* 本文是作者与黄尔勇合著。

用西欧各国和日本被战争削弱的机会，登上了资本主义世界的霸主宝座，并一跃而为最大的资本输出国。西欧历来是资本主义经济的心脏地区，战争结束不久西欧就成为美国垄断资本向外扩张的主要目标。虽然美国对西欧的资本渗透在战前就已开始，但是规模并不大，那时美国在西欧地区的投资额远不及它在拉丁美洲和加拿大的投资额大。在整个1950年代，特别是西欧共同市场成立后，随着美国跨国公司的迅猛发展，美国对西欧地区的私人投资活动空前活跃起来，投资的规模是战前不可比拟的，这股投资洪流绵延不断地一直持续到1960年代。到1960年代下半期，美国在西欧的私人直接投资总额已先后超过在拉丁美洲地区和加拿大的投资总额，西欧已取代拉丁美洲和加拿大成为美国的主要投资场所和资本主义世界资本输入最集中的地区。国际垄断资本的主要流向转向发达的资本主义国家和地区，特别是转向西欧地区，这是战后资本输出的重大变化之一。在1970年代初以前，美国跨国公司一直扮演着资本主义世界主要投资者的角色，美国垄断组织单方面地大量向世界各个地区和有关国家输出资本。即使在发达资本主义国家之间，资本也是以单行道的方式由美国源源不断地流向西欧和日本，而从其他发达资本主义国家流入美国的资本数量是微不足道的。根据联合国跨国公司中心引用的材料，1970年以前在资本主义世界的私人对外直接投资总额中美国一国就占2/3。在大量输出资本的同时，美国输入的资本额在外国直接投资总额中所占的比例还不到10%。[①] 这种情况表明，在1950年和1960年代，美国跨国公司与西欧和日本的垄断企业相比，占有压倒的优势。而西欧的垄断企业却只能凭借本国政府的支撑，在本

---

① 联合国跨国公司中心：《世界发展中的跨国公司：第三次调查报告》，纽约1983年，第18页。

土困战，仅有少数经济实力雄厚和驰名世界的跨国公司能打入美国市场，与美国大公司一争高下。由于美国跨国公司对外直接投资的规模大，增长速度快，到1960年代中期，它们在海外的子公司已成为一支经济实力惊人的不可忽视的力量。法国著名的政治活动家塞尔万·施赖姆贝当时曾担忧地把美国跨国公司的海外子公司比作是仅次于美国和苏联之后的"第三个最重要的世界工业强国"。① 施赖姆贝的这种担忧并没有变成现实，但这种担心确实反映了一部分欧洲人对美国跨国公司经济实力迅速增长的恐惧心理。从某种意义上来说，一部分人产生这种恐惧心理也是可以理解的。当时，美国的跨国公司同西欧同类垄断企业相比，不仅在规模和财力上，而且在技术和管理方面都占有明显的优势。美国是首先展开科学技术革命的国家，还在1950年代，电子计算机就已获得较广泛的使用，而西欧和日本在这方面却还存在很大的差距。虽然美国在1960年代就已成为西欧和日本产品的主要市场，但对西欧特别是日本的多数企业来说，把美国作为一个有利的投资市场却还是可望而不可及的。

1970年代以来，随着西欧和日本跨国公司经济实力的迅速增强，它们与美国跨国公司之间的实力对比也发生了很大的变化。这种变化既表现为西欧和日本跨国公司的数量增加，规模扩大，也表现为它们在技术管理和科研开支等方面与美国跨国公司的差距迅速缩小和消除，而在某些技术领域和管理方面甚至已超过美国同类跨国公司的水平，它们的产品在国际市场上竞争能力也大大增强了。与此同时，西欧和日本的跨国公司加强了对美国的资本渗透，它们不仅努力增加对美国的商品出口，而且开始以愈来愈大的规模向美国输出资本，使它成为自己的主要投资场所。

① 塞尔万·施赖姆贝：《美国的挑战》，1968年版，第3页。

在整个 1970 年代，美国跨国公司的优势明显削弱了，相比之下，西欧和日本跨国公司在海外的资本扩张速度都比美国跨国公司快。在 1950 年代末，美国跨国公司在世界上 13 个主要工业部门的 11 个部门中占据首位，到 1970 年代中期美国跨国公司就只在 7 个部门中仍占据首位了，而西欧和日本则占据了另外 6 个部门的首位。同样，在 1950 年代末，美国在 13 个主要工业部门的 156 家最大公司中占 111 家（或 71%），到 1970 年代中期已降为 68 家（44%）。同一时期，西欧、日本和其他国家则从 39 家增加到 55 家。①

1971—1980 年主要资本主义国家的对外直接投资状况

国 别	单位：10 亿美元			%		
	1971	1975	1980	1971	1975	1980
所有发达资本主义国家	168.1	263.0	497.5	97.7	97.0	97.3
美 国	82.8	124.1	215.6	48.1	45.8	42.2
英 国	23.7	30.4	74.2	13.8	11.2	14.5
荷 兰	13.8	19.0	39.7	8.0	7.0	7.8
联邦德国	7.3	16.0	37.6	4.2	5.9	7.4
日 本	4.4	15.9	37.1	2.6	5.9	7.3
瑞 士	9.5	17.6	33.0	5.5	6.5	6.5
法 国	7.3	11.1	20.0	4.2	4.1	3.9
加拿大	6.5	10.4	19.0	3.8	3.8	3.7
瑞 典	2.4	4.4	7.2	1.4	1.6	1.4
比利时和卢森堡	2.4	3.6	6.9	1.4	1.3	1.3
意大利	3.0	3.3	6.9	1.7	1.2	1.3
澳大利亚	0.5	0.8	1.9	0.3	0.3	0.4
其他发达国家	4.5	6.4	10.5	2.6	2.4	2.1
发展中国家	4.0	8.1	14.0	2.3	3.0	2.7
总 额	172.1	271.1	523.6	99.9	100.0	102.5

资料来源：根据约翰·斯托普福德《1982—1983 年世界多国公司指南》（1983 年）第 5—6 页的表格改编。

---

① 英国《经济学家》，1978 年 2 月 4 日；美国《哈佛商业评论》，1978 年第 12 期，第 95—96 页。

1970 年代以来，特别是从 70 年代中期开始，美国的对外私人直接投资虽然仍以较快的速度增长，但在发达资本主义国家对外私人直接投资总额中所占的比重却持续地大幅度下降。与此同时，联邦德国和日本所占的比重则迅速增大。

从上表可以看出，1980 年美国的对外直接投资的累计总额比 1971 年净增了 1.6 倍，但是它在发达资本主义国家对外直接投资总额中所占的比重却由 1971 年的 48.1% 降至 42.2%。同一时期，日本和联邦德国的对外直接投资的累计总额增加了 376 亿和 371 亿美元，即分别增加了 4.1 倍和 7.7 倍，两国在发达资本主义国家对外直接投资总额中所占的比重也迅速由 4.2% 和 2.6% 提高为 7.4% 和 7.3%。1970 年代末和 1980 年代初，随着世界资本主义经济状况的恶化，各国跨国公司争夺世界市场的斗争大大加剧了。尤其是西欧和日本的跨国公司和跨国银行，为了绕过关税壁垒、冲破贸易保护主义的障碍、直接打入和占领美国市场，都加强了对美国市场的资本渗透，越来越多地采取直接投资和其他投资形式来扩大自己在美国市场上所占有的地盘。昔日那种主要以美国单行道方式向其他经济发达国家和地区输出资本的现象已经消失了，随之出现的是发达资本主义国家之间的资本循着双行道对流的现象日益明显，而美国输入资本的数量和规模也在日益增大。1970 年代刚开始时，在发达资本主义国家的对外直接投资总额中美国输入的资本额所占比重只有大约 10%，到了 1970 年代末和 1980 年代初，美国占的份额就已增长到 30% 以上，而且主要是在 1977—1980 年之间增长的。根据联合国跨国公司中心近期发表的一份研究报告估计，目前这一比例已上升到 40%—50%。长期以来，美国一直是资本主义世界对外私人直接投资的最大供应者，现在它又成了外国直接投资的最大接受者。美国这一地位的变化，使得国际资本流动的格局也随之发生了很大的变化。考虑到1980年代以来美国本身在发达资本主义国家的对外直接投资总额中占有40%左右的比重，目前它输入的资本额实际上等于占了其他发达资本主义国家对外直接投资总额的60%以上，换句话说，其他主要资本主义国家的对外直接投资总额有60%以上是流入美国的。在这股涌向美国的投资洪流中，西欧的一些跨国公司一直站在最前列，而从1980年代开始，日本的跨国公司也迎头赶上。

从1980年代初期到1980年代中期，与西欧和日本的国际投资地位明显提高相对照，美国的国际投资地位进一步削弱了。1981年，美国的对外直接投资累计总额达到2283亿美元的新高峰，但随之而来的1982年却大幅度地降至2078亿美元，1983年又降至2072亿美元，这种现象是战后从未出现过的，一直到1985年，美国的对外直接投资总额才稍稍超过1981年水平。[①]与此同时，美国的预算赤字和国际收支逆差逐年急剧扩大，1986年，美国的预算赤字已达2200亿美元以上，外贸逆差则接近1700亿美元。为了弥补巨额预算赤字和外贸逆差，美国政府实施了高利率政策，将大量外资吸收到美国来。由于输入的资本迅速增长，输出的资本相对减少，加上在国际金融市场上大量举债，美国的国际投资地位发生了带有转折意义的变化。1982年，美国仍是资本主义世界最大的债权国，当年的国外资产总额为8249亿美元，而外国在美国的资产总额为6887亿美元，前者扣除后者尚有1362亿美元的巨大余额。但是，形势的发展急转直下，到1985年美国在国外的资产总额已比外国在美国的资产总额少1074亿美元[②]，因而使美国从1914年以来首次沦为债务国，

---

① 美国《商业现况》，1985年第8期，第46—49页。
② 见《1987年美国总统经济报告》B—103表格。

而且只有短短的三年，美国就由世界上最大的债权国沦为最大的债务国。根据美国商务部最近发表的数字，到 1986 年底，美国的外债净额已增加到 2636 亿美元，一年之间就净增了 1562 亿美元的债务。可以预计，在 1980 年代下半期，美国的国际债务还会进一步大幅度增长。到 1990 年代初，美国的外债总额估计会达到 5000 亿至 7000 亿美元。

西欧跨国公司加速向美国投资

第二次世界大战大大削弱了西欧的国际投资地位。战后头几年，西欧各国因致力于恢复战争创伤，经济困难，资本输出量非常有限，但在 1950 年代初期西欧各国在美国的直接投资仍大于美国对西欧的直接投资。1950 年，西欧在美国的直接投资累计总额为 23 亿美元，而美国在西欧的直接投资累计总额则为 17 亿美元。随后几年，由于美国加强了对西欧地区的直接投资，双方的投资地位也随之发生了有利于美国的变化。虽然从 1950 年代以来，随着西欧经济的迅速恢复和发展，西欧逐渐加强了对美国的投资，但是在相当一段时期内西欧在美国的直接投资规模却赶不上美国在西欧的投资规模。1970 年，西欧在美国的直接投资总额为 96 亿美元，而美国在西欧的直接投资总额为 253 亿美元，西欧只及美国投资额的 37.9%。从 1970 年代下半期开始，西欧对美国直接投资的增长速度大大加快，不过就投资量来说，西欧在美国的投资额仍赶不上美国在西欧的投资额。1980 年，西欧在美国的直接投资已增加到 457 亿美元，美国在西欧的直接投资也增加到 965 亿美元，虽然双方的投资差距在缩小，但西欧在美国的投资额还是只及美国在西欧直接投资额的 47.4%。不过由此也可以看出，从 1970 年代以来，西欧对美国的投资势头正在迅速加强。从历史上看，西欧的一些驰名全球的跨国公司早就在美国进行投资。1970 年代中期以后，愈来愈多的西欧跨国公司以及专业化水平和工艺水平较高的中、小企业也逐渐打入美国市场。1970 年代上半期，西欧已有大约 600 家公司在美国进行直接投资。1970 年代下半期，流入美国的资本量愈来愈多，在美国进行直接投资的公司已超过 2000 家。1980 年代以来，这股投资洪流变得更加汹涌。当然，西欧的一些著名跨国公司是美国的主要投资者，它们在本国跨国银行的有力支持下，通过直接建立新企业和收买美国名牌企业等办法，加速扩大自己在美国市场上的地盘。英国石油公司因参加开发阿拉斯加的新油区，花费了约 4 亿美元来建立自己的加油塔。与此同时，它用巨额资金收买了美国大石油公司俄亥俄新泽西石油公司的控股股票和辛克莱石油公司的大部分控股股票。此外，联邦德国的化学巨头拜尔公司以 2.75 亿美元购买了迈尔斯制药公司，大众汽车公司则为它在宾夕法尼亚州新斯坦顿的工厂投资 2.5 亿美元，这家工厂雇佣的工人数达 4000 名。如果说，1970 年代下半期是西欧掀起大举渗入美国的第一个浪潮，1980 年代中期则是西欧资本对美国市场的一次更大的冲击浪潮，而且这次的气势更大。欧洲的经济复苏使许多公司手中拥有充足的资金，但在本国和欧洲范围内进行投资的机会并不多，因而美国就自然地成了欧洲公司的投资目标和赚取高额利润的沃土。欧洲化学界的巨头英国帝国化学公司，联邦德国的巴尔、赫布斯特、巴登苯胺苏打公司；瑞士制造业的三大巨头西巴·盖吉、霍夫曼-拉罗歇和山道士公司，以及食品业的佼佼者瑞士雀巢奶品公司；汽车业的巨头联邦德国的大众和戴姆勒·奔驰公司，法国的雷诺，意大利的菲亚特，以及瑞典的沃尔沃等汽车公司；电子业的巨头联邦德国的西门子和菲利浦电气公司；石油业的巨头英荷壳牌石油公司，英国石油公司和法国的埃里夫·阿奎坦石油公司等，都在美国加紧进行投资和兼并活动，而且许多投资项目特别引人注目。1984 年 4 月，赫维·琼斯出任英国帝国化学公司的董事长后，立即全面研究公司的经营战略。他根据计划部门搜集的大量资料和获得的信息，决定出资1.55 亿美元买下美国大食品化学公司维亚特力斯公司的化学生产部。这是因为维亚特力斯公司在航空和宇航领域用的复合材料生产方面处于领先地位，购买这家企业就可以掌握在高技术方面占据领先地位的线索。联邦德国化学界的三大巨头近年来也转变了经营战略，在生物技术方面集中力量发展新医药、新农药。例如，赫希斯特公司鉴于美国在生物技术方面领先，便决定在整个1980 年代向美国哈佛大学研究附属医院提供 5000 万美元，作为该医院建立分子生物学科的筹款，以此换取应用这家附属医院研究成果的优先权。这家医院最近已研究出治疗糖尿病的胰岛素合成技术，并已于去年投产。1985 年，瑞士雀巢奶品公司用 30 亿美元的巨额资金接管了美国食品业巨头之一的卡乃欣公司，用数额如此庞大的资金来兼并美国企业，这在对美国的外国投资者中也是颇为罕见的。

在 1986 年，西欧的一些大公司再次对美国发起强大的投资攻势，其中投资规模较大的有：法国液压气公司用 11 亿美元购进美国"三大工业公司"，汉森信托公司花 9.3 亿美元购买美国的 SCM 公司，瑞典 ELECTROLUX 公司出资 7.5 亿美元兼并了美国的怀特联合公司，英国谨慎公司耐心观望了好几年以后也毅然投资 6.07 亿美元买进了杰克逊国民人寿保险公司，布茨公司则以 5.65 亿美元购进弗林特化工厂，英国石油公司用 5 亿美元买下普瑞纳制造厂，勃泰尔斯门公司以 4.75 亿美元购入双日公司，英国赛艾奇-赛艾奇公司出资 4.5 亿美元兼并了泰德·贝茨公司，联邦德国的西门子公司则用 4.2 亿美元（折合为 80％的股份）

与 GTE 电讯齿轮公司搞合资经营。

欧洲的公司对美国的投资攻势之所以有增无减，除了美国提供了有利的投资环境外，美元汇价下跌和欧洲各国货币的汇价上浮也起了很大的促进作用。欧洲的企业界普遍认为，这时购买美国公司的资产是最合算的，而美国公司却希望赶在新的税法生效前将资产售出。由此看出，西欧在美国投资的新浪潮是由各种因素促成的。仅在 1986 年头九个月中，英国在美国购买的资产就达 87 亿美元，这个数额比 1985 年的 43 亿美元增加了一倍多。英国为购买美国公司的资产筹集了 30 亿美元的证券，英国公司在国内出售股票是筹资购买美国公司的一个十分重要的因素。其他欧洲国家也采用这种方法，如法国液压气公司就准备用出售一种新证券的方式来筹集购买"三大工业公司"资产的一半资金。

联合国跨国公司中心根据国际货币基金编制的《国际收支年鉴》所提供的资料，描述了 1981 年至 1985 年外国直接投资流入和流出各国和各地区的情况，这些数字清楚地表明，美国作为资本输入国的地位愈来愈突出，而西欧和日本作为资本输出国的形象则愈来愈明显。1981 年，在以特别提款权计算的外国直接投资流入总额 482 亿美元中，美国一国就占了 216 亿美元，西欧只占 144 亿美元，日本所占份额微不足道。1982 和 1983 年，西欧在外国直接投资流入总额中所占的份额重新超过美国，但在 1984 年的外国直接投资流入总额 507 亿美元中，美国又独家占了 247 亿美元，西欧只占 106 亿美元。根据估计数字，1985 年在以特别提款权计算的外国直接投资总额 463 亿美元中，西欧占的份额虽增长到 143 亿美元，但仍落后于美国的 177 亿美元。再从对外直接投资的流出情况来看，1981—1984 年以特别提款权计算的对外直接投资流出总额分别为 430 亿美元、221 亿美元、326 亿美元和 432 亿美元，美国分别占 81 亿美元、22 亿美元、

25 亿美元和 76 亿美元，也就是说，在这几年中美国的对外直接投资流出额没有一年是达到 100 亿的。西欧的情况则不一样，从 1981 年至 1984 年的情况来看，它的对外直接投资流出额分别为 243 亿美元、178 亿美元、203 亿美元和 236 亿美元，它的资本输出表现了强劲的势头，在整个对外直接投资流出总额中，西欧每年所占的份额都超过一半以上。根据 1985 年的估计数字，在 507 亿美元的对外直接投资流出总额中，美国的流出额已增加到 151 亿美元，但西欧的流出额仍继续保持在 221 亿美元的高水平上。1980 年代以来，西欧地区已取代美国成为资本主义世界的主要资本输出者，而且一半以上的对外直接投资是流向美国的。

在欧洲国家中，英国、荷兰和瑞士一直是美国的传统投资者，还在二次大战前它们的一些大公司就在美国进行一定规模的直接投资，战后一直到现在，这些国家在美国的投资市场上仍名列前茅。从 1970 年代中期开始，瑞士对美投资呈现停滞状态，被后来居上的联邦德国超过。荷兰在 1970 年代下半期对美直接投资的累计总额曾连续好几年超过英国而居首位，直到 1982 年英国才重新超过荷兰而再居第一位。1985 年，欧洲在美国的直接投资总额为 1209 亿美元，其中英国、荷兰、联邦德国、瑞士和法国五国的投资额就达 1115 亿美元，即占投资总额的 90% 以上。[①]

1980 年代上半期，美国对西欧的投资增长速度明显慢于西欧对美国的投资增长速度。从 1950 年代以来，美国在西欧的私人直接投资一直大于西欧在美国的直接投资数额。在 1970 年代头五年，美国在西欧的直接投资增长了 94.9%，年增长率为 16%—18%，同时西欧在美国的直接投资增长了 93.7%，尽管

---

① 美国《商业现况》，1986 年第 8 期，第 79 页。

双方的增长速度差不多，但西欧在美国的直接投资总额只及美国在西欧直接投资总额的 37% 左右。1970 年代后五年，美国在西欧的直接投资增长速度保持在前五年的水平上，但西欧在美国的直接投资增长了 133.9%，这样双方的投资差距就进一步缩小了。1980 年代头几年，西欧和美国双方的直接投资量发生了急剧的变化。1982 年，美国在欧洲共同体（10 国）的直接投资总额为 717 亿美元，同年欧洲共同体（10 国）在美国的直接投资总额由 1981 年的 641 亿美元增加到 740 亿美元，从而超过了美国在共同体的投资额。1982 年，美国在欧洲的直接投资总额为 925 亿美元，而欧洲在美国的直接投资总额为 832 亿美元，仍落后于美国。但到 1983 年，欧洲在美国的直接投资总额已增加到 929 亿美元，而美国在欧洲的直接投资总额不仅没有增加，反而比 1982 年减少了 3 亿美元，这样欧洲在美国的直接投资总额也超过了美国在欧洲的投资总额。到 1985 年，欧洲和欧洲共同体（10 国）在美国的直接投资总额已分别增加到 1209 亿和 1060 亿美元，同年，美国在欧洲和欧洲共同体（10 国）的直接投资总额分别为 1068 亿和 821 亿美元。双方的投资实力对比发生了有利于欧洲的根本变化。

在整个 1970 年代，除了荷兰以外，西欧其他国家包括英国在美国的直接投资额都落后于美国在这些国家的投资额。这种情况在 80 年代也发生了急剧变化。1982 年，英国在美国的直接投资总额已达 285 亿美元，同年美国在英国的直接投资总额为 275 亿美元，前者已超过后者约 10 亿美元。1985 年，英国对美国的直接投资总额已激增到 438 亿美元，比同年美国在英国的 340 亿美元的投资总额多 98 亿美元。联邦德国和法国也正在加强对美国的直接投资，如果目前的投资势头继续保持下去，估计两年内它们同美国的投资对流也会发生不利于美国的重大变化。在

1980 年代最后几年，西欧国家在美国的直接投资将继续以较快的速度增长。

日本对美国的投资大幅度增长

在发达资本主义国家中，日本跨国公司的对外直接投资的增长速度是最快的。在 1960 年代，日本的对外直接投资每年平均不到 10 亿美元，1970 年代后期每年已增加到 40 多亿美元。1981—1983 年，日本每年的对外直接投资平均已达 80 亿美元，截止到 1985 年 3 月的财政年度中它的对外直接投资已超过了 100 亿美元，在截止 1986 年 3 月的财政年度中日本的对外直接投资又进一步增加到 122.2 亿美元。到目前为止，在主要资本主义国家中，日本的对外直接投资增长速度仍居首位。1980 年代以来，日本不仅大大增加了对外直接投资，而且将其中愈来愈大的部分投放在美国。在 1970 年代中，发展中国家在日本对外直接投资总额中所占的比重比美国要大。1975 年，日本流入北美（包括美国和加拿大）的直接投资为 9.05 亿美元，而流入发展中国家的直接投资为 18.83 亿美元，后者比前者高出一倍多。从 1980 年到 1984 年，日本流入北美（主要是美国）的直接投资的比重明显增大，但发展中国家在日本的对外直接投资总额中所占的比重仍大于北美。在 1985 财政年度中，日本的对外直接投资为 122.2 亿美元，其中发展中国家占 45.55 亿美元，而北美则占 54.95 亿美元，从而使日本在北美的直接投资首次超过对发展中国家的投资。

直到 1975 年，日本在美国的直接投资只有 5.91 亿美元，在美国的外国直接投资总额中只占 2.1%。1977 年，美国在日本的直接投资累计总额为 41 亿美元，而日本在美国的直接投资总额只有 17 亿美元，日本的投资额仍比美国少很多。1981 年，日、美双方的直接投资额发生了根本变化，日本在美国的直接投资总额第一次超过美国在日本的直接投资总额，而且在 1980 年代的后几年中，日本和美国之间的资本对流愈来愈有利于日本。1982 年，日、美双方的直接投资总额各为 96.77 亿美元和 64.07 亿美元。到 1985 年，美国在日本的直接投资总额增为 90.95 亿美元，同年日本对美国的直接投资总额已激增到 191.16 亿美元，日本的投资额比美国的投资额已多出整整 100 亿美元。① 由于日本在美国的投资增长迅速，因而在 1983 年日本对美国的直接投资总额已超过联邦德国，仅次于英国和荷兰而居第三位。1970 年代末和 1980 年代初，日本打入美国市场主要还是靠商品输出，而不是靠资本输出。近年来，由于日本对美国的贸易顺差额愈来愈大，日元对美元的汇价大幅度上浮，美国采取种种保护主义措施限制日本某些产品进口，因而日本对美国的投资战略正在发生重大变化。日本跨国公司已步欧洲跨国公司的后尘，下大本钱收购美国的一些有名的大企业，它们已采取多种形式渗入了美国的有关经济部门。

到目前为止，日本在美国投资额最大的是汽车制造业。日本的日产、本田和丰田汽车公司在美国都有大量的投资。1983 年，日产汽车公司投资 7.45 亿美元在美国田纳西州的士麦那开设了一家年生产能力达 24 万辆小汽车和卡车的工厂。同一时期，本田公司只花了 4.9 亿美元就在俄亥俄州的马里斯维尔建造了一家年生产能力比日产多一半的汽车制造厂。尤为引人注目的是，1984 年日本最大的丰田汽车公司和资本主义世界最大的美国通

---

① 美国《商业现况》，1985 年第 8 期，第 5—52 页，1986 年第 8 期，第 46—49 页。

用汽车公司在加利福尼亚的弗里蒙特合资建立了一个"新联汽车制造公司"，这家新公司的年生产能力为25万辆丰田"皇冠"系列的小轿车。公司联合经营的期限为12年，利润均分。协议规定，丰田汽车公司负责工厂的经营管理大权，大部分先进技术以及机器人、发动机等汽车的高值部件都由丰田汽车公司供应。1982年，这三家公司在美国尚未生产一辆汽车，而现在每年生产的车辆已达56万辆。丰田和日本的其他汽车公司均已宣布，它们将在美国建立新工厂，预计到1990年日本汽车公司在美国生产的汽车将达160万辆，几乎相当于美国从日本进口的汽车数量。

日本资本在美国钢铁业中的影响也在扩大。1984年，日本钢管公司买下了美国全国钢铁公司50%的股份，目前该公司的最高层中有一半是日本钢管公司安排的人，其中包括新任命的总经理。在美国七家最大的钢铁公司中，有四家与日本的大公司组建了合资企业，有的已经吸收了日方的大量投资，出售了部分股份。新日本钢铁公司也正同内陆钢铁公司谈判，打算对这家公司的轧钢厂进行投资。它还在设法收购正在调整中的USX公司的资产。

在高技术部门，日本跨国公司也在采取行动。日本富士通公司同意购买主要供应军用集成电路块的费尔柴尔德半导体公司80%的资产，从而引起了美国产业界领导人和国防部官员的担心。据美国电子协会估计，到1986年底，日本的有关公司在美国电子业中已有约400笔投资。此外，日本电气公司也在打美国霍尼维尔公司的主意，准备染指这家公司的计算机业务。美国电气公司已宣布将出售它的制造集成电路块的英特西尔公司，圈内人认为，潜在的买主之一就是日本半导体集团公司。日本的日立制作所正在考虑全部或部分地收购美国的摩托罗拉公司。

日本跨国公司和部分专业化程度很高的中、小企业，还在其他一些制造部门加紧兴建新企业和购买美国现有的企业，并广泛地与当地的美国公司建立合资企业。迄今为止，最大一次收购活动是大日本油墨化学工业公司以5.5亿美元购买了美国太阳化学公司的印刷和油墨业务。日本的索尼、松下、日立等大电器公司也在美国投资建厂，生产电视机、录音机和组合音响等畅销产品。

除了生产性投资外，日本还趁日元升值之际大量购买美国的不动产。1984年，日本在美国的不动产投资只有6亿美元，1985年增加到13亿美元，比上一年翻了一番还多。1986年这方面的投资比1985年又有了新的增长。1986年8月，仅日本周亘公司购买位于洛杉矶的阿科市场一笔生意，就花了6.25亿美元。现在，日本的投资正从夏威夷、美国西海岸向东海岸推进。日本的跨国公司和跨国银行，正在大量抢购一批第一流的办公大楼、旅馆，以及零售商店的房地产。估计，今年日本公司在美国不动产市场的投资将达到30亿美元以上。日本对美国不动产投资激增的主要原因是日元大幅度升值。例如，1985年购买一幢价值1亿美元的大楼需支付250亿日元，现在只要花150多亿日元就行了。其次，日本的地价昂贵，利率低。东京和大阪等大城市的不动产投资利率只有2%—3%，而美国的地价比日本便宜得多，纽约的地价只有东京的1/5，所以日本的一些公司为了筹集资金，往往是向东京银行以5%—6%的低息借钱，然后买进低价美元，在美国以现金购买不动产。日本住友信托银行株式会社与纽约的理查德·埃利斯不动产咨询公司达成一项默契，今年在华盛顿、纽约、旧金山等地估计能做成金额达3.5亿美元的五笔交易。

日本购买美国国库券的数量也愈来愈多。美国财政部为了弥补巨额预算赤字，每年大约发行了 2000 亿美元的国库券。日本在美国国库券市场上投资还不到两年，但是 1985 年一年购买的美国国库券就超过了 200 亿美元。美国国库券的利率比日本国库券的利率高，到 1986 年 10 月底，为期 30 年的国库券，日本年利率为 5.33%，美国年利率则为 7.66%，比日本高 2.33%。与购买房地产一样，由于日元大幅度上浮，过去购买一万美元国库券要花 250 万日元，现在只要花 150 多万日元。

从 1980 年到 1986 年，日本银行一直是国际资本流向美国资本市场的重要渠道。日本跨国银行业务的发展与日本加速向国外直接投资有关。这就像 1960 和 1970 年代的美国跨国银行一样，日本跨国银行也紧随着其国外客户。1980 年代以来，日本的国内储蓄超过国内投资的要求，而且外贸收支连续几年出现巨额盈余，这些过剩的资金必然要到国际资本市场上去找出路，日本跨国银行自然而然地就成了向世界各个地区，尤其是向美国输出资本的前沿阵地。日本跨国银行的经济实力发展得非常快，1978 年在资本主义世界最大的 10 家跨国银行中日本只占一家，到了 1985 年日本在资本主义世界最大的 10 家跨国银行中已占了 5 家。1986 年，日本的第一劝业银行在国际银行界已超过花旗银行跃居第一位。在投资银行中，1986 年日本的野村证券公司的资产也超过了美国梅林公司，并成为资本主义世界最大的投资公司。日本跨国银行的迅速壮大，有力地支持了日本跨国公司的海外投资活动。

到 1986 年底，日本的对外资产累计总额为 7273 亿美元，比 1985 年增加了 2896 亿美元，扣除 5469 亿美元的负债部分，对外纯资产已增加到 1804 亿美元。1985 年，对外纯资产是 1300 亿美元左右，一年之间猛增了 500 亿美元。这样，就使日本连续两年成为世界最大债权国。

目前，日本在海外的资产中，证券投资和银行债权投资各占1/3以上，而在海外建厂和参与经营的私人直接投资只占8％，这是日本与以直接投资为主的美国不同的地方，但是直接投资在日本对外投资总额中所占比重正在逐渐增大。

从美国经济今后几年的发展趋势看，国际资本将继续大量流入美国，这是因为美国的庞大外贸逆差和巨额预算赤字不会在短期内迅速减少。为了弥补这两大缺口，美国的内债和外债都将进一步增加，债务负担将愈背愈重，实际利率将继续保持在较高的水平上，对外资的需求量也不会有所减少。加上美国的良好投资环境和广阔市场对欧洲、日本的跨国公司和跨国银行有强大的吸引力，因此欧洲和日本对美国的投资将进一步扩大。

从欧洲各国和日本方面来看，国内市场对资金需求不如美国那么旺盛，企业利润率和银行利率也不高，而货币汇价大幅度上升和国际贸易中保护主义盛行，必将促使欧洲各国和日本继续加强对美国的投资攻势，它们的国际投资地位也会随之进一步提高。对比之下，美国因政府和民间债务的不断增加，还本付息的担子愈来愈重。据估计，到1990年，美国的国外债券将从目前的2600多亿美元增加到5000亿美元以上，每年付息就需200多亿美元，大量国民财富外流，将严重影响美国人民生活水平的提高。在可以预见的未来，美国将继续扮演世界最大资本输入国和最大债务国的角色，美国的国际投资地位将进一步削弱。

（原载《美国研究》1987年第4期）

美国在当代亚太地区的经济地位

    1970 年代以来，亚太地区的经济增长率一直比世界其他地区的经济增长率高一倍左右。到 1980 年代末，亚太地区的国内生产总值已占世界生产总值的 20% 以上，出口贸易额也从 1970 年的 425 亿美元猛增到 7000 亿美元左右。在世界出口贸易总额中所占比重由 14.6% 增至 25% 以上。尤其从 1980 年代中期起，随着经济国际化和区域集团化趋势的加速发展，亚太地区经济持续增长的势头更给人们以深刻的印象。在发达资本主义国家中，日本的经济增长率继续占首位。1990 年，美国因发生经济衰退，全年的经济增长率还不到 1%。西欧除德国外，其他主要国家的经济增长速度也明显减慢，而日本的经济增长率则高达 5.6%。日本的经济规模年复一年地在迅速扩大。1980 年，日本和美国的国民生产总值分别为 10401 亿美元和 26317 亿美元，日本当时的经济规模相当于美国的 40%。到 1980 年代末，日本的国民生产总值已超过 30000 亿美元，由于日本的经济增长速度快于美国，目前的经济规模已相当于美国经济规模的 60%。

    1970 年代，亚洲"四小龙"利用当时世界市场扩大的有利时机，先后走上了以出口为导向的外向型经济道路。"四小龙"

在 1970 年代的平均经济增长率达到 10% 的双位数，1980 年代为 7% 左右，增长速度十分可观。1970 年，"四小龙"的出口贸易额占世界出口总额的 2.2%，1989 年已达 8% 左右。

随"四小龙"之后，东盟的泰国、马来西亚、印尼等国经济在 1980 年代中期开始加速发展。近几年来，泰国、马来西亚的经济增长速度已超过"四小龙"，人们普遍认为，泰国和马来西亚在 1990 年代将跻身于"新兴工业经济圈"的行列。

印尼、巴基斯坦等国家在 1980 年代的经济增长也达到 6% 上下。

中国自 1970 年代末实行改革和开放政策以来，年平均经济增长率为 9%，经济建设方面取得举世瞩目的重大进展。1980 年，中国的国民生产总值为 4470 亿元，1990 年增至 17400 亿元，按不变价格计算，净增 1.36 倍，国家整体经济实力大为增强。同一时期，出口总额也由 181 亿美元增加到 621 亿美元，增长了 3.4 倍。

亚太地区经济持续而迅速的发展引起了人们愈来愈广泛的注意。尽管 1990 年代刚开始，美国、加拿大、英国、澳大利亚等发达国家的经济再次发生衰退，西欧一些国家的经济增长明显减慢，从而使整个世界经济的增长速度比 1980 年代后半期有较大幅度的下降。但各国政治家和经济学家仍普遍看好亚太地区今后的经济发展，并预言，"21 世纪是太平洋世纪"。

亚太地区疆域辽阔。据联合国亚太经济社会理事会公布的材料，该区域包括 48 个国家和地区，面积达 3000 多万平方公里，人口超过 28 亿，占世界人口总数的 56% 以上。这一地区既包括像日本这样的经济高度发达的国家，也包括被联合国列为经济上最不发达的一些国家，经济发展水平十分悬殊，社会政治经济制度、种族、文化和宗教背景有很大的差异，同北美和西欧的发达国家相比，大多数属于发展中国家和地区。现在人们所说的经济迅速增长的亚太地区，实际上主要是指包括亚洲"四小龙"、东盟国家、日本和中国沿海开放地带在内的西太平洋地区，这是当前世界经济中最有生气和最具活力的地区。

促使这一地区经济迅速发展的因素是多方面的。顺应变动中的世界政治和经济形势，把握时机，从本国和本地区的实际情况出发，制定和实施适合自身发展的经济发展战略，充分利用有关国家和地区内部提供的资金、资源、技术和市场，适时调整产业结构，努力提高技术和产业层次，大力发展以出口为导向的外向型经济，不断增强自己的经济实力和竞争力，这是日本、"四小龙"和东盟一些国家发展经济并取得进展的重要因素之一，也是中国沿海开放地带加速经济发展的重要经验。另一个不可忽视的因素是，1970年代以来，需求日益扩大的美国市场和世界市场为这一地区经济的迅速发展创造了客观有利条件。

自第二次世界大战结束后至1980年代中期前，美国在亚太地区（包括西太平洋地区），政治上占有特殊地位，经济上也有重大的利益和影响力。美国既是这一地区的最大投资国，又是这一地区最重要的贸易伙伴和最大的产品销售市场。日本在经济上的兴起，香港、台湾、韩国和新加坡"四小龙"的崛起，以及泰国、马来西亚的经济起飞，都与美国提供的资金和市场有着不可分割的联系。1988年，美国与亚太地区的贸易总额为2710亿美元，远超过美国与大西洋地区的贸易总额1860亿美元。在美国20个大出口市场中，太平洋地区就占8个。同年，美国在亚太地区的累计投资总额（没有计算美国在日本的179亿美元投资）达330多亿美元。美国商务部的一项调查报告表明，美国在东亚和东南亚一些国家和地区的投资平均年赢利率，大大高于美国在日本的14.1%和美国在所有外国投资的15.2%的平均年赢利率。例如，美国在新加坡的平均年赢利率为 31.2%，在马来西亚、香港、台湾和韩国的平均年赢利率分别为 28.8%、23.6%、22.2% 和 17.9%。1988 年，美在亚太地区的累计投资总额虽然只占美国全部海外直接投资总额 3335 亿美元的 1/10，但美国从这一地区获得的利润则占其海外赢利总额的 23%。近些年来，亚太地区内的经济合作和相互之间的贸易发展迅速，据统计，地区内部贸易在对外贸易总额中所占的比重已从 1986 年的 34% 上升到 1989 年的 42%。1989 年，地区内部贸易总额约为 2000 亿美元，但这个数额仍落后于美国与亚太地区的贸易总额。迄今为止，日本、台湾、韩国等出口产品的 30% 左右都是销往美国的，美国市场对上述国家和地区的重要意义是不言而喻的。

1980 年代中期以后，美国在亚太地区虽然仍占有重要的经济地位，但其作用和影响已随着日本经济实力的迅速增强和竞争的加剧而减弱。1985 年 9 月，美国、日本等五个发达国家的财政部长签订了《广场协议》之后，日元对美元的汇价大幅升值，日元升值固然会削弱日本出口产品的竞争力，但也有利日本加速对外投资。从 1986 年到 1989 年，日本凭借其连年获得的巨额贸易顺差，鼓励企业推行全球化战略，大幅度增加海外投资。1984 年以前，日本每年的对外直接投资从未超出过 100 亿美元，1985 年的对外直接投资突破了 100 亿美元，1986 年增为 233 亿美元，1988 年激增到 490 亿美元，1989 年又创 680 亿美元的纪录。日本海外的主要投资对象是美国。1980 年前，美国在日本的直接投资仍大于日本在美国的投资，1981 年，日、美在对方的直接投资额发生了重大的变化。日本在美国的直接投资开始超过美国在日本的直接投资。1982 年，美国在日本的直接投资累计总额为 68.72 亿美元，日本在美国的投资总额已达 87.42 亿美元。在 1989 年，美在日的直接投资总额增至 193.41 亿美元，即比 1982

年增加了 1 倍多，而日在美的直接投资总额则已增至 697 亿美元，即比 1982 年净增了 7 倍。这一时期，日本为在欧共体"统一大市场"成立之前就深入腹地，也加强了对西欧国家的投资。与此同时，日本对亚太地区的投资也明显增加了。从 1986 年到 1989 年，美国公司在泰国、马来西亚、印尼的投资为 30 亿美元，而日本对这三个国家的投资则为 110 亿美元，比美国的投资高出 2 倍多。1989 年，美国对"四小龙"和东盟国家的直接投资只有 25 亿美元左右，日本对这些国家和地区的直接投资超过了 80 亿美元。日本已取代美国成为东亚和东南亚地区的主要投资者。日本正在西太平洋地区推行雁式理论，即以自己为主体在这一地区搞分层次的水平分工。日本企业先是把部分生产转移到台湾、韩国、新加坡和香港，以降低产品成本，之后，由于台币、新加坡元等也大幅升值，产品成本提高，于是又把投资重心转移到泰国、马来西亚和印尼等东盟国家。例如，日本的电子公司通常在新加坡等"新兴工业经济区"生产高精密度和高增值的零件，然后把这些零件再运到泰国和马来西亚等劳动成本比较低廉的国家装配。日本制造商称这种相互联系的地区生产战略为"网络生产系统"。这些产品往往既不在日本生产，又不在日本销售，它们的产地在亚洲其他国家和地区，产品则主要销往美国和欧洲市场。但是随着该地区的经济的发展和市场扩大，日本有些企业的生产战略已开始有所调整，它们的产品首先是为了供应地区内部市场，包括一部分产品返销日本。当然，美国和欧洲市场仍然是该地区多数企业目前的主要外销目标。

亚太地区另一个引人注意的现象是，除了日本以外，"四小龙"也正迅速行动起来，成为该地区的日益重要的投资者。在 1986—1989 年的四年中，"四小龙"在泰国、马来西亚和印尼三国的投资额就达 80 亿美元，这个数额比美国同一时期对上述三个国家的投资高一倍半以上，中国台湾在马来西亚的投资已超过美国和日本，中国香港在中国大陆的投资总额比美国和日本的投资加在一起还要多，韩国在印尼的投资仅次于日本而居第二位。1989 年，泰国批准了 752 个项目，资金额达 82 亿美元，外国公司提供了泰国所有投资的 25% 左右，目前泰国出口的 30% 左右产品是外资企业生产的。马来西亚吸引外资的势头十分迅猛，1989 年，外商承诺的投资额高达 90 亿美元以上。印尼在 1989年吸引的外资数额也达到 47 亿美元。亚太地区现在是一个竞争十分激烈的地区，除美日之间正在展开激烈的竞争外，"四小龙"在加速追赶日本，东盟一些国家又在紧追"四小龙"。在这场激烈的角逐中，美国处于较为不利的地位。

尽管美国在亚太地区的头号投资国地位已被日本取代，但美国在这一地区的政治和经济影响力不应低估，美国是不会甘心让日本在亚太地区取得政治和经济主导权的。而且迄今为止，美国仍是日本、"四小龙"及亚洲一些国家的最大出口产品市场，这些贸易伙伴在经济上对美国仍有较大的依赖性。日本和"四小龙"近些年来之所以有较为充裕的资金在海外进行投资，一个重要原因是，它们在与美国的双边贸易中连年都有大量贸易顺差。根据美国海关的统计，1989 年美国对外贸易逆差额为 1100亿美元左右，而日本一国对美国的贸易顺差就近 500 亿美元，台湾、香港、韩国对美国的贸易顺差分别为 130 亿美元、32 亿美元和 63 亿美元，加上东盟六国对美贸易顺差 90 亿美元，总共为867 亿美元，几乎占美国全部贸易逆差额的 80%。1990 年，日本和台湾对美国的贸易顺差虽分别减为 410 亿美元和 112 亿美元，但仍占美国外贸逆差总额 1010 亿美元的一半以上。1989年，美国对欧共体的贸易已出现 12 亿美元顺差，1990 年，美对西欧 23 个国家的贸易也有了顺差，美国目前的贸易逆差主要是因为它从亚洲一些国家和地区进口的贸易额大大超过向这一地区出口的贸易额。为此，美国近年来一直对日本、"四小龙"和亚洲的一些国家施加压力，要这些国家和地区进一步开放市场，允许美国的产品和资金能够自由地进入这一地区的市场，这也是日美经济矛盾和贸易摩擦日趋加剧的一个重要原因。值得人们注意的是，日本不仅保持与美国的巨额贸易顺差，而且在与"四小龙"和东盟多数国家的贸易中也保持顺差。对台湾、韩国、香港、新加坡、泰国、马来西亚来说，如果日本不供应零部件，生产就无法正常进行。例如，台湾生产的每一部电视机都需要从日本进口显像管，而要生产空调机和冰箱又必须购买日本的压缩机。因此，日本在东亚和东南亚地区投资的急剧增加，实际上是刺激这些国家和地区向日本进口更多的零部件。在这方面日本显示了自己作为"亚洲工厂的工厂"的新地位。1989 年，台湾对日贸易逆差约为 80 亿美元，韩国对日贸易逆差也接近 50 亿美元。在亚洲国家中，只有印尼对日本贸易有顺差，因为日本需要从印尼进口大量石油和其他天然资源。因此，许多美国人认为，美国的贸易逆差主要是由日本造成的。

1990 年代亚太地区的经济发展是否仍然会像 1980 年代那样活跃呢？亚太地区的经济合作将会采取哪些形式呢？

美国和欧洲的一些经济学家和新闻界人士预言，随着欧共体统一大市场的建立和东欧国家转向市场经济轨道，欧洲将成为更有吸引力的投资场所。此外，墨西哥一旦与美国正式签订了"自由贸易协定"，成为"北美自由贸易区"的成员国，必将是吸引外国投资的一个新的热点，从而影响美国和西欧流向亚太地区的投资，也可能会使日本的一部分投资从亚太地区转向欧洲和墨西哥。不过东欧国家和墨西哥为吸引外资而进行的竞争，并不一定意味着对亚洲投资的减少。在 1990 年代，由于东亚和东南亚地区的投资环境和基础设施日臻完善，预料这一地区仍将是世界经济中投资和贸易最为活跃的地区之一。同时，亚洲外来直接投资的日益地区化，即亚洲国家和地区日益加强对地区内部其他国家和地区的投资，也在一定程度上保证了这一地区的外来投资的继续扩大。

从贸易方面来看，也呈现出地区内部贸易额所占比重日益增大的发展趋势。近一二年来，美国利用美元汇价调低的有利形势加强了对亚太地区的出口攻势，估计今后几年美国对日本、"四小龙"和亚洲一些国家的贸易逆差会进一步缩减，美国单方面采取的一些贸易保护主义政策也会影响亚太地区对美国的出口。不过，由于地区内部的贸易额正在迅速扩大，加上日本市场进口本地区产品的比重日益增大，这一地区在贸易上对美国市场的依赖会逐渐减少。

随着亚太国家和地区之间经济合作的加强，以及投资和贸易的增长，不少国家和地区的学者和官员纷纷建议在地区内成立各种形式的"经济圈"，如"环太平洋经济圈"、"西太平洋经济圈"、"东亚经济圈"、"东亚经济集团"、"环日本海经济圈"、"中国经济圈"等等。

亚太地区的经济合作究竟采取什么形式，是建立类似欧洲经济合作组织那样的政府间的协商机构，还是建立像欧共体那样的经济一体化组织？至今仍无一致看法，也很难有一致看法。1960年代中期，日本学者提出了成立"太平洋贸易区"的主张，接着1967年地区工商界人士成立了"太平洋盆地经济理事会"，1968年在东京成立了以学者为主体的"太平洋贸易与发展会议"。这两个组织都属于民间机构。1980年9月在澳大利亚堪培拉召开了太平洋地区研讨会，并宣告成立了"太平洋经济合作会议"。这个组织是个半官方的机构，其特点是会议由官方、工商界和学术界三方人士参加，1986 年，中国被会议吸收为正式成员。随着亚太国家和地区之间贸易和投资的迅速增长，以及内部产业结构的调整和分工的发展，特别是受到欧共体加速建立"统一大市场"和美国加速推动建立"北美自由贸易区"的影响，亚太地区的经济合作开始在向制度化和组织化方面发展。1989 年 11 月在堪培拉举行了第一届亚太地区经济合作部长会议，参加会议的有来自日本、澳大利亚、新西兰、美国、加拿大、东盟六国和韩国等 12 个国家和地区的外交部长和贸易部长。会议就加强经济合作、共同抗衡贸易保护主义、敦促全球拆除贸易壁垒等问题取得了一致看法。亚太经济合作部长会议是在太平洋经济合作会议的基础上形成的，出席这次会议的 12 国和地区都是太平洋经济合作会议的成员。堪培拉会议是由各国政府直接推动召开的，它标志着亚太地区内部的经济合作迈出了重要的一步，也说明亚太国家和地区要求加强经济合作的迫切性。

在推动亚太地区加强经济合作的过程中，美国和日本之间争夺主导权的斗争表现得十分明显。美国国务卿贝克曾说，在亚太地区，"这种新太平洋伙伴关系的基础必须是美国的参与"。美国最关心的是这一地区正在迅速成长的市场向其充分开放，并实行投资的自由化，以增加美国对这一地区的出口和投资，改善目前的贸易状况，美国采取的一项战略是，在关贸总协定范围外，进行双边谈判，迫使日本、"四小龙"按不同市场领域达成个别协议。而日本的对策则是通过签订多边的关贸总协定方式来牵制美国，这也是日本支持亚太经济合作部长会议的主要目的。日本虽然对建立诸如"东亚经济圈"、"西太平洋共同体"等态度积极，但东南亚国家担心在经济上和政治上受日本控制，反应比较冷淡。1990 年年底以来，马来西亚总理马哈蒂尔·穆罕默德提议建立一个东亚集团，成员中包括马来西亚、泰国、菲律宾、印度尼西亚、文莱、新加坡、韩国、日本、缅甸、老挝、越南、中国和柬埔寨，但不包括美国、澳大利亚、新西兰和加拿大。马哈蒂尔说，这一集团将不是一个保护主义的集团，但是它的目的是要使该地区在国际贸易谈判中发挥更大的作用。马哈蒂尔还说，在美国同加拿大和墨西哥都有贸易协议的情况下，没有理由不让建立东亚集团。马来西亚的一些官员还指责美国竭力阻挠实现建立东亚集团的计划。

不管亚太经济合作今后会采取哪种形式，1990 年代的西太平洋地区将继续是世界经济中增长最快的地区。到本世纪末，这一地区的经济面貌将发生巨大变化。现在，西太平洋地区在全球市场中所占比重已达 1/3，是世界上销售小汽车、通讯设备、个人计算机和其他许多产品的最兴旺的市场。这一地区的制造业正在出现新的分工，日本和"四小龙"提供的资金和技术起着愈来愈重要的作用。人们预计，在 1990 年代结束前，这一地区的国民生产总值将超过欧洲经济共同体，在全球市场中所占份额将增至 1/2 左右。世界经济中的这一新的经济中心正以咄咄逼人的进攻态势向西欧和北美经济中心提出新的挑战。围绕成立亚太地区的经济圈，日本和美国之间争夺经济主导权的斗争也会进一步加剧。

（选自《20 世纪的美国和亚太地区》
国际学术讨论会论文，现代出版社 1991 年版）

美国经济是在"衰落"
还是在"复兴"

　　在战后的世界经济和世界政治生活中，美国凭借其强大的经济、政治和军事实力，一直扮演着超级大国的特殊角色。战后初期至 1950 年代，美国与遭受战争削弱的西欧国家和日本相比，在经济和科学技术方面拥有无可匹敌的绝对优势。但从 1960 年代以来，随着日本和西欧国家经济实力的恢复和发展，美国的优势逐渐削弱。到 1970 年代开始时，在资本主义世界经济中，美国、日本和以西德为核心的欧洲经济共同体形成三足鼎立的格局已初露端倪。进入 1980 年代，美国的预算赤字急剧增加、国债猛增、国际收支状况明显恶化，到 1980 年代中期以后，美国已由世界主要债权国变为最大债务国。在这种背景下，一部分学者焦虑地指出，美国在经济上已走上衰落的道路。耶鲁大学保罗·肯尼迪教授所著的《大国的兴衰》一书集中地反映了这种观点，这本著作的出版，在美国学术界和社会上引起了很大的震动，并在全国范围内引发了激烈的争论。与"衰落论者"观点截然相悖的是"复兴论者"的观点，他们不同意"衰落论者"的论点和结论。哈佛大学国际事务研究中心塞缪尔·亨廷顿是"复兴论者"的主要代表人物之一，他认为，"复兴的形象比衰落论者所描绘的衰败形象更加接近美国的现实"。[①] 对于上述两种针锋相对的结论如何评价呢？当前的美国经济究竟是处在"衰落"过程中，还是处在"复兴"过程中呢？这是需要我们以科学的态度深入地进行研究才能回答的问题。这场论战在我国的学术界也有反映，能否科学地、实事求是地论述美国在当代世界经济中的地位，是关系到我们能否正确估量和判定当前世界经济和世界政治格局变化的重大研究课题。

一

谈论美国经济上相对衰落的言论并非是近几年才开始的，但是这个问题在美国学术界和社会各界造成如此强烈的反应，则是1980年代中期以后的事。为什么"衰落论者"的观点能引起美国社会公众的广泛共鸣，显然事出有因。与战后美国经济处于巅峰时期相比，今日美国经济中的阴影确实日益增大，而且愈来愈明显，"衰落论者"列举的大量例子，确实是存在的，而且确实是令人焦虑的。

总括而言，"衰落论者"提出了以下一些主要例证来论述美国经济的相对衰落。

1. 美国的经济增长速度没有日本等国快，工业相对衰退。日本和德国、与美国在经济和科学技术方面的差距日益缩小，尤其是日本，不仅在纺织、钢铁等传统工业方面已超越美国，而且在汽车、机器人、家用电器等领域也已占有优势，而在半导体、计算机及航空和航天技术方面则正在迅速地逼近美国，美国的许

---

① 塞缪尔·亨廷顿：《美国是衰落还是复兴？》，美国《外交季刊》1988—1989年冬季号，第77页。

多产品在世界市场上丢失了阵地。保罗·肯尼迪认为,"从广泛的意义上看,保护主义情绪的出现,是美国制造业从未受到挑战的优越地位下降的一种反映"。[①]

2. 庞大的预算赤字和外贸逆差严重地削弱了美国的经济地位。1980年代初,里根入主白宫后,一方面大规模增加国防开支,一方面又大幅度降低税率,结果使预算赤字急剧上升。1982年,里根政府的财政赤字首次突破1000亿美元大关,达到1280亿美元,这个数额比战后历届美国政府的财政赤字都大。此后几年赤字又连续增加,1986财政年度,美国的预算赤字又达到了2210亿美元的创纪录数字。1988和1989财政年度赤字有所缩减,降到了1500多亿美元的水平,可是1990财政年度的预算赤字,由于海湾危机的影响和国内经济困难的增大,竟超过了2500亿美元。现在海湾战争虽已结束,但美国经济尚未走出衰退,根据美国政府预测,1991财政年度的赤字将高达3181亿美元。连年不断的庞大财政赤字使目前的国债突破了3万亿美元,每年需要支付的债务利息就超过了2000亿美元。

1980年代的大多数年份,美国的外贸逆差数额都较大。1981年,美国的对外贸易还有微小的顺差,1982年开始出现逆差,此后逆差数额逐年增大,由于出口产品竞争力不强和农产品输出量下降,1986年美国的外贸逆差达到了1700亿美元的高峰。从1988年起,外贸逆差连续三年有所缩减,1990年的外贸逆差已降至1086亿美元,即使这样,美国承受的负担仍很大,外贸逆差和预算赤字一直是80年代困扰美国经济的两个严重问题。

---

① 保罗·肯尼迪:《大国的兴衰》(中译本),中国经济出版社1989年版,第639页。

3. 1980 年代中期以来，外债不断增长，美国成为世界最大债务国也是部分学者论证美国经济相对衰落的重要证据。1982年，美国仍是世界最大的债权国，当年的国外资产总额为 8249亿美元，而外国在美国的资产总额为 6887 亿美元，前者扣除后者尚有 1362 亿美元的巨大差额。但是，为了弥补巨额预算赤字和外贸逆差，美国政府实施了高利率政策，以此吸引大量的外资。由于输入的资本迅速增长，输出的资本相对减少，加上在国际金融市场上大量举债，因此形势急转直下，到 1985 年，美国在国外的资产总额已比外国在美国的资产总额少 1074 亿美元，从而使美国由世界最大债权国沦为最大债务国，1987 年，美国账面上的国际净债额已达 4000 亿美元左右，1989 年，美国的外债总额已超过 6000 亿美元，每年付息就需 200 多亿美元。

4. 美国在世界国民生产总值中和世界出口总额中所占份额的大幅度减少也是"衰退论者"十分关注的一个问题。他们认为，在战后的全盛时期，美国在世界国民生产总值中所占的份额曾高达 40% 以上，在世界出口总额中所占的份额也超过 1/4。而在 1980 年代，美国在世界国民生产总值中所占的份额已降至 25% 以下，在世界出口总额中所占的份额则也已降至 12% 以下。"衰落论者"认为这些都是美国在经济上相对衰落的迹象。从现象上看，美国在世界国民生产总值和世界出口总额中的份额下降幅度如此之大，确实给人一种经济相对衰落的印象。

根据以上这些例证，"衰落论者"认为美国经济已确定无疑地在走下坡路。保罗·肯尼迪在分析造成上述现象的原因时指出，美国经济相对衰落的主要原因是为军事目的花的钱太多，用他本人的话来说就是"帝国的手伸得太长"和"帝国过分扩张"。在他看来，军事实力归根结底是建立在经济实力基础上的。随着经济实力的减弱必然会影响国家实力的其他方面。保罗

·肯尼迪认为，美国是一个全球性的超级大国，为了维护它的全球利益，他必须维持庞大的军事开支，而日本和德国则不需要承担美国所承担的各种军事义务，不需要在国防方面维持庞大的开支，它们可以把大量资金投入国民经济的其他部门，推动经济和科学技术更快地发展，这是日本和德国在经济实力增长速度上超过美国的一个重要原因。

二

以保罗·肯尼迪为代表的"衰落论者"的观点招致美国一部分学者的质疑，这些学者依据几乎相同的例证，得出了与"衰落论者"截然不同的结论。塞缪尔·亨廷顿针锋相对地指出，从1965年至1980年，美国的经济增长率在19个发达的市场经济国家中名列第15位。1966—1970年，美国的国民生产总值年均增长率为3%，日本为11%，欧洲经济共同体为4.6%，美国的经济增长速度明显落后于日本和欧共体。1971—1975年，美国的国民生产总值年均增长率为2.2%，日本为4.3%，欧共体为2.9%，后者的经济增长速度虽远不及自己在1960年代的增长速度，但仍比美国快。而在1976—1980年，美国的年平均经济增长率为3.4%，虽仍落后于日本的5%，但却高于欧共体的3%。进入1980年代，美国的年平均经济增长速度仍保持这种慢于日本但快于欧共体的格局，而在1983—1987年，美国的国民生产总值年平均增长率则与日本相等，均为3.8%，在此期间，欧共体的年平均增长率只有2.3%。塞缪尔·亨廷顿认为，在1980年代初经济衰退结束后的几年中，无论从绝对和相对规模的角度看，美国的经济地位是在上升而不是在下降；是在"复兴"，而不是在"衰落"。

其次，针对保罗·肯尼迪关于美国在世界国民生产总值中所占份额下降从而证实美国经济相对衰落的结论，塞缪尔·亨廷顿认为，这些意见需要加上严格的条件限制。他指出，在 1940 年代末和 1950 年代初，美国的生产占世界总产值的 40%—45%，之后，这一比例急剧下降，到 1960 年代后期，美国的生产只占世界总产值的 20%—25%，一直到现在，美国在世界国民生产总值中所占份额大致稳定在这个水平上。按照"复兴论者"的看法，战后初期，美国在全球经济活动中所占份额高达 40% 以上，这是战争的暂时产物，它不可能长期保持这种状态，结束这种不平衡状态，是美国政策的一个重要目标。而从 1960 年代末以来的 20 多年中，美国在世界国民生产总值中比较稳定地保持 20%—25% 的份额，这是历史上"正常"的格局，不是美国经济相对衰落的表现，尤其是在 1980 年代，美国同西欧的主要国家相比经济优势有所增强。"复兴论者"认为"衰落论者"所说的 1980 年代美国经济正在急剧下降的看法，是缺乏根据的。

再次，对于导致美国庞大预算赤字和贸易逆差的主要原因，"复兴论者"也提出了与"衰落论者"不同的看法。他们承认"衰落论者"指出的，流入美国的大批外国资金没有用于投资，而是用于个人消费和政府的防务开支的意见是正确的，但是他们不同意"衰落论者"把造成双赤字的原因归之于低生产、低储蓄率和低投资率。在"复兴论者"看来，这些因素的作用只会使双赤字缓慢地增加，真正促使预算赤字和贸易逆差迅速变成严重问题的是里根政府所奉行的降低税率，增加防务开支和促使美元坚挺的政策。里根政府原想通过降低税率来刺激投资，促进经济增长和增加财政收入，结果却造成了双赤字的大幅增加。因此，他们认为，双赤字不是由美国经济的缺陷，而是由里根政府不适当的经济政策引起的，只要政府改变财政和经济政策，双赤字会迅速获得解决。"复兴论者"认为，里根政府后期已在改变政策，布什总统则会进一步采取减少双赤字的政策，如严格控制开支，削减国防费用和征收新税等，他们预言，随着预算赤字减少，制造业生产率的提高，美元汇价下浮，以及新的贸易法的实施和出口的增加，贸易逆差将会进一步下降。他们还同意一些分析家的预测，美国的贸易逆差在 1990 年代将变为贸易顺差。不过，"复兴论者"也承认，消除双赤字的过程需要美国经济付出重大代价。如果出现石油价格上涨等情况，问题会变得复杂起来。

此外，"复兴论者"对美国已成为世界最大债务国的问题也不像"衰落论者"看得那么严重。他们一方面承认，美国外债的大幅度增加意味着美国国民生产总值中的日益增大的一部分，既不能用于个人消费，也不能用于储蓄和国内投资，而要用来偿还外债本息，这样当然会影响美国人民今后的生活水平，他们同意"衰落论者"强调指出的，这是里根政府拼命花钱造成的后果。可是，对于美国目前的外债总额，他们有疑问。"复兴论者"认为，美国的统计方法有漏洞，统计数字不可信，不少收入项目在正式统计中没有反映或没有完全反映出来。例如，美国商务部正式统计的武器和劳务出口金额都比实际数额缩小了。又如，美国的正式统计没有把寄往美国的汇款计算在内。而人们谈论得更多的是美国在海外的实际投资数额比账面上表现出来的数额要大得多。美国在海外的直接投资有相当数量是在 1970 年代以前投入的，当时每个美元的购买力比现在要高得多，如果用现在的货币价值重新估价美国过去的投资，其数额将大大超过商务部正式公布的数字。假如把各种在统计中没有反映或没有完全反映出来的收入都予以计算。美国目前的外债总额肯定会大大减少。"复兴论者"还认为，美国的债务国地位并不令人担忧，因为，在国际上，美国的投资仍然遥遥领先。

"复兴论者"还否定了"衰落论者"的下述结论，即由于用在军事目的方面的开支过多，挤掉了用于经济增长的投资，因而导致经济的相对衰落。他们争辩说，没有可比较的证据足以证明，军事开支必然会拖经济发展的后腿，反之，防务开支还可能促进经济的增长。塞缪尔·亨廷顿认为，"如果美国的经济停滞不前，那并不是因为美国陆海空军士兵守卫在易北河畔、霍尔木兹海峡和三八线上；而是因为美国男女老少沉湎于舒适的富裕生活，威胁美国的实力的是消费主义，而不是军国主义"。①

"复兴论者"还举例论证，美国由于其社会具有竞争、机动性和移民等特征，拥有一种难以衡量的"软力量"，因此，它能比其他任何大国经受住种种考验。

三

应该说，无论是"衰落论者"还是"复兴论者"都提出了一些值得人们深思的有价值的观点，但是，他们的有些看法过于强调其一方面，因而有失偏颇。

就结论而言，我们既不同意"衰落"的提法，也不同意"复兴"的提法。我们认为，在论述美国在今日世界经济中的地位究竟是在"衰落"，还是在"复兴"，首先应该有一个科学的方法论前提，并在历史的长河中考察这一问题。1865年美国的南北战争结束后，扫除了南部奴隶制的障碍，资本主义生产关系在国民经济中取得了统治地位，现代工业获得了迅速的发展。

---

① 《美国是衰落还是复兴?》，美国《外交季刊》1988—1989年冬季号，第87—88页。

1880 年代初，美国工业生产开始超过英国而跃居世界第一位。从此，英国开始丧失在世界工业中的垄断地位，"世界工厂"的根基动摇了。1913 年，美国工业生产总量相当于英、德、法、日四国的总和，占全世界工业生产总量的 1/3。第一次世界大战前，英国与美国相比，在钢铁、采煤、纺织和机械制造等传统工业部门已失去优势，在电力、化学、石油、汽车等新兴工业方面则明显地处于劣势。不过，当时英国虽然已失去"世界工厂"的特殊地位，但在国际贸易、世界航运和世界金融方面仍居首位，仍是世界军事强国和最大的殖民帝国，在世界政治和世界经济中继续占有举足轻重的地位。

第一次世界大战后，美国的经济、军事实力和政治影响力有了迅速的增强，并成为国际金融中心，工业生产总值远超过英国，但仍称不上是超级大国。与此同时，英国虽继续在走下坡路，在经济实力上与美国的差距进一步扩大，却依然是世界强国之一。一直到第二次世界大战结束后，美国才在经济、军事实力和政治影响力方面以绝对的优势压倒了英国、德国、法国和日本，在资本主义国家中占据了盟主的地位，并成为战后世界实力最强的超级大国。英国经历了第二次世界大战后，元气大伤，实力消耗殆尽，随着其殖民帝国的解体，英国的衰落形象已完全显露出来。

从历史的角度看，无论是美国的兴起，还是英国的衰落，都不是一蹴而就的，而是经历了半个多世纪的发展才完成的。美国的兴起及其发展成为当今世界的超级大国，不单是由于其经济实力空前增强，而且也是在其经济实力迅速增强的基础上，军事实力获得极度膨胀，政治和文化等影响力大为加强的结果。因此，衡量一个世界大国的兴衰过程应该以其综合国力为准，在一定的历史时期内，既要考察该国经济、军事和政治实力的消长，也要考察该国人口、规模、疆域大小、自然资源丰度、教育水平、科技成就、社会凝聚力等各种要素对推动社会经济发展的作用。毫无疑问，在构成综合国力的诸要素中，总体经济实力具有首要的意义，这不仅是因为军事实力和政治影响力等是从总体经济实力中衍生出来的，还因为一个国家的综合国力强弱往往最先是通过经济实力的增强和削弱表现出来的。英国的衰落就是先从经济实力的相对衰落开始的。19 世纪最后几十年，美国和德国就已在经济上先后赶上和超过英国。促使英国衰落的因素很多，但具有决定意义的是，英国在代表当时先进生产力的电气、化学、石油、汽车等新技术部门的竞争中输给了美国和德国，经济增长长期乏力和缓慢，生产率的增长也落后于美国和德国。此外，英国的综合国力在很大程度上是建立在其庞大的殖民体系基础上的，英国本土面积只相当于美国的俄勒冈州，却控制着相当于世界1/4 面积的殖民地、半殖民地，它的经济和军事实力都无法长期维持这种局面，随着殖民地的离心倾向和争取民族独立斗争的发展，英国的殖民体系终于崩溃了。

英国由盛到衰的发展过程是比较清楚的，英国的衰落和美国的兴起是同一历史过程的两个重要侧面。现在，"衰落论者"又把当代美国与昔日的英国相比，并由此得出美国相对衰落的结论，我们认为这样的对比是不十分恰当的。"衰落论者"论证美国经济相对衰落的主要依据是，美国的经济增长速度长期落后于日本，双赤字问题严重，美国在世界国民生产总值和世界出口总额中所占的份额下降了，美国已成为世界上最大的债务国，军事开支过于庞大影响了经济发展等等，这些都是事实，但如果认为美国现在已经开始走上昔日英国曾经走过的衰落之路，那是缺乏说服力的。这是因为，迄今为止美国仍然是当代世界中经济实力最强和科学技术最发达的国家，还没有任何一个国家在经济上更不必说在军事上已超过美国。日本虽然已发展成为经济大国，它的经济增长速度也确实比美国快，但与美国相比，在经济实力上仍有相当一段差距。1980年美国和日本的国民生产总值分别为26317亿美元和10401亿美元，日本的经济规模约为美国的40%。到1989年，日本的国民生产总值已突破30000亿美元，比1980年净增了两倍。同时，美国的国民生产总值则增至52340亿美元，比1980年只翻了一番。拿两国的国民生产总值进行比较，日本的增长速度快于美国，其经济规模已接近美国经济规模的60%，但就绝对额来看，两者的差距还扩大了，1980年，日本的国民生产总值比美国少16000亿美元，1989年，这个差额却扩大为22000亿美元。如何看这个问题呢？我们认为，与1950和1960年代的巅峰时期相比，美国在世界经济中的优势地位确实有所削弱，然而如果把这种削弱说成是相对衰落，就不那么确切了。削弱和衰落是两个含义不完全一样的概念，前者反映量的变化，后者则反映质的变化。如果说一个世界大国经济实力的相对削弱是指对其他国家经济优势的缩小，那么经济实力的相对衰落则是指经济优势开始丧失，大英帝国的兴衰史证实了这一点。因此，只有当某个大国首先在经济实力上赶上并超过美国，才谈得上美国经济开始衰落，目前还没有出现这种情况，如果把未来可能出现的衰落当作现实来谈，自然容易得出过于悲观的结论。我们认为，用相对削弱的概念来表述近20年来美国在世界经济中地位的变化，比较确切，也比较符合实际情况。

与之相反，"复兴论者"在反驳"衰落论者"的论点时，又走向了另一极端，得出了过于乐观的结论。他们主要依据1980年代某些年份的统计数字来证实，美国经济不是在衰落，而是在"复兴"。例如，塞缪尔·亨廷顿在论证这一现象时指出，在1980—1986年，日本国内生产总值的年均增长率是它在1965—

1980 年之间年均增长率的 58.7%，而美国在 1980—1986 年的年均增长率则是它在 1965—1980 年之间年均增长率的 110.7%。他认为，在 1983—1987 年，美国和日本的经济增长率几乎相等。其中有三年美国还居领先地位，同一时期，美国的经济增长率也高于欧共体的经济增长率。根据塞缪尔·亨廷顿援引的 1988 年出版的美国"总统经济报告"中提供的统计，1981—1985 年，美国、日本和欧共体三方的实际国民生产总值的年均增长率分别为 2.6%、4% 和 1.5%；1983 年至 1987 年的年均增长率则分别为 3.8%、3.8% 和 2.3%。确实，1982 年经济危机结束后的几年中，美国经济增长率与日本相比，差距缩小了。同时，从 1970 年代后半期至 80 年代中期，美国的年均经济增长率一直比欧共体高。但是，仅用这么一段时间的经济增长数字来论证美国经济正处在复兴之中是缺乏说服力的。大家知道，正是在此期间，美国的双赤字问题变得严重起来了，而且由债权国变成了债务国。如果同意"复兴论者"的意见，这一时期美国经济不是变得更弱，而是变得更强了，因而表现出了"复兴"的势头，那么又如何解释 1988 年以后欧共体经济增长速度重新加快的现象呢？从目前的发展趋势看，至少在 1990 年代头几年，不仅日本由于内需较旺，经济增长率会高于美国，而且随着 1992 年统一大市场的形成，欧共体的经济增长速度也会超过美国，假如按照"复兴论者"的方法论原则，一旦出现这种现象，美国经济是否意味着由"复兴"转向"衰落"呢？我们认为，塞缪尔·亨廷顿采用短暂的几年时间来论证美国经济的"复兴"，这种方法是不可取的。近 20 多年来，美国对日本和欧共体国家的经济优势确实是削弱了，虽然这种削弱还没有从根本上动摇美国的经济实力，还没有导致美国经济的"衰落"，但也谈不上什么"复兴"，重新振兴美国经济只是一个要努力去争取实现的目标，能否实现取决于许多因素，把努力去争取实现的目标当作现实同样是不妥的。

在讨论中，有的学者还提出了一种"兴衰并存论"。我们感到这种提法的含义不十分清楚。在"兴衰并存"的美国，"兴"是指什么，"衰"又是指什么？如果"兴"是指代表新技术发展的新兴工业或朝阳工业，那么"衰"就是指传统工业或夕阳工业了。不过，虽然同时存在朝阳工业和夕阳工业是美国经济生活中的现实，却不是我们真正要讨论的问题。前面已经提到，我们讨论美国是否已处于相对衰落状态，主要是从总体上来说的，即主要是从综合国力和总体经济实力的角度来考察问题的，它反映的是全局的和本质的现象，而不是局部和表面的现象。在发达资本主义国家中，近一二十年来，随着经济和产业结构的变化，不仅在美国，而且在日本、德国和其他国家都同样存在朝阳工业和夕阳工业，这是当代资本主义经济结构和产业结构发展过程中普遍存在的带有规律性的现象，不能以此作为论述美国经济兴衰的依据。现在要回答的问题是，目前，美国在综合国力和总体经济实力方面是否已被某个大国赶上和超过，回答是否定的。在当代世界的三个经济中心之间，日本虽然在一些重要的工业部门和科学技术的若干领域中超越了美国，并继续以经济大国的姿态在经济上向美国提出咄咄逼人的挑战，但就总体经济实力和科学技术整体水平而言，日本与美国还有相当一段差距。至于说到包括军事实力、政治和文化影响力等因素在内的综合国力，日本与美国的差距就更大了。因此，在美国、日本和以德国为核心的欧共体三极结构中，今后相当长的一个历史时期内，美国仍将继续发挥盟主的作用，在处理重大的国际事务时居于主导地位。在这次处理海湾危机的整个过程中再次显示了美国的主导地位。这不是说，美国绝不会走英国曾经走过的衰落之路，而是说，当代美国与 20 世纪初的英国有许多不一样的地方，例如，现在的美国除了拥有强大的经济和军事实力外，人口众多、本土幅员辽阔、资源丰富、政治上有较强的凝聚力、地理上处于十分有利的位置等，都是当时英国无法相比的，尤其是南北战争结束后美国经济始终是一个整体，所有这些因素使美国在发展经济和科技，增强军事实力方面拥有比当时的英国要大得多的回旋余地，我们论述这些特点的用意是想指出把昔日英国与当代美国作简单类比是不确当的，而不是说，美国绝不会走英国曾经走过的衰落之路。经过战后几十年的发展，美国对其主要伙伴日本、德国的经济优势已经大大削弱了，美国如不采取有力的政策和措施扭转这种现象，同样有可能在经济方面彻底丧失优势，走上衰落的道路。但是，即使会出现这种前景，也恐怕是半个世纪以后的事了。

（原载《美国研究》1991 年第 2 期）

全球经济中的美国

　　1990 年代以来，迅猛无比的信息技术革命和经济全球化浪潮，进一步改变了世界经济的格局，并使美国、欧洲和日本三个资本主义经济中心之间的经济实力对比发生了有利于美国的变化。1980 年代日本那种咄咄逼人的经济攻势似乎已成往事，而那些一度大叫大嚷并预言日本即将取代美国成为世界头号经济大国的喧嚣声也慢慢地寂静下来了。这种戏剧性的变化是如何发生的？美国是如何在短短的十几年中使自己的经济重新恢复生机的？这是世界各国学术界正在深入思考和潜心研究的重要问题。

　　从 1991 年第二季度算起，美国经济的增长已持续了整整七年多，这是二战后美国延续时间最长的经济周期之一，如果目前的经济增长能继续保持到 2000 年，那么这次周期将成为战后持续时间最长的一次经济周期。从现在的情况来看，这种可能性是比较大的。根据美国商务部公布的数字，1997 年美国的国内生产总值增长了 3.8%。同年，日本经济是负增长，欧盟各主要成员国的经济增长速度也都不如美国，尽管亚洲金融危机已开始影响到美国，但迄今为止美国经济的增长势头仍比官方和各种国际经济机构的预测要强。1997 年的通货膨胀率为 1.7%，是近 30

年来的最低水平；失业率为 4.9%，是 24 年来最低的；银行利率继续稳定在较低的水平上，这对刺激股市上升起了极大的推动作用。道-琼斯股票在过去五年的收益率已达 140%。1998 年头几个月，道-琼斯 30 种工业股票平均指数突破了 9000 点大关，业内人士乐观地预言，年内可望上升到 10000 点。克林顿总统入主白宫时，美国的财政赤字高达 2900 亿美元，1997 年财政年度的赤字已缩减为 200 多亿美元，预计 1998 年财政年度将会出现 30 年来的首次盈余。据世界银行的统计，1997 年美国国内生产总值已达 7.4 万多亿美元，继续遥遥领先于日本和欧洲的发达国家。鉴于美国经济取得的这些成绩，克林顿总统在其对美国第 105 届国会发表的国情咨文中公开宣称："我们在世界上所起的领导作用是无可匹敌的。"1997 年 6 月在美国丹佛市举行的发达国家首脑会议开幕的前一天，克林顿在题为《21 世纪的全球化市场》的讲演中，强调美国在过去几年怎样以市场机制为根本措施进行经济改革，并成功地降低了通货膨胀率，实现了稳定发展，扩大了就业。克林顿希望通过强调全球化把构成美国经济推动力的市场机制推广到日本和欧洲各国去，但欧洲的舆论界认为，美国的新资本主义模式在欧洲行不通，因为这种冷酷的新资本主义同欧洲长时期实施的福利资本主义的社会政策相矛盾。在美国国内，对近年来的经济成绩应该归功于哪届政府也有不同看法。1989—1993 年担任布什政府财政部长的尼古拉斯·布雷迪认为，"要充分解释今天的低通货膨胀、高增长率和平衡的预算，必须给乔治·布什的政府记一大功"。① 公正地说，美国经济取得目前的成绩，是由各种因素促成的，既有克林顿政府的功劳，也有布什政府的功劳。

---

① 《乔治·布什是对的》，《华尔街日报》1998 年 3 月 9 日。

首先应该指出，美国经济从 1980 年代初所患的严重"滞胀病"转变为 1990 年代的低通胀、高就业和持续平衡增长不是一蹴而就的，而是 1980 年代就开始调整经济和产业结构的结果。

其次，适应经济全球化的客观要求，大力推行贸易和投资自由化，美国的跨国公司和跨国银行在全球经营活动中起了开路先锋的作用，从而在激烈的国际竞争中，拓展了广阔的海外市场，取得了经济上的主动。

再次，加大对高新技术产业尤其是信息技术产业的投资，推动了计算机和通信等产业的迅速发展，提高了产业结构的层次，并在技术上为推行经济全球化的活动创造了有利条件。

此外，美国联邦储备委员会调度有方的货币政策对于抑制通货膨胀发挥了有效作用。

当然，冷战结束后，军费开支的压缩以及军事技术转于民用品生产也促进了经济的发展，对于财政赤字的逐年缩减也起到了有益的作用。

目前，在资本主义三个经济中心之间，美国的相对优势较 1980 年代时期有所增强。就对外贸易而言，1990 年代以来，美国在世界贸易出口总额中所占比重比 1980 年代提高了。1996 年，国际市场上总共成交了价值 5.1 万亿美元的商品和价值 1.2 万亿美元的劳务。美国无论在商品还是劳务出口方面均居世界首位。1996 年，美国的商品出口额为 6248 亿美元，占世界出口的 11.9%，服务业出口额为 2240 亿美元，盈余 734 亿美元，这一盈余抵消了商品贸易逆差 1876 亿美元的大约 40%。现在，美国经济增长的 1/3 依靠出口，同时，1/5 的新就业机会依赖出口解决，而在外贸出口部门工作人员的工资比平均工资约高出 13%—16%。

在对外投资方面，1980 年代初期美国曾经历一段萎缩时期，之后逐渐恢复了元气，尤其是近几年来，美国不仅是吸引外国投资最多的国家，而且在对外投资方面美国也重整旗鼓从日本手中夺回了世界第一投资大国的地位。1990年代以来，全球的外国直接投资的扩张势头持续发展。1989—1996年，世界贸易的年平均增长率为6.2%，几乎比同期世界国内生产总值的年平均增长率3.2%高一倍，但对外直接投资的年平均增长率约为10%，比世界贸易的年平均增长率还高。1996年，外国对外直接投资总额为3490亿美元，其中流入发达国家的资本量为2080亿美元，美国一国吸收的投资就达846亿美元，约占流入发达国家资本总量的2/5。同年美国对外直接投资额为854亿美元，几乎与吸收的资本量相等，比日本的对外直接投资额要大得多。各国跨国公司是对外直接投资和全球经营的主体。1996年，世界各国跨国公司的总数约4400家，跨国公司的分支机构约28万个，这些分支机构的销售总额超过6万亿美元，跨国公司的资产总额则超过了8万亿美元，美国仍然是世界上跨国公司最多，实力最强的国家。1996年，美国500家大公司的利润增长了25.3%，总共盈利将近3000亿美元。同年，美国对外直接投资累计额约为8000亿美元，当年的收益将近900亿美元。

在金融领域，美国的优势也日益显现出来。1980年代后半期和1990年代初，日本的经济实力正处于巅峰时期，当时在世界前10名最大的跨国银行中，日本连续几年囊括了前几名的位置，而昔日辉煌一时的美国最大的银行则勉强地在第六位之后占有一席之地。对此，美国国内和国际金融界的许多人士批评美国的金融体制迫使企业以牺牲长期投资为代价换取短期收益，要求对美国的金融体制实行重大变革。但是1990年代以来美国经济的持续增长及日本经济的呆滞状态，尤其是亚洲金融危机爆发后，多数人改变了看法，他们认为美国金融体制固然有其自身的缺陷，但与日本和亚洲许多国家的金融体制相比，在运作方面要健全得多，风险也小得多。现在，受到金融危机袭击的韩国、泰国、印尼等国在国际货币基金组织的援助下正在摒弃日本式的金融体制，并以美国式的金融体制作为改革的样板，即削弱银行的作用，加强股票和证券市场的作用。同时，改变日本和亚洲一些国家中常见的银行和企业之间交叉持股及优先融资的密切关系。与日本、韩国等亚洲国家不同，在美国金融市场上，股票和债券市场已逐渐取代银行成为企业获得贷款和资金的主要来源；而对日本和亚洲大多数国家来说，银行仍然是企业获得贷款和资金的主要渠道。这样，一旦经济状况恶化，企业倒闭和破产、投资房地产的开发商无力偿还贷款，银行就背上了大量坏账和呆账，无法正常经营自己的借贷业务，接下来必然是一批接着一批的银行和证券机构倒闭，就如人们在这次亚洲金融危机中所看到的一幕幕险恶景象。其实，美国的金融体制也不是完美无瑕的。1980年代末和1990年代初，美国曾发生过储蓄和贷款危机，美国的银行曾为第三世界国家的债务所困扰。当时，一些商业银行正试图突破1930年代制定的不让经营证券、保险和房地产之类业务的束缚，一些储蓄机构也不甘于从事传统的抵押之类的业务，而向风险更高的业务领域扩展。结果随着经济泡沫的破裂，一些储蓄与贷款机构纷纷倒闭，大商业银行也濒临破产的边缘。面对这种形势，刚上任不久的布什总统果断地采纳了财政部长布雷迪提出的解决问题的方案，创立了一个信托公司，接管了倒闭的储蓄和贷款机构，保护了居民的储蓄，并把这些机构及其资产面向市场标价，转卖给私人。对于第三世界国家欠美国商业银行的债款，布什政府促使银行予以划减，剩下的债款则以无息美国国库券作担保，由欠债国购买这些国库券，并实行面向市场的经济政策。布什政府推行的这些措施取得了较好的效果。为实施这一稳定计划，美国政府共支出了 1500 亿美元，清除了银行和房地产业方面积沉的大量经济泡沫，这为 1990 年代美国经济的持续增长创造了有利条件。

与美国的情况相对照，1990 年代初，日本的泡沫经济破裂后，政府始终没有采取断然措施来解决日本的金融体制和泡沫经济破裂后遗留下来的问题，致使日本银行的坏账和呆账规模越来越大，并导致三洋证券、北海道拓植银行和三一证券公司第一批国际知名的机构相继倒闭。据日本官方公布的数字，现在日本银行的不良债权已高达 79 万亿日元（约折合 6000 亿美元）。与 1990 年代初期相比，房地产价格下跌了一半以上，日经股指则从 38000 多点的高位跌至目前的 15000 多点。美国和欧盟都担心日本经济在亚洲金融危机的影响下由呆滞转为衰退将引发世界性的经济危机。1980 年代，许多美国人以惧怕的心情谈论日本将"购买美国"。现在，日本金融界和企业界的许多人士担心美国的金融机构和跨国公司到日本收购已经和濒于倒闭的银行、证券公司和有关企业。

近年来，美国掀起了一股猛烈的企业和银行合并浪潮，除了震惊国际的航空业的两个巨头波音公司和麦道公司合并外，金融界的一些巨鳄也加快了联手合并的速度。1997 年 2 月从事经营和投资银行业务的摩根-斯丹利和迪安-威特以一笔价值 18 亿美元的交易实现了合并；4 月银行家信托公司以 27 亿美元收购了亚历克斯-布朗证券公司；6 月美洲银行公司以 50 亿美元收购了经营证券和债券业务的罗伯逊·斯蒂芬斯公司；8 月国民银行公司以 155 亿美元收购了巴尼特银行；9 月旅行者集团以 90 亿美元收购了经营股票和证券的所罗门兄弟公司；11 月第一联合银行和科斯泰茨金融公司宣布合并，交易价值为 166 亿美元。进入 1998 年，合并的规模进一步扩大。仅 4 月份的 8 天时间内就连续发生了三起令人眼花缭乱的规模巨大的合并，美国有影响的媒体宣称，这些合并行动已经改变了美国银行业的面貌。4月6日第一起令国际金融界震惊的是美国银行业的巨头花旗银行公司与旅行者集团宣布，它们将以一笔价值700亿美元的巨额交易合并，组成世界上最大的金融服务公司。这家新组成的花旗集团的资产将近7000亿美元，两者合并的目标是要建立一种新的金融体制，即把商业银行、投资银行、保险和证券业务融合在同一家银行内经营，而这种经营方式在美国目前的金融体制下仍是不允许的。因此，这次合并如获批准，意味着美国现行的金融体制将发生重大变革。为此，不仅美国金融界，而且国际金融界都在拭目以待这次影响深远的合并是否能取得成功。第二起令国际金融界关注的是4月13日美洲银行公司和国民银行宣布将合并组成资产为5700亿美元的美国最大的商业银行。如该合并方案获得批准，新组成的银行将打破现行的地域限制，成为美国第一家真正的全国性银行，也就是说合并后的美洲银行公司的经营地域可以遍及整个美国大地，因此这项合并的意义也是十分重大的。同日另一起合并事件也吸引了金融界的广泛注意，那就是第一银行公司和芝加哥第一底特律国民银行公司宣布合并，组成美国第五大银行和中西部地区最大的商业银行，合并后的资产总额为2790亿美元。大银行之间的联手合并既节省了人力和经营开支，又增强了经济实力和拓展了新的业务领域，因而扩大了美国大银行在国内和国际金融领域的竞争优势。

从一个新的视角来看，近年来美国的金融优势最突出的不是表现在银行业方面，则是表现在各种类型的投资基金业方面。目前，美国通常的银行存贷款业务盈利并不丰厚。据美国联邦储备委员会估计，在1980年，美国家庭金融资产的90%存放在银行中，到1997年底，这一比例已下降到55%略多一点。与此同时，联合投资基金在美国家庭金融资产中占的比例已由10%左右增加到 44% 以上。在消费信贷总额中，商业银行占的份额仅为 28%，而非银行金融机构占的比重则为 72%。而在商业信贷中银行占的比例也已由 1980 年时的将近一半降至现在的 35% 左右。[①] 1997 年底，美国银行拥有的资产为 4.7 万亿美元，共同基金拥有的资产则为 4.5 万亿美元，到 1998 年 5 月份，共同基金拥有的资产已跃升到 5 万亿美元，从而成为世界上第一个共同基金业规模超过银行业规模的国家。造成美国共同基金业迅速发展的原因是美国股市出现了牛市，股指连年大幅攀升。1990 年，共同基金业只有 1.1 万亿美元的资产，其中股票只占资产的 25%。到 1998 年第一季度，股票的资金在共同基金业的资产中已占 2.4 万亿美元，超过了资产的一半以上。由于新资金的不断涌入和股价上扬，共同基金业的年增长率高达 20%，而银行业的年增长率只有 9%，因而共同基金业的规模在短短十几年的时间内就超过了银行业的规模。美国共同基金业的这种巨大的资金优势是日本和欧洲任何国家都无法与其相比的。[②] 共同基金业作为一个行业的兴起正在使美国金融体系的结构及其同实际经济的互动方式发生变化。美国金融业的一些富有开创思想的人士如曾任里根政府第一位财政部长的罗纳德·里甘和花旗银行公司前董事长沃尔特·里斯顿等早已预见到，美国银行业的未来生存和发展将取决于其提供共同基金和保险等非银行金融服务项目的能力。现在花旗银行公司与旅行者公司正在联手这样做，这项合并如获得成功，将是美国金融业的一次具有里程碑意义的重大变革，其目标是要在经济全球化的激烈竞争中在美国建立一种新的银行制度，使金融服务朝着一种真正的金融服务业的方向发展，让每家大银行都能放开手脚为客户提

---

① 《亿万美元资产的银行》，美国《商业周刊》，1998 年 4 月 27 日。

② 戴维·黑尔：《我们的共同革命》，英国《金融时报》，1998 年 4 月 22 日。

供各式各样及品种齐全的金融产品。

目前的美国经济仍保持着强劲的增长势头。亚洲金融危机爆发后，一些著名的国际经济机构纷纷调低了 1998 年的世界经济增长率，也调低了美国的经济增长率，这些机构以及美国的许多经济界人士普遍预测 1998 年的美国经济增长速度会放慢，年经济增长率约在 2.5%—2.8% 之间。可是 1998 年第一季度的美国经济增长率竟出人意料地达到 4.2%，经过调整后的数字更高达 4.8%，而 1997 年第四季度的经济增长率为 4.3%，不仅经济增速加快，而且通货膨胀率也由 1997 年第四季度的 1.4% 降为 0.9%。1998 年 4 月的失业率也降到了近 30 年来的 4.3% 的最低水平。道·琼斯股指也在这个月突破了 9000 点大关。在股价和房地产价格继续上扬的同时，美国联邦储备委员会没有因担心通货膨胀抬头和经济过热提高银行利率，而是继续维持现行利率不变。随着经济的持续增长，美国经济学界、金融界以及新闻界的部分人士提出了一种名为"新经济"的理论。尽管叫法不完全一样，对"新经济"的含义和解释也不完全雷同，但一致认为今日美国确实存在与以往不同的"新经济"。在美国，一种较为极端的看法认为，"新经济"是指彻底摆脱了商业周期影响的一种新的经济现象，就像美国目前经济中人们所看到的高经济增长与低通货膨胀率和低失业率同时并存的现象，而且这种现象将长期存在下去。另一种较为普遍的看法认为，"新经济"不是反映美国经济不再受商业周期的影响，商业周期仍然存在，但其运营过程和展现形式将与传统的商业周期有较大不同。今年 5 月初，克林顿在一次接受记者采访时说，商业周期没有取消，但技术成就以及全球化的进一步加强可能已经从根本上改变了商业周期，从而抑制了通货膨胀并使经济持续增长。

国内学术界对美国的"新经济"含义也有不同的理解。例如，有的学者认为，80年代以来美国经济在进行了产业和结构调整之后，现已显露出有别于传统经济的新的特点和新的增长形式，被美国经济学家称为"新经济"。在进一步谈到"新经济"与传统经济的本质区别时，作者认为，"就是在实现低通膨与低失业率较长期并存的经济持续增长过程中，高科技的贡献度日益增大，各行业的企业微观经济行为渐趋合理，与全球经济和市场的联系更加密切"。① 也有学者认为，"新经济"是以信息革命和全球化大市场为基础的经济。② 后一种表述比较简洁，也比较符合美国原作者提出"新经济"概念的本来含意。原作者在阐述"新经济"的含义时，主要强调经济全球化与信息技术合作，作者同时指出，"新经济"概念不是指商业周期不再存在和不会再出现经济衰退，当然也不是指通货膨胀永远消亡。③

目前，有关美国"新经济"的含义，国际和国内的学术界正在深入探讨，意见比较分歧。尽管原作者提出"新经济"概念时作了许多说明，但是有些重要问题仍没有完全说清楚。首先，"新经济"既然是依托经济全球化和信息技术革命形成的，那么，这是现阶段美国独有的一种经济现象，还是有关发达国家都会逐渐形成的国际经济现象呢？其次，美国的"新经济"是在一段时间内存在的现象，还是长期稳定存在的现象？一旦发生经济增长滞缓，通货膨胀加剧或失业率大幅上升，"新经济"是否会随之消失？再次，就贸易全球化和经济开放程度来说，英国、德国都不亚于美国，为什么美国的失业率较低，而英国、德

---

① 孙彦：《"新经济"与跨世纪增长》，《国际经贸消息》1998年3月6日第一版。

② 李长久：《如何看待美国"新经济"》，《人民日报》1998年1月23日第七版。

③ 美国《商业周刊》1996年12月30日第一期与1997年11月17日第一期。

国的失业率比较高呢？为什么在美国形成了"新经济"，而英国、德国没有形成"新经济"呢？以上这些问题如不从理论上解释清楚，"新经济"的真正含义是说不清楚的。对于当前的美国经济形势以及美国经济今后几年的发展趋势，学术界的看法也是不一致的。目前，学术界的多数人对美国经济近期发展的看法比较乐观，认为今年的经济增长受亚洲金融危机的影响会逐渐放缓，但通货膨胀率和失业率仍将保持在低位上，银行利率即使有所提高，幅度也不大，对股市不至于产生震撼性的影响，全年的经济增长率将高于 2.5%—2.8% 的一般预测。我们认为，这种估计比较符合实际情况，看来，美国在 2000 年前将继续保持适度的经济增长与低通胀和低失业率并存的基本格局，很有可能成为战后美国经济持续增长时间最长的经济周期。

与此同时，美国学术界也有一些人对当前的美国经济发展的看法比较悲观，有的人认为，1990 年代的美国经济与 1920 年代有许多相似之处。如股市上涨，新技术令人眼花缭乱，无危机周期和"新时代"来临的说法比比皆是。从 1923 年 10 月—1929 年 9 月，股市上涨了 345%，比 1990 年 10 月—1998 年 4 月的 288% 的涨幅还要高。结果在 1929 年的 9 月—11 月道-琼斯股指暴跌了 48%。[1] 还有一种看法，认为美国经济目前与日本 80 年代末的经济状况有着令人担忧的相似之处。具体表现为从政府官员到广大民众，多数人因经济兴旺发达而过于盲目乐观，却忽视了经济中存在的储蓄率低，收入差距大、贸易逆差日益增加和外债居高不下等薄弱环节。[2] 也有人担心美国经济发展过热会出现

---

① 罗伯特·塞缪尔森：《20 年代的阴影》，美国《华盛顿邮报》，1998 年 4 月 22 日。

② 戴维·E. 桑格：《兴旺发达、沾沾自喜的美国与过去的日本如出一辙》，美国《纽约时报》，1998 年 4 月 12 日。

"日本式"的泡沫经济，一旦泡沫破灭美国经济发展将趋缓，欧盟和亚洲国家也会遭到严重打击。①

目前，在对美国经济的评述中，乐观论者的看法占上风，但悲观论者提出的美国经济中的一些薄弱环节也确实是存在的，是值得重视的。从现实情况看，今日美国重蹈1920年代覆辙的可能性是不大的，正因为1990年代美国政府实施的经济政策（包括货币政策、财政政策和税收政策）不同于1920年代美国政府的政策，才保证了1990年代美国经济的持续增长。那种认为当前美国经济与1980年代末日本泡沫经济破灭前的状况如出一辙的看法也是论据不足的。

1990年代以来，美国挽回了1980年代的经济颓势，增强了经济实力，扩大了对欧盟尤其是对日本的经济优势，加强了在世界经济中的主导权。如果说在1980年代日本在经济上曾是美国的主要挑战者，那么在进入21世纪之后，谁又会成为超级经济大国美国的主要竞争对手呢？一年前，国际学术界的许多人都认为21世纪将是亚洲的世纪。亚洲金融危机发生后，一些国家的经济遭到了很大的打击，伤了元气。日本经济至今仍处于衰退的边缘，要走出目前的困境，尚需一段时间，这段时间多长，要看日本政府是否下决心彻底清除泡沫经济破裂遗留下来的问题。但是，亚洲的经济实力不能低估，尤其是日本目前仍是世界第二经济大国，1990年代以来虽一直处于经济呆滞的状态，可是没伤元气，日本至今仍是世界最大的债权国，也是美国的最大债权国，一旦日本的政策调整到位，经济重新启动，将会再次带动亚洲一些国家迅速发展，因此，亚洲尤其是东亚和东南亚地区在克

---

① 《越来越多的人担心美国经济出现的泡沫现象》，《日本经济新闻》，1998年4月27日。

服金融危机所造成的困难后，将很快重新成为世界经济中发展最快和最有活力的地区。当然，从目前的情况看，在新世纪开始时，日本和亚洲在经济上成为美国主要竞争对手的时间推迟了。

在人类即将进入 21 世纪时，各国政界和学术界的愈来愈多的人士认为，日益扩大的欧盟将在经济上取代日本成为美国的主要挑战者。美国耶鲁大学管理学院院长、美国前商务部副部长杰弗里·加滕认为，"欧洲即将建成一个使用单一货币——欧元的联盟，这将是全球经济的一个最重大的变化，这种变化将持续到下个世纪。这一事件将比人们可以想像得到的任何其他经济事件——如日本作为一个经济强国的重新崛起，或北美自由贸易区扩展到整个南美洲——所产生的影响都要大。这一事件将对美国的经济超级大国地位构成严重挑战"。① 加滕预言，欧元将使欧洲成为一个超级大国。美国前国务卿基辛格在题为《美国将为欧元付出什么代价》一文中也认为，"如果欧洲经济与货币联盟获得成功，它的货币欧元将会是坚挺的，即使这仅仅是因为，要是不坚挺的话，它就无法使得对通货膨胀过敏的德国留在这个联盟之内。而坚挺的欧元将代表一个人口、国民生产总值和对外贸易堪与美国相比的政治实体。因此，它肯定成为大部分国家的第二大储备货币，或许它甚至会成为一种可供选择的商品标价的方法"。②

克林顿总统最近表示，欧洲政治和经济统一的总趋势是一个积极的趋势。"美国一直支持这个趋势，我本人一直大力支持这个趋势。"但是对欧洲经济和货币联盟前景持悲观看法的在美国和欧洲都大有人在。原里根总统经济顾问委员会主席，现为哈佛大学

---

① 杰弗里·加滕：《欧元将使欧洲成为一个超级大国》，美国《商业周刊》，1998年5月4日第一期。

② 亨利·基辛格：《美国将为欧元付出什么代价》，英国《每日电讯报》，1998年5月7日。

经济学教授马丁·费尔德斯坦认为，"欧洲各国政府寻求建立货币联盟的真正原因是政治而不是经济。欧元将使欧洲逐渐演变成一个政治联盟，一个欧罗巴合众国"。费尔德斯坦担心，"货币联盟可能制造和加剧欧洲的政治冲突和经济动荡，并在失业和通货膨胀方面产生负面影响"。[①] 欧盟单一货币创始人之一、欧盟委员会前主席雅克·德洛尔在接受法国《回声报》记者采访时，回答了欧元和欧洲有没有失败的危险问题。他认为，"对欧元来说有两种危险：一种是来自政府蛊惑人心的表现。……另一种危险是欧洲国家，尤其是大国在建设政治屋顶时意见不和"。在德洛尔看来，欧盟不可避免地面临对政治欧洲的真正考验。[②]

欧盟能不能在新世纪头 20 年内在经济上真正成为超级大国美国的有力挑战者，主要看欧元正式启动后能否有效地运作。而要做到这一点，欧盟各成员国必须实行结构改革，在货币、财政、税率、劳动就业等经济政策方面进行全面的协调。这不是一件轻易能做到的事。现在欧洲大陆有 1800 万失业者，许多欧盟成员国的失业率都达到了两位数，如果欧元启动后不能迅速解决失业问题，那么欧洲经济和货币联盟的前进道路就十分艰难。另外，即使欧元启动后一切较顺利，那也需要一定的时间才能真正在经济上成为美国的主要竞争对手，使欧元逐步发挥削弱美元作为世界贸易和投资的主要货币的作用。21 世纪是否能成为欧洲恢复昔日世界政治和经济中心地位的世纪还是一个未知数，总的来看，欧洲经济和政治一体化的进程会继续进行下去，但前进的道路上障碍重重。到目前为止，欧盟 15 个成员国中只有 11 个国

---

① 马丁·费尔德斯坦：《货币联盟可能会在欧洲引发冲突》，美国《国际先驱论坛报》，1998 年 5 月 8 日。

② 法国《回声报》，1998 年 5 月 5 日。

家搭乘欧元头班车，英国等其他 4 个成员国把加入欧洲货币联盟的时间推迟到了 2002 年。这表明欧洲经济和政治一体化的发展还存在一些不确定的因素。虽然现在欧盟 15 个成员国加在一起，人口总数超过了美国，国内生产总值与美国大致相等，对外贸易总额比美国大，但在整体经济实力和综合国力方面仍不及美国，尤其是在现代信息产业和高技术领域的发展方面仍落后于美国。法国前总理埃迪特·克勒松夫人最近在谈及欧洲与美国在技术方面的差距时指出，新技术如今已成为美国经济活动的主要动力之一。近四年来，美国新增加的 1000 万个就业机会中，有 2/3 是新技术企业报告的。在美国，如今有 430 万人从事的职业与信息技术有关。欧洲与美国之间在生物技术上的差距也越来越大，在生物技术方面，美国的从业人员高达 108000 人，而欧洲仅为 17200 人，在科研基金方面，欧盟委员会提出的新年度的科研预算为 163 亿欧洲货币单位，而美国政府今年提供的科研基金为 290 亿美元，比欧盟的科研预算要高得多。据美国商务部近期公布的材料，美国信息技术业的增长比总体经济要快一倍。今天，美国经济增长的约 30% 来自高技术部门，信息技术产业已超过传统的汽车业成为目前美国最大的产业。说到底，正是以信息技术产业为核心的高技术产业推动了 1990 年代美国经济的持续增长。从目前的发展形势来看，日本和欧洲在高新技术方面与美国的差距不是在缩小，而是在扩大。因此，可以预期，在 21 世纪的前 20 年，美国的超级大国的地位还不会动摇，世界政治和经济中一超多强的格局还不会发生大的变化，在经济方面，美国还不会遇到真正动摇其地位的有力挑战者。

（选自"全国美国经济学会第六届年会论文"，1998 年 7 月）

实行对外经济开放的内外依据[*]

　　党的十一届三中全会以来，我国的世界经济研究工作获得了前所未有的迅速发展。随着全党的工作重点转移到社会主义现代化建设上来，如何结合我国的经济建设实际，有针对性地研究世界各类国家的建设经验和教训，就显得更加迫切。党中央分析和总结了我国和其他国家社会主义建设正反两方面的经验，正确地制定了对内搞活经济，对外实行经济开放的方针，这对保证我国整个经济体制改革的顺利实施和建设有中国特色的社会主义，具有十分重要的意义。

　　邓小平说："我们在制定对内经济搞活这个方针的同时，还提出对外经济开放。我们总结了历史经验，中国长期处于停滞和落后状态的一个重要因素是闭关自守。经验证明，关起门来搞建设是不能成功的，中国的发展离不开世界。"[①]

　　我国实行对外开放的理论依据是什么？在现阶段的世界经济体系中我国应以什么为立足点参与国际分工和开拓世界市场？科

---

　　* 本文是作者与滕维藻合著。

　　① 邓小平：《建设有中国特色的社会主义》，第50页。

学地阐明这些问题，不仅有重要的理论意义，而且有直接指导我国现代化建设的实践意义。

一　实行对外开放是经济生活国际化的客观要求

近代和现代的历史发展进程证明，随着社会生产力的迅速发展，随着世界市场和世界经济的形成和发展，生产社会化日益越出国界并获得了国际化的形式，经济生活国际化的趋势日益加强。马克思和恩格斯还在1840年代就指出：“资产阶级，由于开拓了世界市场，使一切国家的生产和消费成为世界性的了。”① 斯大林也曾说过：“资本主义的发展早在前一世纪就呈现出一种趋向：生产方式和交换方式国际化，民族闭关自守状态消灭，各民族在经济上接近，广大领土逐渐联合成为一个相互联系的整体。”② 19世纪末和20世纪初，资本主义发展到了垄断资本主义阶段，金融资本的统治扩展到了世界每一个地区和每一个角落，资本主义已发展成为一个囊括广大殖民地、附属国在内的殖民压迫和金融扼制的世界体系，这样，由资本主义生产方式占完全统治地位的世界经济体系最终形成。第一次世界大战前，人们所说的世界经济实际上就是世界资本主义经济，因为当时还不存在任何一个社会主义国家，世界资本主义经济体系在当时是囊括全世界范围的统一的无所不包的世界经济体系。与此相适应，资本主义生产关系和国际经济关系构成了这一时期世界经济的主体，资本主义经济规律在整个世界经济范围内起作用。

---

① 马克思、恩格斯：《共产党宣言》，第27页。
② 《斯大林全集》，第5卷，第149页。

　　第一次世界大战后，世界上出现了第一个社会主义国家苏联。从此，世界经济就不再是世界资本主义经济的同义词，因为这时的世界经济除了包括原先已经存在的世界资本主义经济体系外，还包括新出现的社会主义经济体系。尽管社会主义经济体系在整个世界经济体系中所占的比重还不大，但是，世界经济的性质、内容和结构都发生了重大变化。与此同时，国际经济关系在性质、内容和结构方面也发生了重大变化。这时，在世界经济中，除了资本主义经济规律仍在广阔的范围内起作用外，社会主义经济规律也开始在一定范围内起作用。这一时期的国际经济关系除了大量反映资本主义国家之间，以及帝国主义国家和殖民地、附属国之间的关系外，已开始反映资本主义生产关系占统治地位的国家和社会主义国家的关系。

　　由统一的无所不包的世界资本主义经济体系向资本主义和社会主义两种不同经济体系同时并存的世界经济体系的转变，标志着世界经济开始进入一个过渡的历史时代，即进入一个由两种对立的经济体系并存，以及社会主义经济体系逐步壮大和发展成为世界经济体系，并逐步取代世界资本主义经济体系的漫长的历史时期。

　　正如人们所看到的，第二次世界大战后，世界政治和世界经济的格局发生了急剧变化。随着中国和欧亚一系列国家脱离了世界资本主义经济体系，走上了社会主义发展道路，社会主义经济体系开始由一国向世界范围发展，并初步形成了一个世界性的社会主义经济体系。社会主义经济规律的作用范围迅速扩大，反之，资本主义的阵地进一步缩小，资本主义经济体系在世界经济中所占的地位明显下降。在此同时，大批殖民地和附属国挣脱了帝国主义的殖民锁链，取得了政治独立，成为发展中国家。殖民主义体系的瓦解，对帝国主义来说当然也是一个沉重的打击。这样，战后的世界经济虽然仍处在过渡时代，但它的格局却发生了新的变化，在世界经济体系中各种经济力量出现了新的组合，不同社会经济制度和各类国家之间的国际经济关系也变得更加错综复杂。在这一历史时期的各种国际经济关系中，社会主义国家之间，以及社会主义国家与发展中国家之间的国际经济关系性质，当然不同于资本主义国家之间，以及资本主义国家与发展中国家之间的国际经济关系性质。这样，当代世界经济就成为由资本主义、社会主义两种不同社会经济制度，以及资本主义、社会主义和发展中国家这三类国家通过国际分工和世界市场联结而成的一个矛盾统一的世界体系。

战后世界经济的发展，以及生产和资本的日益国际化既促进了生产的发展，又扩大了市场的需要，并使各类国家特别是资本主义发达国家在生产、流通、消费、分配各个领域内的相互联系愈来愈密切。在资本主义国家之间，资本、商品、劳务和劳动力的国际流动规模急剧扩大，生产的国际专业化和协作迅速发展，国际分工进一步加深，对世界市场的依赖程度明显增强，而上述发展过程又集中表现为资本主义各国再生产过程日益紧密交织，表现为这些国家在经济上的相互依赖程度日益加强。从 1950 年代至 1970 年代初，资本主义国家的经济曾经历了一段长达 20 年左右的比较迅速的发展时期，尽管在这段时期内，资本主义国家的经济发展曾几次为经济危机所打断，但包括美国在内的大多数资本主义国家的经济增长速度在资本主义发展史上是罕见的，它们的国民生产总值、工业生产、对外贸易和对外投资都获得了前所未有的发展。

从 1961—1973 年，资本主义发达国家的国内生产总值的年平均增长率为 5%，它们的工业生产总值的年平均增长率则为 5.6%。这不仅远远超过了战前的年平均增长率，而且也超过了

1890—1913 年这段历史时期的较高的年平均增长率。1970 年，就资本主义发达国家的国内生产总值而言，美国已达 13611 亿美元，日本则从 1950 年代初的几百亿美元增加到 3932 亿美元，西德也迅速增加到 3795 亿美元。

在生产获得迅速发展的基础上，战后资本主义发达国家的对外贸易也发展得十分迅速。从 1950 年代中期到 1973 年，美国、欧洲经济共同体国家和日本的出口贸易量的年平均增长率分别达到 6%、8.8% 和 14.9%。世界贸易在这一时期的年平均增长率高达 8%，这样高的增长率主要是由于资本主义发达国家之间的贸易迅速增长的结果。

同一时期，资本主义发达国家的资本输出规模也急剧扩大。1945 年，资本主义国家的资本输出总额为 510 亿美元，比 1914 年几个主要资本主义国家的资本输出总额稍有增长。在两次世界大战之间的三十多年内，资本主义发达国家的资本输出总额的年平均增长率连 1% 都不到。而从 1945 年到 1970 年代初，资本主义发达国家的资本输出额则从 510 亿美元猛增到 5000 亿美元左右，1973 年，这些国家跨国公司的对外直接投资总额已达 2872 亿美元。

世界贸易量的迅速增长和国际投资的迅猛增加，以及国际经济联系的日益密切，正是生产国际化和经济生活国际化趋势加强的表现，生产国际化趋势的加强特别明显地表现在以下几个方面：

1. 世界各国之间，尤其是资本主义发达国家之间（如欧洲经济共同体各国）的社会再生产过程的相互交织愈来愈密切。此外，跨国公司内部的分工愈来愈细，生产专业化程度愈来愈高。生产过程和生产活动愈来愈跨越国界而具有国际性。跨国公司的所谓国际生产就是在现代国际分工愈来愈发展的基础上形成和发展起来的。跨国公司的国际生产不仅影响资本主义世界的经济结构和市场结构，而且影响各国的社会资本再生产过程，从而加强了各国经济的相互依存，加深了国际分工。

2. 各国的进出口贸易额在国民生产总值中所占的比重呈现增长的趋势。1970 年，美国、西德、英国、意大利、法国、加拿大和日本的出口额在国民生产总值中占的比重分别为 4.3%、18.5%、15.8%、14.2%、12.8%、19.6%、9.5%，到 1980 年分别增为 8.2%、23.5%、22.1%、19.7%、17.7%、26.1%、12.5%。同一时期，这几个国家的出口额在物质生产中所占的比重分别由 14.3%、43.3%、50.4%、41.8%、30.6%、70.5%、22.1%，增加到 28.9%、65.6%、78.3%、55.1%、57.1%、87.6%、36.1%。1983 年，美国的出口额在国民生产总值中的比重曾降为 5.9%，而且与其他主要资本主义国家相比，美国的外贸在国民生产总值中所占的比重要小得多，但是，这决不表明外贸对美国国民经济的影响和作用不大，比重较小主要是因为美国有巨大的国内市场。此外，比重虽小，但绝对额却比任何一个资本主义发达国家的外贸额要大。1983 年，美国的出口贸易总额超过了 4500 亿美元。美国的出口额在世界出口总额中占的比重约为13%，占世界各国的首位，美国的出口占国内商品生产的 25% 和农产品的 25%。在制造业中，大约每 8 个职工中就有一个是为出口工作的。可见，对外贸易对美国经济发展有着极其重要的作用。

1984 年，世界贸易总额创下了 19550 亿美元的新纪录，战争结束后仅仅 40 年时间，世界贸易总额就达到如此大的数额，这在战后初期是没有预料到的。

3. 对外投资特别是对外直接投资增长迅速。1960 年，资本主义发达国家的对外直接投资总额为 660 亿美元，到 1980 年已增加到 4975 亿美元，其中美国的对外直接投资由 328 亿美元增为 2156 亿美元，英国由 108 亿美元增为 742 亿美元。在主要资本主义国家中，日本和西德的对外直接投资的增长速度最快，在此时期内，日本的对外直接投资由 5 亿美元猛增到 371 亿美元，西德则由 8 亿美元增加到 376 亿美元。而资本主义发达国家的对外直接投资约有 90% 是由跨国公司进行的。根据联合国跨国公司中心公布的材料，1980 年，350 家西方最大的跨国公司在国外的分、子公司就达 25000 多家，销售额达 26350 亿美元，相当于资本主义世界各国当年国民生产总值的 28%，这个数额比同年美国的国民生产总值都要大。此外，跨国公司的国外销售额在公司的销售总额中所占的比重日趋增大，1970 年已占 30% 左右，1980 年这一比重又进一步扩大为 40%。资本主义发达国家经济的上述发展趋势，不仅意味着资本主义发达国家之间的生产合作、多边贸易、相互投资等在战后时期获得了迅速增长，而且也意味着资本主义发达国家与发展中国家及社会主义国家之间的经济交往和经济联系，比人们预期的要密切得多。

在上述时期，发展中国家和社会主义国家的经济增长速度比资本主义发达国家要快，以 1963—1982 年各种类型国家在世界制造业增值价值中所占的比重来看（按 1975 年不变价格计算），发展中国家所占的比重由 1963 年的 8.1% 增加到 1982 年的 11%，苏联、东欧国家所占的比重由 14.6% 增加到 25%，而资本主义发达国家所占的比重则由 77.3% 降为 64%。虽然，资本主义发达国家的比重下降了，但在世界工业生产方面仍占主导地位。在世界贸易方面情况大致也是如此。总的说来，在这段时期内，随着生产力的迅速发展，各类国家的经济都获得了很大发展，世界生产量大大增长，世界贸易的增长速度比世界生产更快，在生产、贸易、投资迅速增长的基础上，各类国家内部，以及它们相互之间的经济联系日益密切，各国经济与世界经济的联系也日益紧密。

战后的世界经济发展进程表明，当代垄断资本主义仍然具有停滞和腐朽的趋向，因而阻碍生产和技术的发展，但是，它不可能长期排除社会生产力的发展，不可能长期阻碍由生产力的迅速发展和科学技术革命所加强的生产国际化和经济生活国际化的客观发展进程，因而不可能长期阻碍不同社会经济制度国家之间和各类国家之间日益扩大和日益加强的国际经济联系。发展势头愈来愈强的生产和经济生活国际化已将所有国家，不论是资本主义国家、发展中国家，还是社会主义国家都卷入了世界经济联系的密网之中，现在，世界上任何一个国家，即使是幅员最广阔、资源最丰富、经济实力最强大的国家都不可能置身于世界经济的联系之外，关起门来搞经济建设。每个国家都必须适应社会生产力发展的客观要求，适应生产国际化和经济生活国际化趋势日益加强的客观要求，大力发展商品生产和商品交换，对外实行经济开放。闭关锁国的政策是完全违背客观经济规律要求的。它只能使本国同一个客观存在的开放的世界经济隔绝开来，并将自己置于国际分工和统一的世界市场之外。因此，每个国家实行对外经济开放是现代生产力发展和经济生活国际化的客观要求。

二 大力发展商品经济是实行对外经济 开放的内部依据

我们说，每个国家应该适应经济生活国际化的客观要求，实行对外经济开放，这只是讲了问题的一个方面。近一个时期，报刊上登载了相当数量的论述我国实行对外开放的客观依据的文章。有的人说，经济生活国际化是对外开放的客观依据；也有的人说国际分工是对外开放的客观依据；还有的人认为，生产、市场、技术、资金、人才流动乃至信息等多层次国际化的发展对所有国家和地区都提出了开放的需求。上述提法确实反映了战后世界经济发展的实际，虽然提出问题的角度不尽相同，但意思是差不多的，如经济生活国际化当然可以理解成包括生产、交换、分配、消费等各种因素在内的国际化，因此，这是一种最概括的表述方式。许多人认为日益加强的经济生活国际化是各国实行对外开放的客观依据，这种提法无疑是正确的。但是如果我们仅仅把问题的分析停留在这一点上，那么从理论上来说还是不完善的，因为人们会说，经济生活日趋国际化的过程早就开始，而在战前，殖民地和附属国是根本谈不上实行真正的对外经济开放的。因此，我们还需要深入一步分析，一个国家要真正有效地实行对外经济开放，除了经济生活日益国际化的客观要求外，还应具备哪些内部条件。以我们国家为例，解放前的旧中国是一个半封建半殖民地的国家，鸦片战争后帝国主义国家用军舰、枪炮打开了中国的大门，在中国划分势力范围，接着外国的商品如潮水似的涌入中国市场，扼制了我国民族工业的发展，这种丧权辱国的所谓门户开放当然谈不上是真正的对外开放。新中国成立后，我们成了主权国家，这才真正有可能实行对外开放。在第一个五年计划期间，我们的对外经济开放主要是对苏联、东欧国家。当时不是我们不愿意与资本主义发达国家进行经济交往，而是帝国主义对我们实行经济封锁，搞禁运。之后，我们由于受到两个超级大国的歧视和压制，同时在内部受到"左"的指导思想的影响，因而在搞社会主义建设时过分强调了自力更生，实际上我们走的是一条闭关锁国的发展经济道路。正如邓小平所指出的："中国在历史上落后，就是因为闭关自守。建国以后，人家封锁我们，在某种程度上我们也还是闭关自守，这给我们带来了一些困难。还有一些'左'的政策，给我们带来了一些灾难，特别是'文化大革命'。总之，三十几年的经验是，关起门来搞建设是不行的，发展不起来。"① 十一届三中全会以来，党中央把对外开放作为加快社会主义现代化建设的一项长期的基本国策和战略措施，其理论依据是什么？物质基础是什么？我们认为，要真正有成效地实行对外经济开放，首先要解决对社会主义经济的认识问题，承认建立在公有制基础上的社会主义经济仍具有商品经济的属性，必须大力发展商品生产和商品流通。事实上只有建立起发达的商品经济，对外开放才能有坚实的物质基础。然而，在相当长的一段时期内，人们曾形成了一种把计划经济同商品经济对立起来的传统观念，在这种观念影响下，人们又把商品经济与资本主义等同起来，这种概念上的混乱在理论上直接导致否认在社会主义社会中仍然还存在商品经济，而在实践中则造成限制商品生产和商品流通的发展，因为有的人害怕鼓励发展商品经济会使社会主义社会倒退到资本主义社会。《中共中央关于经济体制改革的决定》突破了把计划经济与商品经济对立起来的传统观念，明确指出："社会主义计划经济必须自觉依据和运用价值规律，是在公有制基础上的有计划的商品经济。商品经济的充分发展，是社会经济发展不可逾越的阶段，是实现我国经济现代化的必要条件。"② 资本主义生产是商品生产的最高形式，资本主义经济则是发达的商品经济，在资本主义社会中，一切都采取商品形式，为市场而生产，连劳动力也作为商品买卖，发达的商品经济是资本主义国家对外实行开放的物质基础，也是资本主义国家参与国际分工，与各国建立经济联系的最重要的纽带。

在社会主义社会中，劳动力已经不再作为商品买卖，土地、

---

① 邓小平：《建设有中国特色的社会主义》，第37页。
② 《中共中央关于经济体制改革的决定》，第17页。

矿藏、河流等一般也不作为买卖对象了，与资本主义社会相比，商品生产和商品流通的范围确实受到一定的限制，价值规律的作用范围当然也随之缩小了，但是在社会主义社会，社会经济活动的绝大部分仍然是通过商品货币关系进行的。因而，社会主义生产仍然是商品生产，社会主义经济仍然是商品经济。我国现阶段的商品生产和商品流通还发展得很不充分，只有在我国建立起发达的商品经济，我国的社会主义现代化建设任务才能实现，对内搞活经济，对外实行开放才能有可靠的物质保证。社会主义社会不可能建立在自然经济和半自然经济的基础上，只能建立在发达的商品经济基础上，建立在社会化大生产的基础上。因为只有大力发展商品生产和商品交换，才能为国内市场提供数量充裕、质量可靠和丰富多彩的各式商品，使经济真正搞活；也才能有大量商品和资金去开拓国际市场，并有能力进口我们所需要的各种商品和引进更多的资金、设备和技术，从而真正做到对外开放。如果在整个国民经济中自然经济或半自然经济的比重很大，商品生产和商品交换不发达，就根本谈不上实现社会主义的经济现代化。

这几年来，我国的商品生产和商品流通获得了很大发展。以我国的对外贸易为例，出口额从 1978 年的 97 亿美元增加到 1984 年的 259.6 亿美元，增长了 1.7 倍。短短几年我国出口额在世界出口额中占的比重从 0.9% 增为 1.4%。出口在国民收入总额中占的比例也由 5.6% 增为 9.6%。与此同时，我国的进口额增长得也很快，1978 年为 109 亿美元，到 1984 年已增加到 276.7 亿美元，在世界进口总额中所占的比例也相应地由 0.8% 增为 1.3%。1984 年，我国的外贸额创下了 536 亿美元的新纪录。当然，目前我国的外贸额占世界贸易额的比例还很小，与我们这样一个大国还不相称，但是，大家都看到，对外贸易对促进我国经济发展的重要意义正在日益增长。据统计，我国平均每出口 1 亿元，就能为 12000 人提供劳动就业的机会，国家可获税利 3500 万元。

在利用外资和引进先进技术方面，这几年也初步打开了局面。资金不足是我国经济发展中的突出困难，如何吸收外资来弥补不足，是一项十分艰巨的任务。到 1984 年 12 月，全国公司、企业与国外及香港地区投资者签订的合同总数为 3605 个，协议投资金额为 86 亿多美元，实际使用的外资为 40 亿美元，与外商签订的合同中，合作经营项目占的比例最大，共计为 1600 多个，协议投资金额为 36.39 亿美元；合作开发海洋石油的合同数虽只有 30 多个，但协议投资额却达到 24 亿多美元；合资经营的合同数额近 700 个，协议投资金额约为 10 亿美元；补偿贸易的合同将近 1200 个，协议投资金额为 8.65 亿美元；外商独资经营的合同数约为 70 个，协议投资金额为 4 亿多美元。整个来看，外资在我国投资总额中所占的比例还不大，但是，通过利用外资，我们已兴办了一些重要建设项目，并改造了上千个中小企业。这对促进我国的商品经济发展，提高现有企业的技术水平和经营管理水平，增强我国在国际市场上的竞争能力都起了有益的作用。

各国的经验充分证明，一个国家的生产力水平愈高，它的商品经济愈发达，对外开放的优势也愈大，与世界各国的经济贸易联系也越广泛。在当前的世界生产、世界贸易、国际投资、技术转让等方面占有相当优势和主导地位的美国、日本和西欧的一些资本主义发达国家，都是商品经济高度发达的国家。相反，一些商品经济不发达的发展中国家，在上述各个方面都处于劣势，经济应变能力也很弱。很明显，对于中国这样一个发展中的社会主义大国来说，要使自己的对外开放政策取得预期的成效，就一定要利用本国的广大国内市场和资源丰富等优势，大力发展商品生产和商品流通。尽快地建立起发达的社会主义商品经济，不仅使生产出来的商品能销售于国内市场，而且能逐步打入国际市场，同资本主义发达国家的商品展开有力的竞争，这样我们的对外开放才会有真正可靠的物质保证。我们说，我国的对外开放政策是一项长期不变的基本国策，这是有理论依据的，因为我们为了实现社会主义现代化建设，就必须全力发展商品生产，建立发达的社会主义商品经济，舍此没有其他途径。只要我们发展商品经济和实现社会主义现代化建设的总目标不变，我国对内搞活经济和对外实行经济开放的方针就不会变。可见，在经济生活日趋国际化的条件下，只有政治上取得独立的主权国家才能真正实行对外开放政策，而要使对外开放真正能促进本国经济的发展，就必须全力发展商品经济。因此，从根本上讲，确认建立在公有制基础上的社会主义经济是有计划的商品经济的理论是我国实行对外开放政策的理论依据，也是我国积极参与国际分工和开拓国际市场的立足点。

（原载《世界经济》1985 年第 5 期）

中国的对外开放与跨国公司

中国的经济改革及其所提供的新鲜经验正在引起世界各国的普遍关注，无论是经济发达的国家，还是发展中国家；无论是社会主义国家，还是资本主义国家，对于中国经济改革的理论和实践都表现出愈来愈浓厚的兴趣。中国社会主义现代化建设的最引人注目的特点之一，就是既坚持社会主义方向，又不沿袭传统的社会主义经济建设的模式。中国的目标是要结合本国的具体国情，建设有中国特色的社会主义。

这几年来，中国在努力建立适应有计划商品经济要求的新的经济体制的同时，在对外经济关系方面，也开始由原来的封闭半封闭型经济转向积极利用国际交换的开放型经济，中国与世界各国的经济贸易和技术交流获得迅速发展，中国在世界经济中的地位、作用和影响明显加强。

实行对外开放是中国的长期基本方针

当今世界是个开放的世界，在当代世界经济的发展过程中，虽然存在着各种各样的矛盾，但是随着科学技术革命的全面展开，随着生产国际化和经济生活国际化趋势的日益加强，各国之间的经济联系和相互依存关系已变得愈来愈密切。现在，无论是资本主义国家、发展中国家，还是社会主义国家，都已被愈来愈深地卷入世界经济联系的密网之中。任何一个国家，即使是幅员辽阔、资源丰富、经济实力雄厚和科学技术高度发达的国家，也不能置身于国际经济的密切联系之外，关起门来搞本国建设。每个国家不论其社会制度如何，都必须适应经济生活国际化趋势加强的客观要求，面向世界，实行对外经济开放。从理论上来说，对外开放也是中国适应国内发展商品经济的需要。因为社会主义中国的对内对外经济活动，绝大部分仍然是通过商品货币关系进行的，所以只有建立起发达的商品经济，对内搞活、对外开放才能有可靠的物质保证。各国的经验充分证明，一个国家的生产力水平愈高，商品经济愈发达，它的对外开放的优势就愈大，它与世界各国的经济贸易和技术联系就愈广泛，吸收他人之长，补己之短的能力就愈强。中国是个发展中的社会主义大国，尽管资源十分丰富，经济潜力很大，但目前的科学技术水平与发达国家相比还有较大的差距，商品经济还不发达。社会主义现代化建设需要大量资金，而资金不足正是当前中国经济建设中的一个突出问题，如何有效地吸收外资来弥补不足，并在引进适用的先进技术方面打开局面，这是一项十分艰巨的任务。

大家都知道，在相当一段时期内，由于当时所处的严峻的国际环境，以及受到"左"的指导思想的影响，中国在搞社会主义建设时过分强调自力更生，并把发展商品经济同资本主义等同起来，因此，实际上在相当程度上走了一段闭关锁国发展经济的弯路。中国共产党十一届三中全会总结了这段历史经验，并正式把对外开放作为加快社会主义现代化建设的一项长期不变的基本方针确定下来，这是有战略意义的转变，它标志着中国的对外经济关系揭开了崭新的一页。正如邓小平指出的："我们在制定对内经济搞活这个方针的同时，还提出对外经济开放。我们总结了历史经验，中国长期处于停滞和落后状态的一个重要因素是闭关自守。经验证明，关起门来搞建设是不能成功的，中国的发展离不开世界"。①

1979 年以来，中国在对外开放政策上采取了一系列重要步骤，对外经济联系迅速扩大，尤其在利用外资和引进技术方面有较大的进展，与外资合作的方式和种类也有新的突破。最引人注目的是，我国对外开放的步子迈得较大，继 1979 年兴办深圳、厦门、汕头、珠海四个经济特区后，1984 年 5 月又开放大连、秦皇岛、天津、烟台、青岛、连云港、南通、上海、宁波、温州、福州、广州、湛江、北海等十四个沿海港口城市，同时，宣布开放海南岛。1985 年初，长江、珠江三角洲和闽南三角地区又被开辟为沿海经济开放区。我国沿海地带的投资环境较好，投资条件优惠，对外资有较大的吸引力。我们重点开放沿海地带，是为了充分发挥这些城市和地区工业基础较好，交通较方便，信息较灵通，技术和管理水平较高，商品经济较发达的优势，更多地吸收外国投资，引进先进技术，使沿海开放地带面向世界市场，积极发展并逐步转入外向型经济，为我国的现代化建设创造更多的外汇，并有效地发挥外引内联的作用。

此外，我国吸收外资的方式比较灵活，合作形式多种多样，包括允许外国厂商在中国独资办企业。在合营企业中外国厂商的股权比例不受限制，低的可占 25%，高的可超过 50%，具体的股权比例由中外合作者根据企业发展的要求和需要商谈确定。所有这些措施在国外引起了良好的反应，许多外国厂商包括一些跨

①　邓小平：《建设有中国特色的社会主义》，第 50 页。

国公司已经进一步看到，我国对外开放政策的稳定性和在中国投资的有利条件，正采取积极步骤加强同中国的经济技术合作。从实行对外开放到现在，我国的对外贸易额及利用外资和引进技术的规模迅速扩大。据统计，1984年，我国的进出口贸易总额约达500亿美元，比1978年增长了一倍多。在"六五"期间，进出口贸易总额合计为2300亿美元，与"五五"期间相比，增加了一倍。在利用外资方面，截至1985年年底，通过各种形式使用的国外贷款达103亿美元，外商直接投资的实际数额为53亿美元。1980年，我国批准的中外合资经营企业仅为20个，到1986年6月，中国批准举办的中外合资企业已增至2645个，中外合作经营企业为4075个，外商独资企业130个，海洋石油合作开发项目30多个，补偿贸易约2000个。同一时期，从国外引进技术的成交额也由几亿美元增至几十亿美元。就最近几年外国厂商在我国的投资情况看，1984年以后的投资数额比前几年要大得多，今后几年，随着我国投资环境的改善和经济立法的完善，外国厂商在中国的投资额将进一步增加，投资规模也将随之迅速扩大。

中国的对外开放是全方位的，既对社会主义国家开放，也对资本主义国家和发展中国家开放，我们既欢迎各国的中、小企业来投资，也欢迎跨国公司来投资，一般说来，跨国公司在资金、技术、管理和销售等方面都拥有优势，只要在平等互利的基础上进行合作，我们是欢迎的。现在，已有一批世界闻名的跨国公司来中国投资，但总的说来，投资规模还不大。有些跨国公司对中国的广阔市场和丰富资源兴趣日增，已经由观望转向采取行动。由于中国的对外开放起步晚，放手利用外资只有短短几年的历史，因此从总体上看，我国对外资的利用只是刚刚拉开序幕，高潮还未真正到来。

中国实行对外开放的国际经济环境和跨国公司
在中国现代化建设中的作用

1980 年代初，当中国实行对外开放政策时，资本主义发达国家正面临战后最深刻和最严重的经济危机的袭击，而这场危机的最大受害者则是广大的发展中国家。在危机期间，美元汇价大幅度提高，实际利率扶摇直上，初级产品价格下跌，贸易保护主义盛行，油价从 1981 年起虽开始回跌，但仍保持在较高的水平上。尤为严重的是，当许多发展中国家因外债增加和贸易条件恶化，急需吸引外资来弥补国际收支逆差时，西方跨国公司和跨国银行却减少了对这些国家的投资和贷款，这样就加重了发展中国家的经济困难，削弱了它们的偿债能力，结果在 1982 年发展中国家的"债务危机"终于以极为尖锐的形式表现出来。从 1983 年起，资本主义国家走出危机，经济开始回升。但是广大发展中国家的经济处境仍十分困难。1985 年，发展中国家的出口增长率连 1% 都不到，资本输入处于停顿状态，银行贷款则从 1984 年的 140 亿美元减少到 1985 年的 30 亿美元。到 1985 年年底，发展中国家的外债总额已接近 1 万亿美元。在当前的国际经济环境不利于发展中国家吸收外国投资的情况下，许多外国厂商和一些跨国公司却接踵前来中国进行投资，这表明，愈来愈多的外国跨国公司和厂商对中国的经济改革和对外开放充满信心，也表明中国经济的稳定增长和需求旺盛的广阔市场对外国投资者产生了愈来愈大的吸引力。

有人说，跨国公司是以获取垄断高额利润为目标的，不少发展中国家在同它们打交道时吃了亏，中国应引以为戒。确实，发展中国家应该知己知彼，提高自己同跨国公司打交道的能力，否则是难免要吃亏的。不过，不能因为跨国公司以高额利润为目标就不同它们打交道。跨国公司的存在是一个客观现实。跨国公司的直接投资活动对发展中国家经济究竟会产生积极后果，还是会带来消极影响，主要看接受投资的发展中国家能否有效地利用跨国公司的资金。为了同跨国公司进行合作，必须加强对跨国公司经营活动特点的研究，并采取正确、合理的政策，只有这样，发展中国家在同跨国公司打交道时，才能处于比较主动的地位，并能在平等互利的基础上有效地利用它们的资金，以及技术、管理、销售等经验。对于任何一个国家来说，无论是吸收跨国公司的私人直接投资，还是从跨国银行取得贷款，都有一个如何有效利用的问题，因此，发展中国家不仅要敢于利用外资，而且要学会利用外资，否则，当然要吃亏。中国自己的经验也证实了这一点。

这几年来尤其是 1984 年以来，我国吸收外资的数额增长比较迅速，在"七五"期间，我国利用外资的渠道将进一步拓宽，除了继续加强利用外国政府和国际金融组织提供的优惠贷款，适当多用一些国际商业银行的贷款外，还欢迎跨国公司和外国厂商来我国进行直接投资，举办合资企业、合作企业和独资企业。中国的现代化建设需要吸收足够数量的外资来发展能源、交通、通信和原材料等部门，机械电子等行业也需要利用外资进行技术改造。

跨国公司在中国的现代化建设中可以发挥什么作用呢？

首先，资金不足是中国建设中的一个很大的制约因素。在这方面，跨国公司可以发挥自己的资金优势，选择对双方有利的项目进行直接投资。

其次，中国的大批企业面临着技术改造的艰巨任务，跨国公司拥有先进技术，在进行直接投资的同时，还可通过技术合作，出售机器设备、许可证、专利、关键技术等方式，以合理的价格向中国的有关部门和企业转让技术。这既能促进中国企业的技术改造，又能获取应得的利润。

再次，跨国公司在管理现代企业和培训管理人才方面积累了丰富的经验，善于有效地把电子、计算机、自动化和通讯等先进技术应用在现代大企业的经营管理上，使经营管理不断适应现代科学技术发展的需要。跨国公司的这些经验，正是中国企业需要借鉴的。

又如，跨国公司在销售产品和开拓国际市场方面掌握了一套专门技能，它们可以通过合资经营和合作经营等方式指导这些企业生产适合国际市场需要的产品，扩大创汇能力，从而使这些企业发展成为面向世界市场的外向型企业。

总之，在资金、人才、技术、管理和销售等方面拥有优势的跨国公司，在中国的现代化建设中是可以施展身手的，只要按照平等互利的原则进行合作，它们在中国是能够找到良好的投资机会，并能够充分发挥作用的。

对中国来说，对外开放还是一件新事物，我们还缺乏经验，各地吸收外资的工作发展得还不太平衡，有的城市做得比较好，有的城市做得差一点，在整个工作中有一些差错是难以避免的。最近一个时期，有些外国投资者抱怨在中国投资的成本较高，主要是因为有些城市擅自提高中外合资企业、合营企业和外国独资企业工人的工资，任意增收地皮费和服务费等。中国政府领导人和有关主管部门对这些反映很重视，正在采取切实的措施解决这些问题。中国国务院刚颁发了《关于鼓励外商投资的规定》。这个规定为外国投资者创造了比原来更为有利的投资条件。规定对产品主要用于出口和提供先进技术的外国投资者给予特别优惠，如免缴国家对职工的各项补贴；降低场地使用费；优先提供生产经营所需的水、电、运输条件和通信设施，按国营企业的收费标准计收费用；优先贷放短期周转资金和其他必需的信贷资金；从企业分得的利润汇出境外时，免缴汇出额的所得税；出口产品产值达到企业产品产值70%以上的，可以减半缴纳企业所得税，经济特区和经济技术开发区的产品出口企业，符合上述条件的，企业所得税的税率可由15%减为10%；先进技术企业可以延长三年减半缴纳企业所得税；利润再投资用于举办、扩建产品出口企业和先进技术企业，经营期超过五年者，可全部退还再投资部分已缴纳的企业所得税，等等。考虑到目前我国的基础设施还不完善，服务行业还不发达，以及吸收外资工作中存在的一些问题，我们应该要为外商投资提供理想的"小气候"，即要为外国投资者创造理想的和有利的投资环境。当前改善我国投资环境的首要问题，是必须保障外商投资企业有充分的生产经营自主权。为此，规定明确要求各地政府和有关主管部门应当保障外商投资企业在经营决策、用人制度、资金筹措、商品流通等方面的自主权，支持这些企业按照国际上先进的科学方法管理企业，使这些企业能够发挥我国劳动力价格和其他各种费用比较低廉的优势，从而使它们生产的产品在国际市场上有明显的竞争力。

上述《规定》的颁布是我国政府为鼓励更多的外国厂商来中国投资而采取的一个重要步骤，它表明中国决心要为外国厂商提供更好的投资环境，也表明中国政府执行的对外开放政策是坚定不移的。今年8月邓小平视察天津时再次重申："对外开放还是要放，不放就不活，不存在收的问题"。[1] 他还明确地说，"要人家投资，不让人家赚钱是不行的"。现在，为了改进吸收外资的工作，各地正根据《国务院关于鼓励外商投资的规定》的要

---

① 《人民日报》1986年8月22日。

求，制定具体的规定。中国的政局稳定、市场广阔、信誉良好、生产成本低、投资风险最小，这是吸引外国厂商来中国投资的主要优势，我们要进一步发挥和扩大这些优势。对于来中国投资或准备来中国投资的外国厂商来说，应该有长远的眼光，应该看到中国的涉外经济法律正在建立和健全，投资环境也在不断改善，他们来中国投资是不会吃亏的，尤其是那些在技术转让方面表现得比较开明的外国厂商更会获得应有的报偿的。我们坚信，随着我国投资环境的逐步改善，来中国投资的跨国公司和外国厂商会愈来愈多，一个真正的投资高潮肯定会来到。

（选自"跨国公司国际研讨会论文"，联合国教科文组织主办，1985 年 12 月 10—13 日于多哥洛美）

1990 年代世界经济与中国的
对外开放

　　1990 年代伊始，世界政治和世界经济格局处于剧烈的变动之中。苏联政局动荡，迅速走向解体，经济形势急剧恶化；东欧各国转向市场经济的轨道后，仍未摆脱经济困难；南斯拉夫爆发内战，经济已处于崩溃的边缘；美国、英国、加拿大、澳大利亚等在经济衰退的冲击下，至今尚未喘过气来，经济呆滞、复苏乏力；海湾战争使中东的一些主要产油国的经济遭受严重破坏；大部分发展中国家为沉重的债务所困扰，增长缓慢。所有这些对世界经济的发展都产生了消极影响。1989 年，世界经济增长率为 3% 左右，1990 年降为 1.8% 。联合国有关机构、国际货币基金组织、世界银行、经济合作与发展组织等在它们的预测报告中，普遍地认为 1991 年的世界经济增长率将低于 1990 年，有些机构还一再朝下修改它们的预测数字，增长率从 1% 以上调整到 1% 以下；可是，由于美、英等国的经济衰退比人们普遍预料的要严重，前苏联和东欧国家经济上出现大滑坡，海湾战争后中东国家的经济处于低迷状态，1991 年的世界经济不仅没有增长，而且还下降了 0.3% 。这是自第二次世界大战以来世界经济发生的第一次下降。

从政治角度看，原先美苏两个超级大国对峙争霸的局面已因苏联解体而不复存在，一个多极角逐的新局面正在加速形成。

随着经济国际化趋势的加强，以及美国、日本和欧共体在经济上三足鼎立态势的确立，以大国为中心的区域集团化步伐也大大加快了。建立以德国为核心的欧共体统一大市场和以美国为中心的"北美自由贸易区"已成定局，亚太地区有关各方也在酝酿成立各种"经济圈"，马来西亚总理马哈蒂尔提出的成立"东亚经济集团"或"东亚经济会议"的构想引起许多有关国家和地区的关注。东盟各国已着手先成立自由贸易区，而后再在此基础上建立东盟经济共同体。

在 90 年代初的世界经济中尽管美国等一批发达国家的经济呈现衰退和呆滞状态，东亚地区的经济却仍然保持着旺盛的增长势头，成为当前世界经济中最有活力和增长最迅速的地区。与此同时，中国坚持奉行经济改革和对外开放的政策，在社会主义现代化建设方面取得了举世瞩目的重大进展，综合国力和总体经济实力大为增强，充分显示了社会主义制度的优越性和生命力。20世纪最后十年的世界经济发展前景如何？中国将会面临一个什么样的国际经济环境？准确地认清世界政治和世界经济的发展趋势，对于进一步推进中国的经济改革和扩大对外开放，顺利实现本世纪末我国国民生产总值翻两番和第二步战略目标，有着至关重要的意义。

一

1990 年代初的世界经济与世界政治发展情景似乎有点像是1980 年代初的历史重演：一是美国等资本主义国家爆发了周期性生产过剩经济危机；二是海湾发生危机和战争，引起石油价格波动，骤然间世界政治形势变得紧张起来，世界经济的发展进程受到了严重阻遏。其实，仔细观察和分析，两个时期的国际和国内背景仍有很大的不同。

1980 年，随着美国发生经济衰退，英国、日本、联邦德国、法国等也都先后被卷入经济危机的漩涡，从而引发了一场战后最深刻的包括所有主要资本主义国家在内的世界经济危机，这次经济危机是在"滞胀"病进一步加深的基础上发展起来的，当时美国通货膨胀率曾高达 13.3%，失业率达到 10.8%，贴现率如加上大商业银行的附加利率最高时为 18%。经济危机期间，世界贸易萎缩，国际投资不振，美国的对外直接投资累计总额甚至出现战后以来首次绝对下降现象。此外，1980 年代初海湾爆发的两伊战争，使油价大幅上涨，形成"第二次石油冲击"，从而加深了以美国为中心的资本主义世界经济危机。1990 年代初的情况则不一样。1990 年当美国遭受经济危机袭击时，虽然英国、加拿大、澳大利亚、新西兰等国也已陷入经济衰退，但日本、德国的经济仍保持着增长的势头，法国、意大利等西欧国家的经济增长尚能勉力支撑，因此，美、英等国的经济衰退没有酿成一场包括日本、西欧主要国家在内的范围广泛的资本主义世界经济危机。

如果说 1980 年代初，美国的经济危机是在"滞胀"病加剧的背景下发生的，那么 1990 年代初美国的经济危机则是在庞大的债务基础上衍发的。1980 年，美国国内的总债务是 46660 亿美元，至 1990 年底已突破 13 万亿美元，相当于同年美国国民生产总值的 2 倍多。由于过度膨胀的"泡沫经济"的破裂，一些企业的股票、垃圾债券和房地产价格在 1990 年开始急剧下跌，而随着一批融资购并的企业破产和大量通过抵押贷款购置房地产的人无力偿债，美国的金融业遭到了沉重的打击，动荡不定的金融危机构成了 1990 年代初美国经济危机的一个重要特点。从另一方面看，1990 年代初，美国的消费物价上涨幅度比 80 年代要小，1990 年的通货膨胀率为 6.1%，1991 年降为 3.1%。失业率也低于 1980 年代初，1991 年失业率最高时为 7%。此外，联邦储备银行的贴现率在经济衰退开始时为 7%，1992 年初已降至 3.5%。

根据美国商务部修整后的数字，1990 年第四季度和 1991 年第一季度，美国的国民生产总值分别下降 2.5% 和 2.8%，而 1991 年第二季度的国民生产总值则变为上升 0.3%，而不是下降 0.5%。从 1991 年第三季度开始，美国商务部门改以国内生产总值来衡量经济的消长，结果，这个季度的年增长率为 1.7%，比政府原先报告的 2.5% 的数字要低。1991 年最后一个季度以国内生产总值计算的制成品和劳务总值的年增长率仅为 0.8%，经济回升的势头不仅未见增强，反比第三季度减弱，这种现象引起了政府部门、企业界和学术界许多人士的普遍忧虑。尽管根据政府公布的数字，1991 年第二、三、四季度美国经济均呈增长态势，但是，就 1991 年全年来看，美国经济仍然下降了 0.7%，这是自 1980 年代初经济衰退以来第一次出现全年经济下降，1982 年美国经济曾下降了 2.2%。

1990 年秋季开始的美国经济衰退虽然在 1991 年第二季度已到谷底，但摆脱衰退后的美国经济一直呈现疲软和呆滞状态，回升乏力。一般说来，衰退后的正常的经济增长率是 5%—6%，而这次衰退后的经济增长率，由于债务的影响，金融机构不敢放手提供贷款，从而抑制了投资和消费开支，这样也就抑制了经济的有力回升。虽然联邦储备委员会一再降低利率，放松银根，刺激企业投资和消费者开支，美国经济至今仍缺乏强劲增长的势头，有些行业的处境十分艰难。汽车制造业是美国的支柱产业，

1991 年，美国通用、福特和克莱斯勒三大汽车公司共亏损了 75 亿美元以上，其中通用汽车公司的亏损额为 44.6 亿美元，福特和克莱斯勒汽车公司则分别亏损了 22.6 亿美元和 7.95 亿美元，这是美国汽车制造业经营史上最惨的一年。面临如此沉重的打击，通用汽车公司计划在今后 4 年里关闭 21 家工厂，并解雇 7.4 万名职工。另一支柱产业建筑业的境况也不妙，据美国商务部宣布的数字，1991 年美国全年建筑开支下降 9.3%，降幅是 47 年以来最大的。全球闻名的泛美航空公司由于德尔塔航空公司拒绝提供资金支持而宣告破产。美国环球航空公司因财政拮据，已申请破产保护。世界最大的飞机制造商美国波音公司也决定在 1992 年裁减 8000 名职工。素以不解雇员工著称的国际商用机器公司也加入了大量裁减员工的行列。1991 年 12 月，美国的失业率为 7%，1992 年以来，失业率逐月上升，2 月份的失业率已升至 7.3%。1991 年倒闭的美国企业数也达到了创记录的水平，据统计，共有 87266 个企业倒闭，比 1990 年的 60746 家增加了 43.7%。由于投资者和消费者都对经济缺乏信心，致使这次衰退后的经济复苏成为美国周期史上最缓慢和最乏力的一次。

在英国，经济衰退表现得特别持久，可以说是战后以来持续时间最长的一次。截止 1991 年第四季度，英国的国内生产总值已连续下降了 6 个季度，1991 年的国内生产总值下降了 2.5%，降幅比美国大。加拿大和澳大利亚等国的经济在 1991 年也都出现了负增长。同年，法国和意大利的经济增长率分别只有 1.2% 和 1.1%，增长速度十分缓慢。

美、英等国的经济不景气当然影响世界经济和世界贸易的发展。据联合国经社理事会发表的一份报告指出，1991 年，不仅世界经济出现了第二次世界大战后的首次负增长，而且世界贸易的增长率也仅为 1% 左右，降至 1982 年以来的最低水平。但是，美国经济对西欧国家和日本经济的影响已比十年前减弱，最明显的表现是，当美国经济陷于衰退时，日本和西欧多数国家和经济都能保持一定程度的增长。1991 年，德国经济增长了 3% 以上，日本的经济增长率为 4.6%。这就是说，1990 年代初的美国经济衰退没有像 1980 年代初那样迅速触发一场囊括日本和西欧主要国家在内的资本主义世界经济危机。

布什在年初的"总统经济报告"中预测 1992 年美国的经济增长率为 2.2%，联邦储备委员会的经济预报估计，按照国内生产总值衡量，1992 年的美国经济增长率将在 1.75%—2.5% 之间。这个预测与布什总统的低调预测是一致的，2% 左右的经济增长率实际上还不到以往衰退刚刚结束后正常增长率的一半。美国政府部门自己也认为，疲弱的美国经济要在 1992 年年中才有可能开始持久的恢复。美国经济不能迅速有力地回升，日本和德国经济逐渐呈现疲态，加上独联体和东欧国家经济的继续滑坡，这就决定了 1992 年世界经济不可能迅速发展。联合国经社理事会的报告预测，1992 年世界经济的增长率约为 1.5%。而联合国工业发展组织的预测则认为，1992 年世界经济将增长 2.3%，并预计 1992 年美国和西欧国家和经济增长率都将达到 2.8%，这个预测数字虽大大低于 1989 年后半期世界经济 4% 左右的年增长率，但仍明显高于美国和欧共体国家自己预计的 2% 上下的增长率。

如何根据 1990 年代初的世界经济和世界政治形势估量整个 1990 年代世界经济发展的前景呢？正确分析和估量 1990 年代世界经济和世界市场的发展前景，对加速我国的改革和进一步扩大开放制定正确的对策具有十分重要的意义。

目前对于 1990 年代世界经济和发展前景基本上有三种不同的估量：第一种看法认为这一时期世界经济发展会慢于 1980 年

代；第二种看法认为这一时期世界经济的增长速度大致与 1980 年代差不多；第三种看法认为 1990 年代世界经济的发展会快于 1980 年代，我们认为，第三促估量的准确性可能大一些。

总的说来，1990 年代世界经济的发展状况在很大程度上仍将取决于占世界国民生产总值一半以上的美国等主要资本主义国家的经济状况。世界经济中美国、日本和欧共体三个经济中心的形成，以及区域集团化趋势的发展，一方面加剧了它们之间的竞争和经济摩擦，对世界经济和世界贸易的发展产生消极影响；另一方面，激烈的经济竞争也会促进科学技术和新兴产业的发展，从而推动世界经济和世界贸易的发展。区域集团化虽然会削弱多边体制，加深各经济集团之间的抗衡和矛盾，但还不会使关贸总协定解体和不起作用，也不能完全阻挡世界贸易和世界市场的进一步扩大。现阶段的区域集团化恰恰是经济国际化趋势加强的一种表现，是经济国际化发展过程中的一个更高的层次，区域经济集团对非集团成员固然会筑起各种贸易和非贸易壁垒，但在集团内部，妨碍生产要素自由流动和各种障碍会减少和消除，资源可以获得更合理和更有效的分配；竞争和兼并活动的加剧，将加快产业结构的调整，提高生产效益，降低成本，从而在某种程度上对世界经济的发展和世界贸易的扩大会起一定的促进作用。可以预计，在 1990 年代，美国等主要资本主义国家的经济发展会继续遇到种种困难，其中包括可能遭到新的经济危机的冲击，但经济增长速度会比 1980 年代快。1990 年代世界经济的发展将会像 1980 年代那样出现前慢后快的情景。1990 年代前半期因美、英等国爆发经济危机、海湾发生战争、苏联解体、东欧国家经济滑坡、多数发展中国家经济增长缓慢和其他不利因素的作用，年均增长率将会压低在 2.5% 上下。进入 1990 年代中期和后半期，一些暂时起作用的不利因素将消失，另一些不利因素的作用将削弱。随着美国经济度过疲弱缓慢的复苏阶段而加速发展，欧共体成员国重新恢复增长势头，尤其是包括日本在内的迅速崛起的东亚地区经济的快速发展及其在世界经济中的比重增大，刺激世界经济增长的有利因素将增多，这样世界经济的增长率将会明显超过 1990 年代头几年。预计这一时期世界经济的年均增长率会达到 3.5％ 或 3.5％ 以上。这样，整个 1990 年代世界经济的年均增长率有可能超过 1980 年代的 2.8％，达到 3％ 或 3％ 以上。

二

在 1980 年代，随着经济国际化和区域集团化趋势的加速发展，亚太地区主要是西太平洋地区经济持续增长的势头表现得十分强劲。日本的经济增长率在发达资本主义国家中继续占首位。被称为亚洲"四小龙"的香港、台湾、新加坡和韩国在 1980 年代的年均经济增长率达到 7％ 左右，比发达资本主义国家的年均增长率高出一倍多。泰国、马来西亚、印尼等东盟国家在 1980 年代中期开始加速发展，近几年来，泰国和马来西亚的经济增长速度已超过"四小龙"。人们普遍认为，泰国和马来西亚在 1990 年代将跻身于"新兴工业经济圈"的行列。

中国大陆自 1970 年代末实行改革开放政策以来，经济增长速度十分迅速。初步统计，1991 年，中国的国民生产总值已达 19580 亿元，比上一年增长 7％。从 1979 年至 1990 年，国民生产总值年均增长 9.7％，这种增长速度在东亚地区也位于前列。在 1980 年代，中国的对外开放事业迈出了重大步伐，对外经济贸易和技术交流与合作均获得了迅猛的发展。

中国实行对外开放，是顺应经济国际化趋势加强的客观要求，也是适应国内发展商品经济的需要，因此，对外开放不是权宜之计，而是长久的方针，是中国的基本国策。

对外经济贸易是中国实行对外开放和联系国际市场的主渠道。通过参与国际交换和国际分工，可以有力地促进中国国民经济的发展。在整个 1980 年代，中国对外经济贸易先后克服了西方国家经济危机、石油价格暴跌、货币汇率剧烈动荡，资本主义国家经济制裁等造成的各种困难，进出口贸易大幅增长，商品结构和贸易平衡状况获得了明显改善。1978 年，中国的对外贸易额为 206.4 亿美元。据海关统计，1991 年对外贸易额已增至 1357 亿美元，共增长 5.6 倍，1991 年，中国的出口额也由 1987 年的 97.4 亿美元增至 719 亿美元。中国出口在世界贸易中的位次已由 1978 年的第 34 位升到第 15 位。1991 年中国外贸出口总额为 719 亿美元，比上年增长 15.8%。出口商品结构继续优化。1978 年工业制品在出口总额中所占比重为 46.5%，出口额在 1 亿美元以上的商品有 16 种。现在，工业制成品在出口总额中占的比重已升至 75% 左右，出口额在 1 亿美元以上的商品已增加到 80 多种。在进口方面，生产资料占的比重有所提高。1991 年上半年，中国同主要市场的进出口贸易都有增长。中国对美国、日本和欧共体的进出口额分别增长了 16.05%、10.95% 和 10.78%。中国对东盟国家的进出口额增幅高达 33.72%，对港澳地区的进出口也增长了 26.26%。由于出口总额连续几年超过进口总额，国家的外汇储备明显增加，国际支付能力进一步增强。

中国进出口贸易的迅速发展是与外贸易体制改革不断取得进展密切联系在一起的。

在 1980 年代，外贸体制改革一直是整个国民经济体制改革的一个重要组成部分。中国的外贸体制改革共经历三个阶段。1979—1987 年为初步改革。这一阶段采取的主要措施是下放外贸经营权，改变原先那种由国家垄断的高度集中的经营体制。改变单一的指令性计划管理，实行指令性、指导性计划和市场调节相结合，取消全国的收购计划和调拨计划；实行进出口许可证和出口配额管理；改革对外经济贸易管理机构，实行在中央领导下和省两级管理；探索促进工贸、技贸、农贸结合途径等。从1988—1990年进入承包改革阶段。这一阶段的外贸体制改革主要要求按照自负盈亏、放开经营、工贸结合、推行代理制和联合统一对外的方向，核定各类外贸企业的出口创汇、出口收汇、上缴外汇和出口效益指标，一定三年不变。原在的各专业外贸进出口总公司与所属的大部分地方外贸企业分公司脱钩，地方的分公司下放地方管理，并进行自负盈亏的试点改革。从1991年开始，外贸体制改革进入进一步改革完善的阶段。主要措施是取消出口补贴、自负盈亏；取消地区差别的外汇留成办法，改为实行全国统一外汇留成比例；进一步完善外汇调剂市场；加强宏观管理，治理整顿秩序，提高外贸经济效益等。

不断深化的外贸体制改革极大地推动了中国对外开放的不断扩大和对外经济贸易的发展。如实行承包改革后，中央和地方在外汇的收入和使用上"分灶吃饭"，出口盈亏包干给各地地方自主支配。这样，在一定程度上改变了过去地方对盈亏不承担责任的状况，权责利趋于统一，提高了地方和企业扩大出口的积极性，促进了企业内部经营机制的改善，从而对提高经济效益和扩大进出口贸易起到了重要作用。全国外贸普遍实行自负盈亏的新体制，这是外贸体制改革的一个重大突破，它有利于打破"吃大锅饭"的体制，创造了企业平等竞争的条件。由于扩大了企业支配使用的外汇，就为进口更多的外国产品提供了机会。这些改革既体现中国支持对外开放，符合关贸总协定的要求，从而更有利于中国广泛地开展对外经济合作和技术交流。

1979 年以来，中国在利用外资和引进技术方面也获得了令人瞩目的进展。截至 1991 年 8 月份为止，西方国家和国际金融机构向中国提供的贷款总额已超过 500 亿美元。这些贷款主要用于建设民用机场、铁路、公路、港口码头、油田、电力和化工等项目，补充了中国建设资金不足。随着中国投资环境的不断改善，外商直接投资的数额也迅速增长。1979—1982 年中国批准的外商投资项目为 900 多个，协议金额为 60.12 亿美元，实际使用金额为 11.68 亿美元。1990 年一年，中国批准的外商投资项目达到 7276 个，协议金额达 65.76 亿美元，实际使用金额超过了 34 亿美元。1991 年，中国在利用外资方面迈出了更大的步伐，新签利用外资协议金额 178 亿美元，比 1990 年增长 47.6%；实际使用外资 113 亿美元。其中外商直接投资的协议金额为 111 亿美元，实际使用金额为 40 亿美元，分别比 1990 年增长 67.6% 和 13.8%。仅在 1991 年一年，已登记注册的外商投资企业超过了一万家，是中国改革开放以来外商投资企业增长最快的一年。截止 1991 年底，外商投资企业累计已达 37189 家，其中中外合资企业 22791 家，中外合作企业 8497 家，外商独资企业 5901 家，实际吸收的外商直接投资超过了 230 亿美元，来自世界近 50 个国家和地区的外商在我国直接投资开办的企业，覆盖了中国 20 多个行业的 70 多个门类。

这几年，西方国家有些人士担心中国的对外开放会收缩，事实证明，中国对外开放的步伐不仅没有放慢，而是更快了。在利用外资方面比以前更趋合理，更为有效。从 1989—1991 年的三年中，中国新批准的外商投资企业达 25000 多家，相当于前 10 年的 1.5 倍，而协议外资金额和实际利用的外资金额均接近前十年的总和。

近年来中国在大力改善投资环境的同时，又对吸收外资的有关政策作了完善，颁布了一系列鼓励外商投资的新政策法规，如修改后的《中外合资经营企业法》，规定对合资企业不实行国有化和征收；外方人员也可担任合资企业的董事长；有的行业的合资企业可以不约定合资期限；合并了《外国企业所得税法》和《中外合资经营企业所得税法》，统一了《涉外税法》；批准在几个主要口岸设立保税区；批判成立一批外资银行；允许外商投资经营成片土地；决定开发、开放上海浦东新区，并制定和颁布了鼓励华侨及港澳同胞投资的规定等。所有这些政策措施受到了外商的普遍欢迎。与此同时，中国利用外资的投资结构也有所改善，近三年批准的项目中，90% 以上是工农业生产项目。1990年旅游宾馆一类的投资额所占比重已由 1987 年的 34.3% 降至1.2%，实现了向以生产性项目为主的转变。上海、山东、江苏等近年举办的合资企业，80% 以上是利用原有企业进行技术"嫁接"，这使有限的资金能更快地发挥效益。1990 年，外商投资企业的工业产值已达 700 多亿元，占全国工业总产值的3.6%。三资企业的出口增长更为迅猛，许多产品纷纷打入国际市场。1987 年出口额为 12.2 亿美元。1988 年为 24.6 亿美元。1989 年又翻一番达到 49.2 亿美元。1990 年进一步增至 78.1 亿美元。外商投资企业的出口总额占全国出口总额的 12.6%。1991 年，"三资"企业的出口首次突破 100 亿美元，达到 120 亿美元，在全国出口总额中所占的比重上升到 16.7%，成为中国出口的一支不可忽视的生力军。"三资"企业出口的商品，以机电、轻纺、服装、鞋、玩具、箱包、水海产品为主，其中机电产品占同类商品出口总额的 28.8%，鞋占出口总额的一半。在"三资"企业的 120 亿美元出口总额中，11 个沿海省市占的比重高达 96.7%，而深圳、珠海、厦门、汕头、海南五个经济特区占的比重为 35.6%。沿海地区还出现一批出口超过 1 亿美元的创汇大户。

由于中国的政治稳定，投资环境不断改善，外商来中国投资办企业的成功率高，经济效益好，因而包括一些世界著名的跨国公司在内的外商纷至沓来，高新技术产业项目和大型项目也随之增加。以广东、福建、海南为主轴的华南经济区，以上海为核心的华东经济区和以山东、辽东两个半岛为主的渤海湾经济区三大外商投资地带的轮廓已初露端倪。同时，外商投资开始出现由沿海开放地区向内地推进的好势头。

在积极吸引外商来华直接投资的同时，中国也开始逐步在境外进行直接投资。1982年前，中国在海外兴建的企业只有48家，总投资额还不到1亿美元，而到1991年上半年为止，中国在海外兴建的非贸易性质的合资、合作和独资企业已增加到886家，总投资额已达到24.2亿美元，其中，中方投资为10.5亿美元，占43%，这些投资分布在美国、澳大利亚、日本、加拿大、德国、新加坡、毛里求斯以及香港等94个国家和地区，就行业来看，主要分布于资源开发、产品加工、交通运输、金融保险、医疗卫生、服务咨询、餐饮、旅游业等。通过这些境外企业，不仅可以迅速获得国际市场的信息，而且有利于为国内引进先进适用的技术设备和资源，促进国内企业的技术改造和技术更新，从某种意义上说，海外直接投资也是利用外资、引进先进技术和管理经验的一种有效形式。1991年，随着中国跨国经营业务的迅速发展，境外直接投资额大幅增长。从年初至10月份止，中国新批准在海外投资设立的非贸易性企业136家，投资3.5亿美元，比1990年同期增长4.5倍。

近些年来，中国与世界各大洲的承包劳务合作也发展很快。中国海外的承包劳务合作已从房建为主转向工业成套项目和高技术领域，已能承担钢铁厂、化肥厂、大型电站、大型水坝乃至发射卫星等项目。截至 1991 年上半年，累计签订合同约 1900 个，合同总金额达 164.2 亿美元。

同一时期，中国对外签订的技术引进合同总金额已超过 164 亿美元，在大量引进国外先进技术的同时，我们也将自己成熟的技术推向市场，累计出口技术的合同金额为 24 亿多美元。

从 1978 年至 1990 年来中国的国际旅游人数增长了 14.2 倍，旅游外汇收入增长 7.2 倍，累计收汇达 157.3 亿美元，1991 年国际旅游者达到 3336 万人次，比 1990 年增长 21.5%；旅游外汇收入为 28.4 亿美元，比 1990 年增长 28.3%。

上述成就有力地证明，对外开放大大地推动了中国的社会主义现代化建设，大大地促进了我国沿海开放地区的外向型经济的发展，而且使整个沿海地区的工业增长呈现沿海开放城市——经济特区——经济技术开发区依次递高的增长态势。1991 年上半年，我国沿海广西、海南、广东、福建、浙江、江苏、上海、山东、天津、河北、辽宁等 11 个省、自治区、直辖市的工业总产值为 6609 亿元，占全国工业总产值的 58%，其中沿海 14 个开放城市的工业总产值达 2.117 亿元，占沿海地区工业总产值的 35%，比去年同期增长 14%，深圳、珠海、汕头、厦门经济特区的工业总产值比去年同期增长 44.7%，而沿海开放城市的经济技术开发区的工业总产值则比去年同期增长 91%，对外开放为沿海地区的经济发展带来了前所未有的繁荣景象。

总的来说，中国对外开放的步子迈得还是比较大的，继 1980 年中国兴办深圳、厦门、汕头、珠海四个经济特区后，1984 年 5 月又开放上海、大连、秦皇岛、天津、烟台、青岛、连云港、南通、宁波、温州、福州、广州、湛江、北海等 14 个沿海港口城市，同时，宣布开放海南岛。1985 年，长江、珠江三角洲和闽南三角地区又被开辟为沿海经济开放区。1986 年以来，山东和辽东半岛又陆续开放；1988 年春，海南省正式成立，并成为中国最大的经济特区，广东和福建则成为全国综合改革开放的试验省。1990 年 9 月宣布开放、开发上海浦东，1991 年又进一步扩大了沿海开放区的范围。近年来，中国的对外开放还呈现出由沿海向内地沿江和沿边地区开放的态势。可以有把握地预言，90 年代将是中国进一步深化改革和扩大对外开放的新时期。

三

继续坚持改革和扩大对外开放，这是中国坚定不移的方针，1980 年代中国改革开放面临的国际经济环境较有利，争得了时间。经过十多年的改革开放，中国的综合国力和自力更生能力，以及参与国际交换和分工的能力都明显增强，并积累了经验。比较稳定的政治、社会和经济环境，为进一步深化改革和扩大开放创造了有利的物质条件。1980 年代，包括亚洲"四小龙"、东盟国家、日本和中国沿海开放地带在内的西太平洋地区，是世界经济中增长最快和最有活力的地区。进入 90 年代后该地区仍保持着增长势头，在 90 年代的世界经济发展中将会继续充当排头兵的作用，经济增长率将继续领先于其他地区，增长速度将比美欧发达国家快一倍以上。现在，包括中国沿海开放地区在内的东亚地区的国民生产总值已接近欧共体，西亚地区与美国的贸易额已远超过欧共体与美国的贸易额，这表明以美国为中心的北美经济集团的贸易重心已由西欧转移到东亚。据预测，到 2000 年，东亚地区的国民生产总值有可能接近乃至超过美国。这一地区的区内贸易和区内投资的迅速增长，将为中国扩大对外开放、加强出口、吸收外资和对外投资创造比较有利的外部环境。另一方面，1990 年代初，国际风云变幻，也出现了一些不利因素。例如，欧共体统一大市场的建立和北美自由贸易区的形成虽然会进一步扩大世界市场，但对集团外的非成员国不可避免地会加强排他性和贸易保护主义。而且美国至今尚未取消对中国的经济制裁，实现美中关系正常化尚需待以时日。前苏联、东欧国家经济恶化，连续几年经济滑坡，外汇紧缺，当然会严重影响这些国家的进口能力。此外，多数发展中国家经济困难等也都会对中国扩大出口，拓展国际市场造成不利的影响。但是，总的说来，有利因素多于不利因素，应抓住当前有利时机，加快改革开放的步伐，集中精力把经济建设搞上去，力争几年上一个台阶。1990 年代是一个关键时期，认清形势，把握机遇，真抓实干，讲求效益，加快经济发展速度，增强中国的综合国力，这样才能为进一步扩大对外开放奠定坚实的物质基础。

扩大对外开放离不开中国的经济状况。当前经济生活中最突出的问题是经济效益下降趋势尚未扭转，财政赤字扩大，一些主要经济关系还没有理顺，这些问题又都与部分国营大中型企业活力不强、效益不高有直接关系。必须下大力气增强国营大中型企业的活力，转换和完善经营机制，提高企业效益。其实，现在不仅是国营企业的亏损面大，合资企业的亏损面也较大，提高企业效益是个普遍的问题，只有把企业的效益和产品质量搞上去，中国扩大对外开放才有根本的物质保证。必须尽快创造条件，冲破阻碍，恢复中国在关贸总协定中的缔约国席位。这样才能有效地敦促美国提供长期无条件的最惠国待遇和促使欧共体取消对中国实行的各种数量限制，为扩大中国的出口创造良好的国际环境。为了尽可能缩小欧共体统一大市场和北美自由贸易区建立后对中国的影响，中国应积极参加亚太地区尤其是西太平洋地区的经济合作，凡是有利于扩大这一地区经济技术合作的主张，都应表示欢迎和支持，以此抑制欧洲、北美经济集团的排他性措施和贸易保护主义。

最后应加速组建大型的跨国经营集团，发挥规模经济优势，提高中国产品在国际市场上的竞争能力。

搞活国营大中型企业，搞好现有的外商投资企业，继续完善外贸体制改革，对中国进一步扩大对外开放具有特别重要的意义。只要坚定不移地贯彻执行党的"一个中心、两个基本点"的基本路线，中国的对外开放在 1990 年代定能取得比 1980 年代更大的成就。

（原载《世界经济年鉴》1992 年）

抓住机遇加速发展和组建
我国的投资基金
——1993 年美国、加拿大证券市场专业考察报告

一 共同基金在美国金融业中的地位和作用

当前，美国等西方发达国家正在经历一场新的金融变革，这场变革使传统的金融结构发生了重大变化，其中最引人注目的变化是，由保险公司、养老基金、共同基金、金融公司、证券公司等组成的非银行金融机构的发展十分迅猛，它们在美国的金融业中已取代银行占主导地位。1970 年代前半期，银行在金融业总资产中占的比重仍为 55%，到 1980 年代末，在美国 10 万亿美元的金融资产中，银行占的比重已降至 40%，而非银行金融机构占的比重则上升为 60%。在非银行金融机构中，共同基金的发展尤为迅速。据统计，1993 年，美国共同基金的资产总额约为 2 万亿美元，比 1980 年增长了 11 倍以上。目前，在美国经营的长期基金公司有 3300 多个，约有 400 个基金公司管理的资金数额超过几亿或几十亿美元，几家最大的基金公司管理的资金数额则高达 1000 亿美元以上。这些机构投资基金已成为美国和国际资本市场上资金的一大来源，并正在改变美国金融市场的运

行和结构。近几年美国共同基金获得迅速发展的一个重要原因是，银行存款利率跌到了几十年来的最低水平。过去几年，美国共同基金的平均回报率为16%，这种回报率大大高于银行的存款利率。人们都会计算，与其将钱存放在银行和储贷机构，不如将钱投资于共同基金等长期资产。1992年，美国投资者购买共同基金股票的净额为2060亿美元，其中大部分款项是由存放在银行和储贷机构的存款中提取的。从1989年至1992年，在美国家庭持有的金融资产中，银行存款等所占的份额已从40%降至22%。共同基金之所以成为银行和储贷机构越来越有力的竞争者，还因为它们提供了愈来愈有吸引力的取代银行存款的储蓄手段。美国的共同基金使许多以前只能从银行得到贷款的借款人更有可能进入证券市场，共同基金现在也能为住房抵押贷款和购买汽车贷款提供资金，而这些抵押贷款以前主要是由银行和储贷机构提供的。可见，共同基金已向银行的传统作用提出了挑战。

作为一种新型投资工具的共同基金，其最大的优势在于能将许多分散的投资者持有的资金集中起来，并有专门的机构利用充实的财力聘用专家和职业的资产管理人员负责经营。共同基金的另一优势是，通过组合投资可以把投资风险降到最低限度，并使广大投资者获得满意的回报。在美国，共同基金主要投资于股票和债券。

二 我国加速发展共同基金的迫切性

与美国和西方发达国家的共同基金相比，我国的基金业只是刚刚问世。虽然在不到两年的时间内，各地成立的各类投资基金已达60多家，但由于起步晚、资产规模不大，因而在我国资本市场和证券市场上还没有显示其应有的作用。如果拿我国目前的股票市场和美国股票市场作比较，一个特别突出的不同点是，作为机构投资者的共同基金，已成为美国股市交易的主要角色，而在我国的股市交易中，共同基金则尚未发展成为一种起主导作用的力量。这种状况对我国股票市场健康发展是非常不利的。

《中共中央关于建立社会主义市场经济体制若干问题的决定》指出："当前要着重发展生产要素市场。"在我国，由于受到传统观念的束缚，作为生产要素市场重要组成部分的资本市场和劳动力市场等的发展一直严重滞后于整个改革开放的步伐。现在愈来愈多的人认识到我国金融体制改革的迫切性，以及加速发展包括证券市场在内的资本市场的重要性。我们认为，在加速发展股票市场等资本市场的进程中，抓住当前国际国内的大好机遇，着力发展和组建各类投资基金具有特殊重要意义。

1993 年，我国的经济增长率继续高居世界之首，但我国的股市低迷。相反，世界大部分地区的股市尤其是香港的股市却显示兴旺上升的景象。国内许多人对这种现象感到不理解，造成我国去年股市低迷的原因是多方面的，但其中的重要原因之一是我国的投资基金业还很幼弱，在股市中还不能发挥主力军的作用。而香港股市的节节上扬一是有本地各类投资基金的帮托，一是有大量的美国、欧洲和日本基金入市。

上面曾经提到，作为机构入市的投资基金有两方面的突出优势：一是专家管理；一是组合投资。毫无疑问，这些专家或职业的资产管理人员的投资知识远超过一般的投资者和散户。现在国内愈来愈多的人参与购买股票和其他有关证券，但由于缺乏这方面的专门知识和信息不灵，经济上蒙受了很大损失，成为社会不安定的一个潜在因素。加速发展投资基金有利于扩大和稳定我国的股市，有利于我国社会的安定。我国的股市要走上健康发展的道路必须有大量基金的支撑，在这个至关重要的问题上。完全可以说，健全发展的股市离不开基金，基金的发展也离不开不断扩展的股市。如果我国的有关主管部门善于引导，使几亿居民手中持有的传统金融资产有一部分通过共同基金变消费基金为投资基金，不仅有利于改变我国的金融资产结构，而且有利于缓解通货膨胀的压力。

三　我国发展投资基金的有利条件

当前，加速发展投资基金具有十分有利的国内条件。现在我国居民手中持有的储蓄存款等金融资产有1万多亿元，随着人们投资意识的增强，他们会选择最有利的保值增值的投资手段，正在崭露头角的各类基金将成为人们喜爱的投资工具。

现时加速发展投资基金还具有十分有利的国际条件。最重要的一点是美国等西方发达国家和其他许多国家及地区都看好中国经济的发展前景。我们在与美国、加拿大一些金融机构、基金管理公司的高层管理人员接触和座谈时，他们普遍表示愿意来中国投资或与中国的有关金融、证券机构和投资公司联手组建中外合作基金。另外一点也是十分重要的，即美国等多数西方发达国家的利率跌到了几十年来的最低水平，这是利用外资的十分有利的时机。共同基金不仅是一种投资和集资工具，也是引进和利用外资的一个新的渠道。我们应该在摸清情况的前提下，利用各种合作方式，引进美国和其他国家的投资基金，为我国的改革开放事业服务，为加速建立我国的社会主义市场经济体制服务。目前，美国等许多国家都在放松对国内机构包括共同基金、互惠投资公司、退休基金、保险公司等对外投资的限制，我们应充分利用这一有利时机。

四　关于加速发展投资基金的一些建议

为了加速发展我国的基金事业，中央有关主管部门应采取支持和鼓励的政策，积极引导和扶植具备条件的地区和部门组建各类投资基金。

目前，有一部分人对加速发展基金仍存在着一些疑虑。首先，他们担心各地现在到处在谈论和酝酿组建投资基金，把此作为一种集资渠道，搞不好，又会像办其他事那样，出现一哄而上的局面，这样，好事就可能办糟。这种担心应该说是有道理的，为了防止各地出现盲目跟风的现象，中央有关主管部门应加强监管和引导，正在修改的证券法及有关基金的法规、条例应尽快出台，使各地有法可依。只要有明确的法规和条例，措施得当，我国的基金业是可以健康、有序和迅速发展的。其次，他们担心基金业的迅速发展会影响和减少居民的储蓄存款。这种担心是不必要的。应该指出，基金业的发展与居民储蓄存款的增加不是截然对立的，在一定时期内，可以出现居民手中持有的投资基金总额和储蓄存款总额同步增长的现象，尽管后者在居民金融资产中所占的比重会有所下降。另外，现在在居民金融资产中，储蓄存款的比重占70%以上，证券占的比重还很小，其中各类投资基金占的比重连1%都不到，可以说是微乎其微，适当提高投资基金在居民金融资产中的比重对于优化居民的金融资产结构是十分必要的。如果我们仍然局限于发展传统的非证券化银行资产，那就无法实现加速建立社会主义市场经济体制的目标。

如何保证我国的基金业健康、有序并迅速地发展呢？我们认为可采取以下几项具体措施。

1. 分层次地推动我国基金业的发展。迄今为止，各地组建的基金多数是由当地省市人行批准发行的区域性基金，其中有些基金只是一种单位内部集资，缺乏熟悉基金业务的专业人员管理，资金投资目标不明确，有很大的盲目性和随意性。为改变这种现状，中央主管部门除加强监管和引导，应指示各地主管部门严格审批手续，凡不具备条件的不能轻易批准发行各类受益凭证。为取得经验，中央主管部门可首先在上海、深圳、北京等有条件的城市重点指导组建和扩展一批以国际化经营为目标的国家级的基金管理公司。这些基金管理公司必须拥有相当数量熟悉基金管理的专家和专业人才，其资产规模应比现有的基金管理公司大，一般资产规模可达 20 亿—30 亿元，少数几家的资产规模可超过 50 亿元。这样的基金管理公司才能对稳定股市和承销各类债券及国库券发挥较大的作用，逐步发展成为股市交易的主力军。为了稳妥地实现这一目标，可采取两种办法：一是在现有的运作比较规范和人才比较集中的基金管理公司基础上扩展资产规模；另一种是新组建几家国家级的基金管理公司。

2. 我国目前发行的基金应以封闭型基金为主。这一点我们与美欧等发达国家有所不同。在美国，长期的共同基金主要投资于股票和债券，短期资金市场的共同基金则投资于商业票据、存款单和国库券。开放型基金的特点是流动性较强，可随时兑现；而封闭型基金则不能随时到基金公司去兑现，它发行的受益凭证只能在证券交易所进行交易，或在内部交易柜台转让，正因为开放型基金的流动性强，对投资者方便，所以人们普遍欢迎开放型基金。目前，美国开放型基金拥有的资产比封闭型基金拥有的资产要多 20 倍。既然如此，为什么中国现在发行基金要以封闭型基金为主呢？这是因为中国的国情不同于美、欧等国，我国的证券市场毕竟仍属于新兴市场，证券市场规模较小，证券品种较少，证券市价波动的频率和幅度较大，非机构投资者的投机色彩较浓，这些因素决定了开放式基金较难运行，因为基金的主要投资对象是证券市场，证券市场的景气与否决定了基金经理人的业绩，也决定了投资基金者的购买和赎回意愿，证券市场景气时，乐于购买基金者就多。当然，在与国外基金管理公司共同组建中外合作基金时，可根据合作伙伴的要求，适当搞一些开放型的基金。

3. 我国目前的投资基金不能过分拘泥于投资证券，应以综合投资为宜。由于我国证券市场的规模较小，品种也不齐全，各项制度尚未健全，法规也不完善，股市起落很大，如基金主要投资于证券风险较大，投资者的正当利益得不到保障。即使投资于房地产，同样存在很大的风险。为确保投资者的利益，并使我国的各类投资基金能健康、有序和迅速发展，基金的投资范围应予以拓宽，中央主管部门在制定有关基金的法规、条例时，应充分考虑到我国的国情和资本市场现状，让基金的运作有较大的回旋余地。

毫无疑问，要使我国的基金业成为资本市场上的一根坚实支柱和股市交易的主体尚需走很长一段路程，但现在必须抓住机遇迈出决定性的一步。

国家垄断资本国际联合的新发展

　　第二次世界大战后，随着生产和资本国际化趋势的加强，不仅私人垄断资本的国际联合获得了迅速发展，而且国家垄断资本的国际联合也获得了迅速发展。国家垄断资本的国际联合是在私人垄断资本的国际联合基础上发展起来的，同时，它又反过来为私人垄断资本国际联合的发展开辟道路。

　　在现代资本主义条件下，私人垄断资本和国家垄断资本的发展过程，包括它们向国际范围的扩展和渗透，是密切地交错在一起的，它们是现代垄断资本的两个不可分割的重要方面。战后时期，在资本主义世界范围内，由科学技术革命所引起的生产力的巨大发展极大地促进了生产和资本的国际化，加深了资本主义国际分工，加强了资本主义各国的经济交织和经济接近。科学技术革命使生产力的发展愈来愈超出个别国家的界限，各个资本主义国家的国内市场已愈来愈难以容纳日益社会化的生产力的发展。为了缓和现代生产力的发展同资本主义国家狭窄的国内市场的尖锐矛盾，经济发达的资本主义国家，一方面大力支持和推动私人垄断资本向国际范围扩张，一方面则由政府直接出面大力加强干预对外经济联系和对外经济关系，并在经济一体化的口号下，加强彼此间的经济联系和经济合作，强化国家垄断资本的国际联合，建立地区性的国家垄断资本主义的国际联盟。这种趋势反映了资本主义国家经济生活的国际化已发展到了一个更高的阶段。

一　国家垄断资本国际联合的实质

国家垄断资本主义体系是现代资本主义生产关系体系的一个重要组成部分。现代资产阶级已成为最大的资本所有者，它直接掌握着分布在各个重要经济部门的大量企业，直接参与剩余价值的剥削和分割，在社会再生产过程和社会总产品实现过程中起着愈来愈重要的作用。国家垄断资本主义的迅速发展，反映了生产力发展和生产社会化程序愈来愈高的客观要求，也是垄断资产阶级在现代资本主义范围内对生产关系进行局部调整，并力图使之适应生产力发展需要的一种努力。国家垄断资本主义虽然在一段历史时期内有助于缓和资本主义的各种矛盾，使经过调整的资本主义生产关系暂时适应生产力发展的要求，但是，随着生产力发展所引起的生产社会化日益向国际范围发展，生产和资本国际化趋势的日益加强，原先主要限于在民族国家范围内发展的国家垄断资本主义正日益明显地表现出同生产力发展不相适应的趋势。生产的国际社会化趋势的加强，要求国家垄断资本主义越出民族国家范围向国际范围发展，要求垄断资产阶级必须适应这种发展趋势，不仅在一国范围内，而且要在超越国家的国际范围内，对资本主义生产关系进行必要的调整。资本主义国家之间的经济和社会再生产过程的相互依赖程度的日趋加深，客观上要求它们不断地调整彼此之间的愈来愈复杂的经济关系，并通过各种不同的联合形式，包括经济一体化的联合形式，对日益国际化的经济生活和社会再生产过程进行集体的联合的干预和调节。这样，必然会加速资本主义各国的国家垄断资本的国际联合，并导致产生国家垄断资本主义的国际联盟。国家垄断资本主义在世界资本主义经济体系内向国际范围的发展，意味着垄断资本主义生产关系的一个重要组成部分也日益国际化。

现代资本主义条件下的资本国际化，不仅包括私人垄断资本的国际化，而且还包括国家垄断资本的国际化。私人垄断资本国际化和国家垄断资本国际化，归根到底，是垄断资本主义生产关系国际化的两个密切相连的重要方面。国家垄断资本国际化一经在私人垄断资本国际化的基础上发展起来后，它就会以愈来愈强大的力量推动和促进私人垄断资本国际化的迅速发展。

与私人垄断资本的国际联合一样，国家垄断资本的国际联合也不是第二次世界大战以后才出现的特有现象。还在战前，资本主义国家之间就曾缔结过小麦、糖、橡胶和其他原料的国际的国家垄断协定。这类协定虽然具有卡特尔协定的职能，并且是资本主义国家分割市场的一种形式，但是，它们同一般的国际卡特尔不同，其参加成员不是各国的私人垄断组织，而是各国的资产阶级政府。也就是说，这类协定不是私人垄断资本国际联合的一种形式，而是国家垄断资本国际联合的一种形式。需要指出的是，这一类具有卡特尔性质的国际的国家垄断协定，在战前没有获得广泛的发展。战后的情况发生了很大的变化。在国家垄断资本主义获得迅速发展的基础上，国家垄断资本的国际联合趋势也大大加强，其发展的广度和深度都是战前无法比拟的，同时资本主义各国的国家垄断资本的国际联合还表现出了一些新的形式。如果说，战前的国家在垄断资本的国际联合主要采取就某些商品缔结卡特尔性质的分割市场的协定，而且，一般说来，这类协定对各国社会再生产过程的影响还不大。那么，战后资本主义各国的国家垄断资本除了继续采取某些商品缔结双边和多边国际协定的联合形式外，还发展了在部门一级水平上甚至在国民经济一级水平上实行国际联合的形式，例如，1950 年代初，由法国、西德、意大利、荷兰、比利时和卢森堡等西欧六国共同建立的"欧洲煤钢联营"，就是在部门一级水平上实行国际联合的一种形式。根据各方共同签订的条约规定，"欧洲煤钢联营"的基本任务是在六国范围内建立煤钢共同市场，取消各种关税限制，调整运费率，调整价格，对生产进行干预等。西欧六国的煤钢共同市场虽然只包括煤钢两个部门的产品，但它是西欧有关国家实现经济一体化的前奏和重要步骤。"欧洲煤钢联营"面对的只是参加国的共同市场，对非参加国则采取根据经济形势的变化而制定的共同政策。"当市场情况恶化时，首先要削减从非参加国进口的煤钢数量，并进行其他的限制。"欧洲原子能联营"的建立增强了西欧六国煤钢垄断集团在共同市场范围内的垄断地位和竞争实力。"欧洲煤钢联营"是类似"欧洲煤钢联营"性质的一种国家垄断资本的国际联合形式。

1950 年代中期建立的欧洲经济共同体（或称欧洲共同市场）是西欧六国的国家垄断资本在国民经济一级水平上实现的国际联合，它是根据"欧洲煤钢联营"的原则，并在此原则基础上建立和发展起来的。欧洲经济共同体是国家垄断资本主义国际联盟的高级发展形式，也是国家垄断资本在国际范围内实现联合的新形式。国家垄断资本主义加速向国际范围发展，某些资本主义国家日益深入地卷入经济一体化的发展进程，必然为国家垄断资本的国际联合的发展创造十分有利的条件。战后时期，各个发达的资本主义国家，在资本主义世界范围内，特别是在西欧地区，除了广泛地以国家的名义缔结各种有关加强经济合作和科技合作的双边和多边协议外，还日益频繁地在某些有关部门联合建立资本分属于两国或两个以上国家共同所有的企业和各种机构（包括像欧洲投资银行这一类的金融机构）。这些由各国国家垄断资本联合建立的超国家的企业和机构的一个重要特点是，它们的资本所有权是由各个参加国共同分享的，由此就产生了一种新的资本主义所有制形式，即国家垄断资本的国际联合所有制。同私人垄断资本的国际联合所有制不同，国家垄断资本的国际联合所有制的主体不是各国的私人垄断组织，而是垄断资本集团利益的总代表资产阶级国家。如果说，私人垄断资本国际联合所有制的产生和发展反映了生产力发展和私人垄断所有制的民族界限之间的矛盾，那么，国家垄断资本国际联合所有制的产生和发展则表明一国范围内的国家垄断所有制的形式也显得愈来愈容纳不了生产力的发展了。总之，垄断资本的这两种国际联合所有制形式的产生和发展，都突出地反映了现代资本主义条件下生产力和生产关系的尖锐矛盾，反映了原先存在的各种资本主义所有制形式已愈来愈不适应生产力发展的客观要求。同时，新的资本主义所有制形式的产生和发展，也是垄断资产阶级为了力图适应生产力的日趋国际化而在垄断资本主义范围内调整生产关系的结果。如同私人垄断资本的国际联合所有制是私人垄断资本国际联合的最高形式一样，国家垄断资本国际所有制则是国家垄断资本国际联合的最高形式。随着生产和资本的进一步国际化，资本主义国家经济一体化进程继续加强，垄断资本的这两种国际联合所有制形式必将进一步获得发展。

二 资本主义经济一体化和国家垄断资本主义国际联盟的发展

经济一体化是战后资本主义经济发展过程中出现的一种新现象，它是资本主义世界生产力发展和国际分工加深的必然结果，它反映了一种客观发展趋势。资本主义国家经济生活的日趋国际化，以及它们之间经济交织的日趋加强，是经济一体化产生和发展的客观基础。资本主义经济一体化的特征是，不仅参加一体化的各个成员国的私人垄断组织之间通过缔结协议和资本的相互渗透参与分割市场，而且各个成员国之间也通过缔结各种形式的政府协议和实行各种形式的资本联合直接参与分割市场。如上所说，在实现经济一体化的过程中，某些发达的资本主义国家之间，既在部门一级水平上，也在国民经济一级水平上实现国家垄断资本的国际联合。由于这种规模的联合，参加一体化的成员国的整个国民经济都在不同的程度上被纳入了经济一体化的轨道。

某些发达资本主义国家参加经济一体化的目的，是试图通过各种不同程度的经济联合，在跨越国界的更大的范围内调整资本主义生产关系，扩大市场，使彼此的经济结构更加接近和适应，从而为商品的实现和社会再生产过程的顺利进行创造相应的有利条件。经济一体化虽然是资本主义世界一种客观发展趋势，但是由于种种因素的影响，迄今主要只是在西欧地区获得较为迅速的发展。为什么资本主义经济一体化首先而且主要是在西欧地区获得发展呢？一个最根本的原因就是，现代资本主义条件下的生产力的发展和狭窄的民族市场之间的矛盾在这一地区表现得最尖锐最突出，西欧的许多国家，疆域不大，市场相对狭窄，但经济发展水平较高，经济结构相近，相互之间的经济依赖较深。西欧国家的商品和劳务的进出口额在国内生产总值中所占的比重一直比美国要高得多。它们对国外市场的依赖程度都比较深。扩大市场和解决日益尖锐的现实问题是许多西欧国家的共同要求，也是促使西欧国家加速实现经济一体化的主要推动力。它们希望，通过实现经济一体化，在它们之间建立起一种比较稳定的经济联系和经济关系。此外，为了在经济上增强同美国的竞争能力，在政治上加强抗衡苏联的实力和地位，西欧的一些主要资本主义国家也都有实现经济一体化和政治一体化的要求。虽然在实现经济一体化的过程中，充满曲折，各参加国之间还存在着各种矛盾，但是，总的趋势是在朝着日益加强和扩大的方向发展。

作为国家垄断资本主义国际联盟的经济一体化有不同的表现形式，这些形式客观上反映了各个发达资本主义国家集团所实现的经济一体化的广度和深度。自由贸易区是资本主义经济一体化的初级形式。组成自由贸易区的各国之间虽然取消了相互经济关系方面的某些限制，但在执行内外政策方面则保持充分的独立性。1960年代初，由英国、瑞典、挪威、丹麦、瑞士、葡萄牙和奥地利等七国共同建立的欧洲自由贸易联盟，就是采取自由贸易区这种经济一体化的形式。这个联盟要实现的目标有限，它的职能仅限于对外贸易和市场方面。联盟的公约规定在工业品的相互贸易方面要取消关税和数量限制，但关税政策不涉及农产品，在联盟范围内，农产品的贸易方式应由各成员国之间相互签订双边协议来调节。同时，联盟各成员国对第三国不实行统一税率，没有统一的关税政策。对从第三国进口的商品均按本国的税率征收关税。这就是说，在联盟范围以外，各成员国可以奉行独立的贸易政策。欧洲自由贸易联盟虽然没有理事会，常设书记处以及税率、预算和贸易专家等委员会，但这些机构只起协商作用，无权在联盟范围内对各成员国的经济进行超国家的国家垄断调节。因此，欧洲自由贸易联盟是国家垄断资本主义的一种较为松散的国际联盟，并且是资本主义经济一体化的一种比较低级的发展形式。

同欧洲自由贸易联盟相比较，由西德、法国、意大利等六国在1950年代中期建立的欧洲经济共同体则是资本主义经济一体化的比较高级的发展形式。

　　欧洲经济共同体的目标不仅要建立关税同盟，而且试图在建立经济和货币同盟的基础上，最后建立政治同盟。根据西欧六国共同签订的"罗马条约"的规定，共同体建立以后，必须分阶段地逐步降低直至取消六国之间的所有货物的关税和类似关税的捐税；逐步废除进出口货物的数量限制；建立对不参加共同体的第三国贸易的统一的对外关税和贸易政策；允许商品、劳动力、劳务和资本的自由流通；制定共同的农业政策和运输政策，协调各成员国的社会立法和捐税立法；使其逐步趋于一致，等等。还在1960年代初，共同体成员国之间就取消了相互贸易的数量限额。到1960年代末又提前取消了共同体内部工业品相互贸易中的关税，实行工业品完全自由流通，对外实行了统一关税。此外，在实现商品、劳动力、劳务和资本的自由流通方面也取得了较大的进展。关税同盟和工业品共同市场的建立，以及在实施共同体的农业政策方面的进展，为共同体的进一步发展创造了有利的条件。由于消除了关税和贸易壁垒，刺激了投资的扩大，从而对生产发展起了促进作用。此外，在共同体范围内，根据共同制定的竞争规则，各国垄断组织之间利用一切可能的条件缔结关于建立共同价格、分割市场、交换专利、许可证等的垄断协定，并在生产和资本集中加强的基础上加紧对中、小企业的吞并。大垄断企业之间的合并也大大加强了。值得注意的是，1960年代以来，除了国家范围内的吞并和合并现象明显加强外，共同体成员国之间的私人垄断企业和国有垄断企业彼此的资本国际交织现象也表现得非常突出。西欧的一些实力日趋强大的现代国际托拉斯和康采恩，就是在这段时期里发展起来的。欧洲经济共同体的进展，也表现在成员国之间的贸易获得迅速扩大上。在共同体刚建立时，各成员国之间的相互贸易额只占它们全部贸易额的30%，到1972年这一比重已增长到50%左右。成员国之间贸易额的迅速增长，表明共同体内部的国际分工、生产的国际专业化和协作也获得了迅速发展。西欧六国结成国际的国家垄断同盟大大增强了六国垄断资本集团的经济实力，加强了在共同体内外同美国的竞争能力。1973年初，随着英国、爱尔兰和丹麦加入欧洲经济共同体，西欧的经济一体化发展又朝前迈进了一步。目前，欧洲经济共同体除了已经建立起关税同盟和工业品共同市场外，还在共同体内部实行了共同的农业政策，对主要农产品实施统一价格，基本上取消了农产品的关税，实现了农产品的自由流通。同时，还正式成立了"欧洲货币体系"，建立了欧洲货币基金。

同欧洲自由贸易联盟不一样，欧洲经济共同体内设置的超国家领导机构拥有较大的权力，它能在一定程度上对各个部门的再生产过程进行直接干预。如成员国共同拨出巨额费用来发展原子能，并建立各种专门的基金来支持和改组处于结构危机中的工业部门，改建农业企业和发展落后经济区，在一定范围内对投资进行调节等，这些措施所以能够付之实施，反映了在共同体范围内，国家垄断资本主义的国际联盟正在进一步加强和发展。

三 国家垄断资本主义国际联盟
发展的客观界限

国家垄断资本主义的国际联盟对于资本主义国家经济的影响是极其复杂的。一方面它通过对资本主义国际经济关系的局部调整，能暂时地在一定范围内适应生产力发展的要求，推动参加联盟的各国经济的发展，促进生产和市场的扩大，缓和建立在竞争和争夺基础上的联盟各国之间的关系。另一方面，国家垄断资本主义的国际联盟，并没有改变资本主义生产关系的性质和垄断资本统治的实质。由于国家垄断资本主义国际联盟的根本目的是为了维护资本主义制度和扩大垄断资本的剥削范围，因此，它的发展必然会进一步加深资本主义的基本矛盾和其他矛盾。在考察和分析国家垄断资本主义国际联盟和资本主义国家经济一体化的作用时，应摈弃两种片面的看法：一种是只看到它们的客观发展趋势，夸大它们调整资本主义生产关系的能力，无视它们本身所固有的矛盾，因而看不到它们在资本主义范围内发展的客观局限性；另一种是只看到它们的矛盾和发展的客观局限性，否认它们在资本主义范围内对生产关系尚有进行局部调整的能力，从而否认它们在现代资本主义条件下尚能在矛盾的发展中为生产力的发展提供一定的活动和回旋余地。

从 1950 年代中期以来，随着欧洲经济共同体的建立，西欧发达资本主义国家的经济一体化确实取得了一定的进展，地区性的国家垄断资本主义国际联盟，也已以较为稳定的形式固定下来。但是，西欧发达资本主义国家经济一体化的发展道路，包括欧洲经济共同体的发展道路是很不平坦的，往往旧的矛盾和困难尚未消除，新的矛盾和困难又接踵而来。以欧洲经济共同体为例，虽然建立了关税同盟，并在为建立经济和货币同盟方面有所前进，但距离共同体本身提出的经济一体化的目标还有一段漫长的道路。西欧九国所结成的国家垄断资本主义的国际联盟，虽然在共同体内部对调节彼此之间的经济关系和统一经济政策起一定作用，并加强了对生产过程的干预和对成员国再生产过程的影响，可是，到目前为止，联盟的主要调节活动仍然是在交换领域，而不是在生产领域。

生产力的发展、经济生活国际化趋势的加强、社会主义国家的存在和影响，以及民族解放运动的展开和发展中国家的兴起等，是促使资本主义国家在地区范围内加速实现经济一体化和建立国际的国家垄断联盟的客观因素，而资本主义各国的民族疆界的存在和垄断资本集团利益的对立，则是资本主义国家经济一体化深入发展和建立更密切的国际的国家垄断联盟不可逾越的障碍。要求资本主义各国完全放弃国界和主权，以及各国垄断资本集团放弃资本主义的弱肉强食的竞争原则，并在政治上和经济上完全溶为一体，那是不现实的。当资本主义各国在某些问题上具有共同利害关系时，它们可以支持和推动一体化的发展，并参与建立国际的国家垄断联盟，而当资本主义各国的利益以及各国垄断资本集团为了追逐垄断高额利润和某种经济政治利益而发生矛盾和冲突时，实现经济一体化的动力就会削弱和消失，它们结成的国际的国家垄断联盟就会削弱甚至瓦解。经济政治发展不平衡是资本主义的绝对规律，是资本主义各国矛盾加剧的客观基础，参加经济一体化和参与建立国际的国家垄断联盟的资本主义国家也不可能免除这一规律的作用和影响。资本主义国家的经济一体化和国家垄断资本主义的国际联盟是在资本主义基本矛盾日趋激化的基础上产生和发展起来的，它们虽然在一定时期内和一定范围内对缓和资本主义矛盾起一些作用，但从根本上来说，它们是以资本主义国家为单位，按资本和实力的大小参与从经济上瓜分世界的一种形式，因而最终会加剧资本主义的基本矛盾。从发展趋势来看，资本主义国家只可能在地区范围内实现不彻底的经济一体化和结成国家垄断资本主义的国际联盟，而不可能实现包括所有资本主义国家在内的世界范围的经济一体化和建立包括所有资本主义国家在内的国家垄断资本主义的国际联盟。

（原载《复旦大学学报》1980 年第 4 期）

论西方保守主义经济思潮兴起的 背景及其历史命运[*]

保守主义经济思潮的抬头和兴起，近年来在各西方国家是一个带有普遍性的现象，也是西方经济发展的一个值得注意的动向。保守主义经济思潮兴起的原因何在？它是纯粹出于历史的偶然，还是一种合乎规律的现象？当前西方世界的保守主义经济思潮是作为凯恩斯主义的对立面而出现于历史舞台的，它是否能使西方经济渡过难关，在 1980 年代出现一个像第二次世界大战后 20 年间那样的"繁荣"局面？

一

有的西方经济学者认为，无论是凯恩斯主义还是保守主义思潮的出现，都是人们主观意志的产物，都与客观经济条件无关；人们有了某种思想，造成舆论，就会形成一种经济思潮，影响政府的经济政策。这种观点是不正确的。历史唯物主义认为，社会存在决定社会意识，经济思潮也是由社会存在所决定的。某个经

---

* 本文是作者与仇启华、杨德明合著。

济学家所以会产生某种思想，归根结底是由客观经济条件决定的，而不是偶然的灵机一动的产物。

凯恩斯主义是垄断资本主义向国家垄断资本主义过渡时期的产物。资本主义的自由竞争必然引起生产集中，生产集中发展到很高的限度，必然产生垄断，使自由竞争的资本主义转变为垄断资本主义。垄断资本主义并没有解决资本主义的基本矛盾，即生产社会化同生产资料资本主义占有形式之间的矛盾，而是使这个基本矛盾更加尖锐化，其主要表现之一就是更为严重的周期性的生产过剩经济危机。1929—1933 年的大危机标志着资本主义照原来的样子已经维持不下去了，要求国家必须对经济生活进行干预。因为在这种情况下，国家不进行干预，就不可能缓和生产和市场之间的严重矛盾，不可能适当减轻资本主义生产的无政府状态，从而不可能使资本主义继续维持下去，这种客观经济过程促使一般垄断资本主义必然走向国家垄断资本主义。

这种客观进程，反映在经济思潮上就是自由放任主义的没落和凯恩斯主义的兴起。大家知道，当时在西方经济学界居统治地位的是以马歇尔为代表的所谓新古典派经济学，亦即旧正统派经济学。他们鼓吹资本主义自由竞争能自动地实现经济均衡发展的学说，鼓吹自由放任主义的经济政策思想，反对国家干预经济生活。这种理论，显然与当时垄断资产阶级的利益和愿望是背道而驰的。1930 年代的大危机，宣告了自由放任主义经济政策思想的破产。力主国家干预经济生活的凯恩斯主义就是在这样的历史背景下应运而生的。凯恩斯主义是在英国产生的，但在 20 世纪二三十年代，除了英国以外，在其他西方国家，都不同程度地出现了类似凯恩斯主义的经济思想。其中最典型的是瑞典的斯德哥尔摩学派和美国早期芝加哥学派。瑞典学派的经济学家在二三十年代致力于研究资本主义经济周期和失业问题，建立了动态经济学，并且在凯恩斯《通论》出版前就得出了与凯恩斯基本上相同的结论，即由国家通过宏观货币政策和宏观财政政策来干预经济生活的政策结论。早期芝加哥学派在1930年代初积极鼓吹国家调节经济的理论，这个学派的理论成了罗斯福"新政"的理论依据之一。所以，国家干预主义是二三十年代西方世界一种带国际性的经济思潮。这种思潮之所以产生并不是偶然的，而是国家垄断资本主义经济发展在经济思想上的反映。这种理论之所以获得了凯恩斯主义的名称，不过是因为凯恩斯的《通论》建立了"有效需求"理论，对国家干预主义的经济思潮作了系统的理论上的"论证"，给它披上了理论的外衣，因而博得了各国垄断资产阶级的欢迎，从而在第二次世界大战以后，取代了旧正统派，在西方经济学界上升为主流派。

如果说凯恩斯主义是在本世纪二三十年代国家垄断资本主义形成阶段的产物，那么，保守主义经济学派的兴起，则是在国家垄断资本主义进一步发展的条件下凯恩斯主义失灵的产物。第二次世界大战后的30多年，是西方国家垄断资本主义迅速发展的年代，这一发展的集中标志是各西方国家竞相推行凯恩斯主义经济政策，大力加强了对经济生活的国家干预。战后西方国家奉行凯恩斯主义政策，加强国家对经济的干预，产生了两方面的后果。一方面，这种政策在一定时期，一定范围内对西方经济的发展起了一定的推动作用。国家对科学研究的大量参与，促进了科学技术的发展；国家对经济的干预为扩大社会资本的积累提供了巨大的可能性；国家对新兴部门和"基础设施"的直接投资给了经济增长以巨大推动；得到国家力量支持的各国跨国公司在世界市场上的竞争，有力地推动着生产和技术的发展；国家对经济的调节，包括反危机措施、"计划化"等等，刺激着经济的增长，并在一定程度上缓和了生产和市场的矛盾，暂时地减轻了由于生产过剩而产生的周期性经济危机的严重程度，使生产在一定时期内可以得到较快的发展。因此，战后 30 年内，西方经济虽然发生了多次经济危机，但并没有爆发像 1930 年代那样大的危机。另一方面，这种政策从根本上来说并不能解决资本主义所固有的基本矛盾，相反，由于它进一步促进了生产的社会化，给西方垄断组织的扩张创造了十分有利的条件，使生产和资本加速集中到大垄断集团手中，因而使资本主义的基本矛盾更趋尖锐。特别应当指出，资产阶级国家对经济干预的实质在于用国家的力量人为地扩大市场容量或抑制生产，这样就抑制了经济危机自发地破坏生产力并使生产和市场的矛盾强制地得到缓和的机制，使生产能力超过市场容量的矛盾不断地积累起来，从而为更加严重的经济危机的爆发创造了条件。当西方经济学者为凯恩斯主义的"成就"兴高采烈的时候，马克思主义的经济学者就已指出了这一点。1973—1975 年间战后最严重的经济危机的爆发，证明了凯恩斯主义的失灵，这次经济危机虽然没有 1930 年代大危机那样猛烈，但它具有两个新的特征：一是经济危机后出现了慢性萧条，增长速度一蹶不振，直到今天仍是停停走走，看不到重新出现在 1950 和 1960 年代那样的迅速增长的前景；二是经济停滞同长期的严重的物价上涨和失业交织在一起，形成所谓"停滞膨胀"的局面，由于停滞和膨胀这两种病症的矛盾性质，使得凯恩斯主义者在这种病症面前感到难于应付。

随着正统凯恩斯主义的失灵，西方经济学界展开了一场大论战，在这场论战中，各种流派，各种理论，杂然纷陈。其中与凯恩斯主义分庭抗礼的保守主义经济思潮即新自由主义、货币学派、供应学派等就随之崛起。货币学派可以被认为是保守主义经济思潮的代表，它早在 1950 年代上半期即已抬头，但其兴盛则是 1960 年代中期以后的事，它是在西方经济从战后繁荣时期走

向停滞和衰退、凯恩斯主义从鼎盛时期走向衰落时期的历史背景
中兴起的。

二

目前，以货币主义为代表的经济政策的影响有日益增大之
势。这种情况，反映了西方世界为数相当大的一部分人对凯恩斯
主义的失望情绪，他们把当前西方经济的种种矛盾和困难归咎于
凯恩斯主义政策，归咎于政府对经济的过多的干预，寄希望于政
府经济政策的改变，寄希望于经济政策的自由化，从而寄希望于
一贯主张实行保守主义即自由化经济政策的货币主义等学派。

那么，货币学派能否成为左右西方经济政策的新的主流派
呢？西方经济政策是否会发生货币主义所预言的那样的自由化，
西方经济是否行将步入一个新的稳定发展的经济繁荣时期呢？为
了回答这个问题，我们首先要简略地考察一下货币学派的基本理
论和主要政策主张。

货币学派认为自由化市场机制无须借助于某种中央命令，即
能协调亿万人们的经济活动。它能传递经济信息，提供经济动
力，调节收入分配，是一种具有内部动力并能自动运行的机制，
只要有合适的经济条件，自由化市场经济即能自然而然地实现充
分就业和保持价格的稳定，并使经济持续增长。政府的职能就在
于为自由市场经济的有效运行创造和保持一个适宜的环境。货币
学派十分强调货币因素的作用，认为货币数量的增长率与经济增
长率之间存在着一种自然的比例关系，货币数量若低于这一自然
率，会造成经济萧条，货币数量若高于这一自然率，则会造成通
货膨胀。货币学派认为，当前西方经济停滞的根源在于实行凯恩
斯主义政策，这种政策一方面对经济生活横加干预，扰乱了经济

机制的自然运行，阻碍经济的增长，另一方面大搞赤字财政，货币数量过多，从而造成通货膨胀。货币主义学派根据上述理论，针对当前西方经济"停滞膨胀"的困境，提出包括三点主要内容的医治方案，即：

（1）按照经济增长率调整货币增长率，使货币按每年4%—5%的固定比率增加，制止货币数量的过度增加，以对付通货膨胀。

（2）精简政府机构，削减政府开支，降低税收，以增强对私人经济运转的动力和刺激。

（3）减少政府对经济生活的干预，实行经济政策自由化。对内取消凯恩斯主义的财政、货币政策，代之以上述控制货币量增长的货币主义的货币政策，对外取消对外贸易管制和固定汇率政策，代之以自由贸易和浮动汇率政策。货币主义的理论和政策主张并不是什么新的东西，它不过是旧正统派马歇尔经济学的继续和延伸。货币主义所主张的自由市场经济自动均衡论，货币数量论，自由贸易论，自由放任主义等，几乎都可以在马歇尔的《经济学原理》一书中找到。如前所述，马歇尔经济学在1930年代的大危机中宣告破产，而凯恩斯主义经济学正是通过批判马歇尔经济学而建立起来的。

货币主义的理论核心是强调自由竞争和市场经济的自动调节功能，这种理论是自由资本主义时代的产物。在现代资本主义条件下，自由市场经济均衡论已经是过了时的理论了。我们认为，货币主义的以反对国家干预经济为基本特色的经济政策主张，从根本上说是行不通的。因为：

第一，与生产社会化的客观要求相矛盾。战后，科学技术革命迅猛发展，生产和经济的社会化程度愈来愈高，各个行业各个地区之间的经济联系日益紧密，西方经济发达国家尤其如此，同时，国际经济联系也日益发展，客观上要求加强对经济的集中指导和调节。

第二，国家垄断资本主义发展的不可逆性使货币主义政策潜伏着巨大的政治经济危机。货币主义的经济政策主张概括起来就是四个字：缩源节流，即一方面减少税收，另一方面削减财政开支。但税收易减不易增，政府开支易增不易减。减少税收，皆大欢喜，固然容易办到，削减开支则会遇到种种困难。例如，目前国防开支不能缩减，而且还有增加的趋势。而采取缩小政府机构、用裁减政府雇员的办法来削减政府开支，减少对公共工程之类的财政拨款，削减社会福利开支，又会引起大量失业，降低广大人民群众的实际收入，遭到广大人民的抵制。这样，一方面减少了税收，政府收入下降，另一方面政府开支又降不下来，其结果，不是财政破产，就是通货膨胀。货币主义者一再指责的凯恩斯主义的赤字财政和通货膨胀就必然会降临到自己头上。

第三，实际货币主义的经济政策根本不可能摆脱政府对经济的干预。货币学派声称，他们并不反对一切形式的国家干预，除了由中央银行控制货币发行量以外，他们还主张把市场机制力所不及的事业，如国防、环境保护、基础设施的兴办等由政府负责，统筹办理，以便为市场经济的运行保证一个安全而良好的环境。这一点正是新自由主义同传统的自由主义不一样的地方，反映了新自由主义所处的国家垄断资本主义阶段的时代特点。但是，在科学技术高度发达和经济高度发展的今天，这几项事业的兴办和成功意味着什么呢？意味着要动用极其庞大的人力、物力和财力，意味着政府对经济、生活各个部门实行强有力的干预，这与货币主义所标榜的自由放任主义不是背道而驰吗？

三

值得注意的是，货币主义等新的经济学派对凯恩斯主义的挑战在1970年代末已从理论领域发展到实践领域。英国和美国，一个是凯恩斯主义的发源地，一个是最先全面实施凯恩斯主义经济理论的国家，现在恰恰又成了新的经济学派力图取代凯恩斯主义的试验场所。1979年5月，撒切尔夫人出任英国首相后，政府的经济政策已开始以货币主义理论作为主要依据。美国新总统里根进入白宫后，也已开始实施他所信奉的供应学派的经济理论。撒切尔夫人和里根总统在经济政策方面的大胆试验有很多相似之处，他们的主张和采取的措施在西方既吸引了各方面的注意，也引起了各方面的不同议论。支持的人认为，他们采取的大刀阔斧的经济改革和经济政策反映了一种"新潮流"，虽然在实施过程中会充满痛苦和困难，但只要坚持下去就会取得成功，就能抑制住通货膨胀，提高经济增长速度，摆脱"滞胀"；反对的人认为，他们的做法会进一步加剧通货膨胀，增加失业，从而使经济状况更加恶化。同时，也有相当一部分人持观望态度。

凯恩斯主义解决不了当前西方经济所面临的难题，货币学派等保守主义经济政策能解决吗？许多人都提出了这个问题。从撒切尔夫人上台后执行的经济政策所造成的英国经济的困难情况来看，前景是很难令人乐观的，里根总统面对的美国经济难题也是难以解决的。

撒切尔夫人和里根总统都主张减少政府对经济生活的干预，他们的经济政策的重点都是试图用大幅减税和大量削减政府开支等措施来摆脱目前经济中存在的低增长率、高通货膨胀率、高失业率和高利率等顽症。例如，撒切尔夫人刚接管政府时，就宣布一项以减税、削减政府开支、降低货币供应增长率等措施为主要内容的经济计划，并开始取消政府对工资、价格、股息和汇率的控制，推行"非国有化"政策。她认为，采取这些措施可以降低通货膨胀率，刺激储蓄和投资，创造就业机会和提高劳动生产率，从而可以使英国经济重新恢复活力和增强竞争力。但是，撒切尔夫人在执行这些经济政策和措施时，遇到的困难远远超过了她原先想象的程度，经过近两年的实验，英国的经济状况不仅没有好转，反而更加糟糕了。1978 年，英国的物价上涨率曾一度降回到一位数，1979 年 5 月撒切尔夫人上台时，物价上涨率虽已回升到 10.1%，但与 1970 年代中期相比还算是低的。1980 年，英国的物价上涨率重又上升到 15%。此外，1979 年第二季度英国的失业率为 5.5%，1980 年失业率却猛增到 8.7%，失业人数超过了 220 万。今年 1 月份失业数进一步增加到 240 多万人，失业率高达 10.1%，这是英国 1930 年代大危机以来失业率第一次达到双位数。1980 年，英国陷入了经济危机，国内生产总值和许多重要工业部门的生产都下降了。撒切尔夫人的经济政策已引起愈来愈多的人的怀疑和反对，其中包括原来支持她的一部分企业界人士和政府部门的成员。

有人认为，撒切尔夫人的经济政策之所以遭到挫折，是因为保守党政府犯了三个政策性错误：（1）不应该利用提高利率来控制货币供应量；（2）没有实现削减政府开支的保证；（3）没有实现大幅减税的诺言。从现象上看，这些批评都是有道理的，但是真正要实行以上那些政策和措施，绝不像批评者所说的那么容易。货币主义者指责英格兰银行只依靠高利率来控制货币供应增长率，而不把注意力直接集中在货币供应方面，结果利率提高了，货币供应的增长率却比原计划提高了一倍。可是，单纯采取紧缩货币的政策，不采取紧缩信贷的政策，不提高利率，能抑制通货膨胀继续发展吗？又如减税问题，撒切尔夫人原想通过减少个人和私人企业的税收负担来刺激经济和促进经济发展，可是后来发现由此造成的赤字太大，为了平衡预算，只好在减少某些税收的同时，增加另一些税收。至于削减政府开支，如前所述，说起来容易，做起来却是困难重重。在国内生产下降、失业人数大幅增加、消费物价迅速上涨、国营企业严重亏损的情况下，英国政府能采取什么有效措施来削减公共开支呢？要对付上述这些经济难题，又怎么能离开政府的干预呢？当然，任何事物的发展都不是笔直的，在某一时期内，可能由于某些因素的作用或采取某些经济政策使国家对经济生活的干预暂时有所削弱，但是所有这些都不足以改变国家干预经济的总的趋势。

撒切尔夫人的实验对里根总统来说至少可以起一种警告的作用，即不能把某些问题想象得太简单。美国当前面临的经济困难实在同英国太相似了。里根政府付诸实施的经济政策，与英国政府采取的政策在基本方面也没有什么大的区别。鉴于撒切尔夫人的实验很不顺利，许多人提醒里根政府在同通货膨胀做斗争时，必须采取一项能够同时兼顾到减税、削减公共开支和限制货币供应等各个方面的全面计划。里根在当选总统后曾对他的过渡班子的成员说："起跑要快。"现在看来，各个方面的步伐正在放慢。里根正式就任总统后立即宣布首先要采取行动对付国内的经济问题，并承认美国目前面临的经济困难比他原来想象的要严重得多。

政策是可以选择的，但它是受客观历史条件制约的。不管是货币主义政策，还是供应学派的政策，都不能脱离现实的资本主义经济发展。与凯恩斯主义强调刺激社会总需求的理论不一样，供应学派理论的重点是强调通过加强供给来促进私人部门的生产。尽管供应学派的经济学家反复说，减少个人所得税，会减少政府财政赤字，会减轻通货膨胀的压力，许多人仍然不相信在里根任职的第一年能同时实现大幅减税和大大压低通货膨胀率这两个目标。今年，一方面由于里根总统会继续采取紧缩的经济政策，成为一个限制物价上涨率提高的因素，另一方面，全面减税，对国内石油价格控制的取消，食品价格的继续看涨和庞大的预算赤字等，都是加剧通货膨胀的因素。面对这种情况，里根总统已对竞选时许下的诺言作了不同程度的修正。如原先允诺在1983 年平衡预算，现已推迟到他的任期的最后一年。又如，关于连续三年减税 10% 的计划，原订在今年 1 月 1 日生效，现已推迟到今年 7 月 1 日生效。里根总统在其就职典礼的演说中一方面要求美国人民恢复信心和希望，立即着手行动，开始建立"一个国家复兴的时代"；一方面又不得不承认，"前进的步子将是缓慢的——要用英寸和英尺，而不是用英里来衡量"。新任财政部长里甘在其上任前也直率地承认，"我们面临的非常严重的问题不是短期内造成的，也不会在短期内得到解决"。确实，无论是凯恩斯主义，还是货币主义和供应学派，不仅现在，即使将来也不可能创造出医治西方经济病症的速效良药。在 1980 年代，西方国家的经济增长率可能高于 1970 年代，但是不可能出现1950 和 1960 年代那样的"繁荣"局面。

（原载《世界经济》1981 年第 6 期）

资本国际化与现代国际垄断组织[*]

第二次世界大战后的一段时期内，国家垄断资本主义和科学技术革命曾是推动资本主义国家生产力迅速发展的两个重要因素。在此基础上，整个资本主义世界的生产和资本集中发展到了一个前所未有的高度。发达资本主义国家经济垄断化和生产社会化程序的急剧提高，大大加强了生产和资本的国际化趋势，使资本输出获得了新的特点，也使国际垄断组织从经济上瓜分世界的方式有了新的发展。

一　资本国际化的实质及其主要发展趋向

在资本主义制度下，生产力的发展，生产规模的扩展，必定会引起资本的积聚和集中。随着生产社会化超越国界向国际范围发展，生产国际化的趋向日益明显，与此同时，资本也日益越出国界，以国际领域作为自己的活动舞台。

马克思在研究资本主义生产方式产生、发展和衰亡的运动规

　　* 此文获得孙冶方经济科学 1984 年度论文奖。

律时，揭示了资本具有国际化发展趋势的内在本质，指出这一趋势是同资本竭力占有和扩大剩余价值密切联系的。列宁详尽地研究了资本主义发展到帝国主义阶级后的生产和资本国际化的表现，具体分析了在资本输出获得迅速发展的同时，资本家垄断同盟开始从经济上分割世界，从而揭示了帝国主义时期生产和资本国际化的主要发展趋向。

在资本主义发展过程中，生产国际化和资本国际化是同一发展过程中两个密切联系着的现象，是一个既包括生产领域活动也包括流通领域活动的经济联系的整体。同时，生产国际化和资本国际化又不能混同，它们各自反映了同一过程的两个不同的方面。生产国际化主要表现为生产力的发展突破了民族和国家疆界的范围，从而开始了生产国际社会化，即各国的社会再生产日益交织的过程。资本国际化则主要反映各国的资本循环和周转，包括资本的货币形态、生产形态和商品形态愈来愈国际化，资本主义世界范围内资本主义生产关系日趋国际化的过程。在资本主义条件下，生产国际化和资本国际化的日益加强的趋势是同时并进和互相促进的，生产国际化是资本国际化的发展基础，资本国际化是生产国际化的发展动力。

生产和资本国际化的趋势并不是资本主义发展到垄断资本主义阶级以后才产生的特有的经济现象。早在自由竞争占主导地位的资本主义时期，生产和资本就表现出了国际化的发展趋向。马克思、恩格斯曾指出："不断扩大产品销路的需要，驱使资产阶级奔走于全球各地。它必须到处落户，到处创业，到处建立联系。资产阶级，由于开拓了世界市场，使一切国家的生产和消费成为世界性的了。"[1] 斯大林也说过："资本主义的发展早在前一

---

[1] 马克思、恩格斯：《共产党宣言》，第27页。

世纪就呈现出一种趋向：生产方式和交换方式国际化，民族闭关自守状态消灭，各民族在经济上接近，广大领土逐渐联合成一个相互联系的整体。"① 可见，生产和资本国际化是资本主义社会经济发展的客观历史进程。这一进程最初是通过国际分工的加深和国际交换的发展表现出来的。随着主要资本主义国家完成了产业革命和奠定了大工业生产的基础，一种与之相适应的新的国际分工形成了，世界市场也随之迅速扩大。从 19 世纪起，资本主义列强开始在殖民地和附属国兴建铁路，发展采掘工业，交通运输不仅在经济发达的资本主义国家，而且在经济落后的亚非拉地区和国家也获得了迅速的发展。到了 19 世纪末和 20 世纪初，随着生产力和科学技术的迅速发展，资本主义过渡到了帝国主义阶级，垄断成了帝国主义最深厚的经济基础，资本主义生产方式在世界范围内取得了统治地位，世界资本主义经济体系最终形成了。它意味着金融资本的统治已扩展到了世界的每一个角落，资本主义已发展成为一个囊括广大殖民地和附属国在内的殖民压迫和金融扼制的世界体系。如果说，在自由竞争占统治地位的资本主义时期，商品输出在国际经济关系中具有决定性的意义，那么，垄断资本主义阶段最重要的经济特征之一是资本输出。在第一次世界大战前夕，英、法、德三个主要资本主义国家的国外投资总额已达 440 亿—480 亿美元，随着资本输出的增加，随着各国大垄断组织的国外联系和殖民地联系的扩大，以及它们的势力范围的扩张，国际垄断组织特别是卡特尔形式的国际垄断组织获得了迅速发展。列宁曾明确指出，国际卡特尔是资本国际化的最明显的表现之一。

尽管从 1890 年到 1914 年，资本输出增长很快，国际投资增

① 《斯大林全集》，第 5 卷，第 149 页。

长了两倍多，但是在资本输出总额中，借贷资本和证券投资占的比重很大，而直接在国外建厂生产的投资比重则很小。1914年，真正生产性的私人直接投资在全部私人长期资本输出总额中所占的比重只有10%。而且主要资本主义国家对外投资多半集中在自己的殖民势力范围内，它们彼此之间的资本渗透的规模不大。与此同时，一些国家的大垄断组织的业务活动虽已越出国界，具有国际性，并增加了在国外的直接投资，如美国的福特汽车公司，本世纪初就已在加拿大、英国建立了直接由自己控制的企业。英国在它的殖民地也创办了一批采掘工业企业。不过这种在一系列国家中拥有自己分、子公司的托拉斯和康采恩型的国际垄断组织在当时还不占主导地位，它们在世界工业总产值中所占的比重还很小。这一时期对世界经济和世界市场有重大影响的是卡特尔型的国际垄断组织。参加国际卡特尔的各国垄断组织主要是通过缔结价格和销售协定来参与分割世界市场的。也就是说，国际卡特尔主要是在流通领域内按照协定来调节各参加者的销售活动。与单纯的国际贸易联系相比，国际卡特尔确实反映了生产和资本集中的更高阶级，反映了生产和资本国际化有了进一步的发展，但是，国际卡特尔反映的还不是生活过程本身的国际化。

在两次世界大战之间，资本输出的增长速度比较缓慢。资本输出的绝大部分仍采取借贷资本和证券形式。而且大部分资本仍投放在亚非拉殖民地和经济不发达地区。美国在资本输出国中的地位虽然明显提高了，但英国仍然是当时最大的资本输出者。在世界市场上，托拉斯和康采恩型的国际垄断组织数量虽有增加，影响也有扩大，但居主导地位的仍是国际卡特尔，各国大垄断企业的生产过程的国际化尚未获得普遍和充分的发展。这表明，在此期间，生产和资本的国际化进程主要仍然表现在流通领域。

第二次世界大战后，特别是从 1950 年代起，发达资本主义国家先后普遍兴起的科学技术革命使生产力获得了极大的发展，生产和资本的国际化趋势急剧加强了。具体表现为：在国际分工和世界贸易迅速发展的同时，资本输出特别是私人直接投资的规模空前扩大，托拉斯和康采恩型的国际垄断组织逐步取代国际卡特尔而在世界市场上处于主导地位。它们的生产过程和生产活动日益跨越国界，具有愈来愈明显的国际性。与战前的情况不一样，现在不仅商品和货币流通过程的国际化程度进一步提高了，生产过程的国际化程度也显著加强了。表现得最明显的是，在生产国际专业化和协作大发展的基础上，以跨国公司和多国公司形式出现的现代国际垄断组织的生活和资本的国际化水平迅速提高。此外，发达资本主义国家社会再生产过程的相互交织和相互依存的关系也由于彼此加强了资本渗透而愈来愈密切。这些现象表明，构成社会再生产过程的各个主要环节，从生产、流通、分配一直到消费的国际化趋势愈来愈加强，资本主义世界的生产和资本国际化已发展到了一个新的高度。

二　国际卡特尔的作用相对下降

众所周知，资本家垄断同盟开始从经济上瓜分世界，是 20 世纪初资本主义发展到帝国主义阶段的重要特征之一。列宁在一系列有关著作中，揭示了各主要资本主义国家的垄断组织为了攫取垄断高额利润，利用各种手段把自己的垄断统治从国内扩展到国际的基本趋向。列宁着重分析了当时国际经济生活中最常见和最有影响的资本家垄断同盟国际卡特尔，认为这是全世界资本集中和生产集中的一个新的阶段，并把这种现象称做是"超级垄断"。

国际垄断同盟的产生和发展，是资本国际化最明显的表现之一。根据传统的观点，国际垄断同盟或国际垄断组织的主要形式有卡特尔、辛迪加、托拉斯和康采恩。从 20 世纪初起到 1940 年代为止，国际卡特尔一直是帝国主义国家垄断资本集团从经济上瓜分世界市场所采取的最普遍的形式。据估计，1938—1939 年，西欧约有 1200 个国际卡特尔，当时，40% 以上的世界贸易是由国际卡特尔或具有卡特尔职能的国际组织控制的。国际卡特尔在世界经济生活中的主导作用和在世界市场上的垄断地位是十分明显的。

一般说来，国际卡特尔的成员都是某一个国家某种商品或某个部门的主要生产者。参加国际卡特尔的各国垄断组织在生产、销售和法律上仍然保持独立性，通过缔结包括分配销售市场、规定价格、规定生产和销售定额、实现商品的条件等在内的协议，以达到限制竞争和保证参加者获取垄断高额利润的目的。它们彼此之间的主要联系纽带是市场和价格协定。由于国际卡特尔不是一种直接的生产联合，它既不触及参加者的资本所有权，也不涉及参加者的经营自主权，因此，各国垄断组织之间的卡特尔式的联合，不是资本所有权的直接联合，这种联合不会导致产生私人垄断资本的国际联合所有制。

国际卡特尔并没有消除竞争，它只是改变了竞争的形式。在卡特尔内部，各个参加者之间都为自己能分配到更有利的市场，以及更多的生产和销售份额而展开激烈争夺。为了有效地控制和垄断销售市场，国际卡特尔对自己的竞争者或局外企业往往采取一切可以采取的扼杀手段。

国际卡特尔建立后并不是一成不变的，随着参加者之间资本和实力对比的变化，就会要求按照新的力量对比重新分割市场，重新分配生产和销售份额，有的国际卡特尔由于参加者之间争夺激烈而宣告瓦解。

第二次世界大战后，传统的卡特尔型的国际垄断同盟已不像战前那样普遍了，它们在资本主义国际经济关系中所占的地位也不像战前那样突出了。

首先，生产和资本国际化趋势的加强，托拉斯和康采恩型的国际垄断组织的迅速发展，是造成传统的国际卡特尔在世界资本主义经济生活中作用相对下降的一个重要因素。国际卡特尔调节的主要是流通领域，而国际托拉斯和国际康采恩的调节范围则扩大到生产和流通等所有领域，它们在某种程度上更适应当代生产力发展的客观要求。

其次，在科学技术革命的强大影响下，资本主义国家的经济结构，包括生产和贸易结构都发生了很大的变化。国际分工和生产国际专业化的发展，各国垄断组织的生产日益趋向国际化和多样化，使得利用传统的卡特尔协议来分割市场变得愈来愈困难，从而使各国垄断组织对参与严格的由卡特尔协议来调节销售的兴趣大大减退。

再次，现代垄断资本主义条件下的竞争的一个重要特点是，非价格因素的作用增强了，价格调节的作用削弱了。在争夺世界市场的斗争中，各国垄断组织已愈来愈重视非价格因素在竞争中的重要作用。

但是，传统的国际卡特尔的地位和作用的相对下降，并不等于国际卡特尔已经不再是现代国际垄断组织的一种重要形式了。有一种观点认为，战后时期，国际卡特尔在世界经济生活中已处于无足轻重的地位，这种看法也是片面的。同战前传统的国际卡特尔相比，战后的国际卡特尔具有一系列新的特点。例如，战后大部分国际卡特尔协议都采取隐蔽和秘密的形式，"君子"协定就是一种秘而不宣的卡特尔形式。另一些由各国垄断组织共同创办的为特定目的服务的研究机构，实质上也是一种隐蔽的国际卡特尔。又如在国际卡特尔协定中，传统的卡特尔作用缩小了，但各国垄断组织之间缔结的具有卡特尔职能的交换专利和许可证协定的数量却大大增加了。它们之间关于科学技术合作、生产专业化和协作的协定的数量也在迅速增加。此外，国际卡特尔同其他形式的国际垄断组织绝不是互相截然排斥的，在许多情况下，它们是相互补充的。最大的国际托拉斯和康采恩之间往往以各种形式缔结从经济上瓜分世界的卡特尔协定。这一类的国际卡特尔协定不仅战前很普遍，战后仍然起着重要作用。在当代国际经济生活中，影响最大的国际石油卡特尔就是一个最典型的例子。参加这个国际卡特尔的七个成员是美国的"埃克森"、"莫比尔"、"德士古"、"海湾"和"加利福尼亚美孚"等五家大石油公司，以及"英荷壳牌石油公司"和"英国石油公司"。这些石油公司都是一些最大的国际康采恩，长期以来，它们实际上垄断了资本主义世界的石油市场。所有这些都证明，战后时期，虽然由于各种因素的作用，传统的国际卡特尔的地位有所下降，但它们在世界经济和政治生活中仍然具有重要意义。各国垄断资本集团正在适应新的变化了的条件探索和利用一些对自己最有利的分割世界市场的新的卡特尔形式。

三　现代国际托拉斯和康采恩的崛起

1950 年代中期以后，当代垄断资本主义发展进程中出现的一个新的现象是，资本主义世界的国际垄断组织不仅在数量、规模、生产结构、技术、经营范围和管理组织方面，而且在所有制的形式方面也发生了一些重要的变化。最引人注目的是，西方称之为跨国公司和多国公司的新型国际垄断组织获得了极为迅速的发展，[①] 并逐渐取代国际卡特尔成为主要资本主义国家的垄断资本集团争夺销售市场、投资场所和原料产地的主要工具。

资本、生产、劳动力、科技力量和其他资源的高度集中，是跨国公司和多国公司最重要的特征。跨国公司和多国公司的迅速崛起及其在世界经济和政治生活中作用的急剧增长，标志着资本主义世界的生产和资本集中发展到了一个新的阶段，资本主义国家的经济垄断化以及生产和资本国际化的进程获得了新的重大发展。

关于跨国公司和多国公司的实质和定义，看法很不一致。一些西方经济学家把它比喻为"超越国家与文化褊狭束缚的新型世界公民"，说它能建立起一种"新的世界秩序"，是"改变社会结构的中心力量"等等。这些看法完全掩盖了资本主义世界跨国公司和多国公司的垄断和剥削实质。为了说清问题，这里有必要对西方经济学家关于跨国公司和多国公司的定义进行简要的分析。

资产阶级经济学家关于跨国公司和多国公司的定义极为繁杂。比较普遍的一种观点是强调在多少国家中拥有分、子公司。最有代表性的是联合国跨国公司中心研究报告所下的定义。按照这个定义，跨国公司和多国公司"适用于凡是在两个或更多国家里控制有工厂、矿山、销售机构和其他资产的企业"。[②] 另一

---

① 在西方出版物中，跨国公司和多国公司的名称最初是混用的，它们所表述的含义是相同的。近年来，这两个概念逐渐有所区别。1973 年联合国秘书处经济社会事务部发表的一个报告中曾使用多国公司的名称；1978 年，该机构发表的作为前一个报告补充的另一个报告中则改而统一使用跨国公司的名称。

② 联合国跨国公司中心：《世界发展中的跨国公司：再考察》1978 年，第 158 页。

种观点是强调国外分、子公司在整个公司体系中所占的业务比重。具体地说，就是要看国外分、子公司的销售额、产值、资产、雇用人数等在公司全部销售额、产值、资产、雇用人数中所占的比重。有的人认为，必须有 25% 或者更多的国外业务份额的公司才能称为跨国公司。再有一种观点是强调股权拥有、管理控制权和经营管理特点，认为只有面向世界市场，由一个管理中心控制和调节，并实行"全球经营战略"的企业才可称为跨国公司。还有一种观点是强调要看综合指标，即要确定一家公司是否属于跨国公司和多国公司，必须综合考察公司的规模、地域分布、活动性质、国际业务比重、经营战略和管理特点等。

上述这些定义以及没有在此一一列举的其他定义，虽然各自从不同的方面反映了跨国公司和多国公司某一方面的特点，但是，总的说来，这些定义都是只着眼于从现象上勾画特点，而对跨国公司和多国公司内含的垄断、扩张、掠夺和剥削的本质很少触及或者完全避而不谈。即使单纯从词义上来考察，也可以发现这些定义存在着一些与实际情况不符的严重缺陷。

例如，倘若以联合国跨国公司中心研究报告的定义作标准，必然会人为地夸大跨国公司和多国公司的数目，把一些在国外拥有少量分、子企业，规模又不大的公司都算作跨国公司。联合国跨国公司中心的专家关于资本主义世界在 1970 年代中期估计有一万多个跨国公司的数字就是根据这种标准计算出来的。实际上，真正有实力参与从经济上瓜分世界，并在世界经济和政治生活中占有举足轻重地位的跨国公司和多国公司只有几百家，最多不过上千家。联合国跨国公司中心自己公布的资料也证明，在被其列为跨国公司的一万多个公司中，占总数不到 5% 的 400 多个最大的公司就拥有所有公司在国外子公司和对外投资总数的3/4。可见，绝大多数有国际业务活动的公司只是处于一种从属地位，它们不能算作是真正意义上的跨国公司和多国公司。

同样，机械地用国外分、子公司在整个公司体系中所占的业务比重来作为衡量跨国公司的标准也是不足取的。诚然，战后时期，特别是近一二十年来，各发达资本主义国家的一些最大公司的国外业务在整个公司体系中的比重普遍有增长的趋势；但是，迄今为止，资本主义世界最大的工业公司中，仍有一些公司的国外销售额在公司总销售额中所占比重不到25%。例如，1976年，在资本主义世界最大的工业公司中名列第二位的通用汽车公司的总销售额约为472亿美元，国外销售额的比重占总销售额的24%，即达110亿美元。同年，在这些最大的工业公司中名列第18位以后的公司，没有一家总销售额是超过100亿美元的，即使这些公司的国外销售额比重再大，从总量上来说，也达不到通用汽车公司的国外销售额。① 在这种情况下，如果不考虑国外销售额的绝对量，而只是机械地用国外业务比重来衡量一家公司是否属于跨国公司，那就会人为地把通用汽车公司排除在跨国公司的行列之外，这显然是不合适的。

由于资产阶级经济学家不敢触及跨国公司和多国公司的经济实质，因此，他们对跨国公司和多国公司提不出一个比较严格的科学的定义。

按照马克思主义的观点，用马克思主义政治经济学的术语来表述，西方出版物中提到的跨国公司和多国公司，实际上就是资本主义世界一些财力雄厚，规模巨大，技术先进，经营方式灵活，分、子公司和业务活动遍及世界各个地区和国家的，以追逐垄断高额利润为目标的现代国际托拉斯和康采恩。这些活跃在资

---

① 联合国跨国公司中心：《世界发展中的跨国公司：再考察》1978年，第288页。

本主义世界的新型国际垄断组织，有一些是战前就已存在的国际托拉斯和康采恩。战后出现的跨国公司和多国公司就是在此基础上发展起来的，它们之间有着极为密切的继承关系。但是，跨国公司和多国公司又不是战前已经存在的国际托拉斯和康采恩的简单的继续，它们无论在内容和形式上都有了新的发展，它们是生产国际化和资本国际化发展到新阶段的产物，是现代的国际托拉斯和康采恩，就其经济实质来说，它们是主要资本主义国家的垄断资本集团在现代条件下从经济上对外扩张和瓜分世界的主要工具。

现代国际托拉斯和康采恩，是在战后资本主义世界的生产力和生产关系体系发生深刻变化的影响下发展起来的。具体说来，推动和促使现代国际托拉斯和康采恩迅速发展的因素主要有以下几个方面：

1. 发达资本主义国家从五十年代以来先后迅速展开的科学技术革命，大大加强了生产和资本国际化的趋势，深化了发达资本主义国家之间的国际分工，加强了现代国际托拉斯和康采恩内部，以及它们相互之间的生产国际专业化和协作。一些大垄断组织日益频繁地利用它们在某些部门的垄断优势，通过对外直接投资，在世界各个地区和国家建立分、子公司和其他附属机构，并把这些遍布世界各地的分、子公司网组成一个统一的互相密切联系的有机整体，使自己变成规模巨大的在资本主义世界生产某一方面占有垄断地位的国际托拉斯和康采恩。科学技术革命极为有力地加强了资本主义生产和管理体制的国际化，为现代国际托拉斯和康采恩的活动奠定了新的物质技术基础。在现代垄断资本主义的条件下，生产力的发展一方面使劳动社会化进一步向国际化的方面发展，一方面则使资本主义国际分工具有愈来愈细的趋势。这些趋势在现代国际托拉斯和康采恩的生活活动中都表现得非常突出。科学技术革命对资本主义垄断企业的生产、技术和组织管理结构的变化也产生了重大的影响，并使国际生产迅速发展。由于电子计算机以及现代运输和通讯工具得到了广泛的发展和应用，使现代国际托拉斯和康采恩有可能在世界各个地区和国家有效地组织生产和销售活动，并使它们的调节中心有可能集中灵活地管理和指导分布在国外的分、子公司的业务活动。

2. 国家垄断资本主义的充分发展大大加速了私人资本的集中和积聚过程，促进了生产和资本的国际化。战后时期，各主要资本主义国家的私人垄断资本以极大的规模和极快的速度向国际范围扩展，一些大垄断组织的业务经营范围进一步超越国界，面向全球，这是与国家垄断资本主义迅猛发展同时发生的过程。显然，如果没有得到作为总垄断资本家身份出现的资产阶级国家的扶植和支助，现代国际托拉斯和康采恩是不可能获得如此迅速发展的。例如，资产阶级国家利用掌握在自己手中的强大的财政、信贷和技术等力量，采取各种措施鼓励私人垄断资本对外扩张，并为促使本国的垄断组织真正成为具有高度竞争能力的国际垄断组织排除障碍和扫清道路。在资产阶级国家所采取的措施中，较重要的有保障对外投资、放松对资金流动的限制、提供各种财政补助、拨给科研经费和提供税收优惠等。有的资产阶级国家同时采取鼓励输出和引进资本的措施；也有的为了保护本国垄断资本利益，有意采取限制别国国际托拉斯和康采恩进行扩张活动的措施。一些主要资本主义国家还经常以"援助"为名，替本国的国际垄断组织向发展中国家扩张开辟道路。

3. 1950 年代中期以来，竞争的加剧使主要资本主义国家之间加强了资本的相互渗透，从而加速了现代国际托拉斯和康采恩的发展。发达资本主义国家之间相互加强资本渗透也是生产和资本国际化趋势加强的一个重要表现，迄今为止，国际托拉斯和康采恩主要是工业发达的资本主义国家的产物，是它们彼此用来进行资本渗透和扩张，以及占领销售市场的最重要的工具。与战前不同，工业发达的资本主义地区和国家在战后已成为垄断资本集团对外进行私人直接投资的主要场所，同时，这些地区和国家也是国际垄断组织分布最广和活动最频繁的地方。国际托拉斯和康采恩同以分割销售市场为目标的传统的国际卡特尔不一样，它们主要通过直接投资，在资本输入国的腹地办企业、建工厂、广设分支机构，就地组织生产，就地进行销售。因为，这样可以不受关税壁垒的障碍，直接占领当地的销售市场。近二三十年来，资本主义世界的一些国际托拉斯和康采恩，就是在加强对工业发达地区和发展中国家的私人直接投资的基础上迅速发展起来的。

四 现代国际托拉斯和康采恩的两种重要形式

现代国际托拉斯和康采恩主要有两种形式，即跨国公司和多国公司。

关于国际托拉斯和康采恩的概念如何理解，跨国公司是不是现代国际托拉斯和康采恩，国内外学术界还存在着不同的看法。有的学者认为，列宁在论述资本家垄断同盟分割世界时，没有把拥有别国资本的民族垄断组织算作国际垄断组织，他们强调，国际托拉斯和康采恩的核心必须是由两个国家或两个以上国家的垄断资本家共同组成的，如果托拉斯和康采恩的核心由一国垄断资本家组成，那么，尽管业务经营是国际性的，仍然只能算是民族托拉斯和康采恩。根据这种见解，他们认为，应该从所有制和资本所有权的角度出发，把跨国公司和多国公司区分开来，即那些资本主要属于一国垄断资本家所有的可称为跨国公司，而资本由两个或两个以上国家垄断资本家共同占有的则应称为多国公司。依此推论，跨国公司应属民族垄断组织，不能算作是国际托拉斯和国际康采恩，多国公司才是国际托拉斯和国际康采恩。

我们认为，从所有制和资本所有权的角度出发，把跨国公司和多国公司区分开来是十分必要的，但是，简单地以所有制的形式和资本的国籍作为确定其是否属于国际垄断组织的标准是不妥当的。

为了确切揭示国际托拉斯和康采恩概念的实质和含义，首先应该有一个科学的方法论前提。特别重要的是，对于列宁的有关论述应作全面的理解，不能把列宁在不同场合强调的各个方面互相对立起来。例如，有一种观点认为，列宁在《帝国主义是资本主义的最高阶段》这一著作中，虽然详尽地描述了美国、德国和其他资本主义国家的托拉斯之间为在经济上瓜分世界而相互结成国际卡特尔的情景，但是并没有把这些资本主要属于一国垄断资本家所有的托拉斯看做是国际托拉斯。这种看法是值得商榷的。

第一，列宁在上述著作中确实没有直接论述需要具备哪些条件的托拉斯才能算作是国际托拉斯。但是，列宁在谈到美国和德国的两个电力托拉斯的巨大经济实力时曾指出，"要同这个实际上是统一的，支配着几十亿资本的、在世界各地有'分支机构'、代表机关、代办处以及种种联系等等的世界托拉斯竞争，自然是十分困难的"。① 从这段引文中可以看到，列宁确实认为，通过签订国际卡特尔协定而参与瓜分世界的美国通用电气公司和德国电气总公司是"世界托拉斯"。我们认为，这里所指的"世界托拉斯"也就是国际托拉斯的另一种表述。

---

① 《列宁选集》，第2卷，第790页。

　　第二，列宁在《再论修改党章》等有关著作中，明确指出：
"国际托拉斯已开始从经济上瓜分世界"①。这里所说的国际托拉
斯显然是指资本主要属于一国垄断资本集团所有的托拉斯，因为
在20世纪初，资本属于两个或两个以上国家垄断资本集团共同
占有的国际托拉斯还是极个别的现象。可见，那种认为列宁没有
把资本主要由一国垄断资本家占有的托拉斯看做是国际托拉斯的
观点是缺乏根据的。

　　基于以上理由，我们认为，区别民族托拉斯和康采恩同国际
托拉斯和康采恩的主要标准，不是看它们的所有制形式和资本的
国籍，而是看它们在参与从经济上瓜分世界时所占的地位和所起
的作用。凡是有经济实力参与瓜分世界，并在世界市场上居垄断
地位和起举足轻重作用的托拉斯和康采恩，不论是资本主要属于
一国所有，还是属于两国或两个以上国家所有，都应看做是国际
托拉斯和康采恩。当然，注意从所有制的形式和资本的国籍来区
分资本主要属于一国垄断资本家所有和控制的国际托拉斯和康采
恩，以及资本属于两国或两个以上国家共同占有和控制的国际托
拉斯和康采恩是十分必要的，因为这对深刻揭示现代垄断资本主
义的经济实质及其矛盾发展是有重要意义的，但不能以此作为认
定它是否属于国际托拉斯和康采恩的主要标准。

　　国际托拉斯和康采恩是在垄断资本主义条件下获得迅速发展
的，而生产资料的私人垄断资本主义所有制是在股份公司基础上
发展起来的，国际托拉斯和康采恩又是在股份资本国际化的基础
上获得发展的。第二次世界大战后，随着生产和资本国际化趋势
的加强，主要资本主义国家的一些大垄断公司在世界某些地区的
证券交易所中出售股票的业务活动比战前明显扩大了，这样就使

---

① 《列宁全集》，第24卷，第426页。

股票持有者更加分散和更加国际化了。据统计，1975 年，美国 220 家销售额在 10 亿美元以上的大公司中，有 80 家是在国外的国际证券交易所里挂牌出售股票的。另外，根据对西欧、日本和加拿大的 105 家大公司的调查，其中有 74 家在国外出售股票。①这些在国际证券交易所出售股票的大公司，几乎全部是在资本主义世界各地有大量分、子公司和广泛业务活动的现代国际托拉斯和康采恩，如埃克森石油公司、通用汽车公司、福特汽车公司、国际商用机器公司、国际电话电报公司等美国最大的也是资本主义世界最大的一些跨国公司，都普遍在西欧的巴黎、布鲁塞尔、法兰克福和阿姆斯特丹等大城市的证券交易所出售股票。当然，它们在国外出售的股票只占公司全部股票的很小比例。一般说来，股份资本的这种国际扩散不会导致公司的主要资本所有权发生重大改变。因此，就目前绝大多数国际托拉斯和康采恩来看，它们的资本所有权主要是属于一国垄断资本集团的。这种就其资本所属来说主要是一国的，而其利益和经营活动范围则是国际性的跨国公司，是现代国际垄断组织最普遍的也是最主要的形式。虽然跨国公司的部分股票为其他国家的资本家所持有，但资本所有权和企业管理权仍由一国垄断资本家所控制，因此，它并没有形成私人垄断资本的国际联合所有制。

现代国际垄断组织的另一重要形式，就是国内外部分学术界人士所称的多国公司。它们的特点是，不仅利益和经营活动范围是国际性的，而且资本也是属于两国或两个以上国家的垄断资本家共同占有和共同控制的。由于资本的这种国际结合，产生了真正意义上的私人垄断资本的国际联合所有制。这种联合所有制在

---

① 联合国跨国公司中心：《世界发展中的跨国公司：再考察》1978 年，第 163—165 页。

20 世纪初已经出现，在第二次世界大战后获得了重大发展。目前，除了战前就已存在的英国和荷兰资本联合经营的英荷壳牌石油公司和尤尼莱弗公司外，西欧国家的垄断资本集团从 1960 年代以来，又先后建立了一些新的国际联合所有制的国际托拉斯和康采恩。如在摄影器材方面进行资本直接联合和企业跨国合并的有西德的矮克发股份有限公司和比利时的格维特照相器材公司；在汽车工业方面，进行联合和合并的有意大利的菲亚特和法国的西特罗汽车公司；西德的联合飞机制造公司同荷兰的福克飞机公司合并成为福克联合飞机公司；英国和意大利的橡胶巨头邓录普和皮雷利，以及西欧各国的其他一些同行业的大公司，为了增强自己在国际市场上的垄断地位和竞争能力，也进行类似的联合和合并。

应该着重指出，与国际卡特尔不同，在多国公司体系内，不仅在销售方面，而且在生产和资本方面实现了直接结合。这样就引起了垄断资本所有制形式的变化，即产生了私人垄断资本的国际联合所有制。这种多国公司型的国际托拉斯和康采恩，同卡特尔相比，既反映了资本主义世界范围内生产和资本集中的更高阶段，生产和资本国际化的更高程度，也标志着私人垄断资本的国际联合在当代条件下获得了新的发展。这种私人垄断资本的国际联合所有制的产生和发展，是同股份资本的国际化和发达资本主义国家之间资本加强相互渗透密切联系的。此外，发达资本主义国家的垄断资本集团合资在第三国建立的公司，或在分、子公司一级水平上合资建立的合营企业，也是它的一种形式。

两个或两个以上国家垄断资本共同建立的国际联合所有制形式，战后时期虽然获得了较大发展，但迄今为止，同以一国垄断资本为主的跨国公司型的国际托拉斯和康采恩相比，它们的数量还是很少的，而且主要集中在欧洲地区。造成这种状况的主要原因是，1950 年代末和 1960 年代初，美国跨国公司的资本大量涌入西欧，为了加强竞争能力，西欧跨国公司便联合起来对付美国。西欧各国的垄断企业在选择外国垄断企业进行合并时，都愿意寻找旗鼓相当的对象。由于美国跨国公司的经济实力过于强大，因此，它们宁可选择本地区内的垄断企业进行合并。此外，两个或两个以上国家大垄断企业的资本直接结合是跨越国界进行的，这种资本结合只有在遵从参加合并的某个公司所在国的法律的前提下才能实现，而根据某些国家的法律，国际合并只允许本国公司合并外国公司，这样就形成了一种障碍，限制了它的发展。尽管如此，这种私人垄断资本国际联合所有制形式的国际托拉斯和康采恩还会进一步获得发展，特别是由两个或两个以上国家的垄断资本集团在各级水平上合资建立的合营企业的数量将会迅速增加。

五　现代国际托拉斯和康采恩在资本主义世界的地位和影响

1950 年代以来，现代国际托拉斯和康采恩的经济实力迅速增长。1970 年代中期，资本主义世界有 1 万多家企业被列为跨国公司，但是，其中将近半数的企业只在海外一个国家中拥有少量子公司；而在 20 个以上国家设有子公司的还不到总企业数的 4%。再以工业企业的国外了公司的总销售额（不包括公司内部销售额）来看，1976 年估计为 6700 亿美元左右，其中约有 4100 亿美元是属于几百家销售额超过 10 亿美元以上的工业公司。[①]

----

① 联合国跨国公司中心：《世界发展中的跨国公司：再考察》1978 年，第 35 页。

如埃克森石油公司、通用汽车公司、英荷壳牌石油公司等每一家的年销售额都相当于欧洲一个中等国家的全年国民生产总值。1980年，美国跨国公司埃克森石油公司的年销售额已突破1000亿美元。这些以发达资本主义国家为基地的几百家现代国际托拉斯和康采恩控制着西方国家的大部分国外私人投资、出口贸易和大量流动资产。在当代国际关系中，几乎没有一个重大的问题不同它们的活动相联系，它们在世界资本主义经济和政治生活中的作用正在不断加强。现代国际托拉斯和康采恩已成为现代资本主义赖以生存的最重要的经济支柱之一。

资本主义世界各国经济联系的日益密切，资本国际交织趋势的日趋加强，以及各主要资本主义国家对世界市场依赖程度的明显增长，都是生产和资本进一步集中以及经济生活进一步国际化的结果和表现。而现代国际托拉斯和康采恩在生产、贸易、货币金融和其他各个领域中的活动，反过来又促进和加速生产和资本的集中，加强生产和资本的国际化趋势，并对世界经济产生巨大影响。

第一，加深了国际分工，加强了综合经营趋势。现代国际托拉斯和康采恩的特点之一，就是随着其规模的日趋扩大，内部的分工愈来愈细，生产专业化的程度愈来愈高。与此同时，公司内外的生产协作也愈来愈扩大。现代国际托拉斯和康采恩从其全球经营战略出发，通常规定国外分、子公司专门生产某种零部件，然后集中总装。所谓跨国公司内部进行的国际生产就是在现代分工愈来愈发展的基础上形成的，它表现为母公司所属的海外各个企业，一般都作为生产某种最终产品的统一工艺过程的互相连接的各个环节，它们之间彼此通过生产结合而发生联系，并形成一个统一的生产综合体。汽车、电子计算机和农业设备等生产部门都属于分工较发达的部门，这些部门的成品一般都是广泛的国际协作的结果。例如，福特汽车公司生产拖拉机，其大部分组件是在西欧生产，然后运送到二十几个国家的装配工厂去装配。为了向那些没有装配工厂的国家的市场供货，非大型的拖拉机由西欧装配工厂出口，大型拖拉机则由美国装配工厂出口。即使在美国市场上出售的许多拖拉机，一般也是由西欧提供组件，在美国总装。由于现代国际托拉斯和康采恩内部的专业化生产和协作的国际化程度愈来愈高，必然会影响整个资本主义世界的经济结构和市场结构，影响各国的社会资本再生产过程，加强资本主义各国经济的相互依存和结合，加深和扩大世界资本主义范围内的国际分工。

第二，促进了资本输出。在现代资本主义条件下，对外投资是国际托拉斯和康采恩国外活动的一种重要形式。特别是近 20 多年来，现代国际托拉斯和康采恩已成为发达资本主义国家输出私人资本的主要承担者。1960 年代末，美国有 3300 家公司和个人在国外有直接投资，但在投资总额中，88% 属于 550 家公司所有。1978 年，发达资本主义国家的对外私人直接投资总额已达 3700 亿美元，1980 年则超过了 4000 亿美元，其中大部分是各国跨国公司的对外投资。随着跨国公司对外直接投资的迅速增长，它们在国外子公司的销售总额也逐年增长。资本输出加速了现代国际托拉斯和康采恩的形成和发展，而后者的全球经营活动又大大加强了资本输出。

第三，扩大了国际贸易。战后时期，国际贸易获得了较为迅速的发展。这既是资本主义国际分工扩大和加深的前提，又是它的结果。生产专业化和协作在国际范围内的发展，大大促进了国际贸易的发展。战后世界资本主义经济发展的特点之一，就是国际贸易的增长速度超过了生产的增长速度。在世界贸易中，现代国际托拉斯和康采恩扮演着主要角色。特别要指出的是，跨国公司内部的贸易，即在总公司与子公司之间，以及各子公司之间的贸易日益重要，已成为它们全部贸易活动的主要组成部分。1970年代中期，美国进出口贸易中大约有一半是在跨国公司系统内部进行的。据统计，跨国公司内部的贸易额约占世界贸易额的1/3。工业发达国家的国民经济相互交织和资本相互结合的加强，明显地表现为这些国家的对外贸易对本国经济的影响普遍增长了。

但是，现代国际托拉斯和康采恩对世界资本主义经济的影响是极为矛盾的。一方面，它们加深了国际分工，促进了资本输出，扩大了国际贸易和国际金融等业务；另一方面，它们又激化了贸易、投资领域内的竞争，并成为诱发资本主义国家货币危机和金融动荡的一个经常性因素。因为跨国公司和多国公司都拥有大量流动资产，为数达几千亿美元，这个数字比工业发达国家的中央银行和国际货币组织所拥有的黄金和外汇储备的总额还要多。它们只要把自己的一部分资产，由一种货币转换为另一种货币，就能立刻在国际范围内酿成一次货币危机。1960年代以来，国际货币领域动荡不定，美元危机加剧。跨国公司和多国公司利用各国货币汇率的变动，进行投机活动，牟取暴利，从而加深了世界资本主义货币体系的危机。

跨国公司和多国公司也加剧了资本主义世界的通货膨胀，并使许多难以解决的经济问题更加复杂化，这样就加剧了整个资本主义世界经济的不稳定性。

应该指出，现代国际托拉斯和康采恩内部的资本运动和贸易活动的形式与一般的资本运动和国际贸易形式相比，是有其特点的。它们的对外活动的资金来源在相当程度上是依靠国外子公司的未分配利润和折旧基金，而不是依靠本国母公司提供的资本。它们还经常在子公司所在国的货币市场上筹集和动员资金，或用发行有价证券的办法为子公司解决资金问题。即使国外子公司的资金是由母公司那里获得的，这些资金也已经不完全是本国工人创造的资本化的剩余价值，而是由各国工人共同创造的资本化剩余价值。由于国外子公司的资金来自各个渠道，因此，现代国际托拉斯和康采恩内部的资本再生产运动正在变得愈来愈独立于本国的社会资本再生产运动。同时，对于世界市场的依赖程度也愈来愈加深。

对于现代国际托拉斯和康采恩内部创造的利润，母公司也采取不同的分配形式，以获取最大的利益。总的说来，跨国公司力图使国外子公司在东道国少纳税，甚至不纳税。它们经济利用支付债务利息、管理费和专利费等办法来逃避向东道国纳税。它们还利用所谓划拨价格对利润进行再分配。例如，一个子公司从它的母公司那里以人为的抬高的划拨价格进口货物或劳务，这样就会降低子公司的利润，并由此降低东道国应得的税收；反之，在税率低和外汇管制松的国家，母公司可以人为地压低子公司进口的货物或劳务的划拨价格，提高子公司的利润，以便将更多的利润汇回母公司。由于各种原因，跨国公司往往把最高利润固定在某个国家或生产的某个环节。例如，美国石油康采恩力图在开采石油的国家中获取利润的主要部分。同时，在石油销售方面故意采取无利或微利的经营策略。所有这些都说明，关于利润率和利润量的决定，都要服从跨国公司的统一的全球经营战略。

在现代垄断资本主义条件下，社会生产过程已愈来愈越出民族界限，并加强了向国际发展的趋势。现代国际托拉斯和康采恩的发展表明，没有资本输出，没有所谓国际生产，以及在这种生产基础上形成的生产专业化，社会资本再生产是根本不可能顺利运转的。

生产和资本国际化的发展也导致劳动力买卖活动本身的国际

化。在1970年代初，500家最大的美国公司雇佣了1500万美国工人和1200至1300万外籍工人。1978年初，美国国内有将近110万工人在外资经营的工厂里工作。这说明，现代国际托拉斯和康采恩急剧地扩大了资本的国际剥削体系。现在，受国际垄断资本直接剥削的已经不仅仅是本国的和发展中国家的工人和劳动人民，而且也包括其他工业发达国家的工人和劳动人民。在现代条件下，随着国际垄断资本对无产阶级剥削的加强，资本积累和剩余价值资本化的问题必须在整个资本主义世界范围内来考察。事实证明，资本国际化趋势的加强，实际上意味着资本积累的日趋国际化，意味着剩余价值生产和占有的国际化，以及资本主义剥削体系的日益国际化。

现代国际托拉斯和康采恩在急剧扩大资本的国际剥削体系的同时，还凭借其强大的经济实力，竭力扩大在世界政治生活中的作用。跨国公司和多国公司往往为了攫取高额垄断利润，维护它们在有关国家的投资利益和特殊权益，而对一些主权国家，特别是发展中国家的内政和外交横加干涉。联合国跨国公司中心的一份研究报告指出："多国公司对于东道国，特别是发展中国家的内政曾积极地进行干涉。"[①]

跨国公司和多国公司干涉发展中国家的手段是多种多样的。最常见的是，它们以投资建厂、提供技术和帮助管理为名，要求发展中国家提供损害国家主权和民族利益的各种特权。跨国公司和多国公司在发展中国家的业务经营活动，经常无视所在国法律，侵犯所在国主权。在某些发展中国家，它们不仅在自己的生活区建有不准当地居民入内的商店、公园、医院和娱乐场所，而

---

① 联合国跨国公司中心：《多国公司对发展过程和国际关系的影响》，1974年，第41页。

且还建有担负特殊使命的保安警察和军队。

跨国公司和多国公司还在发展中国家搞各种情报活动,并用收买和贿赂所在国政府高级官员的办法培植代理人,使所在国的内外政策适应自己的需要。而当所在国政府为了维护本国主权和民族权益,采取必要措施来限制跨国公司和多国公司的业务活动,从而影响和威胁它们的经济和政治利益时,跨国公司和多国公司就会在本国政府的支持下,利用各种手段对所在国政府施加压力,直至公开策动所在国的实力人物搞政治颠覆和军事政变。

对于取得政治独立的广大发展中国家来说,迫切的要求是迅速发展本国的民族经济。它们渴望在扩大国际经济合作的同时,加速改革不公正、不平等的国际经济关系,建立新的国际经济秩序,彻底摆脱对外国垄断资本的依附地位和改变在国际经济事务中的无权状态。可是,跨国公司和多国公司却力图在现存的不合理的国际分工基础上,保持由它们控制的资本主义国际生产全系、国际贸易体系和国际货币金融体系,并利用在生产、技术和管理等方面的垄断地位,加强对发展中国家的掠夺和剥削。它们竭力阻挠发展中国家为建立新的国际经济秩序的斗争,充当维护旧的国际经济秩序的主要支柱。跨国公司和多国公司也是改善南北经济关系的主要障碍。广大发展中国家之所以在为建立新的国际经济秩序的斗争中,首先把矛头指向跨国公司和多国公司,绝不是偶然的。

1970年代以来,发展中国家在加强限制和监督跨国公司和多国公司的非法活动方面取得了较大的进展。1974年召开的联合国第六届特别会议通过的《关于建立新的国际经济秩序的宣言》和《行动纲领》,为国际社会和发展中国家解决跨国公司和多国公司问题提供了一个新的基本准则。1977年,在广大发展中国家的强烈要求和推动下,联合国跨国公司委员会成立了政府间工作小组，专门讨论和拟订跨国公司行动守则。但是，迄今为止，参加拟订《守则》的各方尚未最后达成协议，即使《守则》正式公布了，也不等于完全解决了跨国公司和多国公司的问题。应该充分估计到，加强对跨国公司和多国公司的国际监督，限制它们的非法活动，是同为建立新的国际经济秩序的斗争紧密联系在一起的一场旷日持久的艰苦的斗争。

六　国际托拉斯和康采恩的实力对比变化及其发展趋势

战后时期，跨国公司型的国际托拉斯和康采恩的迅速发展首先是从美国开始的。1960 年代中期以前，美国在发达资本主义国家的跨国公司中一直占有压倒优势。1960 年代末和 1970 年代初，在资本主义世界的几百家巨型跨国公司中，美国跨国公司仍占一半以上，在世界跨国公司销售总额中，美国跨国公司的比重也超过半数。但是，从此时起，西欧和日本的跨国公司大大加快了它们的发展步伐，并在世界市场上增强了与美国跨国公司的竞争能力。1970 年代以来，资本主义各国的跨国公司实力对比日益朝着不利于美国跨国公司的方向发展，这在以下几个方面表现得特别明显：

1. 西欧和日本跨国公司向国外制造业部门的扩张，在速度上和数量上都超过了美国。1959 年，美国跨国公司在世界 13 个主要部门的 11 个部门中占首位，到 1976 年，只在七个部门中占首位，而西欧跨国公司则在五个部门中占了首位，日本跨国公司也开始在一个部门中占首位。①

---

① 美《哈佛商业评论》，1978 年第 12 期，第 95—96 页。

2. 西欧一些国家和日本的对外私人直接投资的年增长率比美国快。1967 年，在发达资本主义国家的对外私人直接投资总额中，美国的比重占 53.8%。1976 年已降为 47.6%。同一时期，西德和日本的比重分别由 2.8% 和 1.4% 增为 6.9% 和 6.7%。1978 年，美国的比重进一步降为 45.5%，西德和日本的比重则分别达到 8.6% 和 7.3%。①

3. 美国在资本主义世界的贸易地位急剧下降。1970 年，美国商品出口额在世界商品出口总额中所占比重还在 15% 以上，1975 年降为 13.5%，1979 年再降至 11.1%。同时，西德和日本的比重则明显增长，1978 年，西德的商品出口额曾超过美国，日本也由 1950 年占世界商品出口总额的 1.3% 增加到 1979 年的 6.4%。

4. 美国在资本主义世界 50 家最大的工业公司中所占比重下降。1971 年，美国占 30 家，西欧只占 15 家；到 1978 年，美国降为 22 家，西欧增为 20 家，日本则异军突起，迅速增加到六家。②

发达资本主义国家跨国公司之间的实力对比的变化表明，美国跨国公司的极盛时代已经过去，而日本、西德等国跨国公司的实力正在变得日益强大起来。随着西欧和日本跨国公司经济实力和竞争能力的增强，它们已不再满足于用出口商品渗入美国市场，而是越来越多地采取直接投资的形式来扩大自己在美国市场上所占的地盘。当然，如果把目前西欧和日本跨国公司的增强说成是美国跨国公司优势的消失，那也是不恰当的。1980 年，美

① 美《哈佛商业评论》，1978 年第 12 期，第 95—96 页；约·斯托普福德等著《世界多国企业名录》引言，1980 年。

② 美《幸福》1979 年 8 月 13 日（第 100 卷第 3 期，第 208 页）。

国的对外私人直接投资总额已超过 2100 亿美元, 在其他发达资本主义国家中的直接投资数额也比西欧各国和日本在美国的直接投资数额要大得多, 因此, 美国跨国公司在这方面依然占有相当的优势。

从目前的发展趋势看, 西欧和日本跨国公司的实力还将进一步增长, 美国跨国公司的优势还会进一步削弱, 这预示着它们之间在世界市场上的竞争将日趋激烈。

如上所述, 战后国际垄断组织投资的主要流向已逐渐由发展中国家转移到发达资本主义国家。如果说, 战前资本主义国家对外投资的 70% 集中在亚非拉的殖民地和附属国, 那么到 1970 年代初, 资本输出总额的 70% 已集中在西欧、北美等资本主义发达地区。但是, 绝不能认为, 在战后时期, 发展中国家作为国际垄断组织重要投资场所的作用削弱了。必须指出, 发展中国家在发达资本主义国家资本输出总额中的比重下降, 并不等于国际垄断组织减少了对发展中国家的资本输出, 更不等于国际垄断组织从发展中国家攫取的利润减少了。其实, 战后以来, 发达资本主义国家对发展中国家的资本输出规模远远超过战前, 增长速度也比战前快得多, 只是由于发达资本主义国家之间的投资规模更大, 增速更快, 所以发展中国家占的比重下降了。值得注意的是, 从 1970 年代中期开始, 美国对发展中国家的私人直接投资的增长速度连续几年超过对发达资本主义国家直接投资的增长速度。同时, 由于发展中国家的利润率高, 因此, 国际托拉斯和康采恩在发展中国家的投资比重虽较低, 但获得的利润却十分惊人。例如, 1979 年, 美国对发展中国家的直接投资为 37.49 亿美元, 而从发展中国家获得的利润则为 127 亿多美元, 即相当于当年投资额的 3.4 倍, 1979 年, 发展中国家在美国对外私人直接投资总额中所占比重为 24.8%, 可是利润额却占美国当年全部利润额的 33.7%。可见，发展中国家在跨国公司和多国公司的全球剥削活动中依然占有极为重要的地位。

鉴于跨国公司和多国公司的巨大经济实力和多样化的经营特点，迄今为止，在资本主义世界还没有哪一个主权国家能够单独地、有效地对付它们以获得垄断高额利润为目标的全球经营战略，也没有哪一个有国际权威的机构能充分地调节和遏制它们的扩张活动，并成功地调整和缓和它们同分、子公司所在地的东道国，特别是同发展中国家之间的矛盾和紧张关系。当然，现代国际垄断组织的发展进程，并不是在毫无阻力和矛盾的过程中进行的。相反，现代国际托拉斯和康采恩的对外投资和其他活动受到各种经济和政治因素作用的限制。例如某些发展中国家对外国资产实行国有化政策、拒绝延长租借地的期限，对国际垄断资本采取严格的限制措施，以及建立原料生产国的国际组织等，都对现代国际垄断组织的资本扩张活动起着抑制的作用。

从今后的发展趋势看，为了适应国际政治和经济环境的变化，特别是为了对付来自发展中国家的强大压力，跨国公司和多国公司从自身的长期利益考虑，有可能在一定程度上被迫对改革现存国际经济关系的要求做某些让步，以便继续获取有利的原料产地、销售市场和投资场所。同时，它们也有可能在自己的对外扩张和剥削活动中，采取更灵活的方式，利用自己生产和经营多样化的特点，凭借自己雄厚的资本力量，以及在技术、管理和销售等方面的优势，不拘泥于在国外建立传统的全股权控制的企业，而有目的地发展一些风险小和有利可图的合营企业和拥有相当控制权的非股权参与形式。

在整个 1980 年代，资本主义国家的跨国公司和多国公司还会继续发展。但是，随着资本主义社会的基本矛盾和其他各种矛盾的加剧，它们面对的国际环境也将更加严峻。广大发展中国家要求加强对跨国公司和多国公司国际监督的斗争将获得进一步的发展，并在斗争中为维护自己的民族权利、发展自己的民族经济创造新的条件。

（原载《中国社会科学》1982 年第 2 期）

国家垄断资本的国际经济调节

资本主义国家在国际范围内调节它们之间经济关系和经济政策的形式是多种多样的。需要指出的是，资本主义国家之间在什么范围内采取什么样的国际调节形式，是同各国的国家垄断资本采取什么样的国际联合形式密切相联系的，国家垄断资本主义的不同国际联合形式直接决定着资本主义国家调节的形式、深度和范围。战后三十多年来，在资本主义各国的国家垄断资本以不同的形式加速实现国际联合的基础上，资本主义的国际调节形式也获得了很大的发展。目前，在资本主义世界范围内，调节资本主义国际经济关系的形式主要有以下几种。

一 通过国际经济组织进行调节

第二次世界大战后，资本主义世界经济发展中的一个新现象是，各种形式的国际经济组织相继出现，其中相当一部分组织的参加成员是各个资本主义国家的官方机构。资本主义各国的政府直接出面参加各种有关的国际经济组织，反映了随着生产和资本国际化趋势的加强，它们迫切需要借助一些专门的国际组织来协调相互间的经济关系和扩大相互之间的经济联系，以缓和彼此间的矛盾，避免由于缺乏必要的国际协调而再次发生类似 1929—1933 年那样的严重经济危机。从现阶段资本主义国家调节国际经济关系的范围来看，多数国际经济组织以协调资本主义国际经济关系的某一方面为目标，少数国际经济组织则以全面协调资本主义国际经济关系为目标。有些国际经济组织，除了资本主义各国的有关政府机构参加外，还有一些私人公司参加。也有一些组织是在各国政府的直接支持和赞助下以民间身份出现进行活动的。

在以协调国际经济关系某一方面为主要任务的国际经济组织中，有的专门协调资本主义各国的贸易关系，有的则专门协调它们之间的货币和金融关系，也有专门协调能源政策和其他重要经济政策的。其中一些影响较大的国际经济组织，在重点协调资本主义各国的经济关系和经济政策的同时，也在逐步加强协调资本主义国家和发展中国家之间的经济关系和经济政策，例如，战后初期就建立的关税与贸易总协定，国际货币基金组织，国际复兴和开发银行（又称世界银行）等组织，就负有专门协调资本主义世界范围内的国际贸易、国际货币和国际信贷关系的使命。虽然，近些年来有愈来愈多的发展中国家和部分社会主义国家参加了这类国际经济组织，但是，资本主义国家在这些组织中仍居主导地位，特别是一些主要资本主义国家至今仍利用这些组织在国际范围内调节它们之间的贸易、货币和信贷关系和政策。

与上述协调资本主义国际经济关系某一方面的国际经济组织不同，有的国际经济组织是以全面协调资本主义国际经济关系作为自己目标的。例如，1960 年代初由美国等带头倡议建立的经济合作与发展组织就是这样一种国际经济组织。经济合作与发展组织的一个重要特点是，参加这一组织的 24 个国家全部是资本主义国家，因此，它也可以说是国家垄断资本主义国际联合的一种形式。资本主义各国尤其是美国等主要资本主义国家，企图借助这一国际经济组织协调它们之间经济关系和经济政策以求在维持财政稳定的同时，使各成员国能实现最大限度的经济增长和就业，促进持久的经济发展，在多边的和不加歧视的基础上促进世界贸易的进一步扩大等目标。新凯恩斯主义的增长理论是这一国际经济组织制定目标时的理论依据。经济合作与发展组织的机构十分庞杂，负责制定和协调经济政策的领导机构是由所有成员国的代表组成的理事会，下设秘书处和委员会负责日常工作和具体制定各项经济政策及协调成员国之间的各种经济关系和对发展中国家提供援助等活动。虽然美国和其他主要的资本主义国家企图利用经济合作与发展组织来协调它们之间的经济政策和解决共同性的经济问题，如协调经济增长速度、贸易政策、货币政策、信贷政策、能源政策、资本流动和劳动力的迁移、寻求对付通货膨胀、失业等问题的办法等，但是效果并不理想。由于经济合作与发展组织是各国国家垄断资本主义的一种松散的国际联合，缺乏一个有相当权限的超国家的调节机构，因此，它提出的一些有关协调措施，对成员国只有参考和建议的作用，没有任何约束力。这种情况当然会大大削弱这个组织协调各个成员国的经济关系和经济政策的能力，并使该组织在对付共同性的经济问题时显得软弱无力。

二　通过组织一体化经济集团来进行调节

从 1950 年代以来，欧洲一些资本主义国家就在本地区内以经济一体化的形式建立了欧洲经济共同体和欧洲自由贸易联盟等反映不同水平的国家垄断资本主义的国际联盟，并在不同的范围内实现了不同程度的国际调节。其中尤其是欧洲经济共同体这种一体化经济集团，虽然是一种区域性的国家垄断资本主义的国际联盟，但是它对集团内部各成员国之间的经济关系和经济政策的调节，比起跨区域的成员众多的经济合作与发展组织来要有效得多。

欧洲经济共同体成立以后，经济活动的调节范围一直在扩大，在基本实现关税同盟和建立工业品、农产品的共同市场后，共同体正在进一步向建立货币同盟和经济联盟的方向发展。在共同体内部，现在不仅取消了关税和贸易限额，实现了工农业产品的自由流通，而且制定了一系列共同的经济政策，其中包括一些重要的对外经济政策，欧洲经济共同体的主要机构可分为两类：一类是由各成员国的部长组成的部长理事会及其辅助机构，这是一个拥有实权的机构。为了对付日益复杂的国际政治和经济形势，加强协调共同体对内对外的重大政策，从 1974 年 12 月起，原先不定期举行的成员国首脑会议规定每年举行三次，并定名为欧洲理事会；另一类是欧洲议会、欧洲共同体委员会和欧洲法院等超国家机构。这些机构拥有相当的权力，而且这种权力还在继续扩大，例如，共同体设有自己的预算机构，共同体委员会提出的预算经理事会批准和欧洲议会通过后即可实施，并在财政上有一定的独立性。1980 年共同体的预算数额已达 230 亿美元左右，它的支出款项 2/3 用于农业津贴，其余则用于社会基金、地区开发基金、发展援助基金和其他项目，在某种意义上，共同体的预算是在共同体范围内对各成员国的部分国民收入的再分配进行国际调节的一种手段，它对调节共同体内部的经济活动有一定的影响。目前，在共同体内部，国际调节的主要活动范围仍在流通领域，与此同时，对生产领域的国际调节也在逐步加强。在工业方面，除了通过欧洲煤钢联营和欧洲原子能联营直接调节各成员国的煤炭、钢铁、原子能工业的生产计划和活动外，还对纺织、钢铁、造船等结构性危机严重的工业部门，给以财政支助，促进这些工业部门改变内部的生产结构。在农业方面，共同体对大部分农产品实行保证价格制度，即主要通过定期对各种农产品实行统一价格的办法来调节各成员国的农业生产。每年，共同体部长理事会根据共同体委员会的建议规定农产品的提价幅度，当成员国的农产品在共同市场上不能按规定价格出售时，共同体当局就直接出面按照有保证的干预价格予以收购和进行调节。近些年来，共同体内的农产品价格一般都高于世界市场的价格，为了支持有关成员国的农业生产，增强这些成员国的农产品在世界市场上的竞争能力，保护内部的农业共同市场不致被外来的廉价农产品所冲垮，共同体一方面对出口过剩农产品给予津贴，一方面则对进口第三国农产品征收差价税。共同体还利用农业基金促进有关成员国的农业结构改革，并利用地区开发基金援助意大利、爱尔兰等成员国发展落后地区和落后经济部门。

1970 年代以来，共同体对货币金融的调节也明显加强。从1979 年 3 月起，共同体已正式建立起"欧洲货币体系"，只有英国强调有特殊困难至今尚未参加这一体系。根据各成员国所达成的协议，"欧洲货币体系"创立了一种新的欧洲货币单位作为制定各货币平价的标准和成员国的货币清算手段。同时，对参加体系的各成员国的货币实行固定汇率，而对美元等非成员国的货币则实行浮动汇率，由于"欧洲货币体系"建立后，拥有 250 亿"欧洲货币单位"（约合 300 亿美元）的基金，因此，明显增强了信贷和调节市场的能力。

在 1970 年代，共同体还采取各种措施加强了对各成员国的能源政策和对外政策的协调。共同体各成员国作为一个整体在1975 年与非洲、加勒比海、太平洋地区集团国家签订的《洛美协定》，引起人们的普遍注意，这是共同体各国为加强和改善同发展中国家经济关系而采取的一个重要措施，1979 年又续订了第二个《洛美协定》，除共同体各国处，参加协定的国家由四十多个扩大到了 58 个。1979 年底，共同体还同东盟五国签订了经济与贸易合作协定，这是继《洛美协定》后，共同体同又一个区域性组织之间达成的协定。所有这些措施说明，共同体各国不仅注意在内部经济关系中加强协调它们之间的经济政策，而且在同发展中国家的经济关系中也愈来愈注意加强协调它们的经济关系。

三 通过首脑会晤进行调节

由主要资本主义国家的政府首脑定期会晤协调彼此之间的经济关系和经济政策，这是在 1970 年代出现的资本主义国际调节的一种形式。这种国际调节形式是 1974—1975 年资本主义世界经济危机和资本主义垄断调节体系危机加深的直接产物。为了克服和缓和当时的经济危机和能源危机，以及寻求对付危机以后继续再发展的经济"滞胀"局面，美国、日本、西德、法国、英国、意大利等六个主要资本主义国家的政府首脑于 1975 年 11 月在法国的朗布依埃举行了最高级经济会议。这次会议的主要任务，是要在政府最高领导人一级的水平上就经济危机结束后振兴西方经济和促进经济增长等问题进行多边的磋商和协调，以制定一个比较一致的经济政策，并试图就世界经济中的一些有共同利害关系的全球问题采取一致的立场。会议发表的最后公报曾乐观地宣布，"我们目前的政策是一致的和相辅相成的"。1976 年 6 月在美国的波多黎各举行的第二次首脑会晤中，加拿大也参加了，西方七国首脑会议因此得名。这次会议和 1977 年伦敦会议的基调与朗布依埃会议的基调相似，对解决西方面临的经济困难比较乐观。在伦敦会议上，七国首脑一致表示要采取措施使本国的经济继续保持较高的增长速度，美国还要求日本和西德同它一起发挥"火车头"的作用，以推动西方经济的发展。结果，1977年西方七国的经济增长率普遍下降。随着西方经济状况的恶化，1978年波恩会议的基调开始转变，乐观情绪大为减弱。在1979年的东京会议和1980年的威尼斯会议上，虽然抑制通货膨胀等经济问题仍是讨论和磋商的主题，但是会上还专门讨论了石油价格再次猛涨对世界经济的影响，以及阿富汗和中东紧张局势加剧等问题。1980年初，美国和英国再次爆发经济危机，其他几个主要资本主义国家的经济状况也普遍恶化，通货膨胀加剧，物价大幅上涨，失业人数激增，利率升高。1981年七国首脑在渥太华会晤时，西方经济形势依然十分严峻，会议的公报说，这次会议所对付的主要挑战仍然是要使这些国家的经济恢复生气。当前必须把降低通货膨胀率和减少失业人数的斗争置于最优先考虑地位。并应尽量把利率和汇率的波动减少到最低限度。这次会议还讨论了与发展中国家的关系，以及与苏联的联系，认为，为了保证西方国家对苏联的经济政策继续适合他们的政治和安全目标，磋商并且在适当的场合进行协调是必要的。

从朗布依埃会议以来，主要资本主义国家政府首脑每年跨区域地定期会晤，加强调节各国之间的经济关系和经济政策，对于缓和西方经济困难和加强资本主义国家之间的经济合作不能说一点作用也没有。例如，在能源问题上，经过各国首脑的磋商和协调，在节约用油、发展替代性能源和减少进口石油方面已取得一些进展。又如首脑会议也促成了在世界范围内关于降低贸易关税的谈判，使主要资本主义国家从1973年9日开始的相持不下的"东京回合"谈判，终于在1979年12月正式签署了协定。但是，总的说来，资本主义世界范围内的许多重大经济问题特别是"滞胀"问题，并没有什么缓和与进展，首脑会晤这种在国家垄断资本主义高度发展下出现的调节资本主义国际经济关系的形式，同样不能解决资本主义经济发展中的根本矛盾，它的调节效果也是极为有限的。

四　国家垄断资本国际联合和国际垄断调节的客观局限性

国家垄断资本主义的国际联盟对于资本主义国家经济的影响是极其复杂的。一方面它通过对资本主义国际经济关系的局部调整，能暂时地在一定范围内适应生产力的发展的要求，推动参加联盟的各国经济的发展，促进生产和市场的扩大，缓和建立在竞争和争夺基础上的联盟各国之间的关系。另一方面，国家垄断资本主义的国际联盟，并没有改变资本主义生产关系的性质和垄断资本统治的实质。由于国家垄断资本主义国际联盟的根本目的是为了维护资本主义制度和扩大垄断资本的剥削范围，因此，它的发展必然会进一步加深资本主义的基本矛盾和其他矛盾。在考察和分析国家垄断资本主义国际联盟和资本主义国家经济一体化的作用时，应摈弃两种片面的看法：一种是只看到它们的客观发展趋势，夸大它们调整资本主义生产关系的能力，无视它们本身所固有的矛盾，因而看不到它们在资本主义范围内发展的客观局限性；另一种是只看到它们的矛盾和发展的客观局限性，否认它们在资本主义范围内对生产关系尚有进行局部调整的能力，从而否认它们在现代资本主义条件下尚能在矛盾的发展中为生产力的发展提供一定的活动和回旋余地。

从 1950 年代中期以来，随着欧洲经济共同体的建立，西欧发达资本主义国家的经济一体化确实取得了一定的进展，地区性的国家垄断资本主义国际联盟也以较为稳定的形式固定下来。但是，西欧发达资本主义国家经济一体化的发展道路，包括欧洲经济共同体的发展道路是很不平坦的，往往旧的矛盾和困难尚未消除，新的矛盾和困难又接踵而来。以欧洲经济共同体为例，虽然建立了关税同盟，并在建立经济和货币同盟方面有所前进，但距离共同体本身提出的经济一体化的目标还有一段漫长的道路。西欧十国所结成的国家垄断资本主义的国际联盟，虽然在共同体内部对调节彼此之间的经济关系和统一经济政策起一定作用，并加强了对生产过程的干预和对成员国再生产过程的影响，可是，到目前为止，联盟的主要调节活动仍然是在交换领域，而不是在生产领域。

生产力的发展、经济生活国际化趋势的加强、社会主义国家的存在影响，以及民族解放运动的展开和发展中国家的兴起等，是促使资本主义国家在地区范围内加速实现经济一体化和建立国际的国家垄断联盟的客观因素，而资本主义各国的民族疆界的存在和垄断资本集团利益的对立，则是资本主义国家经济一体化深入发展和建立更密切的国际的国家垄断联盟的最大的也是不可逾越的障碍。要求资本主义各国完全放弃国界和主权，以及各国垄断资本集团放弃资本主义的弱肉强食的竞争原则，并在政治上和经济上完全融为一体，那是不现实的。经济政治发展不平衡是资本主义的绝对规律，是资本主义各国矛盾加剧的客观基础，参加经济一体化和参与建立国际的国家垄断联盟的资本主义国家不也可能免除这一规律的作用和影响。资本主义国家的经济一体化和国家垄断资本主义的国际联盟是在资本主义基本矛盾日趋激化的基础上产生和发展起来的，它们虽然在一定时期内和一定范围内对缓和资本主义矛盾起一些作用，但从根本上来说，它们是以资本主义国家为单位，按资本和实力的大小参与从经济上瓜分世界的一种形式，因而最终会加剧资本主义的基本矛盾。从发展趋势来看，资本主义国家只可能在地区范围内实现不彻底的经济一体化和结成国家垄断资本主义国际联盟，而不能实现包括所有资本主义国家在内的世界范围的经济一体化和建立包括所有资本主义国家在内的国家垄断资本主义的国际联盟。

同样，建立在国家垄断资本主义基础上的国际调节的作用也是有其客观限度的。以上已经指出，发达资本主义国家之间加强对国际经济的联合调节，是各国统治集团在资本主义制度下力图通过局部调整现存的生产关系，使之适应生产力发展的客观要求的一种尝试。从战后资本主义经济的发展情况来看，资本主义各国采取的各种国际调节政策和措施，虽然对于缓和资本主义的某些矛盾起一些作用，但是，总的来说，效果并不大。由于资本主义制度下生产关系和生产力之间的不可克服的矛盾，资本主义国际经济调节遇到了不可逾越的障碍。尽管在当代条件下资本主义各国有一系列共同的经济问题要解决，正是这种共同的利害关系促使它们对国际经济采取联合干预和调节的态度，并促使它们用妥协的办法对某些重大的国际经济问题采取共同的对策。但是，资本主义各国联合调节国际经济主要是为了保障本国的利益，这种由于追求各自利益而产生的矛盾必然会严重阻碍它们的协调行动，从而会大大削弱对国际经济关系进行调节的效果。无论资本主义各国采取哪一种调节国际经济的活动，都无法克服这种矛盾。即使在欧洲经济共同体这样的一体化经济集团范围内，一些超国家的机构仍然无法充分有效地协调各成员国的各项经济政策和措施。迄今为止，共同体各成员国在农业政策方面一直存在着较大的分歧。从1973年以来，共同体的预算中，支持农业的费用平均每年增加18%。1979年，用于支持农业的费用共计128

亿美元，约占共同体整个预算的3/4。在这笔费用中，45%用于出口补贴，30%以上用于共同体内部剩余农业品的干预性的购买、贮存和销售补贴。英国是共同体成员国中进口农产品最多的国家，由于共同体的农业政策，使其不能从世界市场上进口价格较为低廉的农产品，而必须为购买共同体其他成员国的剩余农产品支付更多的费用。近年来，英国一直批评和抱怨共同体的农业政策，说自己是共同体农业预算出钱最多的国家，是欧洲农业的出钱国，并强烈要求冻结共同体内部的农产品价格，直到不再有剩余农产品为止。英国还要求削弱农业预算，把更多的资金用于创造就业机会、开展落后地区和后工业现代化方面。1979年年底，由于英国断然要求减少对共同体预算所必需缴纳的将近1/3的款项，因而引起了一场尖锐的预算危机。直到1980年年中，只是在共同体答应英国在1980年和1981年把应缴纳的款项分别减少11.75亿和14.1亿欧洲计算单位，并由西德、法国和其他成员国承担这笔额外的财政协担后，这场预算风波才算暂时平息下来。除此之外，共同体各成员国在社会政策和货币、能源政策等方面也存在一些分歧。这些都影响在共同体内部调节经济的效果。

与欧洲经济共同体内部的国际经济调节相比，发达资本主义国家利用国际经济组织调节国际经济关系的效果就显得更差了。例如，长达好几年的"东京回合"多边贸易谈判所达成的协定，虽然在某些方面反映了主要资本主义国家在贸易领域中取得了某种妥协，国际调节取得了一定的效果，但贸易保护主义的阴霾仍未驱散。尽管在谈判时，发达资本主义国家都主张贸易自由，反对保护主义，但是，实际上协定达成后，这些国家之间的贸易战并没有缓和下来，彼此仍在搞公开的或隐蔽的贸易保护主义。

实践表明，利用首脑会晤的形式来协调和调节资本主义各国之间的经济关系，也没有取得多大的进展。虽然，每次首脑会晤经过反复磋商，彼此都做出一些妥协和承诺的一些义务，强调要求协调政策，共同对付日益加剧的通货膨胀和失业等现象，解决"滞胀"问题，可是，迄今为止主要资本主义国家所采取的各种国际调节措施都无法解决上述的这些困扰整个资本主义世界的共同经济问题。

现代垄断资本主义条件下的国际调节，之所以效果不大，最根本的原因是它无法克服资本主义的基本矛盾。具体地说，它不可能使参加国际调节的资本主义各国为了别国获得好处而放弃本国垄断资本集团的利益。当资本主义各国在某些问题上具有共同利害关系时，它们可以支持和推动资本主义经济一体化的发展，参与建立国际的国家垄断联盟，并在此基础上调节彼此之间的经济关系和经济政策，而当资本主义各国的利益以及各国垄断资本集团为了追求高额垄断利润和某种经济政治利益而发生矛盾和冲突时，实现经济一体化的动力就会削弱和消失，已经建立起来的国家垄断联盟就会削弱乃至瓦解，国际调节措施就无法付诸实施。显而易见，要求资本主义各国完全放弃国界和主权，并在政治上和经济上完全融为一体，那是不现实的。此外，资本主义各国虽然在自己的利益范围内加强了对国际经济的联合调节，可是直接代表各国垄断资本集团利益的现代国际垄断组织是一股极其强大的自发势力，它们经常破坏国际调节经济计划的实施。可见，无论是民族范围内的国家垄断调节，还是超国家的国际垄断调节，都不可能取代市场成为现代资本主义经济发展的真正调节者。

上述分析表明，资本主义国家超越国界对各国的经济关系和经济政策进行国际调节，固然在某个时期内对缓和资本主义的矛盾能起一定的作用，但是，它不能阻止资本主义国家周期性地爆发经济危机，更不能消除资本主义所固有的基本矛盾。在资本主义条件下，企图通过协调资本主义各国的利益，建立起一个凌驾于所有资本主义国家之上的统一的无所不包的国际调节机构和国际垄断调节体系是根本不可能的。

（原载《经济研究参考资料》1982 年第 9 期）

战后资本输出及其特点[*]

第二次世界大战后，随着垄断资本主义加速转变为国家垄断资本主义，发达资本主义国家的经济垄断化和生产社会化程度急剧提高。科学技术革命使生产力获得了极大的发展，生产和资本国际化的趋势大大加强，整个资本主义世界的生产和资本集中发展到了一个前所未有的高度。在资本输出特别是私人直接投资规模空前扩大的基础上，跨国公司和多国公司型的现代国际垄断组织得到了迅速发展。在国家垄断资本主义的条件下，生产和资本国际化趋势的加强，使资本输出、私人垄断资本的国际联合以及国际垄断组织从经济上瓜分世界的方式都具有一些新的特点和新的形式。

一 战后发达资本主义国家输出资本的特点

资本输出的问题是当代垄断资本主义的重大经济理论问题之一，科学地准确地阐明第二次世界大战后发达资本主义国家资本

---

[*] 本文是作者与滕维藻合著。

输出的基础、动因和特点，对于认清现代资本主义的实质及其日趋没落的历史地位，不仅具有十分重要的理论意义，而且具有十分重要的现实意义。

19世纪末和20世纪初，随着生产力和科学技术的迅速发展，资本主义过渡到了帝国主义阶段，垄断成了帝国主义最深厚的经济基础，资本主义生产方式在世界范围内取得了统治地位。世界资本主义经济体系的最终形成意味着金融资本的统治已扩展到了世界的每一个角落，意味着资本主义已发展成为一个囊括广大殖民地和附属国在内的殖民压迫和金融扼制的世界体系。如果说，在自由竞争占统治地位的资本主义时期，商品输出在国际经济关系中具有决定性的意义，那么，在垄断资本主义阶段，资本输出已成为最重要的特征之一。但是，资本输出的发展并不排斥商品输出的发展，相反，它还促进商品输出的发展，成为鼓励商品输出的一种重要手段。

正如列宁所指出的，到了20世纪初，取代英国对世界生产和世界贸易的特殊垄断地位，形成了另一种垄断。"第一，所有资本主义发达的国家都有了资本家的垄断同盟；第二，少数积累了大量资本的最富国家已经处于垄断地位。在先进的国家里出现了大量的'过剩资本'。"①

这里所说的"过剩资本"是相对的，就如相对生产过剩和相对人口过剩一样，相对资本过剩是资本主义基本矛盾发展的必然产物，是资本主义积累一般规律作用的必然结果。马克思曾明确指出："资本的这种过剩是由引起相对过剩人口的同一些情况产生的。"② 他还指出："如果资本输往国外，那么，这种情况之

---

① 《列宁选集》，第2卷，第783页。
② 《马克思恩格斯全集》，第25卷，第280页。

所以发生，并不是因为它在国内已经绝对不能使用。这种情况之所以发生，是因为它在国外能够按更高的利润率来使用。但是，这种资本对就业的工人人口和这整个国家来说，都是绝对的过剩资本。它是作为绝对的过剩资本和相对的过剩人口并存的，这是两者同时并存和互为条件的一个例子。"①

列宁在阐发马克思的上述思想时，进一步指出，资本主义发达国家之所以有必要输出资本，而且首先把资本输出到那些劳动力低廉、地价便宜、原料丰富和利润率高的落后地区和国家中去，是因为在少数国家中，资本主义已经成熟过度了，"有利可图"的投资场所已经不够了。在帝国主义阶段，垄断资本已不满足于一般的平均利润，它们追逐的是高额垄断利润；而在国内，由于垄断的发展，某些大垄断企业在一系列工业部门占据了统治地位，这样就阻碍了资本在部门间的自由转移，小资本由于竞争力弱，固然难以渗入这些部门，即使是大资本也难以渗入这些部门。如果其他垄断资本集团硬要挤入这些部门，就会爆发激烈的竞争，并导致利润率减低、利润下降。这种垄断情况必然会促使大量过剩资本到国外去寻找有利可图的投资场所。

在帝国主义阶段，不仅存在着资本输出的必要性，而且也具备了资本输出的可能性。20世纪初，世界资本主义经济体系已经最终形成，统一的无所不包的资本主义世界市场已经形成，所有的国家都已卷入世界资本主义的流通范围。交通运输和基础设施得到了相当的发展，例如，主要的铁路干线已经铺设或正在铺设，轮船取代了帆船，发展工业的起码条件已有保证等。正是在这种情况下，资本主义发达国家的资本输出获得了迅速的发展。从1890—1914年，国际投资增长了两倍多。在第一次世界大战

---

① 《马克思恩格斯全集》，第25卷，第285页。

前夕，英国、法国、德国三个主要资本主义国家的国外投资总额已达 440 亿—480 亿美元。但是，尽管这段时期的资本输出增长很快，在资本输出总额中，那部分直接在国外建厂的生产性投资的比重却很小，绝大部分投资采取借贷资本和证券形式。1914年，真正生产性的私人直接投资在全部私人长期资本输出总额中占的比重只有 10%，而且主要资本主义国家对外投资多半集中在自己的殖民势力范围内，它们彼此之间的资本渗透的规模也不大。

在两次世界大战之间，资本输出的增长速度比较缓慢，资本输出的绝大部分仍采取借贷资本和证券形式。而且大部分资本仍投放在亚非拉殖民地和经济不发达地区。第一次世界大战后，美国在资本输出国中的地位虽然明显提高了，但是就国外投资总额来说仍落后于英国。在此期间，英国在资本主义世界的经济地位虽已大大下降，但直到第二次世界大战爆发前，英国仍然是当时最大的资本输出国。

第二次世界大战结束以来，由于国家垄断资本主义的迅速发展，以及受到科学技术革命以及一系列政治和经济因素的巨大影响，发达资本主义国家的资本输出展现出了一些与战前大不一样的情景。最引人注目的是，随着生产和资本国际化趋势的加强，资本输出不仅在数量上急速增长，而且在结构和流向等方面发生了深刻的变化，表现出了一系列新现象和新特点。

战后时期，资本输出的国际条件发生了很大变化。中国和欧、亚一部分国家取得了革命胜利，脱离了世界资本主义体系，社会主义经济体系开始由一国向世界范围发展，世界资本主义经济体系的范围缩小了。此外，民族解放运动的蓬勃发展，旧殖民主义体系的瓦解，发展中国家的兴起，也加深了世界资本主义经济体系的危机。国际条件的这种变化当然会缩小资本主义国家的投资地盘，限制它们向发展中国家输出资本的规模，并对它们资本输出的形式、结构和流向等产生重大影响。但是，尽管有这种影响，战后发达资本主义国家的资本输出规模却远远超过战前的规模。这说明，战后时期除了存在限制资本输出的因素在起作用，还存在更强有力的刺激和加速资本输出的因素在起作用。

战后30多年来，资本输出中出现的下述新趋向最明显地反映了迅速加强的生产和资本国际化过程。

（一）资本输出规模急剧扩大

1945年，第二次世界大战结束时，资本主义国家的资本输出总额为510亿美元。与1914年的440亿美元相比，只增长了17.5%，也就是说，30余年内资本输出额平均每年只增长1%都不到。毫无疑问，两次世界大战和一次震撼世界的经济危机是造成这一时期资本输出缓慢增长的两个重要因素。而从1945—1975年的战后30年间，资本主义国家的资本输出总额则由510亿美元猛增到5800亿美元，共计增长了10倍多。增长速度之快是资本主义以往发展时期所不能比拟的，而且从1950年代至1970年代，资本输出的增长速度有愈来愈快的趋势。当然，由于资本主义各国政治经济发展的不平衡，它们的资本输出发展也是不平衡的。第二次世界大战的结果，使德国、日本和意大利几乎完全丧失了自己的国外投资，法国也失去了大约50%的国外投资，英国则被迫出售了约1/4的国外投资来支付战争债务，只有美国在战争结束时增强了经济实力，增加了资本输出总额，并取代英国一跃而为资本主义世界的最大资本输出国。1945年，美国的资本输出总额已达178亿美元，到1977年则激增到3813亿美元，共增长了20倍以上。在战后几十年内，美国的资本输出额一直比较稳定地占所有资本主义国家资本输出总额的50%

左右。1950 年代末 1960 年代初，西欧和日本等发达资本主义国家的对外投资步伐大大加快，规模愈来愈大。这些国家中，尤以日本和西德的投资增长速度最快。战后，这两个国家的对外投资几乎是从零开始的，但是目前，它们在主要资本输出国中已超过法国而居第三、四位，在资本输出量方面已逐渐逼近居第二位的英国。

（二）私人对外直接投资比重迅速增大

战前，资本主义国家的对外投资中绝大部分是私人投资，而且除美国以外，英、法等国的私人资本输出额中，借贷资本和证券投资一直居主导地位。战后，发达资本主义国家的私人对外直接投资不仅增长速度快，而且投资总额急剧扩大，这样，在私人资本输出总额中所占的比重也随之迅速增大。1946 年，美国的私人对外直接投资总额为 72 亿美元，占美国私人对外投资总额的 53.3%。在当时的资本输出国中，美国是惟一的在私人资本输出总额中直接投资占 50% 以上比重的国家。从 1960 年代中期开始，发达资本主义国家之间的经济实力日趋接近，争夺市场的斗争愈来愈激烈，为了直接占领对方的市场，使自己在竞争中处于有利地位，都大大加强了私人对外直接投资。从 1967—1976 年，发达资本主义国家在国外的私人直接投资总额由 1053 亿美元增为 2872 亿美元，也就是说，在十年内增长了 1.8 倍。其中日本由 15 亿美元增加到 194 亿美元，净增了约 12 倍。西德由 30 亿美元增加到 199 亿美元，增长了 5.6 倍。在 2872 亿美元的投资总额中，美国占 1372 亿美元，即占投资总额的 47.6%。1980 年，美国的私人对外直接投资总额已达 2135 亿美元，这个数额几乎相当于 1946 年的 72 亿美元的 30 倍，在私人资本输出总额中的比重已超过 70% 以上。英国、日本、西德等私人对外投资总额中的直接投资比重也都有明显提高。

（三）对外投资的主要地区转向发达资本主义国家

如果说，战前资本主义国家的对外投资大部分集中在亚非拉殖民地和附属国，那么，战后投资的主要流向已逐渐由发展中国家转移到发达资本主义国家。到 1970 年代初，资本输出总额的 70％已集中在西欧、北美等资本主义发达地区，这个比重正好相当于战前亚、非、拉地区在资本输出总额中所占的比重。1930年，英国在欧美的投资只占其长期对外投资的 13％多一点，投资的绝大部分集中在自己的殖民地和别国的殖民地。同样，美国在战前的对外投资主要集中在拉丁美洲和加拿大，欧洲所占的比重相对来说不大。从战争结束到 1950 年代，美国加速了在欧洲特别是在西欧的投资。在 1950 年代中期，美国在加拿大的私人直接投资开始超过在拉丁美洲的投资额。到 1960 年代下半期，美国在西欧的私人直接投资又先后超过拉丁美洲和加拿大的投资额，一跃而居首位。1978 年，美国的对外私人直接投资总额为 1681 亿美元，其中在发达国家的投资为 1207 亿美元，在发展中国家的投资额为 405 亿美元。前者占对外私人直接投资总额的 71.7％，后者只占 24％。

同年，西德企业在国外的投资总额为 306 亿美元，其中投放在发展中国家的资本数额为 89 亿美元，在资本输出总额中所占比重还不到 1/3。在主要资本输出国中，除日本在发展中国家的投资比重较大外，其他国家的对外投资大部分都集中于发达资本主义国家。

（四）对国外制造业的直接投资比重日益增大

从历史上看，采掘工业和公用事业最先成为发达资本主义国家资本输出的主要领域，而在国外制造业方面的活动则开始得晚一些。第二次世界大战以后，在制造业的投资比重日益增大。目前，主要资本主义国家对外直接投资的部门结构与战前甚至战后初期相比已发生很大的变化，整个说来，制造业已成为西方国际垄断组织的主要投资领域。在发达资本主义国家中，跨国公司在国外制造业中的直接投资占投资总额的半数以上，而且投资主要集中在一些发展迅速，以出口为主和以高级技术为特征的关键工业部门。例如，1978年，美国对西欧的私人直接投资总额共计为696亿美元，其中一半以上投放在制造业。1980年初，西德对外私人直接投资总额的75%集中在采油和炼油、化工、电工、钢铁、汽车和机器制造工业。1970年代以来，美国、英国、法国等国的跨国公司在发展中国家制造业中的投资比重明显增长，而在采掘业中的投资比重则有较大的下降。1971年，美国在发展中国家的直接投资总额中，采掘业占36%，制造业占34%。到1974年制造业的投资比重上升为39%，采掘业的投资比重则降为18%。此外，在服务业中的投资比重也由30%迅速增长为43%。同一时期，英国在发展中国家的私人直接投资总额中，制造业的投资比重由40%上升为47%，采掘业的投资比重由25%降为19%。投资的部门结构发生这种变化在很大程度上同美国和英国的某些大企业被发展中国家收归国有有关。与美国和英国不同，战后时期西德在发展中国家的私人直接投资总额中制造业所占比重一直很大，而在采掘业所占的比重则很小。1971年采掘业的投资比重只占4%，1974年也不过占10%。与此同时，服务业的比重由17%增至30%。这一时期，制造业的投资比重虽由79%降为60%，但在投资总额中仍占最大的份额。日本在发展中国家采掘业中投资比重比美国、英国、西德等国都要大，可是其比重也低于制造业的投资比重。

（五）　发达资本主义国家之间的资本相互渗透大大加强

第二次世界大战后，随着资本主义国家的对外投资重点逐渐转向工业发达的地区和国家，这些国家之间的资本相互渗透的规模和范围也愈来愈大。在世界政治形势发生巨大变化，发达资本主义国家先后经历科学技术革命和经济结构变革的条件下，国际垄断集团为了攫取高额垄断利润，就必须通过直接投资的形式，并利用现代技术和工艺以及现代管理知识的优势，渗入其他工业发达国家的市场。战后初期，西欧各国和日本由于受到战争的严重破坏，经济很困难，几乎没有输出资本。美国是资本主义国家中惟一的一个在战争中使经济获得发展的国家，也是战后资本主义世界首先展开科学技术革命的国家。与西欧和日本相比，美国在战争结束以后的相当一段时期内，不仅在政治上而且在经济上都处于一种无可匹敌的优势地位。总的说来，在1950年代以前，主要是在财力上、技术上和管理方面占绝对优势的美国单方面地大量向西欧等工业发达地区和国家进行资本输出，而西欧各国（英国除外）和日本对美国的资本输出规模则很小。这个时期发达资本主义国家之间的资本输出规模还较小，资本渗透基本上是单行道，即主要是美国资本大量渗入西欧各国。从1960年代起特别是1970年代以来，随着西欧各国和日本经济实力的大大增强，发达资本主义国家之间的资本相互渗透明显加强，单行道已变为双行道，即不仅美国进一步加强了对西欧、加拿大和日本等国的私人直接投资，西欧各国之间除加强在本地区内的资本相互渗透外，也大大加强了对美国的资本输出，日本同样也加强了对美国和西欧各国的投资。

长期以来，西欧在美国的私人投资中，证券投资占有很大的比重，这同美国在西欧的私人投资主要采取直接建厂生产的形式形成鲜明的对照。值得注意的是，近年来，西欧和日本的一些跨国公司除了在美国大量购置房地产、股票公债、政府债券、公司股票外，还愈来愈多地通过建立新企业和收买美国的名牌企业等形式，大大加强了在美国的直接投资。1973年，欧洲经济共同体各国在美国的直接投资为102亿美元，1978年已增至239亿美元，五年内净增了130多亿美元，超过了在此以前20年的资本增长额。虽然，这一年共同体各国在美国的私人直接投资额还不到美国在共同体直接投资额553亿美元的一半，但对美国的投资增长速度已超过美国对共同体的投资增长速度。目前，荷兰和英国对美国的私人直接投资的累计额最多，1979年分别为125亿和94亿美元。在整个1970年代，对美国投资增长速度最快的是西德和日本，1970年，西德和日本在美国的私人直接投资额分别为6.8亿和2.3亿美元，1979年已分别增至50亿和34亿美元，九年期间，西德增长了6.4倍，日本增长了将近14倍。

（六）国家资本输出获得了迅速发展

第二次世界大战前，在发达资本主义国家的资本输出总额中，国家资本所占的比重还不大，绝大部分的对外投资属于私人资本。战后的情况发生了很大的变化，最引人注目的现象之一是国家输出的资本量迅速增长，在资本输出总额中，国家资本的比重明显增大。从1945—1975年，美国的私人对外投资从147亿美元增至2460亿美元，即增长了约16倍，而国家的对外投资则从21亿美元增至418亿美元，即增长了将近20倍，增长速度超过了私人对外投资的增长速度。同一时期，美国的国家对外投资在资本输出总额中的比重也由11.9%增为15%以上。特别要指出的是，发达资本主义国家在战后时期向发展中国家的投资总额中，国家资本输出的比重增加得尤为迅速。从 1950—1973 年，在发达资本主义国家向发展中国家的资本输出总额中，国家资本占一半以上。国家资本输出规模和比重的迅速扩大已成为战后资本输出的一个重要特点。

第二次世界大战后，发达资本主义各国通常采取"援助"（经济"援助"和军事"援助"）的形式输出国家资本。战争结束后不久，美国政府出于加强政治控制和经济渗透的目的，曾在"援助"的名义下，通过"马歇尔计划"、"杜鲁门第四点计划"向欧洲、亚洲各国输出了大量的国家资本。如果说，私人资本输出直接以攫取高额垄断利润为目标，国家资本输出则往往带有浓厚的政治色彩，并要求输入资本的国家提供某些优惠和特权。有的人认为，既然采取"援助"形式的国家资本输出通常不直接以攫取高额垄断利润为目标，因而它已不能算作是资本输出。这种看法是片面的，是只看到表象，而没有看到实质。在国家垄断资本主义充分发展的条件下，私人资本输出同国家资本输出是紧密相连的。国家资本输出同样是有经济目标的。资产阶级政府的对外贷款在多数情况下也是要索取利息的；而更为重要的是，国家资本输出能为私人资本输出开辟道路，创造条件，从而能为以攫取高额垄断利润为直接目标的私人资本输出保证最有利的条件。为了推动私人垄断资本向外扩张，资产阶级国家还专门建立对输出的贷款实行保险的机构，以保障私人垄断资本的利益。因此，从根本上说，国家资本输出是为保存资本主义制度的生存，以及整个垄断资产阶级的总体利益服务的。

战后时期，随着国家资本输出规模的迅速扩大，由发达资本主义国家为主体的国际信用组织输出的资本量也迅速增加，并构成当代资本输出的一个重要特点。

二 关于资本输出的几个争论问题

（一） 相对资本过剩是否仍是资本输出的基础

战后时期，由于发达资本主义国家的农业发展比工业迅速，农业已逐步摆脱落后状态，加上广大居民的物质生活状况有所改善，因此，有的人认为"用农业落后，人民生活贫困来作为美国海外直接投资急速增长的原因、根据"，已"不够充足"。还有的人认为，战后已不经常存在大量过剩资本，理由是：帝国主义国家垄断企业的借入资本或债务资本经常占很大比重；垄断组织对外投资的资金越来越依靠在国外筹集；主要资本主义国家相互间的资本输出大规模增加；有些发展中国家也在输出资本。根据上述这些现象得出结论说，战后垄断资本国外投资的空前增长，其基本原因不能认为是资本过剩。在讨论中，也有人提出，战后，科学技术革命的发展、新兴工业部门的不断出现，"第三产业"的兴起，以及国家通过加强采购、兴办公共工程等，缓和了市场问题，扩大了国内有利可图的投资场所，因而资本过剩问题已不那么尖锐了。

上述这些现象无疑都是存在的，但是这些现象的存在能否作为否认存在过剩资本的理由呢？回答是否定的。我们不准备逐条解释这些现象，因为这样做不能从根本上回答问题，为了从整体上解答在战后的发达资本主义国家中是否仍然存在大量过剩资本的问题，必须首先揭示问题的实质，即要弄清楚造成相对资本过剩的基础是什么。有的人把农业落后和劳动人民贫困看做是相对资本过剩的基础，因而当农业发展比较迅速和人民生活水平得到一定程度提高时，就得出了不再存在或不再经常存在大量过剩资本的结论，从而进一步推导出在当代条件下发达资本主义国家大量输出资本的基础已不是资本过剩的结论。应该指出，这种看法是不妥当的。

大家知道，资本输出的现象在自由竞争为特征的资本主义时期就已存在了，这是因为在资本主义基本矛盾的影响下，在那个时期就已存在生产和资本的相对过剩。但是，资本主义国家开始大量输出资本则是在自由资本主义过渡到帝国主义阶段以后才出现的现象。为什么会出现这种转折性的变化呢？这就是列宁所指出的，20世纪初，在少数资本主义国家中已经出现了大量的过剩资本。之所以会出现大量过剩资本，是由于当时在这些国家中都出现了资本的垄断同盟，而且这些国家都已处于垄断地位。列宁的论述清楚地表明，形成大量过剩资本的根本原因是垄断。正是大量过剩资本的存在，在国内又由于垄断的阻碍找不到足够的有利可图的投资场所，所以才大量向外输出资本。可见，大量输出资本是以垄断统治为特征的资本主义的产物。第二次世界大战后，当代垄断资本主义经济中出现了一些新现象，发达资本主义国家的资本输出也获得了一些新特点，但是，垄断仍然是战后资本主义最深厚的基础。战后时期，尽管国家垄断资本主义在发达资本主义国家中获得了普遍的发展，资本主义生产关系得到了某种调整，当代垄断资本主义的一般基础并没有改变。可以这么说，构成当代资本主义深厚基础的垄断不仅没有削弱，而且更为加强了。当代资本主义经济和政治生活中垄断统治影响的加强清楚地证明，即使战后资本主义经济的发展呈现出一些新现象，但是形成大量相对过剩资本的根本原因没有改变，从而引起发达资本主义国家大量输出资本的基础也没有改变，离开垄断这个具有决定意义的因素来考察当代资本输出的特点，必然会被一些表象所迷惑，从而容易得出一些看来似乎是有理实际上是不正确的结论。譬如，有的人用战后资本主义国家的农业实现了现代化和劳动人民物质生活状况有所改善来否定相对过剩资本的存在，并引述列宁的话来证实自己的看法。这些人说，列宁曾指出："假如资本主义能发展现在到处都远远落后于工业的农业，假如资本主义能提高在今天这种技术惊人进步的情况下仍然到处是半饥半饱，乞丐一般的人民大众的生活水平，那当然不会有什么过剩资本了。"① 其实，这些人是误解了列宁这段话的原意。因为紧接着上文，列宁就指出，"用小资产阶级观点来批评资本主义的人就常常提出这种'论据'。但是这样一来，资本主义就不成其为资本主义了，因为发展不平衡和民众的半饥半饱的生活水平，是这种生产方式根本的，必然的前提和条件"。确实，战后资本主义国家的农业获得了较大的发展，但国民经济各个部门的发展不平衡仍然存在，相对落后的经济部门以及落后地区仍然存在。至于说到劳动人民的物质生活状况。虽然经过长期斗争后比战前有所改善，但能否以此来证明资本主义国家的劳动人民已经从根本上解决了贫困现象呢？当然不能。目前，发达资本主义国家中的生产相对过剩和人口相对过剩的情况十分严重，欧洲经济共同体各国的全失业人数超过了 1000 万，英国的失业率已超过 10%；美国在 1982 年年中的失业率也高达 9.8%，失业人数达到 1080 万，创战后的最高记录。在资本主义国家中，生产开工不足和生产设备得不到充分利用的情况极为严重。这种情况使垄断资本集团积累的大量资本找不到有利的投资场所，资本大量过剩，从而使各国垄断资本集团争夺国内外有利投资场所的斗争十分激烈。面对这种现实，怎么能得出由于劳动人民生活有所改善因而不再存在相对过剩资本的结论呢？应该清楚地看到，只要资本主义制度还存在，就不可能从根本上消除资本主义国家经济发展的不平

---

① 《列宁选集》第 2 卷，第 783 页。

衡和消灭劳动人民的贫困现象。

（二）　战后资本输出的根本动因是什么

　　第二次世界大战后，资本输出的主要流向转向发达资本主义国家，这种现象引起了一部分人的疑问。他们问道，马克思曾说过，资本输往国外，"是因为它在国外能按更高的利润率来使用"。"利润率是资本主义生产的推动力。"他们还说，列宁也有过类似的论述。既然经典作家如此强调利润率的作用，为什么战后时期资本会主要输出到利润率相对较低的发达资本主义国家去呢？针对这种情况，这部分人又进一步问道，在当代条件下，发达资本主义国家输出资本的根本动因究竟是利润率，还是利润量？首先要指出，片面地理解经典作家的有关论述，把利润率和利润量对立起来是不妥的。在资本主义条件下，利润率和利润量总是不可分割地密切结合在一起的。无论是资本家还是垄断资本家追逐高利润率的最终目的是为了攫取最大限度的利润。马克思早就指出过："超过一定的界限的，利润率低的大资本比利润率高的小资本积累得更迅速。"①

　　毫无疑问，垄断组织输出相对过剩的资本，最吸引人的当然是工资低、地价低、原料丰富、基础设施有一定基础和利润率高的地区，一直到现在，许多具备上述条件的发展中国家仍然是发达资本主义国家输出资本的主要场所。一般说来，发展中国家的利润率大大高于发达资本主义国家的利润率。例如，1970年代初，美国在非洲和亚洲的私人直接投资利润率分别高达24.3%和30.2%，而在西欧的投资率为9.5%。资本主义国家的垄断资本集团当然乐于把大量过剩资本输出到利润率高和利润量大的地

---

① 　马克思：《资本论》第3卷，第288页。

区去。但是，战后一系列经济和政治因素又限制发达资本主义国家放开手脚向发展中国家投资。对于垄断资本集团来说，是否有一个适宜于投资的"政治气候"是至关紧要的，在那些对外国垄断资本剥削反应比较强烈或限制较严的发展中国家，投资当然会受到一定的影响。此外，投资生产的产品是否适应于当地的市场结构和消费结构等，也是投资时需要考虑的因素。因此，在现代条件下向发展中国家输出资本，不仅要考虑利润率因素，而且还要考虑政治因素和其他因素。

各国垄断资本集团加速向发达资本主义国家输出资本，是因为在这些国家中虽然利润率降低，但利润量却很大。例如，从1966—1977年，美国输出到发展中国家的生产资本累计总额为478.4亿美元，而从发展中国家掠夺的利润则达到780.5亿美元。同一时期，美国输出到发达资本主义国家的生产资本累计总额为1379.3亿美元，获得的利润为1232.9亿美元。上述例子表明，美国在发达资本主义国家的投资利润率虽然比在发展中国家的投资利润率要低得多，但由于投资量大，因而利润量仍超过从发展中国家攫取到的利润量。同时，我们可以看到，由于发展中国家的利润率很高，因此，美国在发展中国家的投资比重虽较低，但获得的利润量已超过了累计的投资总额。如以个别年份为例，这种情况就更为突出。

（原载《经济研究参考资料》1983 年 1 月 30 日，第 14 期）

资本主义世界经济中的
结构性危机

1970 年代中期以来，随着资本主义经济"滞胀"病的加剧，不仅周期性的生产过剩危机表现得十分深刻和严重，而且旷日持久的结构性危机愈来愈引起人们的注意。1974—1975 年和 1980—1982 年两次世界经济危机的共同特点之一，就是结构性危机与周期性生产过剩危机交织在一起，互相影响，结果是既加深了经济危机，也加剧了结构性危机。

引起结构性危机的原因是什么？哪些危机属于结构性危机？结构性危机与周期性生产过剩危机有什么异同？所有这些问题在国内外学术界至今尚未取得一致的看法。

结构性危机之所以引起人们的重视，不是偶然的，因为它日益成为资本主义世界经济中的一种跨越国界的国际现象，并且以十分尖锐的形式表现出来。当前的结构性危机是战后资本主义经济结构和产业结构发生重大变动的产物，由于资本主义经济结构的变动波及的面广、经历的时间长，因此，结构性危机将会在相当长的一段时期内以不同的形式表现在不同的经济领域内。

一　结构性危机的含义

战后的科学技术革命引起了资本主义国家经济结构、部门内部结构的深刻变化。一些新兴的知识密集和技术密集的工业部门获得了迅速的发展；与此同时，资本主义国家中一些长期占有主导地位的基础和传统工业部门则正在逐渐衰落下去。从1970年代中期以来，尽管资本主义经济陷于"滞胀"的困境中，并两次受到世界经济危机的困扰，但新兴的高技术部门仍发展得十分迅速。例如，美国的电子计算技术产品每年平均增长速度高达20%—25%，而集成电路和微处理器的增长速度更快。相反，冶金、机床制造、传统建筑材料、造船、橡胶、纺织、缝纫等工业，有的一蹶不振，有的踏步不前。在这些工业部门中，失业现象严重。这种由于资本主义经济部门之间结构变动而产生的危机就叫结构性危机。这种危机虽然有时以部门危机的形式表现出来，但它已不是个别资本主义国家的局部现象，而是囊括所有资本主义国家的一种国际现象。

国内外学者对结构性危机有各种各样的解释。一部分学者认为，结构性危机即局部危机，是周期性经济危机的一种形式。持这种观点的人强调结构性危机是生产过剩危机的一个组成部分①。确实，资本主义经济周期和经济危机的全部历史表明，以相对生产过剩为特点的周期性的经济危机有三种基本类型，即普遍生产过剩危机、局部生产过剩危机和部门生产过剩危机。这三种不同类型的相对生产过剩危机都可以表现为世界性的、地区性

---

① 《列宁的帝国主义论与当代现实》中译本，中国社会科学出版社1980年版，第271页。

的和一国范围内的危机。大量的例子证明，普遍生产过剩危机波及的面，及其对资本主义经济造成的影响比局部和部门生产过剩危机要大。尽管这三种不同类型的生产过剩危机所包含的内容、表现形式、经济职能和社会后果不完全一样，但资本主义基本矛盾是引起这些危机爆发的共同原因。就部门生产过剩危机来说，它是由某个部门主要产品的生产和消费比例失调引起的。由于资本主义国家之间在经济方面的相互依存性日益密切和加强，现代资本主义条件下的部门危机通常都具有国际规模，并具有结构特点。根据上述分析，一部分人认为，这种周期性爆发的世界性部门相对生产过剩危机可称为结构性危机。从战后资本主义世界经济的发展情况来看，煤炭、造船和钢铁等工业所经历的部门危机，可以称做是具有国际规模的部门结构性危机。我认为，这种观点有两个弱点。第一，既然把结构性危机主要看做是世界性部门相对生产过剩危机，并把它看做是资本主义周期性经济危机的一种表现形式，那么实际上也就否定了结构性危机在某种情况下可以不属于周期性经济危机的一部分而独立存在。第二，既然认为结构性危机是周期性经济危机的一种表现形式，而其特点也是相对生产过剩，那么实际上也就否定了结构性危机有可能由周期外的因素引起，并以生产不足形式表现出来。

持相反观点的另一部分人认为，结构性危机是独立于周期运动以外的因素引起的，并表现为某个或某些相互联系的部门生产和消费的长期比例失调①。持这种观点的人说，用资本主义生产的比例失调、无政府状态和自发性来解释结构性危机当然是对的，但这没有说明结构性危机存在的必然性。因为在资本主义社

① A·别里丘克：《现代资本主义的结构性危机》，《世界经济与国际关系》1981年第12期，第104—105页。

会中，任何经济危机都是在生产比例失调、无政府状态和自发性的条件下发生的。他们提出论据说，部门比例失调不一定会导致危机，如果在竞争过程中资本可以自由流动和转移，就不会发生危机。只有在垄断组织限制竞争并阻碍资本自由流动和转移时才会发生结构性危机。他们援引了石油垄断组织排斥煤炭垄断组织的例子。战后相当长一段时期内，石油垄断财团阻碍煤炭工业的技术革新，用廉价石油取代煤炭，从而逐步在世界能源市场上占据了主导地位。由于资本主义国家大量使用廉价石油，改变了能源的消费结构，因而导致煤炭工业的衰落和持久的结构性危机。我认为，用非周期因素来论证结构性危机产生的原因，比单纯用周期因素来说明结构性危机确实前进了一大步，因为结构性危机不一定只是周期性生产过剩的一部分，它往往独立于周期性危机而存在，而且持续的时间比周期性经济危机要长得多。这说明，在现代资本主义条件下，结构性危机虽然也是资本主义基本矛盾的产物，但是与周期性经济危机相比，它的直接诱因往往不一样，表现的形式也不完全相同。另一方面，把结构性危机与周期性经济危机完全割裂开来也不妥当。不能否认，在周期性经济危机发展过程中，某些部门的结构性危机确实构成整个经济危机的一个组成部分。

关于哪些危机可以称为结构性危机，学术界的看法也莫衷一是。

一部分人认为，结构性危机是资本主义物质生产领域中的经济结构发生急剧变动，并引起某些部门生产和消费、需求和供给之间主要比例遭到破坏的产物。钢铁、纺织、造船、能源、原料等部门现在面临的危机就属于结构性危机。

另一部分人对结构性危机的范围比前一部分人划得宽，他们认为，除了物质生产领域中发生的结构性危机外，国际经济关系方面发生的货币危机等也应列为结构性危机。①

　　还有一部分人对结构性危机的解释比第二部分人的解释更宽，他们认为，除了周期性经济危机外，资本主义世界经济中所发生的一切危机，包括经济增长呆滞、国际秩序危机、国际贸易危机、国际货币体系危机、国际债务危机，以及生态危机等都属于结构性危机。②

　　我认为，现代资本主义条件下的结构性危机，有其一定含义和特定界限，它主要是指资本主义世界经济中的物质生产部门结构（包括部门之间和部门内部的结构）发生重大变动，以及生产和消费、供给和需求之间比例长期失调而造成的国际规模的危机。结构性危机是资本主义世界经济体系内发生的一种有独立含义的危机，也可以说是战后时期资本主义世界经济体系危机加深的一种表现形式；但不能反过来说，除周期性经济危机外，凡是资本主义世界经济范围内发生的一切危机或危机现象都属于结构性危机。有些涉及全球性的问题如生态问题，尽管在资本主义范围内以十分尖锐的危机形式表现出来，仍不宜将其归属于结构性危机的范畴。在国际经济关系方面表现出来的国际贸易危机、国际货币体系危机、国际收支危机、国际债务危机等都是一些需要深入研究的十分重要的课题，但也不宜将它们与物质生产部门中所发生的结构性危机画等号，列入同一范畴。因为这些危机有其独特的含义，表现形式与物质生产部门的结构性危机不一样，产生的原因也不一样。当然，结构性危机不仅与周期性经济危机有千丝万缕的联系，而且与资本主义国际经济关系方面表现出来的

---

　　①　今宫谦二：《资本主义世界经济的结构性危机和国际金融危机》，《世界经济译丛》1985 年第 8 期。

　　②　同上。

各种危机乃至生态危机都有十分密切的关系，它们之间互相影响、互相交织、互相牵制，使资本主义国家更加难以对付。譬如，物质生产部门的经济结构变动不可能不影响到交换和流通领域，不可能不反映到国际贸易、国际金融和国际收支等领域中来；反之，交换和流通领域中的重大结构变动也必然会在物质生产领域中反映出来。此外，资本主义国家中一些传统工业的衰落，往往促使这些国家将一部分过剩的设备转移到发展中国家去，而这些传统工业往往是造成污染的主要来源。这样，资本主义国家在向发展中国家输出工厂设备的同时也输出了污染，从而破坏了当地的生态平衡。上述各种危机虽然都与资本主义经济结构的深刻变动有联系，并且都是战后时期资本主义世界经济体系危机加深的表现形式，但它们产生的直接诱因不完全一样，它们表现的特点也不一样。因此，在论述它们之间存在着密切的相互联系的同时，按照它们各自的特点把物质生产领域中产生的结构性危机与国际经济关系方面表现出来的危机区别开来，既是必要的，也是可能的。

二　结构性危机与周期性经济危机的关系

上面已经指出，某些部门的结构性危机既可以作为普遍的相对生产过剩危机的一个组成部分，也可以作为与周期性经济危机并存的独立危机。这种情况在1974—1975年和1980—1982年世界经济危机及其整个周期发展过程中都表现得十分明显。例如，钢铁工业在这两次经济危机中是遭到打击最沉重的部门之一，也是失业人数最多的部门之一，在周期性经济危机全面展开时，它作为普遍的相对生产过剩危机的一个有机组成部分被总的危机进程所掩盖，而当经济危机结束并转入周期的其他发展阶段时，结构性危机的独立性才明显地被人们察觉。这就是说，结构性危机有其不同于周期性经济危机的特点。

结构性危机与周期性经济危机有哪些差异呢？

第一，直接诱因不一样。生产无限扩大的趋势与劳动人民有支付能力的需求相对缩小之间的矛盾，或者说劳动人民有支付能力的需求落后于供给的矛盾，是导致以生产过剩为特征的经济危机爆发的直接原因。而结构性危机则可以由各种原因引起，如资本主义经济结构的重大变动，消费需求结构的急剧变化，外部经济因素的影响等等，都可以成为导致结构性危机产生的直接诱因。

第二，两种危机是在不同规律的基础上展开的。以生产过剩为特征的经济周期一般要经历危机、萧条、复苏和高涨四个阶段，每次危机持续的时间短则一年，长则三四年，而结构性危机持续的时间比周期性经济危机要长得多，通常它的存在时间会超越几个周期，而且在周期的各个发展阶段都有所表现。正如我们所看到的，结构性危机有时在周期的复苏和高涨阶段表现得比在危机阶段更为尖锐。这就是说，结构性危机所反映的一定部门的生产和消费、供给和需求之间的比例失调具有长期性。

第三，两种危机表现的特征不一样。在任何情况下，周期性经济危机总表现为生产过剩危机，并直接和间接地表现为生产超过消费，供给超过需求。结构性危机虽然在多数情况下表现为生产过剩，但在某些情况下也表现为生产不足。甚至同一个部门的结构性危机，在一段时期内以生产过剩的形式表现出来，而在另一段时期内则以生产不足的形式表现出来。

第四，波及的范围不同。一般说来，周期性经济危机展开时，往往会波及到大多数经济部门，既包括物质生产部门，也包括非物质生产部门。结构性危机波及的面要小得多，它往往只波及物质生产领域中某个或某几个部门。

第五，危机展开的形式有差别。在某些周期中，经济危机袭击资本主义各国的时间往往不完全一致，危机波及到各个部门的时间也有先后。而结构性危机由于波及的面较窄，它扩及到各国的时间比较一致。周期性经济危机爆发时，生产从危机前的高点下降到低点，危机结束后，在新的周期中，生产逐渐回升，并再次超过上一个周期的高点。结构性危机展开时，生产也出现下降，有时因为需求长期不振，生产一直处于停滞状态，而且某些结构性危机表明，生产从高点降下来之后，很难再重新超过高点。

第六，周期性经济危机的特征是相对生产过剩，在危机期间，资本主义国家往往采取强制的办法解决生产过剩问题，其中包括销毁过剩商品，使生产和消费、供给和需求暂时取得平衡。危机过去后，矛盾在周期的其他发展阶段又重新积累起来，直至再次爆发生产过剩危机，再用强制的办法暂时解决这种在资本主义制度下无法根本解决的矛盾。结构性危机同样大量地表现为生产过剩，在某些情况下，特别是与周期性经济危机交织并发时，也会采用强制办法来处理过剩的商品。但是由于结构性危机主要是由资本主义经济结构发生重大变动，从而使某些部门的生产和消费的比例长期遭到破坏引起的，因此，只有当现存的经济结构为新的经济结构所取代时，或者说只有当遭到破坏的生产和消费的比例关系重新取得平衡时，这些部门的结构性危机才会得到克服。

从以上的论述中可以看到，结构性危机确实具有一系列不同于周期性经济危机的特点，因而在分析战后资本主义经济发展时，应该注意结构性危机这一新现象。我们可以援引物质生产领域中从1970年代中期以来发生的钢铁和能源部门的结构性危机的例子来说明上述两种危机的差异。从 1950 年代一直到 1970 年代初，资本主义发达国家的钢铁工业一直处于迅速发展中。可是，1974—1975 年世界经济危机后，钢铁工业的生产状况急转直下，生产能力严重过剩，产量急剧下降。1973 年，美国的钢产量达到了 13600 万吨，到 1983 年已下降为 7650 万吨。与此同时，日本的钢产量从 11932 万吨降至 10020 万吨，欧洲经济共同体各国的钢产量也大幅下降。在 1982 年年中，美国钢铁工业的开工率只达到生产能力的 44%，其他资本主义发达国家的钢铁工业的生产能力利用率也很低，整个钢铁工业陷入了深刻而持久的结构性危机之中。引起人们注意的是，这次钢铁产量的下降和停滞现象，不只是发生在周期性经济危机时期，而且还发生在经济周期的复苏和高涨阶段。此外，这种结构性危机还持续地存在于两个以上的经济周期中，从而成为一种跨越经济周期的非周期的危机现象，直到现在仍看不出有迅速摆脱这种危机的可能性。为什么 1970 年代中期以来钢铁工业的发展会出现这种现象？显然，单纯用周期性因素是解释不了的，而主要是由于现代科学技术革命所引起的资本主义经济结构和工业结构的重大变动。

首先，在现代科学技术革命的影响下，资本主义发达国家中一些发展最快的部门都是不需要大量使用钢铁的。例如，资本主义经济结构的变动使第三产业和服务部门获得了迅速发展，而这些部门对钢铁的需要量并不大。又如，在制造业内部，增长速度最高的是电讯、宇航和电子计算机等新兴的高技术部门，而这些新兴工业部门的钢铁需要量相对传统工业部门而言要少得多。同时那些对钢铁需要量大的造船、铁路等工业部门本身又正处在衰落过程中，因而大大减少了对钢铁的需求量。

其次，科学技术进步和生产工艺的改革也减少了对钢铁的需用量。据联邦德国的统计，由于技术进步，1970 年至 1977 年，电气机械用钢量减少了 10%，造船工业用钢量减少了 23%；轧钢用钢量减了 9%；螺帽、螺栓和其他类似的五金用钢量下降了 11%。新技术和新工艺的采用还使铝、塑料和高强度玻璃代替了钢，例如，在 1980—1985 年，美国汽车工业中，钢铁的使用量估计分别减少了 25% 和 50% 左右①。甚至钢铁企业本身，由于提高了技术，每单位钢成品所需要的粗钢数量也减少了。

上述种种因素作用的结果，终于在 1970 年代中期使一些传统工业部门其中包括钢铁、造船等部门长期积累下来的矛盾，以十分尖锐的形式暴露出来。此外，另外一些因素的作用也加剧了钢铁工业的结构性危机。例如，随着钢铁产量的下降，世界市场对钢铁的需求量也减少了。可是资本主义发达国家的许多钢铁企业却认为 1970 年代中期发生的生产和需求的下降只是周期发展过程中的一种反常现象，不会持久存在的，因而在 1975—1977 年经济回升期间，当市场上对钢铁的需求量已经明显缩减时，发达资本主义国家不仅没有压缩生产能力，反而继续进行追加投资，进一步扩大生产能力，这样就使钢铁工业本来就已十分严重的生产能力过剩现象变得更加严重了。能源价格的大幅增长也加重了钢铁工业的困难。原材料、劳动力和能源是构成钢铁企业产品成本的几个重要因素。由于美国和西欧一些国家的钢铁企业不愿意抛弃过时的耗能高的设备，因而使能源在总成本中所占的比重高达 30%—40%，从而降低了生产效益。

从 1973 年到 1980 年，随着发达资本主义国家对钢铁需求量的减少，它们的钢铁实际消费下降了 13%。生产能力的大量过剩，以及需求量的减少又大大加剧了资本主义钢铁市场上的价格战和倾销战。在这场争夺战中，日本由于广泛地采用连铸法等先

---

① 联合国工业发展组织：《变化中世界的工业》第 10 章，1983 年版。

进工艺炼钢，节省了能源和劳动力，降低了成本，因而处于有利的竞争地位。而美国和欧洲一些国家的钢铁企业则因大批炼钢设备已经陈旧，又下不了决心彻底进行更新，处境十分不利。1980年，美国采用连铸法生产的粗钢只占全部粗钢产量的 20%。1980 年代初，美国大约有 1/3 的炼焦炉设备至少已有 25 年炉龄，西欧一些国家的炼焦炉也至少有 20 年炉龄了[①]。近年来，美国和西欧国家虽然加速了对钢铁等传统工业部门的技术改造，但是长期形成的生产和消费、供给和需求的比例失衡问题，不是短短几年内就能解决的。

像钢铁一样，从第二次世界大战结束一直到 1970 年代初，发达资本主义国家对石油的需求量一直呈上升的趋势，而且增长势头比钢铁还要快。在第二次世界大战前，在发达资本主义国家的能源消费中煤一直占主导地位。战后资本主义国家的能源结构发生了很大的变化。由于用石油比煤炭有一系列的优越性，加上价格有竞争力，供应有保证，因而在 1950 年代和 1960 年代，美国、日本和西欧一些发达国家都先后改以石油作为主要能源。发展中国家供应的大量廉价石油是推动战后资本主义经济发展的重要因素之一。在长达几十年的时间内，发展中国家提供的每桶原油的价格只有 2 美元左右，而且大部分利润都落入西方石油跨国公司的口袋里。从 1970 年代初起，情况发生了变化。许多产油的发展中国家将原先控制在跨国公司手中的石油企业收归国有，同时，石油输出国组织从跨国公司手中夺回了原油的标价权，因而大大削弱了跨国公司对原油生产和销售的控制权。廉价能源时代终于结束了。从 1973 年至 1980 年，发生了两次石油危机，能源价格大幅上涨，猛烈地冲击了资本主义世界经济，并加剧了

---

① 联合国工业发展组织：《变化中世界的工业》第 10 章，1983 年版。

1974—1975年和1980—1982年的世界经济危机。在1973—1974年的第一次石油冲击中，每桶原油的价格从2.90美元增加到11.56美元，即上涨了3倍多；而从1979—1980年的第二次石油冲击中，每桶油价由12.70美元增至30美元，虽然涨幅没有第一次大，但上涨的绝对额比第一次多。这两次石油危机虽然也是跨越经济周期的结构性危机，但其表现形式与钢铁等传统工业部门的危机表现形式不同，钢铁等部门的结构性危机表现为长期生产过剩，供过于求；而石油结构性危机则主要表现为生产不足，供不应求。其实，所谓"能源危机"和"石油危机"并不是能源资源真正短缺和不足。这一时期，世界市场石油供应"短缺"是由一系列政治和经济因素的作用造成的。例如，1973年10月阿拉伯和以色列之间的战争，是导致第一轮油价剧增的导火线。又如，1979年伊朗政局发生变动，使伊朗的石油日产量每天减少200万桶，因而造成石油供应短缺。1980年9月两伊战争爆发后，石油供应更加紧张，西方国家怕石油不能保证供应和油价再度剧涨，争先恐后地购买石油，这样就引起了油价第二次大幅上涨。1980年底，每桶原油的价格突破了30美元，在现货市场上每桶油价曾达到40美元以上。

石油供应不足和油价的猛烈上涨破坏了原来建立在廉价石油基础上的各个经济和工业部门之间的比例关系，减缓了资本主义经济的增长速度，加剧了通货膨胀，扩大了美国和西欧一些国家的国际收支逆差。1979年，美国进口石油的费用高达600亿美元左右，联邦德国支付进口石油费用的总额也达到了480亿马克。油价的剧涨迫使发达资本主义国家加速采取节能措施，重新用煤代油和加强开发新能源。

1981年，世界石油市场上的形势发生了重大变化，原油供应突然由短缺变为过剩，卖方市场变为买方市场，油价开始下跌。由于发达资本主义国家在节能和使用替代能源方面取得进展，压缩了石油进口量，它们的石油消费接连几年下降，加上英国北海油田和墨西哥新油田的迅速开发，以及其他非石油输出国组织成员的石油产量的增加，使石油过剩的现象表现得愈来愈严重。今年以来，每桶原油的价格已跌至 15 美元左右，而且油价曾两次跌至 10 美元以下。看来，近期内油价不会重新回升到 30 美元以上的水平。

结构性危机虽然主要发生在传统工业部门中，并通常以部门危机的形式表现出来，但由于这些部门目前仍然是国民经济的主导部门，因此，它们的波及范围并不局限于一个或少数几个部门，而是直接和间接影响到许多部门。例如，钢铁和石油工业的兴衰既普遍影响到其他许多工业部门的发展，也直接受制于许多工业部门对钢铁和石油的需求量。资本主义世界经济中的结构性危机的一个严重社会后果，就是造成了严重的难以消散的结构性失业现象。1974—1975 年和 1980—1982 年两次危机后，发达资本主义国家的失业人数一直居高不下，这同钢铁、纺织、造船等一些传统工业部门的长期不景气直接有关。正是这些长期为结构性危机困扰的工业部门，不断地把大批工人抛入失业行列中去，加剧了资本主义国家的失业现象。结构性失业表现出来的一个重要特点是，一方面有些工业部门解雇了大批工人，另一方面有些部门又找不到符合技术和职业训练要求的雇员。西方学者所说的"失业与空位"矛盾就是指这种现象，结构性失业的主要含义也在于此。这是现代资本主义经济结构和产业结构急剧变动过程中所产生的不可克服的矛盾现象。

（原载《世界经济》1986 年第 12 期）

经济国际化与区域集团化

人类已经跨入 20 世纪的最后一个 10 年，用科学的态度回顾和总结一下过去 10 年世界经济的发展状况，并展望一下今后 10 年世界经济和世界市场的发展前景，对于制定我国的对外经济发展战略和推动经济特区和沿海开放地区加速发展外向型经济具有至关重要的意义。

一

1980 年代后半期以来，世界经济发展过程中呈现出两种引人注目的发展趋势：一是经济国际化趋势大大加强了，随着生产国际化和资本国际化的增强。各国之间尤其是发达资本主义国家之间的经济联系和相互依存关系已变得愈来愈密切，在这段时期内，国际关系趋向缓和又加强了这种趋势。二是在国际化趋势加强的同时，以大国为中心的区域集团化步伐也大大加快了，具体表现为欧洲经济共同体决定在 1992 年建立"统一大市场"，美国与加拿大已正式签订了"自由贸易协定"，日本也不甘落后，正在加紧搞东亚经济圈，世界经济中的上述两种发展趋势在

1990 年代会进一步加强，还是可能有所减弱，对于我国的经济发展将会产生什么影响？这是需要我们认真加以研究的重要课题。

对于 1980 年代世界经济发展状况的估价可以有两种方法。一种是按 10 年的平均增长率计算，这种计算的结果是 1980 年代世界经济的平均增长速度低于 1970 年代，原因是 1980 年代初开始的持续几年的资本主义世界经济危机大大降低了年平均增长率；另一种是分段计算，按这种方法计算，1980 年代后半期发达资本主义国家经济和世界经济的平均增长速度并不慢，尤其是世界贸易和国际投资的增长速度还是十分迅速的。我认为分段计算的方法更能反映发达资本主义国家经济和世界经济的实际。例如，1980 年代初的资本主义世界经济危机曾打断了战后持续增长的世界贸易，在危机时期，世界贸易曾出现绝对萎缩的现象，与此同时，美国的对外直接投资总额也出现了战后第一次绝对下降的情况。危机结束后，世界贸易的增长仍较缓慢，直到 1986 年，增长率仍为 3.5%。从 1987 年开始，世界贸易的增长速度大大加快，连续三年增长率都超过了 7%，其中 1983 年世界贸易量的增长率达到了 8.5%。这种增长速度比世界经济的增长速度约快一倍。1989 年，世界贸易额已突破 3 万亿美元，比 1980 年代中期的世界贸易额有了大幅度增长。再以对外直接投资为例，1980 年全球对外直接投资总额为 5115 亿美元，在 1980 年代前半期，由于主要资本输出国美国的对外投资不振，所以影响了全球对外直接投资的增长速度。1981 年，美国的对外直接投资总额已达 2283 亿美元，由于经济危机的影响，1982 年，美国对外直接投资总额降为 2078 亿美元，1983 年再缩减为 2072 亿美元，直到 1985 年，美国的对外直接投资总额才超过了 1982 年，回升到 2303 亿美元。1980 年代后半期，美国重新加速对外直接投资。1989 年，美国的对外直接投资总额增至 3734 多亿美元，比 1980 年代初期有较大增长。① 同时，日本随着其经济实力的增强和连年赢得巨额贸易顺差，对外直接投资的规模也愈来愈大。1984 年以前，日本的对外直接投资每年都没有超过 100 亿美元，从 1985 年日元与美元的汇价大幅上升后，日本的对外直接投资连年猛增。1986 年，日本的对外直接投资额为 233 亿美元，1988 年增至 490 亿美元，1989 年则突破了 600 亿美元，日本已超过美国成为当年净投资额增长最多的国家。到 1980 年代结束时止，全球对外直接投资总额已超过 10000 亿美元，比 1980 年代开始时增长了一倍多。1980 年代也是跨国公司和跨国银行进一步加速发展的时期，它们经营的国际化水平愈来愈高，并以全球市场为目标，快速开展全球业务，当代一些著名的跨国公司把整个世界作为一个统一的市场整体考虑，它们不拘泥于国界，哪里的生产要素结合最有利，成本最低，就在哪里生产。正因为如此，国际生产的层次步步提高，愈来愈多的产品成为真正的国际产品。据美国报刊报道，美国的庞蒂亚克—莱曼牌汽车由西德设计；韩国生产 1.6 升发动机、制动器零件、轮胎、手动驱动桥、车身外壳部件、挡风玻璃；美国生产传动装置和自动驱动桥、变速器、手动驱动桥、燃油泵、燃料喷射系统、后轴零件、转向系统零件；澳大利亚生产 2.0 升发动机；日本生产金属板；加拿大生产传动装置和自动驱动桥；新加坡生产无线电装置；法国生产手动驱动桥；最后在韩国组装。这种汽车虽然名为美国汽车，实际上已是名副其实的国际产品。一些以全球市场为目标而从事国际生产的跨国公司已被命名为"全球公司"，这些公司奉行全球化的经营战略，跨越国家制造、购置和销售产品，并把整

---

① 美《商业现况》，1988 年 8 月号，第 46 页；1990 年 8 月号。

个世界作为自己的生产车间和销售市场。最先实施全球经营战略的是美国的一些规模巨大的跨国公司，如世界最大的石油跨国公司埃克森石油公司的业务主要在国外，它的海外销售额约占公司总销售额的 3/4，海外利润则占公司利润总额的 70% 左右。又如世界上最大的计算机制造商美国国际商用机器公司，它的生产和业务的国际化程度也很高，销售总额和利润总额的一半以上是在海外实现的。1980 年代以来，欧洲和日本的一些大型跨国公司的业务也愈来愈国际化和全球化。1988 年，美国 500 家最大的工业公司和美国以外的 500 家最大的工业公司的销售总额合计为49523 亿美元，这个数额比同年美国国民生产总值还要大。[①] 跨国银行的发展总是紧紧地追随着跨国公司的发展。在 1980 年代，跨国银行的国际业务发展得十分迅猛。1988 年，世界最大的 50家商业银行的资产总额高达 82000 亿美元，超过了美国、西德、法国、英国四国加在一起的国民生产总值。[②]

　　世界贸易的显著扩大，国际投资的大幅增大，跨国公司和跨国银行全球业务的加速扩展，以及区域经济一体化和集团化趋势的加强等，从各个方面表明以科学技术革命为基础的经济国际化和生产国际化已发展到了一个新的阶段。

　　从 1980 年代后半期资本主义世界三个经济中心的经济增长速度来看，日本继续处于领先地位，美国居中，欧洲经济共同体殿后，但 1988 年以后，欧共体各主要成员国在加快建立"统一大市场"的激励下，经济增长速度普遍加快，1989 年的经济增长率超过了美国。与 1980 年代初期相比，美国、日本和欧共体三方的经济实力对比又进一步发生了对日本有利的变化。美国在

---

① 美《幸福》，1989 年第 9 期，第 162、186 页；1989 年第 16 期，第 62 页。

② 美《幸福》，1989 年第 16 期，第 40 页。

世界经济中的地位进一步有所削弱，欧共体各主要成员国与日本的经济差距拉大了。从1980年代中期开始，美国由世界最大的债权国变为最大的债务国，1989年，美国的外债总额已超过6000亿美元，美国本土已成为吸纳国际资本的最大基地。根据美国国际投资协会最近公布的数字，从1980年初到1989年底，外国在美国的投资总额由4161亿美元剧增到19800亿美元，年平均增长率达16.9%。在此期间，外国对美国的直接投资增长速度更快，年平均增长率超过了20%。1980年，外国在美国的直接投资总额为830亿美元，1989年已猛增到4008亿美元，净增了近4倍。而在同一时期，美国在海外的直接投资总额则从2154亿美元增加到3734亿美元，净增了70%，年平均增长率不到10%。由于外国在美国的投资额远远超过美国在海外的投资额，致使美国从1985年开始由债权国变成了债务国。[①]

二

经济国际化趋势的加强并不是近10年才出现的新现象，随着科学技术的进步，生产力的发展，世界经济中的这种发展趋势早已出现了。但是经济国际化的趋势在不同时期的表现强度是不一样的。当世界贸易萎缩，资本在国际间流动不畅，特别是在爆发周期性的资本主义世界经济危机时期，由于生产国际化和资本国际化受阻，经济国际化的发展势头也会受阻。从当前的科学技术发展水平，世界贸易和国际投资的规模，以及跨国公司和跨国银行的经济实力来看，今日的经济国际化发展水平当非第二次世界大战前乃至战后初期的水平可以相比，当前的世界经济格局已

---

① 美《商业现况》，1990年8月号，第45、46、61、65页。

与战后 1950、1960 年代的情况有很大的不同，随着西欧和日本经济实力的迅速增长，资本主义世界已形成三足鼎立的形势，从而呈现出了经济多极化的新局面。美国单独充当推动世界经济发展火车头的作用已明显减弱，经济多极化是主要资本主义国家经济实力对比发生重大变化的结果，经济多极化的形成表明随着日本、西欧与美国经济实力的接近，它们之间的竞争已表现得愈来愈激烈，区域经济集团化趋势的加强就是在这种大背景下产生的。欧洲经济共同体为了在今后争夺世界市场的斗争中取得主动地位，决定加速建立"统一大市场"，以便在竞争中进可攻，退可守。美国当然不甘失去自己的经济优势，立即做出反应，与自己的最大贸易伙伴和近邻加拿大签订了美加自由贸易协定，并准备把墨西哥及有关国家纳入这一协定。面对欧美集团化和地区主义倾向的加强，日本急于寻求对策，力谋在亚太地区建立以自己为核心的经济圈。虽然在区域集团化发展的过程中还存在着许多难以解决的矛盾、困难和问题，但大致的格局已较明朗。由于形成了新的经济联盟，世界范围的竞争结构也将随之发生变化。

我们可以从 1980 年代主要资本主义国家国民生产总值的增长情况来看美国、日本和欧共体主要成员国之间的经济实力变化。1980 年，美国的国民生产总值为 26317 亿美元，日本、联邦德国、法国、英国和意大利的国民生产总值分别为 10401 亿美元、8174 亿美元、6585 亿美元、5255 亿美元、3961 亿美元。当时，日本的经济规模还不及美国的 40%。同时，联邦德国的经济规模则相当于日本经济规模的 80%，两者的经济实力差距还不大。1988 年，美国、日本、联邦德国、法国、英国、意大利的国民生产总值分别增为 48631 亿美元、28586 亿美元、12089 亿美元、9499 亿美元、8088 亿美元、8289 亿美元。与 1980 年相比，分别增长了 85%、175%、48%、44%、54%、109%。
日本的增长速度最快，美国的增长速度落后于日本和意大利，但
快于联邦德国、法国和英国。就国民生产总值进行比较，1988
年日本的经济规模已接近美国经济规模的 60%，并几乎相当于
联邦德国、法国和英国三国经济规模的总和。① 日本在资本主义
世界最大的 50 家跨国公司中的数量增加了，1980 年，在世界最
大的 50 家跨国公司中，美国占 23 家，日本只有 5 家。到 1989
年，美国减少到 17 家，日本则增加到 10 家。同年，日本的丰田
汽车公司和日立电子集团已进入资本主义世界最大的 10 家公司
行列，分别列第 6 位和第 9 位。在全球 1000 家最大公司中，美
国占 167 家，日本占 111 家，日本公司的总数比英国、西德和法
国三国公司加在一起所占的总数还多。② 日本跨国银行的发展势
头更是咄咄逼人，1978 年在资本主义世界最大的 10 家跨国银行
中日本只占一家，美国跨国银行当时占绝对优势，到 1985 年，
日本在资本主义世界最大的 10 家跨国银行中已占有 5 家。1986
年，日本第一劝业银行的资产额超过美国花旗银行跃居第一位。
而到 1989 年，资本主义世界最大的 10 家跨国银行中已有 8 家是
日本银行，美国花旗银行已从国际银行界的 10 大巨头中被挤出
来，10 家最大银行中的另外两家银行是分别居第 8 位和第 10 位
的法国农业信贷银行和巴黎国民银行。日本 12 家最大的商业银
行控制了价值 32000 亿美元的资产，这个数额相当于美国全部商
业银行的资产总额。③ 与此同时，日本东京股票市场的资本总额
也已超过美国纽约股票市场而居第一位。很明显，在美国、日本

---

① 美《幸福》，1989 年第 16 期，第 84 页；日《东洋经济》1989 年 12 月 1 日。
② 美《幸福》，1990 年第 16 期，第 43、47 页。
③ 美《幸福》，1990 年第 15 期，第 20 页；1990 年第 16 期，第 104 页。

和欧共体这场三强角力赛中，日本得分最多，而且处于主动进攻的态势。

我们再试分析一下美国、欧共体和以日本为主轴的东亚地区的市场吸纳能力。据统计，1988年，美国的进口额为4596亿美元，加上加拿大，进口额接近5500亿美元；欧共体的进口额（不包括欧共体成员国之间的进口）为4869亿美元；日本的进口额只有1874亿美元，加上台湾、香港、韩国、新加坡新兴工业化地区和东盟国家，进口额合计为4541亿美元，大致相当于美国一国的进口额，从目前的情况来看，日本和亚洲新兴工业化地区的出口对美国市场的依赖程度都很高。1986年，亚洲新兴工业化地区的出口总额中，美国的比重占37%以上，1988年这一比重降至31%，但依赖性仍很强。同年，它们对日本的出口只占出口总额的12.4%。[①]"美加自由贸易协定"的实施和欧共体"统一大市场"的建立对日本和亚洲新兴工业化地区扩大出口肯定会形成压力。按照《罗马条约》制定的目标，1992年"统一大市场"建立后，欧共体将成为一个消除内部壁垒，商品、人口、劳务和资金可以不受边界限制和自由流动的一体化市场，尽管欧共体一再表明统一后的大市场不是一个排他性的市场，但是，美国和日本等国仍担心，欧共体在建立消除内部壁垒的统一大市场的同时，是否会变成一个对非成员国采取歧视政策的"欧洲堡垒"，为此，美国、日本等国都加强了对欧共体的资本渗透。与此同时，按照美加自由贸易协定，双方将在1998年以前废除一切尚未取消的贸易关税。协定的实施肯定会加强两国跨国境的经济结合，加速外国在北美的投资，并促使欧洲和亚洲的一些大公司在北美生产成本较低的地区建立向美国出口的工

---

① 日《东洋经济》，1989年12月1日。

厂。为了争夺世界上最大的美国市场和内需日旺的日本市场，欧共体一些成员国大大加快了对美国的投资步伐，并一再向日本施加压力，要日本开放国内市场，进口更多的欧洲产品。当日本的资本和商品似潮水般地涌进美国的同时，美国也在不断地对日本施加压力，并"敲打"日本，逼日本进一步开放国内市场，增加进口美国的产品，以减少近年来每年近500亿美元的巨额贸易逆差。从去年9月以来，美日双方在经济摩擦日趋加剧的背景下，曾就改进两国的经济结构进行了五轮协商。最后，日本答应在原定的10年公共投资额415万亿日元的基础上再增加15万亿日元，以刺激日本的进口需求。日本还答应在土地利用、流通、企业系列、排他性交易习惯等6个领域采取措施，改善经济结构。美国则承诺在减少财政赤字、增加储蓄、加强企业竞争能力等方面做出努力。这一协商的结果，实际上是一种妥协。日方担心，巨额公共投资可能会引发通货膨胀。日本时事社认为，"日美摩擦的火种远不能说已消除了"。可以预料，在20世纪的最后10年中，美国、欧共体、日本三方之间在经济领域内的竞争会以更加尖锐的形式表现出来。

三

区域集团化的这种发展趋势和新的竞争格局的形成对于今后世界经济的发展进程会产生什么影响？世界市场的扩大是否会因此而受阻？经济国际化加强的势头是否会减弱？这是人们普遍关心的问题。

对于1990年代世界经济的前景基本上有三种不同的看法：第一种看法认为今后10年世界经济的发展速度将比1980年代慢；第二种看法认为1990年代和1980年代的增长速度大致差不

多；第三种看法认为 1990 年代世界经济的增长速度将高于 1980 年代的增长速度。我认为第三种看法的准确性大一些。主要依据是在当代世界经济中居主导地位的发达资本主义国家虽然在今后 10 年的经济发展中会遇到种种困难，其中包括遭到新的经济危机的冲击，但再次经受像 1980 年代初持续几年的经济危机打击的可能性不大，它们的经济增长速度将高于 1980 年代的平均增长速度，这样，当然也会有助于加快世界经济的增长速度。当然，如果海湾危机不能通过政治谈判获得迅速解决，甚至爆发规模较大和破坏性很大的战争，那么世界经济的发展自然会受影响，增长速度也会减缓。

世界经济多极化和经济区域集团化趋势的发展无疑是资本主义政治经济发展不平衡在当代条件下的一种表现，它似乎有悖于关税及贸易总协定确定的自由、无差别和多边原则，阻碍了贸易自由化，助长了贸易保护主义，加剧了各地区和各国之间的经济矛盾和贸易摩擦。但是，这种发展趋势会不会使关贸总协定解体和不起作用，从而阻碍世界贸易和世界市场进一步扩大呢？我认为不会，区域集团化无疑会削弱多边贸易体制，加深各经济集团之间的抗衡和矛盾，从而为世界经济和世界贸易的发展带来消极影响。可是，现阶段的区域集团化对世界经济和世界贸易的发展也会产生积极的影响，在各个区域经济集团内部，由于妨碍生产要素自由流动的各种障碍减少和消除，资源可以获得更合理和更有效的分配，竞争和兼并活动的加剧，将加快产生结构的调整，提高生产效率和经济效益，降低成本，从而有助于世界经济的发展和世界贸易的扩大。有些人把区域集团化的趋势和经济国际化加强的趋势对立起来，似乎前一种趋势的加强意味着后一种趋势的减弱，反之亦然。我认为，当前的区域集团化或区域经济一体化的趋势恰恰是经济国际化趋势加强的一种表现，是经济国际化

发展过程中的一个更高的层次。在区域集团内部生产要素的自由
流动，大大加强了资本的相互渗透，加深了国际分工和经济上的
相互依存，这些又加速了生产和资本的国际化。

目前，美国、日本和欧共体之间围绕着区域集团化和争夺市
场而展开的资本渗透和兼并活动的规模已达到了令人咋舌的程
度。近几年来，日本对外投资的增长速度最快。1975 年，日本
在美国的直接投资只有 5.91 亿美元，真可说是微不足道，1989
年，日本在美国的对外直接投资总额已高达 697 亿美元，净增了
100 多倍。日本不仅在美国的制造业中大量投资，而且大量购置
房地产和购买美国政府的国债券，美国纽约和旧金山的许多银行
的控制权已落入日本金融界之手。1989 年，日本又以巨额款项
收购了纽约的洛克菲勒中心和哥伦比亚影片公司，日本如此猛烈
的兼并活动已引起美国公众的忧虑。与此同时，日本也扩大了对
欧共体有关成员国的投资规模。欧共体成员国对美国的资本渗透
也十分凌厉。1984 年，欧共体在美国的直接投资为 966 亿美元，
1988 年已增加到 1933 亿美元，四年内就翻了一番。1988 年，美
国在海外的直接投资总额为 3335 亿美元，而外国在美国的直接
投资则增加了 570 亿美元，从而使投资总额达到了 3290 亿美元，
这是战后以来外国在美国的直接投资总额最接近美国海外直接投
资总额的一年。在美国投资最多的是英国，1989 年，英国在美
国的直接投资已达 1191 亿美元，荷兰为 604 亿美元，联邦德国
为 282 亿美元，上述三国的投资额的总和超过了外国在美国的直
接投资总额的一半以上。与此同时，美国跨国公司也在为欧共体
的扩大和在 1992 年成为统一大市场作准备而加强了对欧洲的投
资。在欧洲，接受美国直接投资最多的国家分别是英国、联邦德
国和瑞士。1989 年，美国在以上三个国家的直接投资总额分别
为 608 亿、230 亿和 200 亿美元。美国的近邻加拿大是美资的最

大输入国，1989 年，美国在加拿大的直接投资总额为 612 亿美元。同年，美国在日本的直接投资总额只有 193 亿美元。① 1989年，外国对美国的直接投资突破了 700 亿美元，从而使直接投资总额达到了 4008 亿美元，这个数额比同年美国在海外的直接投资总额 3734 亿美元多 274 亿美元。

近年来，在资本主义世界，大公司之间的跨国"联姻"交易和合并活动非常活跃，国际间合资企业的数量也迅速增加。为了应付全球市场对各种产品的需求，大公司之间结成各种新的国际联盟增强各自的竞争力是十分重要的。例如美国电话电报公司与日本电气公司商谈并敲定了一笔交易，即由美国电话电报公司提供一些计算机辅助设计技术，而日本电气公司则提供一些先进的逻辑芯片，通过这种合作，美国电话电报公司就可以插足生产和销售这类芯片。又如，美国的得克萨斯仪器公司和日本神户制钢所共同宣布准备在日本合作生产逻辑半导体。组成这一类合资企业的合作伙伴还有生产医疗器械的美国康宁公司和瑞士汽巴—盖吉公司、生产汽车的瑞典富豪公司和法国雷诺公司、生产半导体的美国摩托罗拉公司和东芝电气公司，以及得克萨斯仪器公司和日立电子公司等。尤其引人注目的是，日本的三菱公司和联邦德国的戴姆勒—奔驰公司决定商谈合作生产从汽车到飞机的一系列合资项目。美国的国际商用机器公司也与联邦德国的电子巨头西门子公司共同宣布联合研究开发先进的半导体芯片。这些巨型跨国公司都发现，结成这样的战略联盟往往是在全球竞争中保持和加强自己的地位、开发新产品和进入新市场的风险最小而又最为便利的途径。在欧共体内部，这种战略"联姻"关系也获得

① 美《商业现况》，1989 年 8 月号，第 58、69 页；1990 年 8 月号，第 46、64页。

了迅速的发展。荷兰的菲利浦公司与英国的通用电气公司合资成立了一家年产值达 20 亿美元的医疗器械公司。在半导体领域,意大利的 SGS 公司与法国的汤普森公司结成了联盟,汤普森公司还与英国的桑·弗格森公司联手筹建了一家年产值达 62 亿美元的生产家用电器的公司。现在,美国、日本和以联邦德国为核心的欧共体,彼此之间都在加强对自己竞争对手的资本渗透,资本的这种相互渗透进一步加强了资本主义世界三个中心在经济上的相互依存关系,也加强了经济国际化和生产国际化,从而也加速了区域集团化的趋势,加剧了它们之间的竞争和摩擦。

从目前的经济发展趋势来看,在今后 10 年中,日本以及亚洲新兴工业化地区和东盟国家的经济增长速度仍将比欧洲和美国快,继续处于领先地位。随着它们相互间加强地区内部的经济合作,它们的经济实力将进一步增强,内需的比重也会增大。

总之,1990 年代的世界经济将进一步获得发展,世界市场将继续扩大,我们应顺应这一总的发展趋势,制定出切合实际的开拓海外市场的措施,排除不利因素,把握有利因素,争取在 20 世纪最后 10 年把我国的改革和开放事业大大向前推进一步。

（原载《世界经济》1991 年第 1 期）

伊曼纽尔·华勒斯坦的
世界体系理论[*]

伊曼纽尔·华勒斯坦（Immanuel Wallerstein）是世界体系理论的主要代表人物，他 1930 年出生于美国纽约市，1951 年获得美国哥伦比亚大学学士学位，1959 年在该校获博士学位并任教于社会学系。1955—1970 年，华勒斯坦主要从事非洲问题研究，60 年代先后出版《非洲：独立政治学》、《非洲：统一政治学》等专著。1968 年他积极参与了哥伦比亚大学的改革运动。1971 年，他赴加拿大蒙特利尔麦吉尔大学任教，从 1976 年起，他被聘为美国纽约州立大学宾厄姆顿分校社会学系教授，并任该校以法国著名历史学家费尔南德·布劳代尔命名的经济、历史体系和文明研究中心（Fernand Braudel Center for the Study of Economics Historical Systems, and Civilizations）主任。

1974 年，伊·华勒斯坦出版了他的代表作《现代世界体系（1）：16 世纪资本主义农业和欧洲世界经济的起源》（Modern World System I：Capitalist Agriculture and the Origins of the European World-Economy in the Sixteenth Century），首次从理论体系上完

---

* 本文是作用与王正毅合著。

整地阐述了资本主义世界体系的确立和形成。之后，他又与恩特尔·弗兰克（Andre Gunder Frank），特里斯·霍甫金斯（Terence K. Hopkins），萨米尔·阿明（Samir Amin），乔丹尼·阿里吉（Giovanni Arrighi）等人共同合作发表了一系列的有关专著和论文，《现代世界体系》的第二卷出版于1980年，副标题为《重商主义和欧洲世界经济的巩固，1600—1750年》（Mercantilism and the Consolidation of the European World-Economy，1600—1750）；1989年，《现代世界体系》的第三卷出版问世，副标题为《第二期大扩张》（The Second Era of Great Expantion），这一时期，伊·华勒斯坦等人还在自己的基地费尔南德·布劳代尔研究中心出版了颇具特色的杂志《评论》（Review），宣传自己的理论观点和主张。由于伊·华勒斯坦等人在某些方面受到马克思的理论影响，对资本主义世界体系持批判的态度，因而被西方学术界称为"新左派"。1970年代中期以来，世界体系理论逐渐成为一种世界性的思潮，在发达国家和发展中国家的学术界都有一批追随者，并且在世界经济研究领域以及政治学、社会学、历史学和政治地理学等领域都产生了较为广泛的影响，1987年，伊·华勒斯坦应中国社会科学院世界经济与政治研究所的邀请来中国进行学术访问，先后在中国社会科学院、北京大学、南开大学、复旦大学等处作学术报告，并进行学术交流。1994年，伊·华勒斯坦被选为国际社会学学会主席。

《历史资本主义》一书是由两个部分组成的。第一部分书稿名为《历史资本主义》，据伊·华勒斯坦本人介绍，1980年秋天，梯也里·巴考特（Thierry Paquot）邀他为自己在巴黎编纂的一套丛书写一本题为《资本主义》的小册子，伊·华勒斯坦接受了这项约稿，但提出要把书名改为《历史资本主义》，在他看来，有关资本主义的论著已发表了很多，其中大部分陷入了两个误区，一种是主要采取逻辑—演绎分析，从资本主义的定义出发，分析资本主义在不同的地点和时间的发展程度，另一种是集中研究当前某个时间点上资本主义体系的所谓主要转变过程，而以前的时间点只不过被当作研究当前实际情况的虚幻陪衬，伊·华勒斯坦强调指出，一项紧迫的任务是把资本主义看做是一个历史体系，从其全部历史和独特的具体现实中加以考察。他还认为，资本主义现实是一个统一的整体，为了避免一些人通常容易产生的从一个极端走向另一个极端的错误倾向，应该把整个统一的资本主义现实描述出来，探讨资本主义在经济、政治和文化—意识形态等各个领域的表现形式。1982 年春季，伊·华勒斯坦应邀到夏威夷大学政治系讲课，他的讲稿以及讲课以后经过修改和新增加的部分遂成为他的最后书稿，并于 1983 年正式冠以《历史资本主义》的书名出版。

本书的第二部分是 1991 年 11 月伊·华勒斯坦访问香港中文大学时在该校伟伦讲座上所作的有关资本主义文明主题的演讲。1995 年，伊·华勒斯坦把这部分讲稿纳入已出版的《历史资本主义》一书，并以《历史资本主义与资本主义文明》的书名在伦敦、纽约出版，此书问世后，引起各国学术界的高度关注，并很快被有关国家的学者译成各种文字出版，现在中文译本也已准备就绪，将在今年夏季与伊·华勒斯坦主编的《现代世界体系》（第一、二卷）的中译文本同时出版面世，与中国的广大读者见面。

《历史资本主义》一书与百万余字的《现代世界体系》理论专著不同，它的全书不足 10 万字，是本小册子，但是，这本小册子却以其独有的特点吸引着世界各国的读者。首先，作者在撰写这本书稿时，是在其已形成完整的世界体系理论之后，因而此书篇幅虽小，但全书各章处处触及到作者多年研究的资本主义世界体系的主要理论观点及其始终关注的一些最敏感的现实问题和理论问题。其次，此书与一般教科书不同，不落俗套，深入浅出，主线清晰，易为读者理解，可以看做是进一步研究世界体系理论的入门书。同时，已经阅读过《现代世界体系》等专著的读者回过头来再读一读这本小册子，也有助于阅读者把握世界体系理论的一些关键问题。

为了使读者对世界体系理论有个概括的了解，现对伊·华勒斯坦的主要理论观点作一简要介绍。

世界体系理论的产生首先源于对1950、1960年代兴起的现代化理论的批判。第二次世界大战结束后，随着西欧殖民体系的瓦解和亚、非、拉新兴国家独立，从1950年代中期起，在西方学术界出现了一股研究这些新兴国家发展和现代化的热潮。"发展"与"现代化"等问题成为这一时期欧、美学术界关注的主题。如经济学界出现了罗斯托的"经济成长阶段论"，这种理论认为，无论在西方，还是在东方，现代化的道路必须经过五个发展阶段，即传统社会、起飞准备阶段、起飞阶段、成熟阶段和高额群众消费阶段。在政治学界出现了阿尔蒙德等的政治现代化模式，即政治现代化只有模仿英国的参议院民主制和美国的总统民主制。社会学界的帕森斯主张现代化就是西方化。虽然这些发展理论的侧重点不同，但它们的共同特征是：①都以国家为分析单位，并以此为立足点进而分析国家的政治制度、经济战略和社会系统，认为发展就是单个国家和单个社会的发展；②追求一个普遍的、一般的模式，不管各个国家在历史、文化习俗、资源禀赋上有何差异，都必须遵循一个普遍的发展模式，即发展中国家只有模仿西方发达国家的政治、经济、社会结构以及文化模式，才能真正走向现代化。

这些发展理论在1960年代末、1970年代初受到现实的强烈挑战。这主要是由于世界范围内的民族主义运动的兴起，反对霸权、反对帝国主义和新殖民主义成为这一时期的主题。二是一体化开始在部分地区出现，如欧洲经济共同体、东南亚国家联盟、石油输出国组织等，这种国家之间的联合以及共同发展的趋势，对 1960 年代提出的以单一国家为研究单位的各种发展理论提出了强有力的挑战。三是美苏两个超级大国对峙的冷战格局的形成，促使一些国家，尤其是那些小国以及刚独立的国家为了各自的发展不得不加入某一地区联合或集团联合。四是南北差距的加大，表明任何国家的发展都不是该国一国的事，每个国家都处于世界这个整体之中，国家间的任何差异都不能使单个国家完全脱离世界体系这个整体，因此，发展不只是发展中国家的事，也是发达国家的事，"发展"的问题是发达国家和发展中国家融合为一个整体，如果发展中国家不发展，发达国家的经济增长和发展也将受到严重制约。

与此相应，在学术领域，出现了一股强有力的反"现代化理论"、"反西方化理论"和"反欧洲中心主义"的思潮，熊比特（Joseph Schumpetes）、波拉尼、阿明等人从经济学的角度对宣扬现代化就是西方化的观点提出了挑战，指出西方的发展是以牺牲发展中国家的利益为代价的，赛义德、伯尔纳和阿明等人则从文化领域对以西方为中心观察东方的"东方主义"提出了挑战，指出西方古典文明实际上来源于非洲和亚洲。

伊·华勒斯坦早期是研究非洲问题的，在研究过程中，他认识到 1960 年代西方现代化理论将发展看做是发展中国家单独发展的局限性，以及西方学者的现代化理论假定存在一个普遍发展模式的不可行性，正是在 1970 年代西方出现的反"现代化理论"的背景下，华勒斯坦开始将发展中国家的发展纳入世界整体来研究。对世界整体的研究必须首先回答世界体系形成的时间和地点问题，于是他开始从欧洲世界体系的形成入手，并撰写了自己的代表作《现代世界体系》（第一卷）。尽管世界体系论者在"世界体系"形成的具体时间（16 世纪还是 16 世纪以前）和具体地点（先在西方还是先在东方）的看法上有分歧，但所有学者在以"世界体系"而非"国家"为研究单位这一点上是一致的。

华勒斯坦把世界体系看做是一个实体，这个实体具有单一的劳动分工和多元文化。作为一个体系，它主要涉及如下三个方面：一是文明，二是政治帝国或其他国家体系，三是世界经济或世界经济体系。简要地说，世界体系包括政治、政济、文明三个层次。前面曾经指出，华勒斯坦在美国纽约州立大学宾厄姆顿分校创建的一个研究机构名为"费尔南德·布劳代尔研究中心：经济、历史体系和文明"，华勒斯坦为什么以法国著名历史学家布劳代尔来命名其研究中心呢？布劳代尔是驰名欧美学术界的法国年鉴学派第二代领袖。他与世界体系理论有何关系呢？这涉及世界体系理论的思想渊源和分析方法。年鉴学派主张对全人类活动及其相互关系进行研究，布劳代尔在其著作中对以往撰写历史和社会科学研究的方法进行了猛烈的抨击，并提出了一种新的撰写历史的方法，即长时段研究方法。布劳代尔认为，过去的历史著作只注重历史"事件"的短期研究，这使得社会科学研究误入歧途。新的研究方法主要突出两个方面：一是在研究历史时，除了"短时段"研究外，应加强对历史的长时段研究；二是不但要研究政治"事件"，更要注重对日常生活的结构研究，华勒斯坦同意布劳代尔用"长时段"书写历史的方法，也同意年鉴学派主张多学科相结合进行综合研究。华勒斯坦虽非布劳代尔的直系学生，但在研究世界体系理论的思想渊源和分析方法方面受益于布劳代尔，据华勒斯坦自己介绍说，他在 1971 年开始写《现代世界体系》（第一卷），并将写好的章节寄给已负盛名的布劳代尔，布劳代尔随即邀请华勒斯坦去法国高等社会科学院给学生授课，而且从 1976 年开始，华勒斯坦半年工作在美国，半上工作在法国。同年，华勒斯坦创建了"费尔南德·布劳代尔研究中心"，以布劳代尔命名，显示其世界体系理论与法国年鉴学派之间的关系。

世界体系理论探讨的问题很多，华勒斯坦将其归纳为十个问题：①周期和趋势；②商品链；③霸权和竞争；④地区性和半边缘性；⑤融入和边缘化；⑥反体系运动；⑦家庭；⑧种族主义和性；⑨科学和知识；⑩地缘文化和文明。总括起来，这十个问题主要集中在世界经济体系、世界政治体系和世界文明三个层面上，下面我们就世界体系的这三个层面来概述一下世界体系理论的基本观点。

1. 单一的世界经济。世界体系的首要特征是它以单一的世界经济作为其存在的基础，这是世界体系的经济层面，也是世界体系论者集中讨论的主题，它主要涉及以下三个问题：世界体系的形成、世界体系的运作和世界体系的基本趋向。华勒斯坦概括地说，"关于近代世界体系，有三个相互不同的问题可能被提及，第一个是起源的解释，即 16 世纪的欧洲世界体系如何得以生存，而以前的体系为什么不能。第二个问题是这个体系一旦巩固以后是如何运行的。第三个问题是这个资本主义体系的基本趋向，以及如何解释它作为一个社会体系的最终衰退"①。

世界体系论者几乎一致认为，世界体系最初形成于 16 世纪的欧洲，其主要标志是一个资本主义世界经济在西欧的形成。华勒斯坦认为，16 世纪以前的欧洲是封建经济，封建经济与资本

---

① 伊·华勒斯坦：《资本主义世界经济》，剑桥大学出版社 1989 年版，第 160—161 页。

主义经济的显著区别就在于剩余转让的方式不同，在华勒斯坦看来，在世界经济形成过程中，有三件事是非常重要的：一是世界在地理规模上的扩张；二是对世界经济的不同产品和不同地区的劳动的控制方式的发展；三是相对强的国家机器的产生，这些国家随之也成为资本主义世界经济的核心国家，大约在16世纪的西欧，这种世界体系形成了。

关于世界体系如何运作的问题，华勒斯坦认为，世界体系一旦建立，便围绕着两个二分法运行。一是阶级，即无产阶级和资产阶级；二是经济专业化的空间等级，即中心地区和边缘地区。而"不等价交换"和"资本积累"则是这个体系运行的动力。资本积累过程中的不等价交换不仅存在于无产阶级和资产阶级之间，而且也存在于中心地区和边缘地区之间。劳动分工一直是西方社会科学家探讨的重要课题，由此形成了著名的"比较利益学说"，主张劳动分工有利于社会进步，有利于资金分配，有利于各国财富的增长。世界体系论者也将劳动分工用于世界范围内生产关系及其结构的分析上，世界体系论者认为，世界范围内的劳动分工将世界划分为三个地带，即核心地区、半边缘地区和边缘地区，这是资本主义世界经济体系与以前的社会体系的根本不同之处。与自由主义贸易学说所主张的贸易对交换双方均有利的看法不同，华勒斯坦等人认为，资本主义世界体系所以能运转至今，其根本点在于核心地区和边缘地区之间存在着"不等价交换"。这种"不等价交换"在不同的历史时期可以通过各种机制进行，如殖民垄断贸易（东印度公司），当代跨国公司内部转换贸易，以及通过一种或多种商品交换形成世界性的市场或国家间双边或多边贸易协定等等。通过这些手段，不断形成新的中心和边缘地区。而在核心地区和边缘地区之间有一个半边缘地区，它主要指那些处于核心和边缘之间的那些地区；对邻近的核心地区而言，它呈现一种边缘化过程，但相对于邻近的边缘地区而言，它又呈现一种核心过程，譬如，今天的南非可看做是这类国家。

在世界体系理论中，"融入"和"边缘化"是另外两个重要概念，这两个概念表达了世界体系运行过程中体系内的国家和地区与体系外的国家和地区之间的相互关系，世界体系论者认为，已经进入世界体系的国家和地区有中心和外围之分，中心和外围依靠"不等价交换"来运行。资本主义世界经济在一开始只占据全球的一部分（即西欧），因此，许多国家在 19 世纪以前还没有进入从 16 世纪开始的西欧资本主义世界体系，资本主义世界体系在 16 世纪的欧洲产生以后，出于资本积累的需要，便开始了向全球的地理扩张和经济掠夺。到 19 世纪末，西欧殖民体系已在全球建立，从而完成了近代世界体系向全球的扩张过程。

在世界体系向全球扩展过程中，资本主义世界体系和未进入世界体系的国家以及地区之间存在着一种"融入"和"边缘化"的关系，"融入"和"边缘化"是一个过程的两个方面，"融入"是指世界体系之外的国家和地区不断进入世界体系的过程，而"边缘化"则指世界体系不断包容新的国家和地区的过程。"融入"是"边缘化"的第一步。随着"边缘化"过程的深入，被边缘化的国家和地区不断地加入整个世界经济的"商品链"之中。

世界体系的周期和趋向是华勒斯坦等关心的另一重点问题，正如华勒斯坦所说的，"在某种程度上我们关心长时段社会变化，我们的兴趣主要是较长的周期，即那些平均为 50—60 年，通常被称做康德拉捷耶夫周期，还有更长一些（200—300 年）的，有时也称为长周期（Logistics）"① 关于世界经济周期一直是

① Report on an Intellectual Project：The Fernand Braudel Center 1976—1991, Immanuel Wallestein, p. 2.

经济史学家们探讨的热点问题，可说是观点不一，众说纷纭。世界体系论者关心的不是短周期，而是长周期。康德拉捷耶夫曾根据技术发明、世界市场的扩展以及资金供应的上涨来解释周期运动，认为经济周期是一种停滞和扩张相互交替的过程。罗斯托则是根据增长的动态平衡来解释周期。与上述这些解释不同，布劳代尔等人认为，以前关于周期的解释过分集中于资本积累的抽象模型上，其实资本主义赖以运行的社会结构包括多种积累方式，而不只是资本积累。华勒斯坦等人接受了布劳代尔的观点，主张从"政治的"和"经济的"过程来解释资本主义经济周期，并认为，尽管资本主义世界体系在政治上和经济上不断出现繁荣——平衡稳定——上升——衰退这样的周期，但这个体系有三种现象是呈上升的趋向：一是加入资本主义世界经济劳动分工的区域比例上升的趋向；二是在资本主义世界经济中的主要依靠工资收入的劳动力的比例上升的趋向；三是以机器形式而出现的资本的比例上升的趋向。

2. 多重国家体系。在世界体系论者看来，世界体系的第二个特征是多重国家体系，这是世界体系的政治层面。在世界体系论者看来，国家和国家体系是资本主义世界经济的独特产物，他们由此着重探讨了国家和国家体系、霸权和国家体系、国家体系和世界经济等三个问题。在探讨国家和国家体系问题时，华勒斯坦等人指出，尽管在资本主义世界经济产生以前也存在各种政治实体，如封建帝国，但只有资本主义世界经济产生后才导致国家的产生，国家本身是权力的一种表现。在近代世界体系中，存在着两种政治，即无产阶级和资产阶级的斗争，以及资产阶级之间的斗争，国家为这些阶级控制和分配剩余价值提供了一种合法的机制。华勒斯坦等人认为，国家从来就不是一个完全独立的政治实体，它自产生起就存在于国家体系中。就像资本主义世界经济随着时间的推移不断扩展一样，作为世界经济在政治上表现的国家体系也一直在扩展。在国家体系的变化过程中，存在着两重过程：一是中心区的"中心化"过程，即在世界经济中国家在几个地区不断地垄断商品，利用国家机器在世界经济中使其利润最大化，这些国家遂成为"核心国家"；另一个过程是在边缘区的"边缘化"过程，即国家在世界经济中利用不太先进的技术和过多的劳动力，这些国家遂成为"边缘国家"。与这种经济两极化相对应的是政治两极化，即在中心区出现了强国，而在边缘区出现了弱国，帝国主义的政治过程之所以成为可能，就是因为"不等价交换"的经济过程造成的。

在华勒斯坦看来，就如同世界经济体系在不断的周期性运行过程中会出现垄断一样，国家体系在其运行过程中也会出现周期性的变动，这个周期是一个长周期，可以称之为"霸权周期"。华勒斯坦认为，自资本主义世界体系产生以来，国家体系主要经历了三个霸权周期，产生了三个霸权国家：17世纪中期的荷兰、19世纪中期的英国和20世纪中期的美国。国家体系的霸权主要是指这样一种机制，即在所谓的大国之间的竞争中，一个大国能够在很大程度上将它在政治、经济、军事、外交，甚至文化上的原则和意愿强加于国家体系中。上述三个霸权国家所处的历史时代不同，但它们在以下三个方面具有类似之处。第一，每个霸权国家都是先在农业—工业领域，然后在商业领域，最后在金融领域占有优势。当在所有三个领域都占有优势时，它就获得了短暂的霸权地位。第二，每个霸权国家在其称霸期内都奉行全球"自由主义"，反对重商主义对贸易的限制。第三，霸权国家的全球军事力量的模型是相同的，即霸权主要表现在海上（现在是海上/空中）力量。华勒斯坦强调指出，霸权虽然是以经济和军事作为基础，但不应忽视霸权的政治方面，即霸权国家如何在世界市场中发挥其政治职能。他批判了以往两种对待资本主义的态度，一种认为资本主义的特征就是生产要素的自由流动，另一种认为资本主义的特征就是国家机器不干预市场。华勒斯坦认为，资本主义的特征其实是生产要素部分流动，政治机器有选择地干预市场，霸权就是国家机器有选择地干预市场的一个例证。资本主义最根本之点就是追求无休止的资本积累，而有选择地干预的目的就是要加速资本积累的过程，总之，霸权国家通过国家这个政治机器来为其在世界市场上获得最大利润提供垄断政治条件，这就是霸权在世界经济中的政治职能。当霸权国家将其自身的喜好强加于国家体系时，必然会遭到另一些国家的反对，因此，在国家体系中，霸权不是一种永远存在的状态，它的政治职能不是无限的。在霸权统治时期的国家体系是暂时稳定的，尽管国家体系本身并不总是处于霸权统治之下，但追求霸权地位就像经济活动中追求利润的最大化一样，是国家的目标，资本主义世界体系正是在这种经济上追求利润最大化，政治上追求霸权地位的推动下不断向前发展，并呈现出周期性的变化。

3. 作为一种文明的世界体系。世界体系的文明层面是世界体系论者另一集中探讨的问题。在华勒斯坦看来，"文明"这个词有两个非常不同的涵义，一种是与"野蛮"相对应，即文明是少一点"主动性"，在这种意义上，文明是单一的；另一种涵义则是指特殊的世界观、习惯、结构和文化，这些现象形成一种历史的整体，与其他同样的现象共存。在这种意义上，文明是多元的，是作为一种特殊性而非普遍性存在。华勒斯坦认为，当人们把文明看做是不同的习惯、结构和文化而讨论各个文明之间的关系时，应将其放在一个历史体系中来分析不同文明之间的关系。尽管在 16 世纪以前世界上存在着不同的文明，但自从牛顿力学产生以来，追求科学是文明的象征，这一思潮伴随着英国的工业革命以及资本主义世界经济向全球的扩展而成为一种具有普遍性的文明，这是资本主义世界体系在文明上的表现。对于那些处于边缘地区的国家，由于在政治上和经济上都处于边缘地区，因而对于核心地区所创造的这种文明很难做出有效的反应，它们往往陷入一种两难境地：拒绝接受将是一个损失，接受也是一个损失。如果拒绝接受，边缘地区就很难享受科学这种文明给世界带来的益处。如果接受，那就意味着放弃自己以前所具有的文明。所以，在整个 19 和 20 世纪，边缘地区的国家在文明上走的是一条无所适从的"Z"字形道路。这种状况是由其在世界体系中所处的边缘地位造成的。

华勒斯坦认为，未来文明的走向有三种可能性。一是单一的世界体系被打破，形成多种历史体系，每一种历史体系有不同的劳动分工，这样，人们又将回到 16 世纪以前的世界。这种可能性不是很大。二是现在这种全球范围的历史体系转化成一个不同类型的全球范围的历史体系，这种可能性是存在的。华勒斯坦说，人们可以建构一种与以前的体系一样的充满等级、不平等和压迫的体系，也可以建构一个相对平等和民主、充满法国大革命口号的本系。三是建立一个新的体系。但是什么样的体系是最可能实现的，现在还没有一个很好的答案，因为目前还有些问题没有搞清楚。

如果说英国著名地理学家麦金德提出了东西方之间的对抗，以及核心区内部的对立，那么华勒斯坦等人的探讨方法则是把南北对抗放到了世界舞台的中央，世界体系论者的一个结论就是资本主义世界体系将会采取一种新的形式，即世界社会主义政府。这一结论显然是受马克思的影响。此外，他们在三个方面颇受马克思学说的影响：一是经济是体系的基础，华勒斯坦将之称为资本主义世界经济；二是经济活动对政治结构的影响，以及无产阶级和资产阶级矛盾在资本主义社会中的作用；三是所有的国家都将凋萎，由此华勒斯坦特别提出了社会主义政府的思想。之后他对此提法作了两点补充，一是他对当前政治结构及未来政治结构不能完全肯定，因此他宁愿使用秩序（Order）一词来代替政府（Government）一词；二是他们的主张完全是一种可能性演绎，即仅是根据演绎而提出的看法。

当我们对世界体系的理论、范畴、概念和基本观点有了一定的了解之后，再来阅读《历史资本主义》一书，许多问题的来龙去脉以及历史和社会背景就比较清楚了。华勒斯坦在本书的第一部分主要论述了万物商品化；资本主义生产；积累政治学；为利益而斗争；作为鸦片的真理，理性与理性化；结论：关于进步和过渡等问题。他开宗明义地指出，资本主义首先是一个历史社会体系、资本主义一词由资本而来。历史资本主义这个历史社会体系的不同之处就在于这个历史体系中，资本的使用（投资）采取了一种特殊的方式，自我扩张成为资本使用的首要目标或首要意图。在这个体系中，只有当过去的积累被用来进行更多积累时，它才成为"资本"。在以前的历史社会体系中，一种或多种因素还没有被"商品化"，或者还没有被充分地"商品化"，而历史资本主义则是一个普遍商品化的过程，它不仅涉及交换过程，而且涉及生产过程、分配过程，以及投资过程。这些过程以前都不是通过"市场"进行的，如今资本家为了追逐更多的资本积累，力图在经济生活所有领域中把愈来愈多的社会过程商品化。资本主义历史发展的冲动就是把万物物商品化。由此产生了这一历史体系的两个基本矛盾；一个是资产阶级内部争夺"剩余"（马克思称之为剩余价值——作序者注）的矛盾；另一个是资产阶级和无产阶级之间的矛盾。在历史资本主义以前的历史体系中，大多数劳动力都是固定的。而在历史资本主义体系中，存在着这样一批人，他们随时可以被出价最高的人雇佣，这些在劳动力市场出卖劳动力的人就是无产者，而且愈来愈多的出卖劳动力的人被无产阶级化。但是，作者答出的结论是，历史资本主义社会体系自16世纪至今已存在400多年，令人惊异的并不是无产阶级化程度之高，而是无产阶级化程度之低，直到今天，还不能说世界经济中完全无产阶级化的劳动力已经达到50%。华勒斯坦对"无产者"一词是否适用于个人表示怀疑，并认为在历史资本主义体系中，家庭一直是从事各种活动的经济单位，而且在家庭这个结构之下，生产劳动和非生产劳动的社会分界开始被强加到工人阶级头上。在现实中，生产劳动被定义为挣钱的工作（主要是挣工资的工作），非生产劳动则被定义为那些虽然是必需的，但却只不过是"维持生活"而不生产可供任何别人剥夺的"剩余"的活动。通常，生产（工资）劳动成为家庭中男人的任务，非生产（维持生活）劳动则成为妇女加上儿童和老人的任务。此外，生活劳动在户外的"工作场所"进行，非生产劳动在户内进行。这样，在历史资本主义体系中，挣工资的成年男人被看做"养家的人"，而从事家庭劳动的成年妇女被看做"家庭妇女"。因此，性别主义被制度化了。区分无产者家庭和半无产者家庭的主要标志是，前者主要依靠工资收入为生，这种收入须足以支持生存和再生产的最低成本；后者的工资收入在家庭总收入中不占主要地位，由于家庭中妇女、儿童和老人都在创造"剩余"，因而降低了可接受的最低工资起点，华勒斯坦指出，作为一般规律，工资劳动力的雇主都宁愿工资工人生活在半无产者而不是无产者家庭，而且透过整个历史资本主义的时空来观察全球经验现实，人们会猛然发现，在半无产者而不是无产者家庭生活的工资工人是统计的常规。

但是，要理解为什么在历史资本主义条件下无产阶级也会随着时间的推移而有所深化，就必须联系大量生产活动的商品链问题。商品链的地理方位不是随意分布的，它们从资本主义世界经济的边缘向中心或核心移动，华勒斯坦认为，讨论商品链就是讨论扩展的社会分工，在资本主义发展过程中其职能和地域都变得愈来愈广泛，同时也愈来愈等级化。生产过程结构中空间的等级化使世界经济在核心与边缘之间出现愈来愈深刻的两极化，它不仅表现在分配标准上（实际收入水平、生活质量），更重要的是表现在资本积累的地点上，这个过程中至关重要的一点是暴力介入了价格决定，不平等交换是一种古老的实践，但资本主义历史体系的绝妙之处就在于它掩盖不平等交换的方式，华勒斯坦把在不平等交换中受损的一方称为"边缘"地区，而把受益的一方称做为"核心"地区。随着剩余从"边缘"地区向"核心"地区转移，资本在那里积聚起来，提供了实现进一步机械化的资金，这样，既增加了核心地区生产者在现有产品上的优势，又使他们能生产出更稀缺的产品，并以此重新开始新一轮的资本积累过程，历史资本主义创造的所谓历史工资水平在世界体系的不同区域之间愈益显示出巨大差异，在书中，华勒斯坦对康德拉捷耶夫提出的为期五十年的扩张与停滞交替的周期作了较为详尽的论述，在华勒斯坦看来，历史上，几乎每一个被纳入世界经济的新地区所建立的实际报酬水平都处于世界体系工资水平等级的最低一级，完全的无产者家庭在这些地区几乎不存在。华勒斯坦批判了那种把历史资本主义说成是一种"自然"体系的辩护论调，他认为这是一个明显的荒谬体系。原因是华勒斯坦相信，世界人口的大多数，无论从主观还是客观上说，物质上都不如在以往的历史体系下富裕，而且政治上也不如以前。就产品的物质分配和能源配置而言，衡量的最初结果是非常负面的。他还指出，历史资本主义体系在历史四五百年的繁荣之后，终于进入了结构危机。

在华勒斯坦看来，政治调整的最有效的杠杆是画家组织，他特别提到国家政权对历史资本主义的运行产生了重大影响，如国家掌握的资源不仅使它能进一步积累，而且国家可以参与分配，因此，国家直接或间接地加入资本进一步积累的过程。这显示了国家在维护历史资本主义体系过程中所处的重要地位和所起的重要作用。华勒斯坦还就理性，真理、种姓制度，种族主义、科学性文化、反体系运动中的社会主义运动和民族运动等广泛问题阐述了自己的独特见解，他说，历史体系只是历史的，它们产生出来，又最终消失，这是其内部过程的结果，而内部矛盾的加剧引起了结构危机，结构危机是大规模的，不是瞬间的。它们需要时间来充分展示全过程。他预言，历史资本主义在 20 世纪初进入它的结构危机，到下个世纪末（即 21 世纪末）的时候人们可能会看到它作为一个历史体系的完结。他说，历史资本主义的危机常常被说成是从资本主义向社会主义的过渡，但人们还不知道，一个社会主义世界秩序，即一个急剧缩小所有人之间物质生活差距和实际权力鸿沟的世界秩序，将会怎样运行。华勒斯坦不同意马克思提出的历史资本主义体系与其以前的社会历史体系相比是一个进步的看法，他认为这不是事实，历史资本主义不是代表了进步，而是代表了退步，他特别提及了无产阶级绝对贫困化的问题，认为产业工人只占世界人口的一小部分，而世界劳动力的绝大部分，即生活在农村或在农村与城市贫民区之间流动的劳动力，他们的状况比他们五百年前的祖先更糟。无论在物质还是在精神（性别主义和种族主义）方面，都存在着绝对贫困化。他一再强调，认为历史资本主义通过一个进步的资产阶级推翻一个落后的贵族统治而产生的看法是错误的，在历史资本主义条件下，工人阶级得到的少许好处从来都集中在核心地区，这种不成比例的状况至今仍是事实，由此，他得出结论说，无论对反体系运动，还是对其参与建立的政权而言，都不能按照它们是否创造了"美好社会"来进行评价，而只能看，在保证使资本主义向一个平等的社会主义世界秩序过渡的世界范围的斗争中，它们做出了多少贡献，他认为社会主义是一个能够实现的历史体系，某一天也许会在世界上建立起来，作为一个具体的历史社会主义，它应该满足最大限度地实现平等和公正的一个历史体系的最低限定条件，它应增强人类对自身生命的控制力（民主），它解放想像力。

在本书的第二部分，华勒斯坦重点论述资本主义世界体系的另一重要层面即资本主义文明，他用替资本主义算个账的形象方式来揭示资本主义世界体系的过渡性，他指出在资本主义文明中，分享剩余价值的人数要多得多，这个集团被称为中产阶级。他估算了一下，认为在全世界范围内，这一集团的人数大概从来没有超过世界人口的1/7，而生活在资本主义世界经济制度中的人民中也许有多达85%的人，生活水平明显不会高于500到1000年前的世界劳动人口，大多数人的物质生活甚至恶化了，在谈到历史资本主义体系的未来前景时，他认为可能存在三种类型的社会格局，第一种是新封建主义；第二种可能是某种民主法西斯主义；第三种是一种更为激进的、全世界高度分散的、高度平等的世界秩序，华勒斯坦认为，第三种历史格局都是实际存在的，而历史的选择将取决于今后50年里我们这个世界的集体行为，他说，到2050年或2100年，当我们回头再来看资本主义文明时，我们可能会感到十分不公平，不管我们选择了那种新体系，我们可能都会觉得必须贬低那个刚刚过去的体系，即资本主义文明。

（选自《历史资本主义》中译本前言，
社会科学文献出版社 1999 年版）

作者主要著译书目

学 术 著 作

《战后资本主义经济》（作者之一），经济科学出版社，1986年。

《西方100家巨型跨国垄断组织》（编著者之一），中国财政经济出版社，1987年。

《衰落还是复兴：全球经济中的美国》（主编，作者之一），社会科学文献出版社，1998年。

《经济全球化与中美经贸关系》（主编之一），社会科学文献出版社，2001年。

《现代垄断资本主义经济》（撰稿人之一），中共中央党校出版社，1982年，该书获得吴玉章经济学基金一等奖。

《世界经济概论》（撰稿人之一），人民出版社，1983年，该书获得吴玉章经济学基金特等奖。

《资本主义兴衰史》（撰稿人之一），北京出版社，1984年，北京市获奖著作。

译 著

《现代资产阶级政治经济学批判》（译者之一），商务印书馆，1985年。

作 者 年 表

1931 年 11 月 出生于上海，原籍江苏镇江。

1951 年 9 月—1955 年 7 月 上海复旦大学经济系本科毕业。

1955 年 9 月—1956 年 10 月 北京俄语学院留苏预备部学习。

1956 年 11 月—1958 年 8 月 苏联国立莫斯科大学经济系研究生。

1958 年 10 月—1977 年 6 月 中国科学院哲学社会科学部图书馆馆员。

1977 年 7 月—1978 年 12 月 人民日报社国际部编辑。

1978 年 12 月—1989 年 12 月 中国社会科学院世界经济与政治研究所从事研究工作；1979 年和 1980 年参与全国美国经济学会及中国世界经济学会的创建工作；1979 年评为副研究员；1983 年 9 月—1984 年 8 月作为富布赖特学者被聘为宾厄姆顿纽约州立大学访问教授，为研究生开设专题讲座，并在此后建立了长期合作研究的关系；1986 年 4 月评为研究员；1988 年 2 月—1989 年 10 月借聘至深圳市任市社会科学联合会筹备组组长（即社联主席），负责筹建市社联。

1990 年 1 月—1995 年 12 月 中国社会科学院美国研究所研究员；1991 年获得国家级有特殊贡献学者称号。

1996 年 1 月—2002 年 退休，被美国研究所返聘，继续从事研究工作和组织有关学术活动。现任全国美国经济学会副会长兼秘书长、中国世界经济学会理事和中国国际公共关系协会理事。